塾で教える高校入試 英語

塾技

山本亮二 著

改訂版

文英堂

「わかる」だけではなく「できる」ようになるために

Ｚ会進学教室　英語科講師　**山本亮二**

　「塾技」を書く前の打ち合わせのとき，出版社の方から受けた最初の質問は「授業をするうえで『技』と言えるものをお持ちですか」というものでした。一撃必殺で相手を倒す技など持ち合わせていない私は，その質問に戸惑いました。と同時に頭に浮かんだのは，「**わかる**」だけではなく，受験生が実際のテストで得点することが「**できる**」本にしてみたい，というものでした。そのような気持ちから書いたこの本の構成および効果的な使い方は，次のとおりです。

1．まず各項目のタイトルを確認してください。タイトルにはこれからどんなことを学習するのかが端的に記されています。その上で例題を解いてください。例題を解く際に注意することは，何となくフィーリングで解くのではなく，きちんとした自分なりの考えに基づいて答えを出すということです。

2．次に各項目の説明と例題の解説を読み，答えを導き出した自分なりのその考え方が正しかったかどうかを確認してください。最初は単に答えが合っていたかよりも，英語の決まり，すなわち文法に基づいた考え方だったかどうかのチェックが肝心なのです。その上で，「演習問題」と「入試レベルの問題にチャレンジ！」に進んでください。「塾技」には，小問数にして約1300題の問題が収められています。

3．そしてここからが，英語が「できる」ようになる最も重要な作業です。それは「**くりかえしと音読**」です。英文法を正しく理解し，それを覚えることはとても重要です。しかし，英文法の学習をしているとき，頭の中は日本語であふれかえっているはずです。最終的には頭の中の日本語を追い出し，正しく理解したその英文の感覚とでもいうべきものを身につけることが大切なのです。そのための作業が「くりかえしと音読」です。各問題の英文には，重要な単語や連語が盛り込んであります。そのため最初は難しく感じるかもしれませんが，「くりかえしと音読」の回数を重ねれば，語いの知識も増えていきます。そしてこの積み重ねが，文章を読む力へとつながっていくのです。

　この本によって皆さんが英語に対する自信をつけ，そして受験会場へと向かうことを心から願っています。

本書の特長

1 学校では教えてくれない塾独自の「塾技（ワザ）」を学べる！

- 現役塾講師が，**塾で教える「塾技」を公開！** 門外不出の塾の技が，これ１冊で学べます。
- 英語の実力を，**学校の教科書レベルから上位校入試レベルまで引き上げたい。** そんな生徒さんに最適な１冊です。

2 入試で必要な内容を，学年を基準に２段階で掲載！

- 本文は，中１・中２で習う内容と，中３で習う内容の２段階で構成。入試をひかえた３年生はもちろん，**少し早めに入試対策をしたいという１年生・２年生すべての生徒さんが活用できます。**

3 無理なく入試レベルの実力が身につく構成！

- 「例題」→「例題の解説」→「塾技解説」で基本を学び，「演習問題」→「入試レベルの問題にチャレンジ！」と徐々に高度な問題に進むので，**段階的な実力アップが可能です。**

本書の使用法

1 例題
まずは自分なりの考え方で例題を解いてみましょう。

2 各項目の説明・例題の解説
例題を解いた考え方が正しかったか確認しましょう。要注意⚠️や重要ポイント🕐の印に注意しましょう。

3 塾技解説
その項目の要点や，学習するうえでのアドバイスです。

◉ 別冊解答には問題文も掲載し，別冊解答単独での持ち運びも可能に。**わかりやすさはもちろん，使いやすさも追求**しました。

4 入試で差がつく問題が充実！

◉ 上位校の入試で，得点に差がつく問題を豊富に載せています。問題を解き，解説を読むことで，より難しい問題にも対応できる知識が身につきます。

◉ つまずきやすい疑問詞に関する項目には，特に多くのページをあてました。疑問詞の使い方に自信がないが，どこが理解不十分なのかわからないという，**多くの中学生が抱える不安を解消**します。

5 巻末に各項目の重要例文を一覧にして掲載！

◉ 各塾技項目を理解するための重要な例文を，巻末に一覧で載せています。英語の文法は，理屈を理解するだけでは使えるようになりません。**重要例文集を何度も音読し，例文を暗唱できるようになって初めて，学習した内容が本当に身についたことになるのです。**

---

4 演習問題
解説の内容を理解できたか，
演習問題で確認しましょう。

5 入試レベルの問題にチャレンジ！
塾技が身についたかを確認するための入試レベルの問題です。

演習問題

問題❶ ____ には〔 　 〕内の動詞から適切なものを選び，必要があれば形を変えて入れなさい。ただし同じものを2度用いてはならない。（ 　 ）内には適語を入れなさい。

〔 look, grow, sound, stay, feel, go, taste, smell 〕

(1) 彼女の髪に触れると柔らかな感じがした。
I touched her hair and it _____ （ 　 ）.
(2) 彼女は少し疲れた声をしていた。
She _____ a little （ 　 ）.
(3) このコーヒーは苦い味がする。
This coffee _____ （ 　 ）.
(4) どう，似合う？ ― 君はそのスーツが似合うね。
A: （ 　 ） do I _____ ?
B: You _____ nice （ 　 ） that suit.　※ ____には同じ動詞が入る
(5) この花は甘い香りがする。
This flower _____ （ 　 ）.
(6) かわいそうに，その女の子は失神してしまった。
The poor girl _____ （ 　 ）.
(7) 音は次第に大きくなっていった。
The noise _____ louder.
(8) 私はよく午前2時か3時まで寝ないで起きていた。
I often _____ up （ 　 ） two or three in the morning.

解 (1) **felt**（**soft**）
⇒〈feel + 形容詞〉で「～の感じがする」。soft は形容詞で「柔らかい」。
It (= Her hair) **was** soft. + felt = It **felt** soft. と考えればよい。

(2) **sounded**（**tired**）
⇒〈sound + 形容詞〉で「～に聞こえる」。「とても疲れている」は very tired. 「少し疲れている」は a little tired.
She **was** a little tired. + sounded = She **sounded** a little tired.

(3) **tastes**（**bitter**）
⇒〈taste + 形容詞〉で「～な味がする」。bitter は形容詞で「苦い」。ほかに hot（（舌にひりひりとするように）辛い），salty（塩辛い），mild（まろやかな），sweet（甘い），sour（すっぱい）なども覚えておこう。
This coffee **is** bitter. + tastes = This coffee **tastes** bitter.

(4)（**How**）**look**（**in**）

「どのようにして」と方法を問うほか，「どんなふうに」と様子をたずねるときにも使う。〈in + 着用物〉で「～を身につけて」。塾技 前置詞(3)の問題❶ (4)参照。

(5) **smells**（**sweet**）
⇒〈smell + 形容詞〉で「～なにおいがする」。
This flower **is** sweet. + smells = This flower **smells** sweet.

(6) **went**（**blind**）
⇒ go は「行く」が基本となる意味だが，〈go + 形容詞〉で「～な状態に行く」から「（主に望ましくない）状態になる」を意味する。blind は形容詞で「目が見えない」。
The milk went sour. であれば「牛乳が腐った（すっぱくなった）」となる。

(7) **grew**
⇒〈grow + 形容詞〉で「（次第に）～な状態になる」。louder は形容詞 loud（（音・声が）大きい）の比較級。
The noise **was** louder. + grew = The noise **grew** louder.

(8) **stayed**（**until[till]**）
⇒〈stay + 形容詞〉で「～の状態のままでいる」。up は形容詞で「起きている」。**stay up**（= sit up）は「（夜遅くまで）寝ないで起きている」として覚えておこう。until[till] ～（～の時までずっと）は，塾技 前置詞(2)参照。

入試レベルの問題にチャレンジ！
解答→別冊 p.41

Q 問題❶ 次の英文を日本語に直しなさい。

(1) She grew tired of city life.
(2) He always stays cool even when things go wrong.
(3) You sound like your mother when you say things like that.
(4) The taller he grew, the bigger his feet got.

Q 問題❷（ 　 ）内の条件に従い，次の日本文を英語に直しなさい。

(1) これは奇妙に聞こえるかもしれないけど，本当なんだ。（but を使って8語で）
(2) ついに彼女の夢は実現した。（last, come を使って6語で）
(3) 私たちは寝る準備をしていた。（get, bed を使って6語で）
(4) 彼女はしばらくの間立ったままだった。（remain, while を使って6語で）
(5) 座ったままでいてください。（stay, seat を使って3語で）

6 解答
詳しい解説付きの解答が別冊にあります。

202

基礎事項の確認 ― 本章に入る前に ―

---

1. 英語の語順

問 （　　）内の条件に従って，次の日本文を英語に直しなさい。

① ノリコは親切です。（3語で）

② カオルはノリコを手伝います。（3語で）

③ カオルをトモコが手伝います。（3語で）

解 ① 答 **Noriko is kind.**

　→ 英語の語順は，〈主語 ＋ 動詞 ＋ α〉が基本。**主語**（ふつう S という記号で表す）は，日本語で「～は，が」に相当する言葉で，**文の話題**を表す。**動詞**（ふつう V という記号で表す）には，**be 動詞**（is・am・are・was・were）と**一般動詞**（be 動詞以外の動詞）がある。be 動詞と一般動詞を並べては使わず，**どちらか一方だけを用いる**。この文では，α に相当する kind（親切な）は形容詞で，動詞ではない。

② 答 **Kaoru helps Noriko.**

　→ 「カオルはノリコを手伝います」とあるので，この文の主語は Kaoru。

③ 答 **Tomoko helps Kaoru.**

　→ 「カオルを**トモコが**手伝います」とあるので，主語は Tomoko。日本語は「**トモコが**カオルを手伝います」と語順を変えても意味は変わらないが，英語は Kaoru helps Tomoko. と語順を変えると「カオルはトモコを手伝います」と意味が変わってしまう。英語では「**主語は何か**」を意識し，その主語を「**決められた位置**」に置くことが重要だということを確認しておこう。

---

2. be 動詞と一般動詞

問 次の英文に誤りがあれば訂正しなさい。

① 私は映画がとても好きです。
　I am like movies very much.

② 私の父はたいてい朝にコーヒーを飲みます。
　My father usually drink coffee in the morning.

③ 彼女は明日は忙しいでしょう。
  She will busy tomorrow.

解 ① **答** **am は不要**

→ be 動詞と一般動詞は並べては使わず，**どちらか一方だけを用いる**。日本語に「〜です」とあるからといって，be 動詞を使うと決めつけてはいけない。

② **答** **drink → drinks**

→ 一般動詞の現在形は，主語(この文では my father)が３人称で単数のときは３単現の(e)s をつける。usually は「たいてい」を意味する副詞だが，動詞の形に影響は与えない。usually があってもなくても drinks とする(副詞については **塾技⑳㉑** **副詞**(1)(2)で詳しく学習する)。

③ **答** **will → will be**

→ **will・can** などの**助動詞**は，直後に原形動詞を伴う。busy(忙しい)は形容詞で，動詞ではないので，be 動詞の原形 be が必要。

3．否定文

問 次のそれぞれの英文を，否定文に書きかえなさい。

① I know him well.

② Jim has a big dog.

③ He put the ruler in this box.

解 ① **答** **I don't know him well.** (私は彼をよく知らない)

→ **一般動詞の否定文**は，現在形なら〈**don't[doesn't] + 原形動詞**〉とする。

② **答** **Jim doesn't have a big dog.** (ジムは大きな犬を飼ってはいない)

→ 上記①の〈**doesn't + 原形動詞**〉は主語が３人称で単数のときの形。

③ **答** **He didn't put the ruler in this box.**
(彼はその定規をこの箱の中に入れなかった)

→ 主語の he は３人称単数。動詞 put は現在形なら puts となっていなければならない。put の過去形は同じ形の **put** なので，この文は過去の内容と判断する。一般動詞の否定文は，過去形なら〈**didn't + 原形動詞**〉とする。

4．疑問文

問　次のそれぞれの英文を，疑問文に書きかえなさい。

① Ken was in Kyoto this time last year.

② Mike and Nancy do yoga every morning.

③ The restaurant opens at 5:00 in the afternoon.

④ Mary enjoyed the party last night.

⑤ Lisa can ride a horse.

解　① 答〉 **Was Ken in Kyoto this time last year?**
（ケンは昨年のこの時期京都にいましたか）

→ **be 動詞の疑問文**は be 動詞を主語の前に置き，〈**Be 動詞 + 主語 ～?**〉とする。

② 答〉 **Do Mike and Nancy do yoga every morning?**
（マイクとナンシーは毎朝ヨガをしますか）

→ **一般動詞の疑問文**は，現在形なら〈**Do[Does] + 主語 + 原形動詞～?**〉とする。

③ 答〉 **Does the restaurant open at 5:00 in the afternoon?**
（そのレストランは午後5時に開店するのですか）

→ 上記②の〈**Does＋主語＋原形動詞 ～?**〉は主語が3人称で単数のときの形。
Does the restaurant opens ～?（×）としないよう注意しよう。

④ 答〉 **Did Mary enjoy the party last night?**
（メアリーは昨夜のパーティーを楽しみましたか）

→ **一般動詞の疑問文**は，過去形なら〈**Did + 主語 + 原形動詞 ～?**〉とする。**Did**
Mary enjoy**ed** ～?（×）としないよう注意。

⑤ 答〉 **Can Lisa ride a horse?**　（リサは馬に乗れますか）

→ **助動詞のある文の疑問文**は助動詞を主語の前に置き，〈**助動詞 + 主語 + 原形動詞
～?**〉の語順とする。She **will** be busy tomorrow. の疑問文なら **Will** she be
busy tomorrow? となる。

5．規則動詞と不規則動詞

問 次の表を完成させなさい。

	原形	主な意味	３単現の形	過去形	過去分詞	～ing 形
規則動詞	play	遊ぶ・演奏する				
	study	勉強する				
	stop	やめる・止まる				
不規則動詞	cut	切る				
	find	見つける				
	come	来る				
	begin	始める・始まる				

解

	原形	主な意味	３単現の形	過去形	過去分詞	～ing 形
規則動詞	play	遊ぶ・演奏する	plays	played	played	playing
	study	勉強する	studies	studied	studied	studying
	stop	やめる・止まる	stops	stopped	stopped	stopping
不規則動詞	cut	切る	cuts	cut	cut	cutting
	find	見つける	finds	found	found	finding
	come	来る	comes	came	come	coming
	begin	始める・始まる	begins	began	begun	beginning

→ 一般動詞の過去形・過去分詞形には，(1)**原形動詞の語尾に -(e)d をつける**規則動詞と，(2)**不規則に変化する**不規則動詞がある。

(1)**規則動詞**

① ふつうは原形動詞の語尾に **-ed** をつける。

wash（洗う）→ wash**ed**，play → play**ed**

② **-e** で終わる動詞は **-d** をつける。

use（使う）→ use**d**，live（住んでいる）→ live**d**

③〈**子音字 + y**〉で終わる動詞は，**y** を **i** にかえて **-ed** をつける。

cry（泣く・叫ぶ）→ cr**ied**，study → stud**ied**

※ 母音字は a, e, i, o, u のアルファベット5文字。子音字はそれ以外のアルファベット。

④〈**アクセントのある短母音 + 子音字**〉で終わる動詞は，**最後の子音字を重ねて -ed を つける**。この規則に当てはまる動詞には，stop → stop**ped** のほかに drop（落ちる・落とす）→ drop**ped**，plan（計画する）→ plan**ned** がある。

(2) **不規則動詞**については一定のパターンはあるが，1つ1つ確実に覚えていくことが大切。（*p.300〜301* に**不規則動詞変化表**を掲載）

6．人称代名詞

問　次の表を完成させなさい。

	単　数				複　数			
	主格 （〜は，が）	所有格 （〜の）	目的格 （〜を，に）	所有代名詞 （〜のもの）	主格 （〜は，が）	所有格 （〜の）	目的格 （〜を，に）	所有代名詞 （〜のもの）
1人称 （話し手）	I							
2人称 （話し相手）	you							
3人称 （話し手と話し相手以外の全て）	he							
	she							
	it		—					

	単　数				複　数			
	主格 (～は, が)	所有格 (～の)	目的格 (～を, に)	所有代名詞 (～のもの)	主格 (～は, が)	所有格 (～の)	目的格 (～を, に)	所有代名詞 (～のもの)
1人称 (話し手)	I	my	me	mine	we	our	us	ours
2人称 (話し相手)	you	your	you	yours	you	your	you	yours
3人称 (話し手と 話し相手 以外の全て)	he	his	him	his	they	their	them	theirs
	she	her	her	hers				
	it	its	it	—				

→ **主格**とは「～は[が]」を意味し，主語になる形。

　所有格は「～の」を意味し，**my** car(私の車)のように〈所有格＋名詞〉で意味のまとまりを作る。

　目的格は I love **him**. のように動詞の目的語になる形。He is kind to **me**. のように，前置詞の後ろにも置かれる(動詞の目的語については， 塾技❸❹ **動詞とその目的語**で詳しく学習する)。

例題 1 次のそれぞれの下線部が，答えの中心となる疑問文を作りなさい。

(1) Tom and Nancy are in this room.
    ①   ②

(2) My friends Jack and Tom like butterflies.
      ①   ②

例題 2 （ ）内の条件に従い，次の日本文を英語に直しなさい。

(1) あなたはその時だれを見ましたか。（then を使って）

(2) その時だれがあなたを見ましたか。（then を使って）

(3) あの家に住んでいるのはだれですか。

疑問詞のある疑問文の語順は２種類ある ！

疑問詞のある疑問文の語順は，1)**疑問詞が主語になっていないか**，2)**疑問詞が主語になっているか**，によって異なる。

1. 疑問詞(who, what, which など)が主語(S)になっていないとき

⇒〈**疑問詞 ＋ ふつうの疑問文の語順**〉

Jane often goes to the library.（ジェーンはよく図書館へ行きます）の文をもとにして，「ジェーンはどこに（**where**）よく行くのですか」と問うときは，主語は Jane で，すなわち**疑問詞 where は主語ではないので**

 Jane often goes to the library. ⇒ **Where** / **does** Jane often go?
       where   疑問詞 ＋ 一般動詞を用いた疑問文の語順
 = Where does Jane often go? となる。

2. 疑問詞(who, what, which など)が主語(S)になっているとき

⇒〈**疑問詞 ＋ 動詞**〉 ※肯定文と同じ語順となる
  S   V

Jane goes to the library on Sunday.（ジェーンは日曜日に図書館へ行きます）の文をもとにして，「だれ（**who**）が日曜日に図書館へ行くのですか」と問うときは，**疑問詞 who が主語なので**

 Jane goes to the library on Sunday. ⇒ **Who** / **goes** to the library on Sunday?
 who (S)   S   V
 = Who goes to the library on Sunday? となる。

答えるときは，Jane does. とするのが基本。この does は**代動詞**というもので，goes to the library を1語に圧縮したものに相当する。

⚠️ 疑問詞が主語の疑問文は，一般動詞の疑問文でも **do・does・did** は必要ないこと，また疑問詞 who は3人称単数として扱うことに注意しよう。

解 例題1

(1) 答 ① **Who is in this room?**
   （だれがこの部屋にいるのですか）

→ <u>Tom and Nancy</u> are in this room.（トムとナンシーはこの部屋にいます）をもとに，「だれがこの部屋にいるのですか」を意味する英文を作る。「だれが」と疑問詞 who が主語になるので，〈**Who + 動詞 ～?**〉の語順（もとの肯定文と同じ語順）とする。

   <u>Tom and Nancy</u> are in this room. ⇒ **Who** / **is** in this room?
   (who)　　　　　　　　　　　　　　　　 S　　 V

who は3人称単数として扱うので，are は is にする。 答えるときは，Tom and Nancy are. とするのが基本。

   答 ② **Where are Tom and Nancy?**
   （トムとナンシーはどこにいるのですか）

→ Tom and Nancy are <u>in this room</u>. をもとに「トムとナンシーはどこにいるのですか」を意味する英文を作る。「どこに」と疑問詞 where は主語ではないので（主語は Tom and Nancy），〈**疑問詞 + ふつうの疑問文の語順**〉とする。

   Tom and Nancy are <u>in this room</u>. ⇒ **Where** / **are** Tom and Nancy?
   　　　　　　　　　　(where)　　　　　　　　　　疑問詞　+ be動詞を用いた疑問文の語順

(2) 答 ① **Who likes butterflies?**
   （だれがチョウを好きなのですか / チョウを好きなのはだれですか）

→ <u>My friends Jack and Tom</u> like butterflies.（私の友達のジャックとトムはチョウが好きです）をもとに，「だれがチョウを好きなのですか」を意味する英文を作る。「だれが」と疑問詞 who が主語になるので，〈**Who + 動詞 ～?**〉の語順とする。

   <u>My friends Jack and Tom</u> like butterflies. ⇒ **Who** / **likes** butterflies?
   (who)　　　　　　　　　　　　　　　　　　　　　　　 S　　　 V

who は3人称単数として扱うので，like は likes にする。 答えるときは，My friends Jack and Tom <u>do</u>. とするのが基本。この do は代動詞。

   答 ② **What do your friends Jack and Tom like?**
   （あなたの友達のジャックとトムは何を好きなのですか）

→ My friends Jack and Tom like <u>butterflies</u>. をもとに，「あなたの友達のジャックとトムは何を好きなのですか」を意味する英文を作る。

「何を」と疑問詞 what は主語ではないので（主語は your friends Jack and Tom），〈疑問詞 + ふつうの疑問文の語順〉とする。

My friends Jack and Tom like butterflies.
　　　　　　　　　　　　　　　　　　what

⇒ **What** / **do** your friends Jack and Tom like?
　疑問詞 +　　一般動詞を用いた疑問文の語順

解 例題2

(1) 答 **Who did you see then?**

→ 主語は「あなたは」の you なので，疑問詞 who は主語ではない。よって，〈疑問詞 + ふつうの疑問文の語順〉とする。

Who / **did** you see then?
疑問詞 + 一般動詞を用いた疑問文の語順

迷ったら I saw Mary then. と適当に答えの文を考えて，Mary を問う疑問文を作ればいい。

(2) 答 **Who saw you then?**

→ 主語は「だれが」の who なので，疑問詞 who が主語の疑問文。よって，〈**Who + 動詞～?**〉の語順とする。

Who / **saw** you then?
　S　　V

迷ったら Jack saw me then. と適当に答えの文を考えて，主語の Jack を問う疑問文を作ればいい。答えるときは saw me then に相当する did を用いて，Jack did. とするのが基本。

(3) 答 **Who lives in that house?**

→「あの家に住んでいるのはだれですか」とは，「だれがあの家に住んでいるのですか」ということ。主語は who（だれが）なので，(2)と同じように〈**Who + 動詞 ～?**〉の語順とする。答えるときは I do. / Tom does. などとするのが基本。

Who / **lives** in that house?
　S　　V

疑問詞を用いた疑問文は，今後あらゆる場面で顔を出す。**疑問詞が主語か主語でないかで，2種類の語順ができる。**仕組みを理解するだけでなく，英文を何度も音読し，スラスラと口から出るようにしておくことが大切だ。

演習問題

問題❶ 次の下線部が答えの中心となる疑問文を作りなさい。

(1) I came here <u>by bus and train</u>.

(2) <u>This</u> is my umbrella.

(3) <u>Something</u> happened to Jack last night.

(4) We talked about <u>the car accident</u>.

(5) The letter is from <u>my cousin</u>.

解 (1) 答▷ **How did you come here?** （ここへはどうやって来たの？）

⇒「私はバスと電車でここに来ました」に対し，「あなたはどのようにしてここに来ましたか」を意味する疑問文を作る。「**どのようにして**」と方法・手段をたずねる疑問詞は **how**。主語は you なので〈**疑問詞 + ふつうの疑問文の語順**〉とする。

(2) 答▷ **Which is your umbrella?** （どれがあなたの傘ですか）

⇒「これが私の傘です」に対し，「どれがあなたの傘ですか」を意味する疑問文を作る。限られた選択肢の中から「**どれ**」と選択を求めるときは，**which** を用いる。状況から，目の前にある傘の中から選ぶのは明らか。「どれが」と疑問詞 which が主語になっているので，〈**Which + 動詞 ～?**〉の語順とする。

(3) 答▷ **What happened to Jack last night?**

（何が昨夜ジャックに起きたのだろうか）

⇒「何かが昨夜ジャックに起きた」に対し，「何が昨夜ジャックに起きたのか」を意味する疑問文を作る。「**何が**」と疑問詞 what が主語になっているので，〈**What + 動詞 ～?**〉の語順とする。which と違い what は範囲を限定せず，不特定のものの中から選択を求める。

(4) 答▷ **What did you talk about?**

（あなたたちは何について話し合ったのですか）

⇒「私たちはその自動車事故について話し合った」に対し，「あなたたちは何について話し合ったのか」を意味する疑問文を作る。 you が主語なので疑問詞 what は主語ではない。よって〈**疑問詞 + ふつうの疑問文の語順**〉とする。

We talked about <u>the car accident</u>. ⇒ **What** / **did** you talk about?
　　　　　　　　　　what　　　　　　　　　疑問詞 + ふつうの疑問文の語順

文末の前置詞 about を落とさず書くのがポイント。

(5) 答▷ **Who is the letter from?** （その手紙はだれからのものですか）

⇒「その手紙は私のいとこからのものだ」に対し，「その手紙はだれからのものか」を意味する疑問文を作る。主語は the letter なので〈**疑問詞 + ふつうの疑問文の語順**〉とする。

The letter is from <u>my cousin</u>. ⇒ **Who** / **is** the letter from?
　　　　　　　　　　who　　　　　　　　疑問詞 + ふつうの疑問文の語順

問題2 次の（　　）内に入れるべき最も適切なものを選びなさい。

(1) **A:** What (　　)? — **B:** She is afraid of dogs.
 ① the girl is afraid　　　② is the girl afraid of
 ③ is afraid of the girl　　④ is the girl afraid

(2) **A:** Jane broke her leg three days ago. — **B:** How (　　) that?
 ① she did do　　② did she　　③ did she do　　④ she did

解 (1) 答〉 ② （その女の子は何を怖がっているのですか。 — 彼女は犬が怖いのです）
 → The girl is afraid of <u>dogs</u>. の dogs を問う疑問文を作ると考えればいい。主語は the girl なので〈疑問詞 ＋ ふつうの疑問文の語順〉とする。**文末の of** を忘れないこと。

　　　The girl is afraid of <u>dogs</u>. ⇒ **What / is** the girl afraid of?
　　　　　　　　　　　　　what　　　　　　　疑問詞 ＋ ふつうの疑問文の語順

　　　　　　　　　　　　　　　　　　　※ be afraid of ～（～を怖がっている）

(2) 答〉 ③ （ジェーンは3日前に足を折ったんだ。 — どうやって折ったんだい？）
 → do that（それをする）とは break her leg（足を折る）のこと。主語は she なので疑問詞 how（どうやって）は主語ではない。よって〈疑問詞 ＋ ふつうの疑問文の語順〉とする。

　　　How / did she do that?
　　　疑問詞 ＋ ふつうの疑問文の語順

🚩 **入試レベルの問題にチャレンジ！**　　　　　　　　　　　　　　解答→別冊 *p.3*

Q 問題1 次の下線部が答えの中心となる疑問文を作りなさい。

(1) The party was <u>great</u>.

(2) <u>We</u> know the answer.

(3) The movie was about <u>Jesus Christ</u>.

Q 問題2 （　　）内の条件に従い，[　　]内の語を並べかえて意味の通る英文を作りなさい。ただし，句読点などは必要に応じて補うこと。

(1) [bike / belong / who / this / does]　（1語補充）

(2) [did / morning / dishes / who / the / this / do]　（1語不要）

Q 問題3 （　　）内の条件に従い，次の日本文を英語に直しなさい。

(1) これらのビンの中身は何ですか。（bottles を使って4語で）

(2) だれと映画を見に行ったのですか。（movies を使って8語で）

例題 1　[　　]内の語を並べかえて，意味の通る英文を作りなさい。
　　　　　　ただし，句読点などは必要に応じて補うこと。

(1) **A:** [last / countries / visit / what / year / you / did]

　　B: Italy and Spain.

(2) **A:** My mother is in hospital. — **B:** [she / which / is / in / hospital]

(3) [rainbow / many / have / a / how / does / colors]

(4) [you / money / need / much / do / how]

疑問詞＋α ❗

疑問詞は単独で使う以外に，〈疑問詞＋α〉の形でも使う。**疑問文としての語順は**〈疑問詞＋α〉を1つの疑問詞として扱う**以外は，疑問詞を単独で使う場合と同じ。** ＋αを伴う疑問詞を次に示す。

1.〈疑問詞＋名詞〉で意味のまとまりを作るもの

① **What ＋ 名詞**(何の〜，どんな〜)

　　What color are your eyes? — They are dark.　※下線部は主語を示す

　　(あなたの目は何色ですか。 — 黒です)

　　※ what は選択の範囲を限定せず使う。

② **Which ＋ 名詞**(どの〜，どちらの〜)

　　Which pen do you want? — I want the blue one.

　　(どちらのペンをほしいのですか。 — 青いほうです)

　　※ which は選択肢が限定された場合に使う。

③ **Whose ＋ 名詞**(だれの〜)

　　Whose phone is this? — It's mine.

　　(これはだれの電話ですか。 — 私のものです)

　　※ **Whose** is this phone?(この電話はだれのものですか)のように，whose は単独で用いて「だれのもの」の意味も表す。

2.〈How ＋ 形容詞[副詞]〉

How は直後に形容詞や副詞を従え，「どれくらい・どの程度〜」を表す意味のまとまりを作る。

① **How old** → 年齢や物の古さをたずねる

　　How old are you? — I'm fifteen (years old).　(何歳ですか。 — 15歳です)

② **How long** → 物や時間の長さをたずねる

　How long is your vacation? — It's two weeks long.

　（休暇はどれくらいありますか。 — 2週間です）

③ **How tall** → 身長や建物などの高さをたずねる

　How tall is that chimney? — It's about sixty feet tall.

　（あの煙突はどれくらいの高さですか。 — 約60フィートです）　※1フィートは約30センチ

④ **How high** → 山や建物の高さをたずねる

　How high are those mountains?

　— They're about two thousand meters high.

　（あれらの山はどれくらいの高さですか。 — 約2000メートルです）

⑤ **How often** → 頻度をたずねる

　How often do you use the Internet? — Every day.

　（あなたはインターネットをどれくらいの頻度で利用しますか。 — 毎日です）

⑥ **How many** + 可算名詞の複数形 → 数をたずねる

　How many *eggs* did you buy at the store? — I bought ten (eggs).

　（その店でいくつ卵を買いましたか。 — 10個買いました）

⑦ **How much** + 不可算名詞の単数形 → 量をたずねる

　How much *snow* did you have last winter? — We had a lot of snow.

　（昨年の冬はどれくらい雪が降りましたか。 — たくさん降りました）

※単独の How

　①**方法・手段**をたずねて「どうやって」

　　How did you get it?　（どうやってそれを手に入れたの）

　②**一時的な状態**をたずねて「どんな様子，どんなふう」

　　How is your new job?　（新しい仕事はどうだい）

解 例題 1

(1)　答 **What countries did you visit last year?**

　　（あなたは昨年どんな国を訪れましたか。 — イタリアとスペインです）

　→「どんな国」は，〈**what** + **名詞**〉を使って what countries とする。what countries で意味のまとまりを作るので，切り離してはいけない。主語は you なので，〈疑問詞 + α + ふつうの疑問文の語順〉となる。

　　I visited Italy and Spain last year.
　　　　　　　what countries

　　⇒ **What countries** / **did you** visit last year?
　　　　疑問詞 + α　　　ふつうの疑問文の語順

　What did you visit countries last year?（×）などとしないこと。

(2) 答 **Which hospital is she in?**

（私の母は入院しています。— どの病院に入院しているのですか）

→ 「どの病院」は，〈**which ＋名詞**〉を使って which hospital とする。which hospital で意味のまとまりを作る。主語は she なので，〈 疑問詞 ＋ α ＋ふつうの疑問文の語順〉となる。be in (the) hospital で「入院している」を意味する。

She is in x hospital. ⇒ **Which hospital** is she in?
　　　which hospital　　　　　　疑問詞 ＋ α　　ふつうの疑問文の語順

Which is she in hospital? （×）などとしないこと。

(3) 答 **How many colors does a rainbow have?**

（虹は何色からなっているのですか）

→ 「いくつの色」は，〈**how many ＋可算名詞の複数形**〉を使って how many colors とする。how many colors で意味のまとまりを作るので，切り離してはいけない。主語は a rainbow なので，〈 疑問詞 ＋ α ＋ふつうの疑問文の語順〉となる。

A rainbow has seven colors.
　　　　　　　how many colors

⇒ **How many colors** / **does** a rainbow have?
　疑問詞 ＋ α　　　　ふつうの疑問文の語順

(4) 答 **How much money do you need?** （いくら必要なのですか）

→ How much do you need money? （×）としないこと。〈**how much ＋不可算名詞**〉で意味のまとまりを作ることに注意。how much money の money を省略して **How much** do you need? とすることもある。

塾技解説 疑問詞は１語で働くとは限らない。**what**，**which**，**whose**，**how** は単独でも使うが，〈疑問詞＋α〉の形でも使うことを忘れてはいけない。

演習問題

問題❶ １語を補い，[ ]内の語（句）を並べかえて，意味の通る英文を作りなさい。ただし，句読点などは必要に応じて補うこと。

(1) **A:** [language / Iraq / they / do / in / speak] — **B:** I don't know.

(2) **A:** [soup / that / kind / of / is] — **B:** It's bean soup.

(3) **A:** [the / the / in / deep / pool / is / water] — **B:** It's six feet deep.

(4) **A:** [buses / run / do / how / the] — **B:** Every fifteen minutes.

(5) **A:** [goes / city hall / bus / the / to] — **B:** That green one goes there.

(6) **A:** [address / which / you / did / the package / send]
B: I sent it to this address.

解 (1) 答 **What language do they speak in Iraq?**

（イラクでは何語が話されていますか。 ― 知りません）

⇒「イラクでは人々は何語を話すのですか」と考える。what language（何語）で意味のまとまりを作る疑問詞＋α。主語は they なので〈疑問詞＋α＋ふつうの疑問文の語順〉とする。この文の they は「（ある地域・場所の）人たち」を意味し，ここでは「イラクの人たち」を意味する。

What language / **do** they speak in Iraq?
疑問詞＋α　　　　　ふつうの疑問文の語順

(2) 答 **What kind of soup is that?**

（あれは何のスープなの。 ― 豆のスープです）

⇒「あれはどんな種類のスープですか」と考える。What kind of ～? は「どんな種類の～」を表す意味のまとまりで，疑問詞＋α に相当。主語は that なので，〈疑問詞＋α＋ふつうの疑問文の語順〉とする。kind のかわりに sort を用いて What sort of ～? としても同じ意味を表す。

What kind of soup / is that?
疑問詞＋α　　　　　　ふつうの疑問文の語順

(3) 答 **How deep is the water in the pool?**

（そのプールの水はどれくらい深いのですか。 ― 6 フィートです）

⇒ deep（深い）は形容詞。〈**How ＋ 形容詞**[副詞]〉で「どれくらい～」と意味のまとまりを作る。what は〈What ＋ 名詞〉で意味のまとまりを作る。

(4) 答 **How often do the buses run?**

（バスはどれくらいの間隔で走っていますか。 ― 15分間隔です）

⇒ every fifteen minutes で「15分ごとに」。この every ～ は「～ごとに，～おきに」を意味する。every four years なら「4年ごとに」，every six hours なら「6時間おきに」となる。よって「バスはどれくらいの頻度で走るのですか」と考えて，how often を用いる。

(5) 答 **Which bus goes to the city hall?**

（どのバスが市役所に行きますか。― あの緑のバスです）

⇒「あの緑のバスが（that green one）」と答えているので，選択肢が限定された状況と考える。よって「どのバスが」と考え，which bus とする。疑問詞＋α である which bus が主語なので，〈**疑問詞＋α＋動詞 ～?**〉の語順とする。

Which bus / **goes** to the city hall?
　　S　　　　　V

(6) 答 **Which address did you send the package to?**
[**To which address did you send the package?**]

（あなたはその荷物をどの住所に送ったのですか。 ― この住所に送りました）

⇒ I sent the package to <u>this</u> address. の this を問う疑問文を作ればいい。「どちらの」と考え which を使うが，「どちらの住所」で意味のまとまりとなるので which address とする。you が主語なので，〈 疑問詞 ＋ α ＋ ふつうの疑問文の語順〉となる。文末には to が残ることに注意。改まった言い方では「前置詞＋名詞」に相当する部分をそのまま文頭に移動させ，To which address ～? とすることもある。

🚩 **入試レベルの問題にチャレンジ！**   解答→別冊 *p.4*

Q 問題 1 対話文が成立するように，（   ）内の語を順番通りに使って英文を完成させなさい。動詞は必要があれば適切な形に変えること。

(1) **A:** (book / borrow)
   B: I borrowed Jack's.

(2) **A:** (how / come / wedding)
   B: A lot of people came to our wedding.

(3) **A:** (temperature / water)
   B: It boils at 100℃ .

Q 問題 2 1語を補い，日本文の意味を表すように，[   ]内の語を並べかえなさい。ただし，句読点などは必要に応じて補うこと。

(1) 何を心配しているの。
   [you / worried / are / what]

(2) 日本の首都はどこですか。
   [capital / Japan / is / the / of]

(3) 彼はどれくらいの割合でゴルフをするのですか。― 月に2回くらいです。
   A: [play / how / he / golf / does] ― **B:** About twice a month.

(4) 東京の人口はどれくらいですか。
   [population / is / how / Tokyo / of / the]

(5) あなたはそれらの中のどれがほしいですか。
   [you / them / which / want / do]

Q 問題 3 （   ）内の条件に従い，次の日本文を英語に直しなさい。

(1) どちらのホテルに滞在しましたか。（stay を使って）

(2) だれの本が床の上に落ちたのですか。（fall を使って）

(3) この手紙はあなたにとってどれくらい重要なのですか。（important を使って7語で）

(4) この教会はいつ建てられたのですか。（is を使って5語で）

例題 1 日本文の意味を表すように，（　）内に適語を入れなさい。

(1) 新しい仕事はどうですか。— とても気に入っています。

　　A: (　　　　　　　　) do you like your new job? — **B:** I really like it.

(2) 新しい家はどのような家ですか。— ちょっと小さいんです。

　　A: (　　　　　　) your new house (　　　　　　)? — **B:** It's a little small.

(3) どうしてそんなことをしたの。

　　(　　　　　　) did you do that (　　　　　)?

(4) そのニュースをどう思いますか。

　　(　　　　　　) do you think of the news?

(5) 顔色が悪いよ。どうかしたの。

　　You look pale. What's the (　　　　　)?

(6) 出身はどこですか。

　　Where (　　　　　) you come from?

(7) 彼に電話をかけ直してみてはどう？

　　(　　　　　) don't you call him back?

(8) あとどれくらいしたらここに到着できますか。— 10分で着けます。

　　A: How (　　　　　) can you get here? — **B:** In ten minutes.

(9) 10分休憩しよう。— 賛成。

　　A: Let's take a ten-minute break. — **B:** Why (　　　　　)?

(10) 彼はそのほかに何と言ったのですか。

　　What (　　　　　) did he say?

会話文でよく用いられる ❗

疑問詞を用いた決まった表現のうち，特に注意すべきものを次に示す。

① **How do you like ～?** 「(好き嫌いについて)～はどうですか」

　　How do you like Japan? — I like it but it's very expensive.

　　(日本はどうですか。— 気に入っていますが，物価がとても高いです)

　　※直訳すると「あなたはどれくらい～が気に入っているか」となる。

② **What is** (主語) **like?** 「(人・物・事)はどのようなものか」

    What's she **like**? — She is kind. / She is tall and slim.

    (彼女はどんな人ですか。 — 親切な人です / 背が高くてほっそりした人です)

    ※ like は前置詞で「〜のような」を意味する。like what の what が文頭に出た形。
      おおよその外観や性質などをたずねる表現。

③ **What 〜 for?** 「何のために，なぜ」

    What did you go there **for**? [= Why did you go there?]

    (なぜそこへ行ったのですか)

    ※ for what (何のために)の what が文頭に出た形。

④ **What do you think of**[**about**] **〜?** 「〜についてどう思いますか」

    What do you think of[**about**] his idea?　(彼の考えをどう思いますか)

⑤ **What's wrong**[**the matter**]**?** 「(相手を気づかって)どうかしたのですか」

    You're late. **What's wrong**?　(遅かったね。どうかしたのかい)

⑥ **Where do you come from?** 「出身はどこですか」[= **Where are you from?**]

    Where does he **come from**? [= Where is he from?]

    (彼の出身はどこですか)

⑦ **Why don't you 〜?** 「(相手に提案して)〜してはどうですか」

    Why don't you go home and get some sleep?　(家に帰って少し眠ったら)

    ※文字通り「なぜ〜ではないのか」の意味でも用いられる。

    Why don't you like him?　(なぜ彼を好きじゃないの)

⑧ **How soon 〜?** 「あとどれくらいしたら」

    How soon does the next bus leave?

    (次のバスはあとどれくらいしたら出ますか)

    ※直訳すると「どれくらいすぐに」。

⑨ **Why not?** 「(提案などに同意して)うん，そうしよう，賛成」

    Shall we go swimming in the sea? — **Why not**?

    (海に泳ぎに行こう — うん，そうしよう)

    ※ 相手の否定に対して「どうしてだめなのか」の意味でも使う。

    I can't go. (行けないんだ)— **Why not**? (どうしてだめなの？)

⑩ 疑問詞 + else 〜? 「そのほかに(だれ・何など)」

    Who else did you see?　(そのほかにだれを見ましたか)

    ※ Who did you see? の who の直後に else を置いた形。

(1) 答〉 **How**

→ 注意すべき表現①と同型の文。How を What としないよう注意。

(2) 答〉 **What's, like**

→ 注意すべき表現②と同型の文。外観や性質など，だいたいの概念をたずねる表現。

(3) 答〉 **What, for**

→ 注意すべき表現③と同型の文。**Why** did you do that? と意味は同じ。

(4) 答〉 **What**

→ 注意すべき表現④と同型の文。what の代わりに how を用いて，How do you think of ～?（×）としないこと。**How do you feel about** the news? なら，同じような意味を表す正しい英文となる。

(5) 答〉 **matter**

→ 注意すべき表現⑤と同じ文。What's the wrong?（×）としないこと。wrong（調子が悪い）は形容詞なので, the は不要。the matter は「困った［やっかいな］こと」を意味する。主語は what で「何が困ったことですか」が直訳。**What's up?** としても同じような意味を表す。look pale は「顔色が悪い」を意味する。「顔が悪い」ではない。

(6) 答〉 **do**

→ 注意すべき表現⑥と同じ文。did としないよう注意。

(7) 答〉 **Why**

→ 注意すべき表現⑦と同型の文。call ～ back は「（かけられた方から）～に電話をかけ直す」。

(8) 答〉 **soon**

→ 注意すべき表現⑧と同型の文。get to ～（～へ到着する）の to は here（ここへ）の中に含まれている。In ten minutes. の in は「今から～あとに」を意味する重要な in。

I'll be back **in** a few minutes.（数分したら戻ってきます）

(9) 答〉 **not**

→ 注意すべき表現⑨と同じ文。この場合は Yes, let's. などとしても同じ内容となる。

(10) 答〉 **else**

→ 注意すべき表現⑩と同型の文。What did he say?（彼は何と言いましたか）の
what の直後に else を置いた形。**else は左の疑問詞にかかっている。** other（ほかの）は other people のように右の名詞にかかる。

決まった表現ではあっても，疑問詞を用いた疑問文の語順は〈疑問詞 **＋** ふつうの疑問文の語順〉，〈疑問詞 **＋** 動詞〉の2パターンだけであることに変わりはない。そのことを確認した上で，音読をくりかえそう！

入試レベルの問題にチャレンジ！

解答→別冊 *p.5*

Q 問題 1　1語を補い，日本文の意味を表すように，[　　]内の語を並べかえなさい。ただし，句読点などは必要に応じて補うこと。

(1) 試験はどうだった？ ― 難しかったよ。
　　A: [exam / like / was / the] ― **B:** It was difficult.

(2) あとどれくらいしたら準備ができますか。
　　[ready / can / you / get / how]

(3) そのパーティーにはほかにだれがいましたか。
　　[party / who / at / was / the]

(4) 昨夜のショーはどうだった？ ― すばらしかったよ。
　　A: [you / night / show / did / last / the / like] ― **B:** It was great.

(5) 彼の意見をどう思いますか。
　　[about / do / opinion / you / his / what]

(6) お母さんが君に用があるみたいだよ。 ― 何の用だろう。
　　A: Your mother wants you. ― **B:** [want / what / she / me / does]

(7) どうかしたの？少し元気がないようだけど。
　　[what's]　You look a little down.

Q 問題 2　（　　）内の条件に従い，次の日本文を英語に直しなさい。

(1) なぜ彼女と会ったのですか。（meet を使って6語で）

(2) ケンのご両親はどんな人ですか。（like を使って5語で）

(3) ほかにだれが空港まで彼女を見送りに行ったのですか。（10語で）

例題 **1** 　1語を補い，日本文の意味を表すように，[　　]内の語を並べかえなさい。ただし，句読点などは必要に応じて補うこと。

(1) 今日は何日ですか。— 5月19日です。
　　A: [the / today / what / is] — **B:** It's May 19.

(2) ここから駅までどれくらいの距離ですか。— 500メートルくらいです。
　　A: [far / here / is / to / how / the / from] station?
　　B: It's around 500 meters.

(3) 昨日はどんな天気でしたか。— 曇っていました。
　　A: [yesterday / weather / was / the] — **B:** It was cloudy.

(4) ここは暗い。　　[dark / here]

主語の it にもいろいろある ❗

1．前の名詞を指す主語の it

すでに述べた人間以外の名詞を指すのが it の基本。主語になっているときは「それは」などと訳すことが多い。

　　The car is good, but **it**'s expensive.　（その車はいいものだが，値段が高い）
　　　　　　　　　　　　 = the car

2．特定の1つを指さない主語の it

主語の it には，**特定の1つを指さない特別な用法**がある。日本語には訳さない。

1）時間（時刻・曜日・日付・季節など）を表す
　　What day is **it**?　（今日は何曜日？）— **It**'s Thursday.　（木曜日だよ）

2）天気を表す
　　Does **it** snow very often?　（雪はよく降るのですか）

3）距離を表す
　　It is two kilometers to the post office.　（郵便局まで2キロあります）

4）明暗を表す
　　In winter **it** is dark at six o'clock.　（冬は6時で暗い）

5）寒暖を表す
　　It is hot in this house.　（この家は暑い）

6）漠然とした状況・事情を表す
　　It is noisy in that room.　（あの部屋は騒がしい）

3. 時間・天気・距離のたずね方と基本的な答え方

★ 時刻の表し方

What time is it? (今何時ですか) との問いには,

It is seven (o'clock). （7時です）/ **It is** six forty-two. （6時42分です）

のように, 〈It is 時 ＋ 分.〉と答えるのが基本だが, 次の表し方も覚えておこう。

① **It is 分 ＋ after [past] ＋ 時.** （○時△分過ぎです）← 30分までの言い方

7:05 → **It's** five   after [past] seven. （7時5分過ぎです）

7:15 → **It's** (a) quarter after [past] seven. （7時15分過ぎです）

※ (a) quarter ＝ fifteen minutes（15分）

7:30 → **It's** half   after [past] seven. （7時30分です）

※ half ＝ thirty minutes（30分）

② **It is 分 ＋ to [of] ＋ 時.** （○時△分前です）← 30分を過ぎてからの言い方

7:40 → **It's** twenty   to [of] eight. （8時20分前です）

7:45 → **It's** (a) quarter to [of] eight. （8時15分前です）

★ 曜日と日付のたずね方

① （今日は）何曜日ですか。

What day of the week is it (today)?

What day is it (today)?

What day is today? — **It's** Wednesday. （水曜日です）

② （今日は）何月何日ですか。

What day of the month is it (today)?

What day of the month is (today)?

What is the date today?

— **It's** August 30. （8月30日です）

※ August 30 は August (the) thirtieth, the thirtieth of August などと読む。

★ 天気と距離のたずね方

① どんな天気ですか。

How is the weather? / What is the weather like?

— **It is** clear [sunny / cloudy / rainy / snowy / windy / foggy / humid].

（快晴[晴れ / 曇り / 雨 / 雪 / 風が強い / 霧が出ている / 湿度が高い]です）

② **A から B までどれくらいの距離ですか。**

How far is it from A to B? — **It is** two kilometers. （2キロです）

時間・天気・距離のたずね方と基本的な答え方は, スラスラと口から出るよう何度も音読しておくことが大切。

解 例題 1

(1) 答 **What is the date today?**

→ 主語を the date とする，日付をたずねる基本表現。

(2) 答 **How far is it from here to the** (station?)

→ 距離をたずねる How far is it from A to B? の主語は it。

(3) 答 **How was the weather yesterday?**

→ 天気をたずねる基本表現。この how は一時的な状態をたずねて「どんな様子，どんなふう」を意味する。主語は the weather。

(4) 答 **It's dark here.**

→ 明暗を表すので，主語を it とする。日本語で考えると Here is dark.（×）となりそうだが，〈Here is[are] ＋ 名詞.〉は「ここに～がある」の意味で使う。
Here is your book.　（ここに君の本があるよ）

 英文に接するときは常に，「主語は何か」を考えることが大切だ。特に**主語の it を見たらどんな使われ方をしているのか**をチェックする習慣をつけよう。

演習問題

(問題❶)　それぞれの時刻を表すように，(　　)内に適語を入れなさい。

(1) 4:40です。(　　　　) (　　　　) (　　　　).

(2) 3:05です。It's (　　　) (　　　　) (　　　　).

(3) 9:30です。It's (　　　) (　　　　) (　　　　).

(4) 1:45です。It's (　　　) (　　　　) (　　　　).

(5) 2:55です。It's (　　　) (　　　　) (　　　　).

解 (1) 答 **It's four forty**
⇒ four，fourteen，forty のつづりに注意。

(2) 答 **five after[past] three**
⇒「3時5分過ぎ」と考える。「分」が先，「時」があと。

(3) 答 **half after[past] nine**
⇒「9時30分過ぎ」と考える。after や to の前の30分はふつう **half** を使う。

(4) 答 **quarter to[of] two**
⇒「2時15分前」と考える。after や to の前の15分はふつう (a) quarter を使う。

(5) 答 **five to[of] three**
⇒「3時5分前」と考える。It's two <u>fifty five</u>. としないこと。fifty-five は1語。

問題**2** 日本文の意味を表すように，（　　　）内に適語を入れなさい。

(1) **A:** 今日は何月何日ですか。
What (　　　　) (　　　　) (　　　　) (　　　　) (　　　　) (　　　　) today?
B: 2月20日です。
(　　　　) (　　　　) 20.

(2) **A:** ロサンゼルスは今日はどんな天気ですか。
(　　　　) the weather (　　　　) in Los Angeles today?
B: いつものように晴れています。It's sunny as usual.

解 (1) 答 **A: day of the month is it　B: It's February**
⇒ of the month を省略すると，ふつう「何曜日ですか」の意味になる。

(2) 答 **What's，like**
⇒ What is the weather like? は，What is（主語）like?「（人・物・事）はどのようなものか」の主語を the weather としたもの（塾技**3** 疑問詞を用いた注意すべき表現参照）。

🚩 **入試レベルの問題にチャレンジ！**　　　　　　　　　解答→別冊 p.6

Q 問題**1** **It's very late. Let's go home now.** の下線部 **it** と，同じ使い方の **it** を含む文を1つ選びなさい。

① We can walk home. <u>It</u> isn't far.
② <u>It</u>'s hot in this room. Open the window.
③ Now <u>it</u>'s your turn.
④ **A:** Where is the car key? — **B:** <u>It</u>'s on the table.
⑤ Why is <u>it</u> light in the day and dark at night?
⑥ <u>It</u>'s Jane's birthday today.
⑦ <u>It</u> was very windy this morning.

Q 問題**2** 次の英文の中で，誤りのあるものを1つずつ選びなさい。

(1) ① It is a lot of rain here in winter.　② It's very rainy here in winter.
③ We have a lot of rain here in winter.　④ There is a lot of rain here in winter.

(2) ① What is the weather like there?
② How's the weather in Chicago in summer?
③ What the weather was like on your vacation?
④ What's the weather like in Los Angeles today?

例題 1 日本文の意味を表すように，（　　）内の語を適切な形に直しなさい。

(1) 地球は太陽のまわりを回っている。

　　The earth (　go　) around the sun.

(2) だれかがドアをノックしている。

　　Someone (　knock　) on the door.

(3) 私たちはあなたの助けを必要としている。

　　We (　need　) your help.

「～している」に注意 ❗

1. 進行形が表す意味

進行形〈be 動詞 + ～ing〉は動きを感じさせる生き生きとした様子を伝え，「未完結で一時的な状態」を表す。現在進行形は「～している，～しかけている」と訳すことが多い。

　　The phone **is ringing**. （電話が鳴っている）

しかし，現在進行形だからといってすぐに「～している」と訳してはいけない。stop（止まる）を用いた進行形の The bus is stopping. を，「バスが止まっている」とは訳せない。これでは動きを感じさせる生き生きとした様子は伝わらないし，stop（止まる）という行為が「未完結」，つまりまだ「止まっていない」という進行形の表す意味に合わない。

　　The bus is stopping. は，「バスは止まろう<u>としている</u>」

という一時的状態を表している。

　　The whale is dying. なら，「そのクジラは死に<u>かけている</u>」となる。

2. 動作を表す動詞と状態を表す動詞

動詞には sing, run のような**動作を表す**「動作動詞」と，know, want のような**状態を表す**「状態動詞」があるが，進行形は「状態」を表すので，始めから状態を表す「**状態動詞**」はふつう進行形にしない。

　　I know[× am knowing] her phone number.
　　（私は彼女の電話番号を知っている）

> ▶ふつう進行形にしない主な状態動詞
>
> **have**（持っている），**know**（知っている），**want**（ほしい），**like**（好きだ），
> **love**（愛している），**need**（必要としている），**understand**（理解している），
> **believe**（信じている），**belong to ~**（～に所属している）

３．現在形が使われるとき

動詞の現在形は，現在のことというよりは，主に「普段」のことを表すときに使う。

> He **drives** to work.（彼は車で仕事に行く）
>
> Water **boils** at 100℃.（水は100℃で沸騰する）

はどちらも普段・いつもの状況を表している。

> I **work** at a hospital. であれば，ふつう「私は（普段）病院で<u>働いている</u>」を意味する。

解 例題 **1**

(1) 答 **goes**

→「地球が太陽のまわりを回る」のは「一時的状態」ではなく「普段」のこと。よって現在形で表す。

(2) 答 **is knocking**

→「だれかがドアをノックしている」のは進行中の動作で，「未完結で一時的な状態」。よって進行形とする。

(3) 答 **need**

→ need（必要としている）は状態動詞なので，ふつう進行形にはしない。

 進行形 →「～している」と単純に考えないこと。訳し方を覚えるのではなく，それぞれの表現形式がどんな内容を表すのか，どんな時に使われるのかをきちんと押さえることが肝心。「～している」が必ずしも進行形とは限らない。

✎ 演習問題

問題 ❶ 次の英文を日本語に直しなさい。

(1) **A:** What are you doing? — **B:** I'm doing my homework.

(2) **A:** What do you do? — **B:** I drive a bus.

(3) The long hot summer is ending.

(4) Jack is kicking a ball.

(解) (1) **A:** あなたは(今)何をしているのですか。— **B:** 宿題をしています。

⇒ 現在進行形なので，今現在の一時的状態をたずねている。

(2) **A:** あなたのお仕事は何ですか。— **B:** バスの運転手です。

⇒ 現在形なので前の文は「あなたは普段何をしているのですか」，つまり職業をたずねていると考える。What do you do ? は職業をたずねる表現のひとつ。あとの文は「私は普段バスを運転しています」から，仕事はバスの運転手だと答えていると考える。I'm a bus driver. と同じ内容。

(3) 長く暑い夏が終わろうとしている。

⇒ 進行形は「未完結で一時的」な状態を表すので，is ending はまだ end (終わる) してはいない。今 end しかけていることを表している。よって「長く暑い夏は終わっている」としてはならない。

(4) ジャックはボールを(くりかえし)けっている。

⇒ kick (ける) のような瞬間的に終わる動作は，進行形ではくりかえしを意味する。

(問題) **2** 日本文の意味を表すように，(　　)内の語を用いて，英文を完成させなさい。

(1) **A:** ルーシーは夜は何をしているのですか。

What ＿＿＿＿＿＿＿＿＿＿＿＿＿＿＿＿ in the evening ? (Lucy / do)

B: たいていはピアノの練習をするか勉強をしています。

She ＿＿＿＿＿＿＿＿＿＿＿＿＿. (usually / practice / or / study)

(2) **A:** ジャックは何をしているのですか。

What ＿＿＿＿＿＿＿＿＿＿＿＿＿＿＿? (Jack / do)

B: 顔を洗っています。

He ＿＿＿＿＿＿＿＿＿＿＿＿＿ his face. (wash)

(3) **A:** 毎日歯をみがいていますか。

＿＿＿＿＿＿＿＿＿＿＿＿＿ your teeth every day ? (brush)

B: はい，1日に3回みがいています。

Yes, I ＿＿＿＿＿＿＿＿＿ my teeth three times a day. (brush)

(解) (1) **A:** What **does Lucy do** in the evening?

B: She **usually practices the piano or studies**.

⇒ 日本文から，Lucy が普段夜に何をしているかについての会話と考える。よって現在形で表す。主語の she は3人称単数なので，副詞の usually のあるなしにかかわらず practices, studies としなくてはならない。また usually のような頻度を表す副詞はふつう一般動詞の前に置く (塾技**20** 副詞(1)参照)。

(2) **A:** What **is Jack doing**?

B: He **is washing** his face.

⇒日本文から，今現在の Jack の一時的状態（進行中の動作）に関する会話と考える。よって現在進行形で表す。

(3) **A: Do you brush** your teeth every day ?
　　 B: Yes, I **brush** my teeth three times a day.
　　⇒日本文から，you が普段歯をみがいているかをたずねる会話と考える。よって現在形で表す。three times a day（1日に3回）/ twice a day（1日に2回）/ once a day（1日に1回）。

🚩 入試レベルの問題にチャレンジ！

解答→別冊 p.7

Q 問題 1 次の（　　）内に入れるべき最も適切なものを選びなさい。

(1) Look out! A car (　　) from behind.
　　① came　　② comes　　③ coming　　④ is coming

(2) The kettle (　　) now.
　　① boiled　　② boils　　③ is boiling　　④ boil

(3) She usually (ア) coffee but today she (イ) tea.
　　ア　① drink　　② is drinking　　③ drinks　　④ drinking
　　イ　① drinks　　② drinking　　③ drink　　④ is drinking

(4) The Tone River (　　) into the Pacific Ocean.
　　① run　　② runs　　③ is running　　④ ran

(5) This T-shirt isn't Jim's. It (　　) to me.
　　① is belonging　　② belong　　③ is belong　　④ belongs

Q 問題 2 ［　　］内から動詞を選び，現在形か現在進行形に直して（　　）内に入れなさい。(5)以外は同じ動詞を2度使わないこと。

［ look / take / have / smoke / make ］

(1) My father (　　　　　　) twenty cigarettes a day.

(2) Nurses (　　　　　　) care of patients in hospitals.

(3) A: Where is Jack?
　　 B: He (　　　　　　) a bath.

(4) She (　　　　　　) like her mother.

(5) A: This air conditioner (　　　　　　) a very strange noise.
　　 B: It always (　　　　　　) a noise like that.

例題 1 次の( )内の語を適切な形に直しなさい。

(1) I (ア. call) Henry yesterday evening, but he wasn't at home.
He (イ. study) in the library.

(2) We all (believe) the story, but it was not true.

(3) I (watch) TV when there was a knock on the door.

例題 2 次の日本文を英語に直しなさい。

A: おなかすいた？
B: Not really.

過去進行形と接続詞 when !

1. 過去進行形

過去進行形〈**was**[**were**] + **~ing**〉は，時が過去に移っただけで，使い方は現在進行形と変わらない。「～していた，～しかけていた」などと訳すことが多い。動きを感じさせる生き生きとした様子を伝え，「未完結で一時的な状態」を表すことを忘れてはいけない。

I **was** just **going** out then. （私はその時ちょうど出かけようとしていた）

2.〈when + S + V〉

接続詞 **when** は過去進行形とともに使われることが多い。

I **was** just **going** out then. （私はその時ちょうど出かけようとしていた）

この文の then を具体的な内容にかえると，

I **was** just **going** out **when** the phone rang.
（電話が鳴った時，私はちょうど出かけようとしていた）

などとすることができる。
この when は S + V と S + V を結ぶ接続詞で「～する時に」を意味し，**when + S + V ~** がひとまとまりとなって動詞を修飾している。接続詞 when は**後ろの S + V とまとまりを作り**，「～する時に」を表していることに注意。

I **was taking** a shower / **when** the phone rang.

（電話が鳴った時，私はシャワーをあびていた）

また，**when＋S＋V～** を丸ごと文の先頭に持ってきて，

When the phone rang, I **was taking** a shower.

とすることもできる（この場合は，文の切れ目にふつうコンマを置く）。

※この **when＋S＋V ...** のまとまりを副詞節と呼ぶ。**副詞節**とは副詞（名詞以外を修飾する）の働きをする節（S＋Vを含む意味・働きのまとまり）を意味する（**塾技59** 従位接続詞(1)参照）。

解 **例題 1**

(1) **答** ア．**called** イ．**was studying**

（昨日の夕方ヘンリーに電話をしたのだが，彼は家にいなかった。彼は図書館で勉強していたのだ）

→アは「電話をかけた」ので過去形，イは「（その時）勉強していた」のだから過去進行形となる。「～に電話をかける」は **call ～**，call <u>to</u> ～は「～に呼びかける」を意味する。

I **called to** the boy.（私はその少年に呼びかけた）

(2) **答** **believed**

（私たちは全員その話を信じていたが，それは本当ではなかった）

→ believe（信じている）は**状態動詞**なので，ふつう**進行形では使わない**（**塾技5** 現在進行形と現在形参照）。

(3) **答** **was watching**

（ドアをノックする音がした時，私はテレビを見ていた）

→「ドアをノックする音がした時」という過去の時点に，「テレビを見ていた」のだから過去進行形で表す。

解 **例題 2**

答 **Are you hungry?**

→「おなかすいた？」は「今おなかがすいているか」ということ。「おなかすいた」の「た」につられて Were you hungry?（×）（〔あの時〕おなかがすいていましたか）としてはいけない。これでは会話がかみ合わない。日本語の言い回しにつられて，過去形と決めつけないように注意しよう。答えの Not really.（いや，それほどでも）は，やわらかく否定するようなときに使われる。

日本語⇄英語を機械的に置きかえるのではなく，どんな状況・内容を表す文なのかを具体的にイメージする習慣を身につけよう。音読するときも，このイメージが重要。

問題❶ 日本文の意味を表す英文となるように, ( )内の指示に従い, [ ]内の語を並べかえなさい。ただし, 句読点などは必要に応じて補うこと。

(1) その日の夜の12時にあなたは何をしていましたか。
[at / that / doing / what / you / on / midnight] day? （1語補充）

(2) 今朝何時に目が覚めましたか。（1語不要）
[wake / time / morning / you / this / what / in / did / up]

(3) その地震が起きた時, 彼はシャワーをあびていた。（2語補充）
He [happened / a / when / shower / earthquake / the].

解 (1) **答** **What <u>were</u> you doing at midnight on that** (day?)
⇒ midnight は「夜の12時」という時刻を意味する。「（ある時刻）に」は〈**at + 時刻**〉で表すので,「6時に」は at 6:00,「夜の12時に」は at midnight,「正午に」は at noon となる。「夜中に」は in the middle of the night。on that day の on は「日付・曜日」の on。「何をしていましたか」は過去進行形で表すので, were を補充する。

(2) **答** **What time did you wake up this morning?** （in が不要）
⇒「午前中に」は in the morning だが,「今朝」は this morning で in は不要。in (the) summer に対し this summer, on Sunday に対し last Sunday など,〈**this[last] + 時**〉の前に前置詞は**不要**と覚えておく（**塾技⑤⑥** 前置詞⑵参照）。wake up は「目を覚ます」, get up は「起きる, 起床する」。

(3) **答** (He) **<u>was</u> <u>taking</u>[having] a shower when the earthquake happened**.
⇒「シャワーをあびる」は take[have] a shower。when the earthquake happened（その地震が起きた時）という過去の時点に,「シャワーをあびていた」のだから過去進行形で表す。

問題❷ 次の( )内に入れるべき最も適切なものを選びなさい。

(1) You're late. The meeting ( ) thirty minutes ago.
① finish ② finishes ③ finished ④ was finishing

(2) When the light went out, I ( ) a cake.
① making ② make ③ made ④ was making

(3) The house ( ) on top of a small hill.
① was standing ② is standing ③ stood ④ stand

(4) It ( ) when we went out.
① was rain ② was raining ③ was rained ④ rained

解 (1) **答** ③ （遅いよ。会議は30分前に終わったよ）

⇒ 進行形の was finishing は finish（終える）が未完結な状態を表すので「終わろうとしていた」となるが，ここでは意味をなさない。thirty minutes ago とあるので①②は問題外。

(2) **答** ④ （明かりが消えた時，私はケーキを作っていた）

⇒ この文の go out は「（火・明かりが）消える」を意味する。「明かりが消えた」という過去の時点に「ケーキを作っていた」のだから，過去進行形で表す。

(3) **答** ③ （その家は小高い丘の上に建っていた）

⇒ stand は，建物など簡単に移動できないものが主語の時は進行形で使わない。動きを感じさせる生き生きとした様子は感じられないし，「一時的な状態」も表さないからだ。人や動物が主語の時は進行形で使う。

　　　Somebody **was standing** at the gate.
　　　（だれかが門のところに立っていた）

④ は stands であれば正しい。

(4) **答** ② （私たちが外へ出ると，雨が降っていた）

⇒ 「私たちが外へ出た」という過去の時点に，「雨が降っていた」のだから過去進行形で表す。①や③のような言い方はしない。

⚑ 入試レベルの問題にチャレンジ！
解答→別冊 p.8

Q 問題 1 次の（　　）内の語（句）を最も適切な形に直しなさい。

(1) When I (look) for my passport, I found this old photograph.

(2) The police (stop) me on my way home last night.

(3) I got a small package by mail. When I (ア．open) it, I (イ．find) some old letters in it.

(4) He (always wear) sneakers when he walked to the office.

(5) I (ア．meet) Mr. and Mrs. Suzuki at Haneda Airport last month. They (イ．go) to Sendai and I (ウ．go) to Osaka. We talked there for a few minutes.

Q 問題 2 （　　）内の条件に従い，次の日本文を英語に直しなさい。

(1) 私がそこに着いた時，彼女は昼食を食べていた。（have, arrive を使って）

(2) 疲れたし，のども渇いた。一休みしよう。（下線部を I を使って）

例題**1** 次の英文を日本語に直しなさい。

(1) **A:** The phone is ringing. — **B:** I'll get it.

(2) According to the TV, it will rain tomorrow.

例題**2** 次の英文に誤りがあれば訂正しなさい。

(1) He will be in the library now.

(2) If it will rain tomorrow, I will stay at home.

> ### 助動詞 will が表す２つの意味 !

１．意志と推量

助動詞 **will** は「意志」と「推量」を表す。助動詞なので，原形動詞とともに用いる。

(1)「意志」を表す **will**

相手の My bag is heavy.（かばんが重い）という言葉を聞いて，

    I'll carry it for you. （僕が運んであげるよ）

と言うように，will は特に「その場で決めた意志」を表す。「〜しよう・するよ・します」などと訳すことが多い。

(2)「推量」を表す **will**

    She **won't**〔**will not**〕come today. （彼女は今日は来ないだろう）

のような**未来のことに対する推量**のほかに，

    She **will** be at home now. （彼女は今家にいるだろう）

のように，will は**現在時に対する推量**の意味でも使う。「〜だろう・でしょう」などと訳すことが多い。

２．if に続く動詞

「もし〜なら」を意味する接続詞 **if** 節の動詞は，未来のことでも will は使わず現在形にする。接続詞 when 〜（〜する時）と同じように，接続詞 if 〜（もし〜なら）も，S + V と S + V を結ぶ（塾技**6** 過去進行形と過去形参照）。

    If she comes tomorrow, I'll give this to her.
    〔I'll give this to her **if** she comes tomorrow.〕
    （彼女が明日来たら，これを渡すつもりだ）

⚠ 下線部の動詞を tomorrow があるからといって，will come とはしない。条件を表す if は，〈**If + S +** 動詞の現在形 **〜 , S + will +** 原形動詞 **....**〉が基本形と覚えておく。

※一般に「時や条件を表す副詞節中では，未来のことでも現在形で表す」が，詳しくは **塾技59** 従位接続詞(1)で扱う。

解 例題 1

(1) **答** A: 電話が鳴っているよ。 ― B: 私が出ます。

→ I'll［I will］get it. の will は「**意志**」を表す。電話が鳴る音を聞いて「私が出ます」とその場で決めた意志を表している。

(2) **答** テレビによると，明日は雨が降るらしい。

→ will が「**推量**」を表している。according to 〜（〜によれば）。

解 例題 2

(1) **答** 誤りなし

(彼は今図書館にいるだろう)

→「**推量**」の will は未来だけでなく，**現在時に対する推量**も表す。He is in the library now. (彼は今図書館にいます) は推量ではなく，現在の事実を表している。

(2) **答** **will rain → rains［is rainy］**

(明日雨が降れば，私は家にいるつもりです)

→「もし〜なら」の if 節では，未来のことでも **will** は使わず動詞は現在形にする。現在形なので rain ではない。また，何度か触れていることではあるが，It is rain 〜. という言い方はしない。

will は未来を表すときに使う，といった漠然とした覚え方ではなく，「**意志**」や「**推量**」を表すときに使うということを忘れないでおこう。「もし〜なら」の **if** 節では未来のことでも **will** は使わず，**動詞は現在形にする**。これは入試でもよく問われるポイントだ。

🖊 **演習問題**

問題 1 次の(　　)内から，最も適切なものを選びなさい。

(1) いすは必要？ ― いや，だいじょうぶ。床の上に座るから。

A: Do you need a chair?
B: No, it's OK. (I sit / I will be sit / I'll sit) on the floor.

41

(2) それをしてくれますか。— いいですよ。

    A: (Please / Do / Will / Shall) you do it? — **B:** All right.

(3) コーヒーを飲みませんか。— いいえ，けっこうです。

    A: (Do / Aren't / Will / Shall) you have a cup of coffee? — **B:** No, thank you.

(4) 今晩電話しましょうか。— ええ，お願いします。

    A: (Will / Shall / Am / Do) I call you tonight? — **B:** Yes, please.

(5) 散歩に行きませんか。— ええ，行きましょう。

    A: (Shall / Let's / Will / Do) we go for a walk? — **B:** Yes, let's.

(6) どこへ行こうか。— 映画を見に行こうよ。

    A: Where (do / let's / will / shall) we go? — **B:** Let's go to the movies.

(解) (1) 答 **I'll sit**

    ⇒「床の上に座るから」はその場で決めた意志を表しているので I will sit の I will の短縮形を用いた **I'll sit** とする。sit は一般動詞なので be 動詞は不要。

(2) 答 **Will**

    ⇒主語の you がそれをする (do it)「意志」があるかとたずねている。**Will you ～?** は「(あなたは) ～する意志はありますか」から，「～してくれますか」と**依頼**を表す。Will you do it? は，依頼を意味している状況でなければ，「あなたはそれをするつもりですか」の意味にもなる。

(3) 答 **Will**

    ⇒主語の you がコーヒーを飲む意志があるかとたずねている。Will you ～? は「(あなたは) ～しませんか」と**勧誘**の意味を表すこともある。

(4) 答 **Shall**

    ⇒**Shall I ～?** は「(私は) ～しましょうか」と**相手の意向をたずねる**表現。shall は助動詞なので〈Shall I + 原形動詞 ?〉となる。

(5) 答 **Shall**

    ⇒**Shall we ～?** は「(私たちは) ～しましょうか」と何かを**提案**する時に使う表現。**Let's** go for a walk. と似たような意味を表す。

(6) 答 **shall**

    ⇒shall we ～? は**疑問詞とともに用いて，相手に提案を求める**時にも使う。

(問題❷) 日本文の意味を表すように，[　　]内の語を並べかえなさい。ただし，句読点などは必要に応じて補うこと。

(1) 早く帰ってこいよ。— あまり長くはかからないよ。

    A: Don't be long. — **B:** [be / long / I / very]（1語補充）

(2) 彼女は急がないと学校に遅刻するだろう。

    [for / she / she / hurry / school / if / will / late]（2語補充）

(解) (1) **(答)** **I won't be very long.**

⇒ 命令文 **Don't be long.** の long は「(時間が) 長くかかる」を意味する形容詞で，「長くかかってはいけない」が直訳。「あまり長くはかからないよ」は「とても長くかかるつもりはない」とその場で決めた意志を表しているので，will not の短縮形 won't を用いて **I won't be very long.** とする。どちらもよく使うフレーズなので，このまま覚えておこう。

(2) **(答)** **If she <u>doesn't</u> hurry, she will <u>be</u> late for school.**
〔**She will <u>be</u> late for school if she <u>doesn't</u> hurry.**〕

⇒ 条件を表す if 節の動詞は未来のことでも **will は使わず現在形**とするので，if she won't hurry としてはいけない。「～に遅れる」は be late for ～（late は形容詞）。助動詞 will のあとなので，原形動詞の be のまま使う。この文の will は「**推量**」を表す。

🚩 **入試レベルの問題にチャレンジ！** 解答→別冊 *p.9*

Ｑ 問題 1 Ⅰ群とⅡ群からそれぞれ1語ずつ補い，[　]内の語(句)を並べかえて英文を完成させなさい。ただし，Ⅰ群の語を使わないものが1つだけある。句読点などは必要に応じて補うこと。

Ⅰ群 (will / won't / shall / 'll / 使わない)　　Ⅱ群 (watch / tell / open / turn / give)

(1) **A:** This is a secret. — **B:** Don't worry. [anybody / I]

(2) I like baseball. [TV / a lot of / games / on / I / baseball]

(3) **A:** This letter is for Tom. — **B:** [it / him / I / to]

(4) **A:** It's dark in this room. — **B:** [the / on / light / I]

(5) It's a little hot in this room. [window / you / the]

Ｑ 問題 2 (　)内の条件に従い，次の日本文を英語に直しなさい。

(1) どこで昼食を食べようか。 — 角のイタリアンレストランに行こうよ。（下線部を5語で）

(2) もし来週彼が来たら，この手紙を渡してください。（please で始めて give を使って）

例題 1 次の英文を日本語に直しなさい。

(1) Look at the sky. It's going to rain.

(2) I'm going to play tennis with Mary tomorrow morning.

例題 2 次の英文に誤りがあれば訂正しなさい。

I'm playing tennis with Mary tomorrow morning.

---

will 以外の未来を表す表現 !

1. be going to 〜が表す2つの意味

be going to 〜は,「計画・予定」と「予測」を表す。〈is[am, are] going to + 原形動詞〉の形で使う。

(1)「計画・予定」を表す **be going to 〜**

明日の予定を聞かれて,

　　I'm going to study with Jack tomorrow.
　　(明日はジャックと勉強するつもりでいます)

と,「**すでに決めてある計画・予定**」を表すときに be going to 〜が使われる。「**〜するつもりでいる**」などと訳すことが多い。will が「**その場で決めた(思いついた)意志**」を表すのに対し, be going to 〜はもうやるとすでに決めてあることを言うときに使う。I'm tired. I'<u>ll</u> go to bed early tonight. (疲れた。今晩は早く寝よう)は, その場で思いついた意志を表している。

(2)「**予測**」を表す **be going to 〜**

寝坊して, **I'm going to** be late. (遅刻しそうだ)と,「**未来の予測(〜だろう, しそうだ)**」を表すときにも be going to 〜が使われる。will は未来だけでなく現在のことに対する推量の意味でも使うが, be going to 〜 は**未来に対する場合**にだけ使われる。

be going to 〜の be going は go の進行形で「向かっている, 進んでいる」, to 〜はこれから向かう方向・到達点を表すので, be going to 〜はそのまま解釈すれば「**〜することへと向かっている**」という意味を表す。そこから「**計画・予定**」や「**予測**」を表すことになる。

2. 現在進行形(is[am, are] + 〜ing)も「計画・予定」を表す

現在進行形は進行中の動作を表すだけでなく, be going to 〜と同じように「**すでに決めてある未来の計画・予定**」を表すことができる。現在進行形が推量や予測を表すことはない。

I'm studying with Jack **tomorrow**.　（明日はジャックと勉強する予定です）

ただし，現在進行形を未来の計画・予定を表す意味で使うためには，tomorrow のように未来の時を示す語句が文中にあるか，明らかに未来のことを表す状況でなければならない。

I'm studying with Jack.　（私は今ジャックと勉強中です）

解 **例題 1**

(1) 答 空を見てごらん。雨が降りそうだよ。

→ It **is going to** rain. は未来の「**予測**」を表す be going to ～。この文の rain は「雨が降る」を意味する**動詞**であることも確認しておこう。

(2) 答 私は明日の朝メアリーとテニスをするつもりです。

→「**すでに決めてある計画・予定**」を表す be going to ～。

解 **例題 2**

答 **誤りなし**　（明日の朝メアリーとテニスをするつもりです）

→「**すでに決めてある計画・予定**」を表す現在進行形。**例題 1**(2)の英文と同じような意味を表す。I'm playing tennis with Mary. であれば「私は(今)メアリーとテニスをしています」を意味する。現在進行形が「**すでに決めてある計画・予定**」を表すためには，**未来の時を示す語句が文中にあるか，明らかに未来のことを表す状況**でなければならない。

塾技解説 「～するつもりだ」と未来の意志・計画・予定を表すとき，**will** は「**その場で決めた（思いついた）**」意志を，**be going to** と **be ～ing** (現在進行形)は「**すでに決めてある**」計画・予定を表す。「～だろう」と推量・予測を表すとき，**will** は未来・現在の両方に対して使い，**be going to** は未来に対してだけ使う。

 演習問題

問題 1 **be going to** ～が未来の「**すでに決めてある計画・予定**」と「**予測**」を表すことをふまえて，（　）内の動詞を使って **be going to** を用いた英文に書きかえ，その文を日本語に直しなさい。

(1) I (see) him the day after tomorrow.

(2) I (not meet) your parents.

(3) When you (paint) the ceiling?

(4) The elevator (break) down before long.

(5) Vegetables (be) expensive this year.

解 (1) **答** **I am[I'm] going to see him the day after tomorrow.**
私はあさって彼と会うつもりでいます。

⇒「すでに決めてある計画・予定」を意味する。the day after tomorrow は「明日の次の日」だから「あさって」，the day before yesterday は「おととい」。

(2) **答** **I am not[I'm not] going to meet your parents.**
私はあなたの両親に会うつもりはありません。

⇒「すでに決めてある計画・予定」を意味する。

(3) **答** **When are you going to paint the ceiling?**
あなたはいつ天井にペンキを塗るつもりでいるの？

⇒「すでに決めてある計画・予定」を意味する。天井にペンキを塗る日をいつに決めてあるのかをたずねている。

(4) **答** **The elevator is going to break down before long.**
そのエレベーターはじきに故障するだろう。

⇒「予測」を表す。break down は「(車・機械などが) 故障する」，before long は「まもなく，じきに」。

(5) **答** **Vegetables are going to be expensive this year.**
今年は野菜の値段が高くなるだろう。

⇒「予測」を表す。expensive (値段が高い) ⇔ cheap (値段が安い)。

問題❷ 現在進行形が「すでに決めてある計画・予定」を表すことをふまえて，(　　)内の動詞を使って現在進行形を用いた英文に書きかえ，その文を日本語に直しなさい。

(1) I (play) cards tonight with some of my friends.

(2) She (have) an operation next week.

(3) Where you (go) this evening?

(4) Susie (not come) to the party this Saturday.

解 (1) **答** **I'm playing cards tonight with some of my friends.**
私は今晩友達の何人かとトランプをするつもりです。

⇒すでに決めてある今晩の予定を表す文。**I'm going to** play cards ～. としても意味に大差はない。 play cards (トランプをする)。

(2) **答** **She is having an operation next week.**
彼女は来週手術を受ける予定です。

⇒have an operation (手術を受ける) の have は進行形にできる。She **is going to** have an operation ～. としても意味に大差はない。

(3) **答** **Where are you going this evening?**
あなたは今晩はどこへ行くつもりでいるのですか。

⇒Where **are** you **going to** go this evening? としても意味に大差はない。

(4) **答** **Susie is not coming to the party this Saturday.**
　　　　スージーは今週の土曜日のパーティーに来るつもりはありません。

　⇒ Susie **is** not **going to** come to the party this Saturday. としても意味に
　　大差はない。

🚩 **入試レベルの問題にチャレンジ！**　　　　　　　　　　　　　解答→別冊 *p.10*

Q 問題 1 次の（　　）内に入れるべき最も適切なものを選びなさい。

(1) I (　　) a new house next week.
　　① will move　　② move to　　③ am moving to　　④ am going to move

(2) **A:** (　　) call me tomorrow evening? ― **B:** All right.
　　① Will you　　② Are you　　③ Are you going to　　④ Do you

(3) Look at this sentence. What (　　)?
　　① is this word mean　　　　　② is this word meaning
　　③ will this word mean　　　　④ does this word mean

Q 問題 2 （　　）内の条件に従い，次の日本文を英語に直しなさい。

(1) 私たちは今晩外食するつもりでいます。（out, tonight を使って5語で）

(2) 彼は今度の週末は忙しくなりそうだ。（this を使って7語で）

(3) 今日は出かけるつもり？ ― いいや。<u>自分の部屋の掃除をするつもりだよ。</u>
　　（下線部を6語で）

(4) <u>彼女を車で家まで送っていくつもりだった</u>が，そうしなかった。
　　（下線部を going, drive を使って7語で）

▶**発展 ― will と be going to の意味の違い**

(1)「推量・予測」を表す **will** と **be going to ～**
　空模様から判断して It is going to rain.（雨が降りそうだ）と言うように，be going to
は「明らかな原因や兆候に基づく未来の予測」を表すときに使われる。それに対し，will
は話し手の「単なる推量」を表すので，うまくいく要因が見当たらなくても Everything
will be all right.（すべてうまくいくさ）と言うことができる。

(2)「すでに決めてある計画・予定」を表す **be going to ～** と現在進行形
　be going to ～ に比べると，現在進行形はその計画・予定に向けて「具体的な準備が進
　行中」である場合に使われる。be going to ～には具体的な準備が整っているという感
　じはない。I'm going to meet Jack next week. に比べて I'm meeting Jack next
　week. の方が，ジャックと会う時間や場所はすでに決めてあるという感じを与える。

例題 **1** 次の(1)～(4)の英文を，（　　　）内の指示に従って書きかえなさい。(5)は，（　　　）内の指示に従って答えなさい。

(1) You clean your room.　（命令文に）

(2) You are kind to old people.　（命令文に）

(3) You play on the street.　（否定の命令文に）

(4) You are late for school.　（否定の命令文に）

(5) Let's go jogging.　（問題文に No を使って答える）

主語がない文 !

1. 命令文は原形動詞で始める

「～しなさい」を意味する命令文は，主語の **you** を省略し，原形動詞で文を始める。

(1) 一般動詞の命令文

<u>You</u> use this phone.
　↓　　↓
　×　**Use** this phone.　（この電話を使いなさい）

「（どうぞ）～してください」と命令文を丁寧に言うときは，文頭か文末に **please** を置く。文末に置くときは，please の前にコンマをつける。

Please use this phone.
= **Use** this phone, **please**.　（この電話を使ってください）

(2) **be** 動詞の命令文（**be** 動詞の原形は **be**）

<u>You</u> are quick.
　↓　　↓
　×　**Be** quick.　（急ぎなさい）

呼びかけの語は，コンマを置いて，文頭か文末につける。

John, be quick.
= Be quick, **John**.　（ジョン，急ぎなさい）

2. 否定の命令文

「～してはいけません」と禁止を表す否定の命令文は，一般動詞でも be 動詞でも〈Don't ＋ 原形動詞～.〉で表す。

Use this phone.

Don't use this phone.　（この電話を使ってはいけません）

Please don't use this phone.　（この電話を使わないでください）

Be quick.

Don't be quick.　　　　（急いではいけません）

Don't be quick**, John**.　（ジョン，急いではいけません）

3. Let's ～.

「（いっしょに）～しよう」と相手を誘うときは，〈Let's ＋ 原形動詞 ～.〉で表す。同意する場合は **Yes, let's.** 同意しない場合は **No, let's not.** などと答える。

Let's walk to the station.　（駅まで歩きましょう）

　— **Yes, let's.**　（ええ，そうしましょう）/ **No, let's not.**　（いいえ，よしましょう）

Yes, let's. のほかに，**All right. / OK. / That's a great idea.**（それはいい考えですね）のような表現もある。

解 例題 1

(1) 答 **Clean your room.**　（自分の部屋を掃除しなさい）

→ 命令文は主語の you を省略し，原形動詞で文を始める。

(2) 答 **Be kind to old people.**　（お年寄りに親切にしなさい）

→ be 動詞の原形は **be**。be kind to ～（～に親切だ）。

(3) 答 **Don't play on the street.**　（路上で遊んではいけない）

(4) 答 **Don't be late for school.**　（学校に遅刻してはいけない）

→ 否定の命令文は，一般動詞でも be 動詞でも〈**Don't ＋ 原形動詞～.**〉で表す。

(5) 答 **No, let's not.**　（ジョギングに出かけよう。— いいや，よそう）

→ Let's ～. の文の誘いかけに同意しないときは **No, let's not.** で答えるのが基本。

 Speak English here. を「ここでは英語を話します」と訳す人は意外に多い。主語がなく，いきなり動詞から始まる文を見たら命令文と考える。簡単なことだが，これを忘れないようにしよう。

問題① 日本文の意味を表すように, ( )内に適語を入れなさい。

(1) (遊びに出かける人に) 楽しんできてください。

( ) fun!

(2) 気をつけて。落ちないようにね。

( ) careful. ( ) fall.

(3) どうか行かないで。私とここにいて。

( ) ( ) go. Stay here with me.

(4) 家まで歩いて帰ろう。

( ) walk ( ).

(解) (1) **圏> Have**

⇒ 遊びに出かける人に向かって言うときによく使うフレーズ。この fun は「楽しい思い」を意味する。Have a nice time! などと同じ内容を表す。

(2) **圏> Be, Don't**

⇒ Be careful. は You are careful. の You を省略し, are を原形の be としたもの。

(3) **圏> Please don't**

⇒ 語順を Don't please go. (×) としないよう注意。

(4) **圏> Let's, home**

⇒ home は「家」のほかに,「家まで」の意味でも用いられる (副詞の home)。walk to home とはふつう言わない (to は home の中に入っていると考える)。walk house は不可。

問題② 各組の英文が同じような意味を表すように, ( )内に適語を入れなさい。

(1) Will you play the CD?

( ) play the CD.

(2) Let's have lunch at home today.

( ) ( ) have lunch at home today?

(3) Run fast, ( ) you'll catch the bus.

( ) you ( ) fast, you'll catch the bus.

(4) Take a taxi, ( ) you'll be late.

( ) you ( ) take a taxi, you'll be late.

(解) (1) **圏> Please** (その CD をかけてください)

⇒ 上の文の Will you ～? は「(あなたは)～してくれますか」と依頼を表す表現で,

「そのCDをかけてくれますか」を意味する。Will you (please) 〜? は，Please 〜. と同じような意味を表す。play a CD（CDをかける）。

(2) 圏〉 **Shall we** （今日は家で昼食を食べようか）
　　⇒ Shall we 〜? は Let's 〜. と同じような意味を表す。

(3) 圏〉 **and，If，run** （速く走ればそのバスに間に合うだろう）
　　⇒〈命令文，and + S + V 〜〉で「…しなさい，そうすれば〜」を意味する。よって上の文は「速く走りなさい，そうすればバスに間に合うでしょう」となる。下の文は「もし速く走れば，バスに間に合うでしょう」を，接続詞 if を使って表した文。この書きかえは定型パターンとして覚えておくこと。catch the bus（そのバスに間に合う）⇔ miss the bus（そのバスに乗り遅れる）。

(4) 圏〉 **or，If，don't** （タクシーを利用しないと遅れるだろう）
　　⇒〈命令文，or + S + V 〜〉は「…しなさい，さもないと〜」を表すので，上の文は「タクシーを利用しなさい，さもないと遅れますよ」を意味する。下の文は「もしタクシーを利用しないと，遅れますよ」で，(3)と同様のパターン。

⚑ 入試レベルの問題にチャレンジ！

解答→別冊 *p.11*

Q 問題1 1語を補い，日本文の意味を表すように，[　　]内の語(句)を並べかえなさい。ただし，句読点などは必要に応じて補うこと。

(1) そんなに騒がないでください。
　　[noisy / please / so / don't]

(2) 宿題を手伝って。
　　[with / my / homework / help]

(3) 夕食にとり肉を食べるのはよそう。
　　[not / let's / dinner / chicken / have]

(4) 帰ってきたら手を洗いなさい。
　　[home / you / wash / when / your / come]

(5) 急がないと電車に乗り遅れるよ。
　　[or / the / you'll / hurry up / train]

(6) 庭に水をまきましょうか。
　　[water / garden / I / the]

(7) 今日はこのへんで終わりにしよう。
　　[call / day / let's / a]

Q 問題2 （　　）内の条件に従い，次の日本文を英語に直しなさい。

メアリー，彼の話を聞いてはいけない。（5語で）

> 例題 **1**　次の英文をそれぞれの指示に従って書きかえなさい。
>
> 　　He can swim 200 meters in two minutes.
>
> (1) 否定文に
>
> (2) able を用いて同じような意味を表す英文に
>
> (3) 過去の意味を表す2通りの英文に
>
> (4) will を加えて
>
> (5) (4)の英文を疑問文と否定文に
>
> 例題 **2**　次の英文を日本語に直しなさい。
>
> 　　Paul can't be hungry. He just had lunch.

can の意味は「〜できる」だけではない

1．「能力」を表す can

助動詞 **can** は「能力」を表す。「〜することができる」と訳すことが多い。「能力」を表す can は，**be able to** 〜で言いかえることができる。

　　She **can** speak three languages.　（彼女は3か国語を話すことができる）
　　= She **is able to** speak three languages.

can は will などと同じ助動詞なので，**原形動詞**とともに用いる（She can × speaks 〜.）。

2．可能（性）を表す can

助動詞 **can** は「可能（性）」も表す。

① **Can** I use this?　（これを使うことは可能ですか。
　　　　　　　　　　　　→ これを使ってもいいですか）

　結果として**許可**を示している。

② It **can't** be true.　（それが本当である可能性はない。
　　　　　　　　　　　　→ それが本当であるはずはない）

can't は可能性の意味で使われると「〜のはずはない」の意味に相当する。「**可能（性）**」の意味では **be able to** 〜で言いかえることはできない。

(1)　答　**He cannot[can't] swim 200 meters in two minutes.**
　　　（彼は200メートルを2分で泳ぐことはできない）

→ can の否定形は **cannot** とするか，**can't** と1語にする。2語で can not とは
ふつうしない。can の過去形 could の否定形は **could not** か **couldn't** で，
couldnot とはしない。

(2)　答　**He is able to swim 200 meters in two minutes.**
　　　（彼は200メートルを2分で泳ぐことができる）

→「**能力**」を示す can は be able to ～で言いかえることができる。can は現在形な
ので，be 動詞は **is** とする。

(3)　答　**He could swim 200 meters in two minutes.**
　　　He was able to swim 200 meters in two minutes.
　　　（彼は200メートルを2分で泳ぐことができた）

→ can の過去形は could。助動詞は現在形であろうが過去形であろうが，**原形動詞**
とともに用いる。

(4)　答　**He will be able to swim 200 meters in two minutes.**
　　　（彼は200メートルを2分で泳ぐことができるようになるだろう）

→ can と will という2つの助動詞を並べて使うことはできない。よって未来のこと
について「～できるだろう」は **will be able to ～** とする。can be going to
とはしない。

(5)　答　**Will he be able to swim 200 meters in two minutes?**
　　　（彼は200メートルを2分で泳ぐことができるようになるだろうか）
　　　He will not[won't] be able to swim 200 meters in two minutes.
　　　（彼は200メートルを2分で泳ぐことができるようにならないだろう）

→ will be able to ～の疑問文は，助動詞 **will** を主語の前に置く。否定文は **will
not[won't] be able to ～** とする。

解 例題 2

　　　答　**ポールはおなかがすいているはずはない。昼食を食べたばかりなのだから。**

→「可能(性)」を表す can の否定文。「ポールは空腹である可能性はない」が直訳。
そこから「おなかがすいているはずはない」などとなる。〈**just + 過去形動詞**〉は
「**(ちょうど)～したところだ**」を意味する。

　can は能力（～することができる）だけでなく，可能(性)も表すことを押さえておこう。

中1・中2で習う分野

命令文と助動詞

53

演習問題

問題❶ 日本文の意味を表すように，（　　）内に適語を入れなさい。

(1) 昨日は吐き気がした。何も食べられなかった。
I felt sick yesterday. I (　　　　　) (　　　　　) anything.

(2) 全ての人がその燃えている建物から逃げることができた。
Everybody (　　　　　) (　　　　　) (　　　　　) (　　　　　) from the burning building.

(3) もしおなかがすいているなら，今夕食にしてもかまいません。
If you are hungry, we (　　　　　) (　　　　　) dinner now.

(4) 先生，うちの娘は手術のあと，再び歩けるようになるでしょうか。
Doctor, (　　　　　) our daughter (　　　　　) (　　　　　) (　　　　　) (　　　　　) again after her operation?

(5) （テーブルの上にあるしょうゆに手が届かないので）しょうゆを取ってくれますか。
(　　　　　) (　　　　　) pass the soy sauce, please?

(6) 日曜日は雨が降ったので，釣りには行けなかった。
It rained on Sunday, so I (　　　　　) (　　　　　) (　　　　　) (　　　　　) fishing.

解 (1) 答 **couldn't eat[have]**
⇒「食べられなかった」とあるので過去形にする。feel sick（吐き気がする）

(2) 答 **was able to escape**
⇒「逃げることができた」とあるので過去形にする。escape（逃げる，脱出する）

(3) 答 **can have[eat]**
⇒「今夕食にしてもかまいません」は「今夕食を食べるのは可能だ」ということ。

(4) 答 **will, be able to walk**
⇒ 未来のことについて「〜できるだろう」は **will be able to 〜**で表す。疑問文は助動詞 will を主語の前に置く。

(5) 答 **Can[Will, Would, Could] you**
⇒「しょうゆを取ってくれますか」は「あなたはそのしょうゆを取ることは可能ですか」ということなので，can you とする。この can you は結果として相手への「**依頼**」を意味するので will you とすることもできる。また will・can の過去形 would・could を使った **Would you 〜？/ Could you 〜？** も依頼の表現として用いられる。この would・could は，形は過去形だが意味は現在を表し，**will・can** よりも丁寧な依頼になる。

(6) 答 **wasn't able to go〔was unable to go〕**

⇒「行けなかった」とあるので過去形の否定文とする。**be unable to ～**（～することができない）を使って **was unable to go** とすることもできる。I couldn't go fishing. と同じ意味。

▮ **入試レベルの問題にチャレンジ！**   解答→別冊 *p.12*

❶ **問題 1**　（　　）内に入れるべき最も適切な語を，[　　]内から選びなさい。ただし，同じ語を2度使ってはならない。

(1) [can / can't / could / couldn't / will / won't / shall]

　① **A:** (　　　　　　) I call the police? — **B:** Yes, please.
　② I looked for Jane everywhere, but I (　　　　　　) find her.
　③ 〔*On the phone.*〕　Hello, (　　　　　　) I speak to Peter, please?
　④ You are speaking very quietly. I (　　　　　　) hear you.
　⑤ Why don't you try on these shoes? They (　　　　　　) look nice on you.
　⑥ When I was fifteen, I (　　　　　　) run 100 meters in thirteen seconds.

(2) [am / must / can't / will / could / do / don't]

　A: What is that noise on the roof? Is it a bird?
　B: No, it (　①　) be a bird. It's running across the roof. Birds
　　(　②　) run across roofs.
　A: I (　③　) go and look.

> ▶発展 — could と was able to の意味の違い
>
> 「～しようと思えばすることができた」と，「過去の能力」だけを表すときは，could と was〔were〕able to のどちらも使えるが，「～することができて，実際にした」という「過去の能力＋実行」を表すときは **was〔were〕able to** しか使えない。「彼は200メートルを2分で泳（ごうと思えば泳）ぐことができた」は過去の能力だけを表すので，
>
> 　He **could〔was able to〕** swim 200 meters in two minutes.
>
> のどちらでもいいが，「全ての人がその燃えている建物から逃げることができた」は実際に逃げたと実行の意味を含むので，
>
> 　Everybody **was able to**〔× could〕escape from the burning building. となる。
>
> 「～することができなかった」と否定文の場合は，couldn't と wasn't〔weren't〕able to はどちらを使ってもいい。

例題 1　次の英文をそれぞれの指示に従って書きかえなさい。

He leaves home by seven o'clock.

(1) must を使って「彼は7時までに家を出なければならない」を意味する英文に

(2) to を使って「彼は7時までに家を出なければならない」を意味する英文に

(3) (2)の英文を疑問文と否定文に

(4) 「彼は7時までに家を出なければならなかった」を意味する英文に

(5) 「彼は7時までに家を出なければならないだろう」を意味する英文に

(6) (5)の英文を疑問文と否定文に

例題 2　次の英文を日本語に直しなさい。

(1) You must not stay in bed today.

(2) You don't have to stay in bed today.

(3) She worked for over twelve hours today. She must be tired.

義務・強い確信・禁止・不必要 ❗

1 . must と mustn't

助動詞 must は①「～しなければならない」という**義務・必要**，②「～にちがいない」という**強い確信**，そして③ must not の形で「～してはいけない」という**禁止**を表す。

① I **must** do my homework now.　（私は今宿題をしなければならない）
② She **must** be sick.　　　　　　（彼女は病気にちがいない）
③ You **must not**[**mustn't**] go there alone.　（ひとりでそこへ行ってはいけない）

※ must not の短縮形 mustn't は[mʌ́snt]と発音する。must は助動詞なので, 原形動詞とともに用いる。

2 . have[has] to

〈**have**[**has**] **to** + 原形動詞〉も，「～しなければならない」の意味を表す。
疑問文は have[has]を一般動詞としたふつうの疑問文の形と同じ。

I **have to** go to the post office.　　　（私は郵便局へ行かなければならない）
He **has to** go to the dentist.　　　　（彼は歯医者に行かなければならない）
Does he **have to** go to the dentist?　（彼は歯医者に行かなければなりませんか）

— No, he doesn't.（いいえ，その必要はありません）

※ have to は[hǽftə]，has to は[hǽstə]と発音する。

3. don't[doesn't] have to

〈**don't[doesn't] have to** + 原形動詞〉は，「**～する必要はない**」という**不必要**を表す。
禁止を表す must not とは意味が違うので注意しよう。

You **don't have to** go there alone. （ひとりでそこへ行く必要はない）

「～する必要はない」は〈**don't[doesn't] need to** + 原形動詞〉か〈**need not[needn't]** + 原形動詞〉でも表せる。

You **don't need to** go there alone.
You **need not[needn't]** go there alone.

※ don't[doesn't] need to の need は一般動詞だが，need not の need は助動詞なので，直後には原形動詞が続く。

中1・中2で習う分野

命令文と助動詞

解 **例題 1**

(1) 答 **He must leave home by seven o'clock.**

→ must は助動詞なので，直後には原形動詞が続く。

(2) 答 **He has to leave home by seven o'clock.**

→ 主語が he なので，〈**has to** + 原形動詞〉とする。

(3) 答 **Does he have to leave home by seven o'clock?**
（彼は7時までに家を出なければなりませんか）
He doesn't have to leave home by seven o'clock.
（彼は7時までに家を出る必要はありません）

→ have[has]を一般動詞としたふつうの**疑問文・否定文**の形と同じ。

(4) 答 **He had to leave home by seven o'clock.**

→ must には過去形がないので，〈**had to** + 原形動詞〉で表す。

(5) 答 **He will have to leave home by seven o'clock.**

→ **未来**を意味する「～しなければならないだろう」は，〈**will have to** + 原形動詞〉で表す。**助動詞を2つ並べて使うことはできない**ので，will must とはしない。

(6) 答 **Will he have to leave home by seven o'clock?**
He won't[will not] have to leave home by seven o'clock.

→ 助動詞 will を用いた疑問文と否定文の作り方と同じ。

解 例題 2

(1) 答 あなたは今日は寝ていてはいけない。

→ **must not[mustn't]** は「〜してはいけない」という禁止を表す。

(2) 答 あなたは今日は寝ている必要はない。

→ 〈**don't[doesn't] have to** + 原形動詞〉は不必要を表す。

(3) 答 彼女は今日12時間以上働いた。（だから）疲れているにちがいない。

→「〜にちがいない」という強い確信を表す must。over 〜（〜を超えて，〜以上）。

 must（〜しなければならない）≒ **have to，mustn't**（〜してはいけない）≠ **don't have to**（〜する必要はない）。最初は頭の中がゴチャゴチャとするかもしれないが，くりかえし練習し知識を確実なものにしておこう。

✎ 演習問題

問題❶ 各組の英文が同じような意味を表すように，（　　）内に適語を入れなさい。

(1) You must see the doctor soon.
　　（　　　　　　） the doctor soon.

(2) Don't enter the room.
　　（　　　　　）（　　　　　　　　） enter the room.

(3) We must help each other.
　　We（　　　　　　）（　　　　　　　　） help each other.

解 (1) 答 **See** （すぐに医者に診てもらわなくてはならない）
　　⇒「あなたは〜しなくてはならない」を意味する You must 〜. は，原形動詞で始める命令文と同じような意味を表す。

(2) 答 **You mustn't** （その部屋に入ってはいけない）
　　⇒「あなたは〜してはいけない」を意味する You mustn't 〜. は，**Don't** で始める否定の命令文と同じような意味を表す。

(3) 答 **have to** （私たちはお互いに助け合わなくてはならない）
　　⇒「〜しなければならない」は，助動詞 must のほかに〈have[has] to + 原形動詞〉でも表すことができる。each other （お互い）。

問題❷ 次の（　　）内に入れるべき最も適切なものを選びなさい。

(1) **A: Must you go soon? ― B: Yes, I（　　）.**
　　① must　　　② will　　　③ do　　　　④ am

(2) **A:** Must I wait for them? — **B:** No, you (　　).
① mustn't　　② don't　　　　③ aren't　　　　④ needn't

(3) We have a lot of time. We (　) so soon.
① need not to leave　　　　② must leave
③ don't have to leave　　　④ must not leave

(4) We (　　) to school tomorrow if it snows all night. It will be closed.
① will go　　② will have to go　　③ won't have to go　　④ had to go

(5) 〔*On the phone.*〕　This isn't Mr. Smith? I (　　) have the wrong number.
① must　　② must not　　　③ don't have to　　　④ didn't have to

(解) (1) 〈答〉 ①　(すぐに行かなければなりませんか。— はい, 行かなければなりません)
⇒ **助動詞を使った疑問文には, 助動詞を使って答える**のが原則。

(2) 〈答〉 ④　(彼らを待たなければなりませんか。— いいえ, その必要はありません)
⇒ must not は禁止を意味するので, No, you mustn't. と答えると「いいえ, 待ってはいけません」となって会話がかみ合わない。「いいえ, その必要はありません」とするのがふつうの会話。よって No, you **don't have**[**need**] **to**. か No, you **need not**[**needn't**]. と答える。

(3) 〈答〉 ③　(時間はたくさんある。だからそんなにすぐに出発する必要はない)
⇒ 不必要を表す need not の need は can と同じ助動詞で, 後ろには原形動詞が続く。need not to ~ という言い方はしない。よって①は誤り。

(4) 〈答〉 ③　(もし一晩中雪なら明日は学校に行く必要はないだろう。休校になるだろうから)
⇒ 「~する必要はないだろう」は〈**will not**[**won't**] **have to** + 原形動詞〉で表す。

(5) 〈答〉 ①　(〔電話で〕スミスさんではありませんか。電話番号を間違えたようです)
⇒ 「私は間違った電話番号にかけているにちがいありません」が直訳。「~にちがいない」という強い確信を表す must を用いる。have the wrong number (間違った電話番号にかける)。

🚩 入試レベルの問題にチャレンジ！

解答→別冊 *p.12*

Q 問題 1　(　　)内の条件に従い, 次の日本文を英語に直しなさい。

(1) 彼女は入院しなくてはなりませんでしたか。　(go を使って)

(2) いいえ, その必要はありませんでした。　((1)に対する答えを3語で)

(3) その話は本当にちがいない。　(story を使って5語で)

(4) その話は本当であるはずはない。　(5語で)

(5) 彼は私から金を借りる必要はない。　(he で始めて)

(6) 君は金を払いさえすればいい。　(only を使って5語で)

例題 1 次の英文を日本語に直しなさい。

(1) You may go home now.

(2) I may go to the movies this evening, but I'm not sure.

(3) You should not go to bed so late.

(4) When I was little, I used to like chocolate.

例題 2 日本文の意味を表すように，[　　]内の語を並べかえなさい。

今晩は家にいたほうがいい。
[home / tonight / better / stay / you / at / had]

---

may・should・used to・had better・do

1 . may

助動詞 **may** は①「〜してもよい」という**許可**と，②「〜かもしれない」という**推量**を表す。

① You **may** enter that room.　　（あの部屋に入ってもいいですよ）

You **may not** enter that room.　（あの部屋に入ってはいけません）

may not と否定文になると，「〜してはいけない」という**禁止**を意味する。**must not** も禁止を意味するが，may not のほうがやや柔らかい言い方になる。
※ may not に短縮形はない (mayn't とはしない)。

② It **may** snow tonight.　（今晩は雪が降るかもしれない）

推量の may を使った時の話し手の確信度はだいたい50パーセント。そうかもしれないし，そうでないかもしれないという気持ちを表す。

2 . should

助動詞 **should** は「〜すべきだ・したほうがよい」という**助言**を表す。

This is a good book. You **should** read it.
（これはいい本だ。読んだほうがいいよ）

He **shouldn't** drive so fast.
（彼はあんなにスピードを出して車を運転すべきじゃない）

3. used to

〈**used to** + 原形動詞〉は「昔は〜だった（今は違う）」を意味する。

    I **used to** live there.　（私は昔はそこに住んでいた）

※ used to は［júːstə］と発音する。

4. had better

〈**had better** + 原形動詞〉も「〜すべきだ・したほうがいい」を意味する。

    You **had better**［**You'd better**］do it.　（そうしたほうがいい）

had better の後ろには,「さもないと…」という意味が含まれている。**助言というより指図・忠告に近く**, should のほうが感じは柔らかい。had が含まれているが, **現在または未来を意味する**。

5. 一般動詞を強調する do・does・did

〈**do**［**does**, **did**］+ 原形動詞〉で直後の一般動詞を強調する。「**本当に, ぜひ, たしかに**」などの意味を持つ。

    I **do** <u>remember</u> it.　（本当にそれを覚えている）← I **remember** it. の remember を強調

    He **does** <u>eat</u> a lot.　（彼は本当によく食べる）← He **eats** a lot. の eats を強調

    She **did** <u>try</u> hard.　（彼女はたしかに懸命に努力した）← She **tried** hard. の tried を強調

解 例題 **1**

(1)　答〉　あなたは今家に帰ってもいいですよ。

    →「〜してもよい」という**許可**を意味する **may**。

(2)　答〉　私は今晩映画を見に行くかもしれないが, はっきりとはわからない。

    →「〜かもしれない」という**推量**を表す **may**。話し手の確信度はだいたい5割。go to the movies は「映画を見に行く」。sure は「確信している」を意味する形容詞。

(3)　答〉　あなたはそんなに遅い時間に寝るべきではない。

    →「〜すべきだ・したほうがよい」という**助言**を表す **should**。

(4)　答〉　私は小さいころ, チョコレートが好きだった。

    →〈**used to** + 原形動詞〉は「昔は〜だった（今は違う）」を意味する。

例題2

　　　答〉 **You had better stay at home tonight.**

　　　→〈**had better ＋ 原形動詞**〉で「～すべきだ・したほうがいい」を意味する。

塾技解説 may not ≒ must not（～してはいけない）, should ≒ had better（～すべきだ）のように, 日本語に訳すと同じになっても, 微妙にニュアンスが異なる表現はいろいろと存在する。まず基本的な意味を押さえたうえで, それらの意味の違いはいっぺんに理解しようとせず, 少しずつ慣れていけばいい。

演習問題

問題❶ 1語を補い, 日本文の意味を表すように, [　　]内の語を並べかえなさい。ただし, 句読点などは必要に応じて補うこと。

(1) ぜひ中にお入りください。
　　[in / please / do]

(2) 今日の午後, あなたの自転車を借りてもいいですか。— ええ, どうぞ。
　　A: [bike / afternoon / may / this / borrow / your] — **B:** Yes, go ahead.

(3) 車を運転しているときには, シートベルトを着用すべきだ。
　　[driving / belt / wear / a / when / are / seat / you / you]

(4) あの男の子はだれかを待っているのかもしれない。
　　[boy / somebody / waiting / that / may / for]

(5) 今日は出かけないほうがいい。
　　[out / better / today / go / had / you]

解 (1) 答〉 **Please do <u>come</u> in. [Do come in, please.]**
　　　　⇒ 命令文 Come in. の come を強調した文。please は文末に置くときはふつうコンマが必要。

(2) 答〉 **May <u>I</u> borrow your bike this afternoon?**
　　　⇒「借りてもいいですか」と**許可**を求めているのは「私」なので, 主語の I を補う。go ahead は許可を表して「どうぞ, いいですよ」を意味する。borrow（借りる）⇔ lend（貸す）。

(3) 答〉 **When you are driving, you <u>should</u> wear a seat belt.**
　　　　[You <u>should</u> wear a seat belt when you are driving.]
　　　⇒ wear ～は「～を身につけている」を意味する。**should** は「～すべきだ・したほうがよい」という**助言**を表す。

(4) 答 **That boy may <u>be</u> waiting for somebody.**
⇒ 現在進行形を使った That boy is waiting for somebody. に推量を表す助動詞 **may** を加えた文。**is** は助動詞に続くので，原形の **be** となる。

(5) 答 **You had better <u>not</u> go out today.**
⇒〈had better ＋ 原形動詞〉の否定形は，〈had better **not** ＋ 原形動詞〉とする。**not** の位置に注意すること。

🚩 入試レベルの問題にチャレンジ！ 　　　　　　　　　　　　解答→別冊 *p.13*

Q 問題 1 次の（　　）内に入れるべき最も適切なものを選びなさい。

(1) The concert starts at six. We (　　) be late.
　① needn't　　② mustn't　　③ don't have to　　④ had not better

(2) **A:** Why didn't you call me this morning? ― **B:** I (　　) call you.
　① did　　　　② have to　　③ should　　　　④ may

(3) I (　　) attend the meeting yesterday.
　① should　　② must　　　③ had to　　　　④ had better

(4) This is a very important meeting. You (　　) miss it.
　① shouldn't　② mayn't　　③ don't have to　④ don't

Q 問題 2 日本文の意味を表すように，（　　）内に適語を入れなさい。

(1) （今は違うが）私は昔は職場まで車で行っていた。
　I (　　　　　) (　　　　　　) (　　　　　　　) to work.

(2) あんなところへはひとりで行くものじゃない。
　You (　　　　　) (　　　　　) (　　　　　　) go there alone.

(3) カオルはどこにいるの？ ― さあ，よくわからない。昼食を食べているかもしれない。
　A: Where is Kaoru?
　B: I'm not sure. He (　　　　　) (　　　　　) (　　　　　　) lunch.

(4) お名前をうかがえますか。
　May (　　　　　) (　　　　　) your name, please?

塾技 ^{ワザ} 13　There is[are] 〜.

例題 **1**　次の各組の英文のうち，どちらが適切か答えなさい。

(1) あなたの車のカギならテーブルの上にあるわよ。

　　① There is your car key on the table.
　　② Your car key is on the table.

(2) そこには20人の人がいた。

　　① There were twenty people.
　　② There were twenty people there.

(3) そのビンの中にはたくさんの水が入っていた。

　　① There was a lot of water in the bottle.
　　② There were a lot of water in the bottle.

(4) この時計はどうも調子がよくない。

　　① There is something wrong with this clock.
　　② There is wrong something with this clock.

例題 **2**　次の英文の下線部を問う疑問文を作りなさい。

　　There are three bakeries near here.

「どこかに何かがある」を伝える文 ❗

1. 〈There is[are] 〜.〉

〈**There is ＋ 単数名詞 ＋（場所）.**〉/〈**There are ＋ 複数名詞 ＋（場所）.**〉で「**（場所に）〜がある・いる**」という意味を表す。

　　Look! **There is** a man on the roof.　　（見て！屋根の上に男の人がいるよ）
　　There were some big trees in the yard.　（その庭には何本かの大きな木があった）

〈There is[are] ＋ 名詞.〉は，「**聞き手がまだ知らない人や物（新情報）の存在**」を知らせるための文なので，話題となっている名詞（旧情報）の存在を知らせるために There is[are]構文を使うことはしない。たとえば，「トムはどこにいるの？」に対する答えとして

　　There is Tom(he) in the kitchen. (×)

とは言わない。Tom が話し手と聞き手にとって話題となっている人物（旧情報）だからだ。このような場合は話題となっている人や物を主語にして，

　　Tom(He) is in the kitchen.　　（トムなら台所にいるよ）とする。

固有名詞や **the 〜・his 〜** などがついた特定の人や物は旧情報であることが多いので，存在を表すときは There is[are]構文が使われることは少ない。There is[are]の後ろには，**不特定の名詞を示す a や some** がつくことが多い。

> There is <u>the</u> man on the roof.（×）
> → <u>The</u> man is on the roof.（○）　（その人なら屋根の上にいます）

※〈There is[are] + 名詞 + (時).〉の形でも使われる。
　There are twelve months <u>in a year</u>.　（1年は12か月ある）

2．there の意味

There is[are]構文 の **there** に「そこに」という意味はない。「そこに〜がある」というときは There is[are]〜 **there**. とする。

> **There are**n't any horses **there**.　（そこには馬が1頭もいない）

⚠️ 〈**Here is** + 単数名詞.〉/〈**Here are** + 複数名詞.〉は，「ここに〜がある・いる」を意味する。

> **Here are** your letters.　（ここにあなたあての手紙がありますよ）

3．〈There is something wrong with 〜.〉

There is something wrong with 〜. は「〜はどこか調子の悪いところがある」と，**物や体調などの悪さを表す決まった表現**。**Something is wrong with 〜.** としても同じ意味を表す。

① このラジオはどこか故障している。
　There is something wrong with this radio.

② このラジオはどこか故障していますか。
　Is there <u>anything</u> wrong with this radio?

③ このラジオはどこも故障していない。
　There isn't <u>anything</u> wrong with this radio.
　[= **There is <u>nothing</u> wrong with** this radio.]

②③のように **something** は **anything**（疑問文や否定文で）や **nothing**[= not + anything]に変わることに注意しよう（**塾技⑰some と any** 参照）。

解 例題 **1**

(1) 答 ②

→ これは「私の車のカギはどこにありますか？」などに対する答えの文。your car key は話題（旧情報）となっているものなので，There is[are]構文は使わない。

(2) 答 ②

→ There is[are]構文の文頭の there に「そこに」という意味はない。

(3) 答 ①

→ a lot of を見て複数と決めつけてはいけない。a lot of ～（たくさんの～）は可算・不可算のどちらの名詞にもつく。water は不可算名詞だから単数扱い。

(4) 答 ①

→ **There is something wrong with ～.** は，「～はどこか調子の悪いところがある」を意味する決まった表現。**Something is wrong with** this clock. としても同じ意味。

解 例題 2

答 **How many bakeries are there near here?**
（この近くには何軒のパン屋がありますか）

→「何軒の」と数をたずねる疑問文は〈**How many + 複数名詞**〉を使う。There is[are]構文では There are three bakeries near here. の下線部を How many bakeries として文頭に置いたら，残りをふつうの疑問文の語順にする。

 How many bakeries / are there near here?
   疑問詞 + α   ふつうの疑問文の語順

答えるときは，There are three (bakeries). などとする。

 There is something wrong with ～[= Something is wrong with ～]. は **There is** 構文を使った重要表現で入試でもよく出題される。しっかり練習しよう。

演習問題

問題❶ 各組の英文が同じような意味を表すように，（　　　）内に適語を入れなさい。

(1) There are (　　　　　　) toys in this box.
   This box (　　　　　) a lot of toys.

(2) It will snow (　　　　　) Christmas Day.
   There (　　　　　) (　　　　　) snow (　　　　　) Christmas Day.

(3) There isn't (　　　　　) wrong with the engine.
   (　　　　　) is wrong with the engine.

(4) (　　　　　) anybody visit your place that day?
   Were there any (　　　　　) to your place that day?

解 (1) 答 **many, has** （この箱にはたくさんのおもちゃが入っている）

⇒ 可算名詞に対し「たくさんの～」は many ～または a lot of ～で表せる。下の文は「この箱はたくさんのおもちゃを持っている」が直訳。よくある書きかえパターン。

There are seven days in a week. → A week **has** seven days.

(2) 答 **on, will be, on** （クリスマスの日には雪が降るだろう）

⇒ on Sunday（日曜に）/ on August 30（8月30日に）のように、「（日付・曜日）に」は on を用いる。下の文は There **is** snow ～. に助動詞 will を加えた文。〈助動詞＋原形動詞〉から，is は be とする。

(3) 答 **anything, Nothing** （エンジンにはどこも悪いところはない）

⇒〈nothing ＝ not ＋ anything〉から「～にはどこも調子の悪いところはない」は There is **nothing** wrong with ～ ＝ There is **not anything** wrong with ～ ＝ **Nothing** is wrong with ～ となる。

(4) 答 **Did, visitors** （その日だれかがあなたのところを訪れましたか）

⇒ visitor は「訪問者」。下の文は Were とあるので visitors と複数形にする。

▷ 入試レベルの問題にチャレンジ！

解答→別冊 p.14

Q 問題 1 1語不要とし，日本文の意味を表すように，[　　]内の語（句）を並べかえなさい。ただし，句読点などは必要に応じて補うこと。

(1) 私の車はガレージの中に入れてありました。
[car / was / there / garage / my / the / in]

(2) この池にはたくさんの魚がいる。
[lot / pond / this / is / of / fish / there / a / are / in]

(3) 大みそかにどれくらいの雪が降ったのですか。
[snow / New Year's Eve / how / it / there / much / on / was]

(4) 玄関にだれかいるにちがいない。
[at / is / door / someone / there / be / must / the]

(5) （様子のおかしい相手に）どうかしたの？
[is / wrong / you / there / with / anything]

(6) その角を曲がったところに，昔すてきなレストランがあった。
[the / restaurant / corner / to / there / around / was / used / nice / a / be]

Q 問題 2 （　　）内の条件に従い，次の日本文を英語に直しなさい。

(1) その動物園には何頭のゾウがいるのですか。 （8語で）

(2) この電話は故障しているかもしれない。 （may, phone を使って8語で）

(3) （今いる場所がわからなくなって）ここはどこですか。 （3語で）

塾技 14 可算名詞と不可算名詞

例題 1 次の(　　)内から，適切なものを選びなさい。

(1) She ate (a bread, bread) for breakfast.

(2) There is (a hair, hair) in my soup.

(3) Nancy has (a very long hair, very long hair).

(4) The police (is, are) looking for the driver of the car.

例題 2 下線部に注意して，次の英文を日本語に直しなさい。

(1) Look. There's a chicken over there.

(2) We had chicken last night.

(3) He did a lot of work this morning.

(4) He wrote a lot of works.

数えられるか数えられないか

1. 可算名詞

可算名詞（**数えられる名詞**）は**裸で使うことはない**。単数であれば **a** dog, **this** dog, **his** dog などとするか，複数であれば dog**s** と複数形にしなければならない。可算名詞の dog を dog だけで使うことはない。

　Mary has dog.（×）　→ Mary has **a** dog. / I like dog**s**.（○）

2. 不可算名詞

不可算名詞（**数えられない名詞**）は**単数扱い**。また，数えられないのだから，**a** がついたり複数形になったりはしない。

　Mary needs **a** water[water**s**].（×）　→ Mary needs water.（○）

3. 可算名詞と不可算名詞の区別

可算名詞は「一定の形を持っていると感じられるもの」，**不可算名詞**は「一定の形を持っているとは感じられないもの」と考えて区別する。car（自動車）は解体して1つ1つの部品とすればもはや car とは呼べなくなるため，一定の形を持っているといえるが，paper（紙）は細かくちぎっても paper という呼び名は変わらないため，一定の形を持っているとはいえない。**細かくしても呼び名が変わらないときは，ふつう不可算名詞と考えられる**。

coffee・oil（油）のような液体，chalk（チョーク）・bread（パン）・salt（塩）・meat（肉）・flour（小麦粉）などは，細かくしても呼び名が変わらないので不可算名詞。

⚠ 可算名詞か不可算名詞かの区別は，1つの名詞でも，その意味により異なる。

paper は「紙」の意味では不可算，「新聞，レポート」の意味では可算扱いとなる。

　　I bought **paper**.　（紙を買った）　/　I bought **a paper**.　（新聞を買った）

4. 不可算名詞の数え方

water，meat のような**不可算名詞の量を表すとき**は，容器・形・単位を示す語を使う。

a glass of water[milk・wine]　（水［ミルク・ワイン］1杯）　※ふつう冷たい飲み物に
→「水2杯」は **two glasses of** water[×waters]　　　　　　　　対して

a cup of coffee[tea]　（コーヒー［紅茶］1杯）　　※ふつう温かい飲み物に対して

a piece of chalk[paper・cake・fruit]　　　　　※ piece はいろいろな不可
（チョーク1本［紙1枚・ケーキ1切れ・果物1つ]）　　算名詞とともに使われる

a loaf of bread　（パン1個・1斤）　※ loaf はパンの1かたまり

a slice of ham[bread・cheese]　（ハム［パン・チーズ］1枚）※ slice は薄く切ったもの

a pound of meat[sugar・butter]　（肉［砂糖・バター］1ポンド）※1ポンドは約454g

解 例題 **1**

(1)　答 **bread**　（彼女は朝食にパンを食べた）

　　→ bread は**不可算名詞なので，直接 a はつかない**。

(2)　答 **a hair**　（スープの中に髪の毛が1本入っている）

　　→「1本の髪の毛」の意味では hair は**可算名詞**。

(3)　答 **very long hair**　（ナンシーはとても長い髪をしている）

　　→ hair は「**髪全体**」を意味するときは**不可算名詞**として扱う。

(4)　答 **are**　（警察はその車の運転手を探している）

　　→ (the)police（警察）は**警察組織を意味し，常に複数扱い**。代名詞も they などで
　　受ける。「1人の警察官」は **a police officer**。

解 例題 **2**

(1)　答 見て。あそこにニワトリがいるよ。

(2)　答 私たちは昨夜とり肉を食べた。

　　→ chicken は「ニワトリ」の意味では**可算名詞**，「とり肉」の意味では**不可算名詞**。「と
　　り肉」は細かくしても呼び名が変わらない。

(3) 答 彼は今朝たくさんの仕事をした。

(4) 答 彼はたくさんの作品を書いた。

→ work は「仕事」の意味では**不可算名詞**,「(文学・音楽・絵画などの)**作品**」の意味では**可算名詞**となる。

 「紙」「情報」など,日本語では可算名詞のように思えるものが,英語では不可算名詞である。「一定の形を持っていると感じられるかどうか」で区別する原則をおさえよう。

演習問題

問題❶ 次の名詞のうち,不可算名詞(直接 a をつけたり複数形にならない名詞)を選びなさい。

① money(お金) ② coin(硬貨) ③ bill(紙幣) ④ furniture(家具)
⑤ chair(いす) ⑥ news(ニュース) ⑦ advice(助言) ⑧ information(情報)
⑨ bag(かばん) ⑩ baggage[luggage](手荷物) ⑪ suitcase(スーツケース)
⑫ tree(木) ⑬ wood(木材) ⑭ cow(雌牛) ⑮ beef(牛肉) ⑯ glass(ガラス)
⑰ glass(ガラスのコップ) ⑱ homework(宿題) ⑲ housework(家事)
⑳ rice(米) ㉑ fun(楽しみ) ㉒ song(歌) ㉓ music(音楽)

(解) 答 ①, ④, ⑥, ⑦, ⑧, ⑩, ⑬, ⑮, ⑯, ⑱, ⑲, ⑳, ㉑, ㉓
⇒日本語では可算名詞に思えるが,実は不可算名詞である主な名詞を問題とした。
「1つの家具」は **a piece of furniture**,「1つの助言」は **a piece of advice**,「1つの曲」は **a piece of music**,「米1粒」は **a grain of rice**。

問題❷ 次の可算名詞の複数形を書きなさい。

① hero ② radio ③ leaf ④ roof ⑤ child ⑥ woman
⑦ tooth ⑧ foot ⑨ mouse ⑩ fish ⑪ Japanese

(解) 答 ① **heroes**(英雄) ② **radios**(ラジオ) ③ **leaves**(葉)
④ **roofs**(屋根) ⑤ **children**(子供) ⑥ **women**(女) ⑦ **teeth**(歯)
⑧ **feet**(足,〔長さの単位の〕フィート) ⑨ **mice**(ハツカネズミ)
⑩ **fish**(魚) ⑪ **Japanese**(日本人)

⇒(1)**語尾が o で終わる名詞の複数形→ es をつける**
tomato(トマト)→ tomato**es**, potato(ジャガイモ)→ potato**es**
例外:radios, pianos, photos(写真)

(2)**語尾が f, fe で終わる名詞の複数形→ f, fe を ves に変える**
knife(ナイフ)→ kni**ves**, thief(泥棒)→ thie**ves**
例外:roofs(屋根), safes(金庫)

(3) **不規則に変化するもの**

man（男）→ **men**, woman → **women**, child → child**ren**, tooth → t**ee**th,
goose（ガチョウ）→ g**ee**se, foot → f**ee**t, ox（雄牛）→ ox**en**

(4) **単複同形**（単数形と複数形が同じ形になるもの）

fish（魚）, **sheep**（羊）, **deer**（鹿）, **Japanese**（日本人）

(5) **常に複数形で用いるもの**（2つの部分からなるもの）

glasses（めがね）, **scissors**（はさみ）, **shoes**（靴）, **socks**（靴下）,
gloves（手袋）, **pajamas**（パジャマ）, **pants・trousers**（ズボン）

※ これらを数えるときは **a pair of** glasses などとする。

解答→別冊 *p.15*

入試レベルの問題にチャレンジ！

Q 問題 1 （　　）内に入れるべき語を[　　]内から選び, 必要があれば適当な形に直しなさい。ただし, 同じ語を2度使ってはならない。

[piece / pair / slice / loaf / liter / can]

(1) She cut some (　　　　　　) of bacon.

(2) Jim bought three (　　　　　) of bread at the store.

(3) I drink a (　　　　　) of water a day for my health.

(4) He wrote some (　　　　) of music for me.

(5) Did you drink five (　　　　　) of beer?

(6) I bought two (　　　　　) of pajamas yesterday.

Q 問題 2 日本文の意味を表すように, （　　）内の指示に従い, [　　]内の語(句)を並べかえなさい。ただし, 句読点などは必要に応じて補うこと。

(1) 私たちはお互いに握手した。（1語補充）
[other / shook / with / we / each]

(2) 私は渋谷駅で横浜行きの電車に乗りかえた。（1語補充）
[Shibuya Station / changed / for / I / at] Yokohama.

(3) 私たちは近所の人たちと親しくなった。（1語補充）
[the / made / with / we / neighbors]

(4) 彼は果物は好きだが, 野菜は好きではない。（1語補充）
[fruit / he / he / like / likes / doesn't / but]

(5) 世界には多くの民族がいる。（1語不要）
[the / are / many / world / people / peoples / there / in]

例題 **1**　各組の上の英文には誤りがある。(　　)内に適語を入れて訂正しなさい。

(1) Bob is a my friend.　（ボブは私の友人のひとりだ）
　→ Bob is a (　　　　　) (　　　　　) (　　　　　).

(2) This Tom's pen writes well.　（このトムのペンはよく書ける）
　→ This (　　　　　) (　　　　　) (　　　　　) writes well.

例題 **2**　それぞれの代名詞の所有代名詞と再帰代名詞を書きなさい。

① I　　　② you（単数）　　③ he　　　　④ she

⑤ it　　　⑥ we　　　　　⑦ you（複数）　⑧ they

例題 **3**　[　]内の語を並べかえて，意味の通る英文を作りなさい。ただし，句読点などは必要に応じて補うこと。

(1) **A:** Who called Mr. White? — **B:** [him / myself / called / I]

(2) [Hokkaido / to / himself / did / by / go / he]

所有格と再帰代名詞の注意すべき用法 ❗

1．所有格を用いるときの注意点

「～の」と所有を表す**所有格**（my, our, your, his, her, its, their, Tom's など）は，**冠詞**（a, an, the），**this・that・these・those**，**some・any・no** などと並べて使えない。両方の意味を表す場合は，次のように〈of + 所有代名詞〉か〈of + 名詞の所有格〉で表す。

　<u>a</u> <u>her</u> bicycle（×）→ a bicycle **of hers**

　<u>some</u> <u>Mary's</u> friends（×）→ some friends **of Mary's**

※ 所有代名詞とは「～のもの」を意味する代名詞で，mine, ours, yours, his, hers, theirs がある。

2．～self と～selves

単数形の～**self**，複数形の～**selves** は**再帰代名詞**と呼ばれ，「**（自分）自身**」を意味する。再帰代名詞については，次の2つの使い方に注意する。

1）「他のだれでもなく～自身」の意味で名詞や代名詞を強調する

　You **yourself** said so.［You said so **yourself**.］（あなた自身がそう言った）

強調する名詞・代名詞の直後に置くか，主語を強調する場合は文末に置く。

2）再帰代名詞を用いた決まった表現

① by ～self［= **alone**, **on one's own**］（ひとりで）

A: Was she with her friends? — **B:** No, she was **by herself**.
（彼女は友達と一緒でしたか。 — いいえ，ひとりでした）

② say to ～self（心の中で考える）

"I did my best," he **said to himself**.　（「僕はベストをつくした」と彼は思った）

③ take care of ～self（**a.** 体に気をつける　**b.** 自分のことは自分でする）

a. Take care of yourself.　　　（お体をお大事に）
b. I can **take care of myself**.　（自分のことは自分でできます）

④ enjoy ～self（楽しく時を過ごす）［= have a good time］

Did you **enjoy yourself** at the party?　（パーティーは楽しかったですか）
= Did you enjoy the party?

⑤ introduce ～self to ...（…に自己紹介する）

I **introduced myself to** Mr. Green.　（私はグリーンさんに自己紹介した）

⑥ help ～self to ...（…を自分で取って食べる・飲む）

Please **help yourself to** the salad.　（どうぞ遠慮なくサラダをお取りください）
※複数の人に対しては Please help **yourselves** to the salad. となる。

⑦ make ～self at home（［しばしば命令文で］くつろぐ，気楽にする）

Come in and **make yourself at home**.　（中に入ってくつろいで）
※ 複数の人に対しては Come in and make **yourselves** at home. となる。

⑧ look at ～self in the mirror（鏡で自分の姿を見る）

She **looked at herself in the mirror**.　（彼女は鏡に映った自分の姿を見た）

⑨ seat ～self（座る）［= sit down］/ burn ～self（やけどする）

He **seated himself** on the bench.　（彼はベンチに座った）
I **burned myself**.　（私はやけどをした）
※ seat ～は「～を座らせる」，burn ～は「～をやけどさせる」

解 例題 1

(1)　答 **friend of mine**

→ 所有格の my と冠詞の a は並べて使えないので，〈**of + 所有代名詞**〉を使って a friend of mine とする。「私の友人のひとり」は，**a friend of mine** のほかに **one of my friends** でも表せる。この2つは必ず覚えておくこと。※ one of ～（～の中のひとり・ひとつ）の～は，意味を考えれば当然複数名詞となる。

(2) 答 **pen of Tom's**

→ 所有格の Tom's と this（この）は並べて使えない。〈**of ＋ 名詞の所有格**〉を使って表す。write well で「（ペンなどが）よく書ける」。

解 例題 2

答 ① **mine / myself**　② **yours / yourself**　③ **his / himself**
④ **hers / herself**　⑤ 所有代名詞はない **/ itself**　⑥ **ours / ourselves**
⑦ **yours / yourselves**　⑧ **theirs / themselves**

→ ⑧を theirselves（×）とする間違いが多いので注意すること。

解 例題 3

(1) 答 **I myself called him.〔I called him myself.〕**
（だれがホワイトさんに電話したの。— 私自身が彼に電話しました）

→ 主語の I を強調する myself は I の直後に置くか，文末に置く。

(2) 答 **Did he go to Hokkaido by himself?** （彼はひとりで北海道へ行ったのですか）

→ by ～self で「ひとりで」を意味する。alone, on one's own を使って
Did he go to Hokkaido **alone**? / Did he go to Hokkaido **on his own**?
としても同じ意味を表す。

 再帰代名詞を使った決まった表現は，その例文を何度も音読し，しっかりと覚えておこう。

✎　**演習問題**

問題 ❶　1語を補い，①と②が日本文の意味を表すように，[　　]内の語を並べかえなさい。ただし，句読点などは必要に応じて補うこと。

(1) あそこにいるあの男の人は私の父の旧友のひとりだ。
① That man over there is〔friend / father's / my / old / an〕.
② That man over there is〔of / father's / old / one / my〕.

(2) 私たちは友人たちと九州を旅行した。
① We traveled around Kyushu〔friends / with / some / ours〕.
② We traveled around Kyushu〔of / with / some / our〕.

(3) 彼女はひとりきりで暮らしていた。
①〔lived / all / she〕　②〔lived / all / she / herself〕

(4) 彼らはコンサートを楽しんだ。
①〔good / at / concert / had / the / they / a〕
②〔at / concert / enjoyed / the / they〕

解 (1) 答> ① (That man over there is) **an old friend of my father's**.

② (That man over there is) **one of my father's old friends**.

⇒ ① 所有格 my father's と冠詞 an は並べて使えない。〈**of + 名詞の所有格**〉を使って表す。**a friend of mine** の類型。

② one of my friend**s** の類型。friend としないこと。

(2) 答> ① (We traveled around Kyushu) **with some friends of ours**.

② (We traveled around Kyushu) **with some of our friends**.

⇒ ① a friend of mine の a を some にすると some friends of mine となる。mine を同じ所有代名詞の ours にすれば some friends of ours となる。

② all of ～は「～の中の全て」，most of ～は「～の中の大部分」，some of ～なら「～の中の何人か・いくらか」を表すので，some of our friends で「**私たちの友人の中の何人か**」を意味する。one of my friend**s** の類型だから，some of our friend（×）としないこと。

(3) 答> ① **She lived all alone.** ② **She lived all by herself.**

⇒ 強調のため alone = by ～self（ひとりで）の直前に all を置くことがある。She lived **all** on her own. としても同じ意味となる。

(4) 答> ① **They had a good time at the concert.**

② **They enjoyed themselves at the concert.**

⇒ enjoy ～self = have a good time で「楽しく時を過ごす」。theirselves という単語はない。

▌ **入試レベルの問題にチャレンジ！** 解答→別冊 *p.16*

Q 問題 1 再帰代名詞を使って，日本文の意味を表すように，(　　　)内に適語を入れなさい。

(1) 熱湯でやけどをした。

I (　　　　) (　　　　　　　) with boiling water.

(2) ノリコと私のことは心配しなくていいよ。私たちは自分たちのことは自分でできるから。

Don't worry about Noriko and me. We can (　　　　　) (　　　　　)

(　　　　　) (　　　　　).

(3) どうかくつろいで，食べ物や飲み物を自由に召し上がってください。

Please (　　　　　) (　　　　　) (　　　　　) (　　　　　) and (　　　　　)

(　　　　　) (　　　　　) some food and drinks.

(4) 「彼女は1日に何回鏡で自分の姿を見るのだろう」とトムは心の中で思った。

Tom said to (　　　　　), "How many times a day does she (　　　　　)

(　　　　) (　　　　　) (　　　　　) the mirror?"

(5) 彼らは新しい隣人に引っ越しのあいさつをした。

They (　　　　　) (　　　　　) (　　　　　) their new neighbors.

例題 **1** 次の( )内から，最も適切なものを選びなさい。

(1) **A:** Do you have an eraser? — **B:** Yes, I have (one, it).

(2) You have a nice bike. Where did you buy (one, it)?

(3) I don't like this one. Please show me (another, other).

(4) I have two brothers. One lives in Nagoya, and (another, other, the other) in Kyoto.

(5) Ken and Mary looked (each other, at each other).

one・other・another

1. it と one

it は特定の名詞を指す代わりに使われ，〈**the ＋ 名詞**〉に相当するが，**one** は不特定の単数名詞を指す代わりに使われ，〈**a ＋ 名詞**〉に相当する。it は「まさにそのもの」，one は「同種の1つ」を表す。

I can't find my umbrella. I must buy **one** (= an umbrella).
（傘が見つからない。1本買わなければ） └─ 傘という種類のものを1つ

I can't find my umbrella. Where did I put **it** (= the umbrella)?
（傘が見つからない。どこに置いたのかな） └─ 見つからない私の傘

代名詞 one は〈a ＋ 名詞〉に相当するが，one に形容詞がつくと one は名詞だけを表し，a は必要となる。

I'm going to sell my car and buy **a** new <u>one</u> (= car).
（私は自分の車を売って新しい車を買うつもりだ）

2. 「残りのうちの〜」を表す another, others, the other, the others

① 「残りのうちの一部（全部ではない）」を言い表すとき
単数なら **another** / 複数なら **others**
② 「残り全部」を言い表すとき
単数（最後に残った1つ）なら **the other** / 複数なら **the others**。「残り全部」と言った場合は特定できるので **the** がつく。

I have two cars. **One** is white, and **the other** is blue.

→ 残っているのは1つだけなので残り全部といえる（最後の1つ）

（2台車を持っている。1台は白色で，もう1台は青色だ）

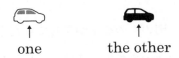

one　　　　the other

He has three cars. **One** is white, **another** is blue, and **the other** is red.

→ 残りのうちの一部(1つ)　→ 残り全部（最後の1つ）

（3台車を持っている。1台は白色で，1台は青色で，残りの1台は赤色だ）

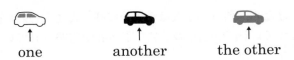

one　　　　another　　　　the other

She has four cars. **One** is white, **another** is blue, and **the others** are red.

→ 残りのうちの1つ　　　→ 残り全部（複数）

（4台車を持っている。1台は白色で，1台は青色で，残りの2台は赤色だ）

one　　　　another　　　　the others

3. other や another を使った決まった表現

① **each other**（お互い）［= **one another**］

We helped **each other**［**one another**］.　（私たちはお互いに助け合った）

② **one after another**（次々に）

They dived into the sea **one after another**.　（彼らは次々に海に飛び込んだ）

③ **A is one thing, and B is**（**quite**）**another.**
（A と B は（まったく）別ものである）　［= **A is**（**quite**）**different from B.**］

Theory **is one thing**, and practice **is another**.　（理論と実際は別である）
= Theory **is different from** practice.

④ **Some ～, and others ....**（あるものは～，またあるものは…）

Some like baseball, **and others** like soccer.
（野球が好きな人もいれば，サッカーが好きな人もいる）

解　例題 1

(1)　答　**one**　（消しゴムはありますか。― ありますよ）

→ Yes, I have it(= the eraser). では「その消しゴムを持っていますよ」となってしまう。「消しゴム（という種類のもの）を（1つ）持っている」と答える状況なので，an eraser に相当する one とする。

(2) 答 **it** （すてきな自転車を持っているね。どこで買ったの？）

→ 「そのすてきな自転車をどこで買ったのか」と特定の名詞の代わりに使っているので，the bike に相当する it とする。

(3) 答 **another** （これは好きではありません。別のものを１つ見せてください）

→ another は〈**an + other**〉からできたものなので**単数**を表す。other は「他の」を意味するが，other を単独で使うことはない。

(4) 答 **the other** （私には２人兄弟がいる。１人は名古屋，もう１人は京都に住んでいる）

→ ２人のうち１人を取り上げたら，残りの１人は「最後に残った１人（残り全部）」となるので **the other** とする。in Kyoto の前には lives が省略されている。

(5) 答 **at each other** （ケンとメアリーはお互いに顔を見合わせた）

→ each other は「お互いに」ではなく，「お互い」を意味する代名詞。Ken and Mary looked at him. の him に，同じ代名詞の each other が置かれたと考えればいい。

 塾技解説 other や another を使って「残りの〜」と言う表現は，入試でもよく問われるポイントだ。理解→音読という手順でしっかりと練習しておこう。

✏️ **演習問題**

問題❶ 日本文の意味を表す英文となるように，（　　　）内に適語を入れなさい。

(1) 言葉で言うことと実行することはまったく別だ。
Saying is (　　　　　) (　　　　　　), and doing is (　　　　　) (　　　　　　).

(2) 明かりがひとつまたひとつと消えていった。
The lights went out (　　　　　) (　　　　) (　　　　　).

(3) 数学が得意な人もいれば，英語が得意な人もいる。
(　　　　　) are good (　　　　　　) mathematics, and (　　　　　) English.

(4) 他の人には親切にしなさい。
Be kind (　　　　) (　　　　　).

(5) 私たちはよくお互いの家を訪れます。
We often visit (　　　　　) (　　　　　) homes.

解 (1) 答 **one thing, quite another**
⇒ A is one thing, and B is (quite) another. で「A と B は（まったく）別ものである」を意味する。

78

(2) 答 **one after another**

⇒ one after another で「次々に」，go out は「（火・電灯などが）消える」。

(3) 答 **Some, at, others**

⇒ be good at 〜は「〜が得意だ」，Some 〜, and others .... は「あるものは〜，またあるものは…」。この others は「残りのうちの一部」を意味する others で，直訳すれば「いくつかは〜，そして残りのうちのいくつかは…」となる。

(4) 答 **to others**

⇒ others は「他人，他の人たち」の意味でよく使われる。other people と同じ意味。be kind to 〜（〜に親切だ）。

(5) 答 **each other's〔one another's〕**

⇒「お互いの〜」は，each other's 〜か one another's 〜とする。

入試レベルの問題にチャレンジ！

解答→別冊 *p.16*

Q 問題 1 次の（　）内に入れるべき，最も適切なものを選びなさい。

(1) This box is too small. I need （　）.
　① a big　　② big one　　③ a big one　　④ one

(2) We have three daughters. One is in Sapporo, （　ア　）is in Fukuoka, and （　イ　）is in Tokyo.
　① another　　② others　　③ the other　　④ the others

(3) I have three sisters. One is a college student, and （　）are teachers.
　① another　　② others　　③ the other　　④ the others

(4) There are two reasons for my absence, and you know one of them. Now I'll tell you （　）.
　① another　　② others　　③ the other　　④ the others

(5) Do you see a large house on （　）side of the street?
　① another　　② other　　③ the other　　④ others

(6) How about （　）cup of coffee?
　① another　　② other　　③ the other　　④ an

Q 問題 2 次の英文を日本語に直しなさい。

(1) One marathon runner after another went past.

(2) Some of these ways will work. Others will not.

例題 1　（　　）内から，最も適切なものを選びなさい。

(1) Nancy bought (some, any) fish, but she didn't buy (some, any) meat.

(2) I want to wash my hands. Is there (some, any) soap?

(3) If you have (some, any) questions, raise your hand.

例題 2　次の英文を日本語に直しなさい。

(1) **A:** Would you like some coffee? — **B:** Yes, please.

(2) You can invite anyone to the party.

some と any が表す意味と用法 ❗

1. some

some は「いくつかの，いくらかの」と漠然とした数量を表し，可算名詞にも不可算名詞にも使える。

> She bought **some** flowers.　（彼女は何本か花を買った）
>
> I want **some** water.　　　　（いくらか水がほしい）

some は肯定文で使うことが多いが，人に何かを頼んだり勧めたりするような，「**Yes の答えを期待・予想**」する場合は，疑問文でも **some** を用いる。

> Can I have **some** milk, please?　（ミルクをいただけますか）

2. any

any は「**どんな(数量・種類の)～でも**」を意味し，some と同様に可算名詞にも不可算名詞にも使える。

> Are there **any** questions?　（どんな数の質問でもありますか。
>
> 　　　　　　　　　　　　　　　　　→ 何か質問はありますか）
>
> I don't have **any** money.　（どんな量のお金も持っていない。→ お金がない）
>
> If you need **anything**, call me.　（どんなものでも必要なものがあれば，電話してくれ）

any は疑問文や否定文や条件文で使うことが多いが，肯定文でも使われる。その場合は，直後の名詞は可算名詞でも単数形になることが多い。

> You may read **any** book.　（どんな本を読んでもいい）

3. ゼロを表す no

〈not + any 〜 = no 〜〉で「どんな数量の〜もない」から「（少しも・ひとつも）ない」を意味する。この no は「ゼロの」を意味する。

> We do**n't** have **any** children. = We have **no** children.
> （私たちには子供がいない）

> I do**n't** know **anybody** here. = I know **nobody** here.
> （ここに知り合いはだれもいない）

ただし，「（少しも・ひとつも）ない」を〈any + not〉の語順で用いることはしない。そのような場合は〈**no + 名詞**〉で表す。

> Any students didn't come.（×）
> **No** students came.（○）　（生徒はだれも来なかった）

例題 **1**

(1) 答 **some，any**
　　　　（ナンシーは魚は買ったが，肉は買わなかった）

　→ 肯定文だから some，否定文だから any と機械的に処理せず，意味をきちんと押さえておこう。「**いくらかの**魚は買ったが，**どんな量の**肉も買わなかった」ということ。

(2) 答 **any**
　　　　（手を洗いたいです。せっけんはありますか）

　→ 疑問文だから any とするだけではなく，「手を洗いたいので，**どんな量でも**せっけんはありますか」という意味だと考える。

(3) 答 **any**
　　　　（もし質問があれば，手をあげてください）

　→ 条件文（If 〜）の中に使われる any だが，「**どんな数でも**質問があれば」という意味を表している。

解 例題 **2**

(1) 答 **A: コーヒーはいかがですか。— B: はい，いただきます。**

　→ 人に何かを勧めるときには，**疑問文でも some** を用いる。Would you like 〜? は「〜はいかがですか」と人に何かを勧めるのに用いる決まった表現。

(2) 答 **どんな人でもパーティーに招待することができます。**

　→ 肯定文で用いられている any だが，「**どんな〜でも**」という any の意味は変わらない。〈invite 人 to 〜〉（人を〜に招待する）。

some と **any** の使い分けの問題では,「いくつかの〜」,「どんな〜でも」という意味をきちんと押さえて判断する。**some** →肯定文, **any** →否定文・疑問文・条件文が多いが, **some** を使う疑問文, **any** を使う肯定文のパターンも, 例文を暗記しておこう。

✎ 演習問題

(問題)❶ 次の(　)内から, 最も適切なものを選びなさい。

(1) I'm going to the supermarket. I need (some, any, no) eggs.

(2) There wasn't (some, any, no) milk in the fridge.

(3) I ate (anything, something, nothing) because I wasn't hungry.

(4) **A:** Can I ask you (anything, something, nothing)?
    B: Sure. What is it?

(5) You can call me (some, any, no) time. I'll stay at home all day.

(解) (1) 🖙 **some**

　　　(スーパーへ行くところなの。卵が必要だから)

　　⇒「いくつかの卵が必要」だからスーパーへ行こうとしていると考える。some や any は, 結果として**日本語には訳さないことも多い**。

(2) 🖙 **any**

　　　(冷蔵庫の中にミルクはなかった)

　　⇒意味から〈not + any 〜 = no 〜〉を用いるが, **was n't** とあるので no は使えない。

(3) 🖙 **nothing**

　　　(空腹ではなかったので, 何も食べなかった)

　　⇒〈not + any 〜 = no 〜〉から, not + anything = nothing となる。I didn't eat anything. は I ate nothing. に等しい。

(4) 🖙 **something**

　　　(ちょっと質問してもいいですか。— いいですよ。何ですか)

　　⇒「私はあなたに何かあること (something) をたずねてもいいですか」が直訳。たずねている人は「Yes の答えを期待」して相手に頼みごとをするものなので, 疑問文でも some(thing) を用いる。**Can[May] I ask you something?** はよく使うフレーズ。

(5) 🖙 **any**

　　　(いつでも電話してください。1日中家にいますから)

　　⇒肯定文で使われている any。「いつでも」とは「**どんな** (any) **時** (time) **にでも**」ということ。

Q問題 1 日本文の意味を表すように，（　　　）内には **some** か **any** を，[　　　]内には適語を入れなさい。

(1) 今日は宿題はありますか。

　　Do you have (　　　　　　) [　　　　　　　] today?

(2) もしそのビンの中に水が入っているならください。

　　If there is (　　　　　　) water in the bottle, give me (　　　　　　).

(3) これらのおもちゃのどれも彼は必要とはしていません。

　　He doesn't need (　　　　　　) of these [　　　　　　].

(4) これらのおもちゃのいくつかは彼は必要とはしていません。

　　He doesn't need (　　　　　　) of these [　　　　　　].

(5) だれでも間違えることはある。

　　[　　　　　　] can make mistakes.

(6) のどが渇いています。水をいただけますか。

　　I'm [　　　　　　]. Can I have (　　　　　　) water, please?

(7) 私たちは難なくそこに着いた。

　　We got there without (　　　　　　) difficulty.

(8) 切符をお持ちでない方は入ることはできません。

　　[　　　　　　] visitors [　　　　　　] enter without a ticket.

Q問題 2 日本文の意味を表すように，（　　　）内の条件に従い，[　　　]内の語を並べかえなさい。ただし，句読点などは必要に応じて補うこと。

(1) どの辞書でもかまいません。

　　[will / some / dictionary / do / any] （1語不要）

(2) それらの方法のいくつかは，うまくいかないだろう。

　　[ways / some / work / those / of / any / won't] （1語不要）

(3) 私のカメラにどこも具合の悪いところはない。

　　[with / anything / is / wrong / camera / nothing / my / isn't] （2語不要）

例題 1　①と②が同じような意味を表すように，[　　]内の語を並べかえなさい。ただし，句読点などは必要に応じて補うこと。

① [meet / party / the / did / at / you / interesting / any / people]
② [meet / party / the / did / at / you / interesting / anybody]

例題 2　次の(　　)内から，最も適切なものを選びなさい。

(1) ここにはほとんど友人がいないので，私はさびしい。
　　I have (few, a few, little, a little) friends here, so I'm lonely.

(2) ここには友人が少しいるので，私はさびしくはない。
　　I have (few, a few, little, a little) friends here, so I'm not lonely.

(3) 彼はほとんど英語を話さなかったので，彼らと話をすることはできなかった。
　　He spoke (few, a few, little, a little) English, so he couldn't talk with them.

(4) 彼は少し英語を話したので，彼らと話をすることは可能だった。
　　He spoke (few, a few, little, a little) English, so he could talk with them.

位置と意味 !

1. something を修飾する形容詞の位置

名詞を修飾する形容詞は，日本語と同じようにふつう**名詞の前に置く**が，**something**などを修飾する形容詞は〈**something ＋ 形容詞**〉の語順となる。

　　a big car　（大きな車）　　**something** big　（何か大きなもの）

something のほかに，**everything，someone，anybody，nothing** など，every-，some-，any-，no- の形の代名詞を修飾するときも同じ。

2. 数量を表す形容詞

数量を表す基本的な形容詞を次に示す。

	可算名詞	不可算名詞
たくさんの	**many** books[**a lot of** books]	**much** money[**a lot of** money]
少しある	**a few** books	**a little** money
ほとんどない	**few** books	**little** money
ない（ゼロの）	**no** books	**no** money

※「たくさんの 〜」は a lot of 〜のほかに **lots of 〜**，**plenty of 〜** があるが，この3つは可算名詞・不可算名詞のどちらにも用いることができる。

※no のあとの可算名詞は，話し手が複数あるのがふつうと考えるものなら複数形，単数で持っているのがふつうと考えるものなら単数形が使われる。

He has **no** *car* [**no** *friends*]．（彼は車を持っていない[友人がいない]）

※「ほとんどない」を意味する few は **very few**，**only a few**，**not + many** に，little は **very little**，**only a little**，**not + much** としても意味に大差はない。

3. a few [a little] と few [little] の違い

a few [**a little**]と **few** [**little**]は，話し手の意識によって使い分けられる。同じ数量でも「少しある」と**肯定的**にとらえれば **a few** [**a little**]を，「ほとんどない」と**否定的**にとらえれば **few** [**little**]を用いる。30分という時間に対し，「まだ時間は少しある」と肯定的に考えれば，We have a little time. となる。「もうほとんど時間がない」と否定的に考えれば，We have little time. となる。

解 例題 **1**

答 ① **Did you meet any interesting people at the party?**
② **Did you meet anybody interesting at the party?**

（パーティーでだれかおもしろい人に会いましたか）

→「だれかおもしろい人」を anybody を使って表すときは，anybody を修飾する形容詞 interesting は anybody の後ろに置く。interesting anybody ではない。

解 例題 **2**

(1) 答 **few**

→ 可算名詞 friends を「ほとんどいない」と否定的にとらえているから，さびしいと感じている。

(2) 答 **a few**

→ 可算名詞 friends を「**少しいる**」と肯定的にとらえているので，さびしくはないと感じている。

(3) 答 **little**

→ 不可算名詞 English を「ほとんど(話さ)なかった」と否定的にとらえている。

(4) 答 **a little**

→ 不可算名詞 English を「**少し話した**」と肯定的にとらえている。

塾技解説 数量を表す表現は，可算名詞・不可算名詞と密接な関係がある。塾技⑭可算名詞と不可算名詞の項目の内容を確認しながら，その使い分けができるようにしておこう。特に **a few**〔**a little**〕と **few**〔**little**〕の違いは要注意。

演習問題

問題❶ 次の数を含む語を，英語で表しなさい。

(1) 556

(2) 28,749,502

(3) 300台の車

(4) 何百人もの人々

(5) $\dfrac{1}{3}$

(6) $\dfrac{2}{3}$

(7) $\dfrac{1}{4}$

解 (1) 答 **five hundred**（**and**）**fifty-six**

⇒ five hundreds としないこと。hundred（100），thousand（1,000），million（100万）の前に数を置くときは s をつけない。fifty-six の間につけるハイフンも忘れないこと。下2桁の前の and は省略可。

(2) 答 **twenty-eight million, seven hundred**（**and**）**forty-nine thousand, five hundred**（**and**）**two**

⇒ 28,749,502の2つのコンマの位 million（百万）と thousand（千）を使って，28 million, 749 thousand, 502とし，あとは28と749と502をそれぞれ英語で表す。

(3) 答 **three hundred cars**

⇒ three hundreds としないこと。car は複数形にしなくてはならない。

(4) 答 **hundreds of people**

⇒「何百もの〜」は hundreds of 〜，「何千もの〜」は thousands of 〜，「何百万もの〜」は millions of 〜で表す。「人々」を意味する people は peoples とはしないが複数扱い。

(5) 答 **a**〔**one**〕**third**

(6) 答 **two thirds**

(7) 答 **a**〔**one**〕**quarter**（= **a**〔**one**〕**fourth**）

⇒ 序数，たとえば third には「3番目（の，に）」の意味のほかに「$\dfrac{1}{3}$」の意味がある。

そして，1匹の犬 → a dog，2匹の犬 → two dogs と同じように

$\dfrac{1}{3}$ → 1つの $\dfrac{1}{3}$ → a〔one〕third，

$\dfrac{2}{3}$ → 2つの $\dfrac{1}{3}$ → two thirds とする。

$\dfrac{1}{5}$ は「1つの $\dfrac{1}{5}$」で a [one] fifth,

$\dfrac{3}{5}$ は「3つの $\dfrac{1}{5}$」で three fifths となる。

$\dfrac{1}{2}$ は a[one] half, $\dfrac{1}{4}$ は a[one] quarter,

$\dfrac{3}{4}$ は three quarters と，half や quarter がよく使われる。

 入試レベルの問題にチャレンジ！　　　　　　　　　　　解答→別冊 *p.18*

Q 問題 1　次の（　　）内から，最も適切なものを選びなさい。

(1) He didn't eat anything, but he drank (little, a little, a few, a lot) beer.

(2) I'm busy these days. I don't have (much, few, little, a little) free time.

(3) We're going camping for (few, plenty, a few, a little) days.

(4) You see (little, lot of, very few, only a little) people here.

(5) I eat (little, lots of, only a few, much) meat. I don't like it very much.

(6) He didn't give me (many, any, an, little) advice.

(7) We enjoyed our vacation. We had (little, many, very, lots of) fun.

(8) We sat around a (few, lot, little) table.

Q 問題 2　（　　）内の条件に従い，次の日本文を英語に直しなさい。

(1) そこにはほんの少ししか家具はなかった。　（there, only, a を使って7語で）

(2) モーツァルトは多くの美しい作品を残した。　（Mozart, work を使って7語で）

(3) 何か妙なものでも見ましたか。　（strange を使って5語で）

例題 1 次の(　　)内から，最も適切なものを選びなさい。

(1) Every (house, houses) in this neighborhood (is, are) the same.

(2) The airport buses leave every (ten minute, ten minutes).

(3) This car is very (expensive, high).

(4) The price of this car is very (expensive, high).

例題 2 日本文の意味を表すように，(　　)内に適語を入れなさい。

(1) ジャックとメイはお互いに好きだった。

Jack and May were (　　　　　) (　　　　　　) each other.

(2) 彼は昨日学校を休んだ。

He was (　　　　　) (　　　　　　) school yesterday.

(3) 君はそのパーティーに出席すべきではない。

You should not be (　　　　　) (　　　　　　) the party.

(4) 終電にかろうじて間に合った。

I was just (　　　　　) (　　　　　) (　　　　　　) the last train.

注意を要する形容詞 !

1. every

every は次の2つの使い方に注意。

① (3つ以上のものをさして) どの〜もみな

→ 〈**every + 単数名詞**〉の形で使い，動詞も単数で受ける。

Every window is open. （すべての窓が開いている）

② (時間の間隔などを表して) 〜ごとに，毎〜

I read one book **every two weeks**. （私は2週間ごとに1冊本を読んでいる）

He watches TV **every day**. （彼は毎日テレビを見ている）

2. 名詞と形容詞の相性

次の名詞と形容詞の組み合わせに注意。

① **price** (値段) が「高い / 安い」の **high / low**

② **watch** (時計) が「遅れて / 進んで」の **slow / fast**

③ **traffic**（交通量）が「多い / 少ない」の **heavy / light**
④ **population**（人口）が「多い / 少ない」の **large / small**
⑤ **street**（通り）が「にぎやかな，交通量の多い」の **busy**

3．形容詞を用いた連語表現

① **be ready for ～**　（～の準備ができている）
② **be fond of ～**　（～が好きだ）= **like ～**　※ be fond of ～のほうが like よりも意味が強い
③ **be full of ～**　（～でいっぱいだ）= **be filled with ～**
④ **be angry with[at] + 人**　（人に腹を立てている）
⑤ **be good at ～**　（～が上手だ・得意だ）⇔ **be bad[poor] at ～**　（～が下手だ）
⑥ **be absent from ～**　（～を欠席している）⇔ **be present at ～**　（～に出席している）
⑦ **be late for ～**　（～に遅れる）⇔ **be in time for ～**　（～に間に合う）
⑧ **be tired from ～**　（～で疲れている）
⑨ **be tired of ～**　（～に飽き飽きしている・うんざりしている）
⑩ **be different from ～**　（～とは異なっている）
⑪ **be famous for ～**　（～で有名だ）
⑫ **be busy with ～**　（～で忙しい）
⑬ **be afraid of ～**　（～が怖い）
⑭ **be proud of ～**　（～を誇りにしている）
⑮ **be kind[nice] to ～**　（～に親切だ）
⑯ **be married to ～**　（～と結婚している）
⑰ **be[feel] sorry for + 人**　（人を気の毒に思う・かわいそうに思う）
⑱ **be worried about ～**　（～のことで心配している）
⑲ **be short of ～**（〔金・時間など〕に不足している）

解 例題 1

(1)　答　**house, is**
（この近所のすべての家は同じ造りだ）

→「どの～もみな」を意味する〈**every + 単数名詞**〉は，動詞も単数で受ける。

(2)　答　**ten minutes**
（空港行きのバスは 10 分ごとに出ている）

→「（距離や時間の間隔を表して）～ごとに」を意味する every。「10分」なので ten minutes となる。

(3)　答　**expensive**
（この車はとても値段が高い）

→ expensive は品物について「値段が高い」を意味する。

(4) 答> **high**

(この車はとても値段が高い)

→ price（値段）は高ければ high，安ければ low で表す。(3)と(4)は同じ内容を表す。

解 例題 2

(1) 答> **fond of**

→ be fond of 〜（〜が好きだ）＝ like 〜。Jack and May **liked** each other. と同じ意味。

(2) 答> **absent from**

(3) 答> **present at**

→ be absent **from** 〜（〜を欠席している）⇔ be present **at** 〜（〜に出席している）。前置詞が異なるので注意。

(4) 答> **in time for**

→ be in time for 〜（〜に間に合う）。just は「かろうじて，やっと」を意味する副詞。

塾技解説 英語はしくみを理解しただけではできるようにはならない。例題，演習問題，入試レベルの問題の英文を音読しながら，何度もくりかえし練習しよう。

✎ **演習問題**

問題❶ 日本文の意味を表すように，（　　）内に適語を入れなさい。

(1) 明日の準備はできたの？
（　　　　　）you（　　　　　）（　　　　　）tomorrow?

(2) 私はあまり野菜が好きではない。
I'm not（　　　　　）（　　　　　）（　　　　　）vegetables.

(3) その人たちは未来への希望でいっぱいだった。
The people（　　　　　）full（　　　　　）hope for the（　　　　　）.

(4) 私のこと，まだ怒ってる？
（　　　　　）you still angry（　　　　　）me?

(5) 君，数学は得意？
Are you（　　　　　）（　　　　　）math?

(6) 昨日の会合には何人が欠席しましたか。
How many（　　　　　）（　　　　　）absent（　　　　　）the meeting yesterday?

(7) 私は約束の時間に10分遅れた。

I was ten (　　　　　) (　　　　　) (　　　　　) my appointment.

(8) 彼女の目は読書で疲れている。

Her eyes are (　　　　　) (　　　　　) reading.

(9) 家事にはうんざり。

I'm (　　　　　) (　　　　　) housework.

(10) 今日の生活は30年前の生活と大きく異なる。

Life today is very (　　　　　) (　　　　　) life 30 years ago.

(11) フランスはワインで有名だ。

France is (　　　　　) (　　　　　) its wine.

(12) 彼女は子供たちの世話で忙しい。

She is (　　　　　) (　　　　　) the care of the children.

(13) 彼は暗がりが怖い。

He is (　　　　　) (　　　　　) the dark.

(14) 私たちは娘を誇りに思っている。

We are (　　　　　) (　　　　　) our (　　　　　).

(15) 彼女はいつも私にとても親切にしてくれます。

She's always very (　　　　　) (　　　　　) me.

(16) カオルはアメリカ人と結婚している。

Kaoru is (　　　　　) (　　　　　) an American.

(17) 彼女はその病気の子供をかわいそうに思った。

She felt (　　　　　) (　　　　　) the sick child.

(18) あなたのことが心配で戻ってきたのです。

I came back because I (　　　　　) (　　　　　) (　　　　　) you.

(19) お金が少し足りません。いくらか貸してもらえますか。

I'm a little (　　　　　) (　　　　　) money. Can you (　　　　　) me some?

解 (1) 答 **Are, ready for**
⇒ be ready for ～で「～の準備ができている」。「準備はできた」の「た」につられて were としないこと。「明日の準備は現在できていますか」と**現在の状態**をたずねている。

(2) 答 **very fond of**
⇒ be fond of ～ = like ～。be very fond of ～で「～がとても好きだ」，be not very fond of ～なら「～があまり好きではない」。

中1・中2で習う分野

形容詞・副詞

91

(3) 答〉 **were, of, future**

⇒「~でいっぱいだ」は be full **of** ~ = be filled **with** ~で，前置詞が異なるので注意。「現在」は the present，「過去」は the past，「未来・将来」は the future。

(4) 答〉 **Are, with[at]**

⇒〈be angry with[at]＋人〉で「人に腹を立てている」。still は「まだ，依然として，相変わらず」を意味する副詞。

      She was angry at my words. （彼女は私の言葉に腹を立てていた）

(5) 答〉 **good at**

⇒be good at ~（~が上手だ・得意だ）⇔ be bad[poor] at ~ （~が苦手だ）。

(6) 答〉 **people were, from**

⇒be absent from ~（~を欠席している）。How many people（何人の人が）が主語になっている。

(7) 答〉 **minutes late for**

⇒be late for ~ （~に遅れる）⇔ be in time for ~ （~に間に合う）。
<u>ten minutes late</u> と ten minutes が late を修飾している。

appointment は「（人に会う）約束」。

(8) 答〉 **tired from**

⇒be tired from ~（~で疲れている）。

(9) 答〉 **tired of**

⇒be tired of ~ （~に飽き飽きしている・うんざりしている），homework は「宿題」で housework は「家事」。

(10) 答〉 **different from**

⇒be different from ~（~とは異なっている），**life** は「**生活，生命，人生**」の3つの意味を覚えておくこと。

(11) 答〉 **famous for**

⇒be famous **for** ~は「~で有名だ」，be famous **as** ~は「~として有名だ」。
    This town **is famous as** a summer resort.
    （この町は避暑地として有名だ）
  ※ be famous as ~を使った文では，This town ＝ a summer resort の関係が成立する。

(12) 答〉 **busy with**

⇒be busy with ~（~で忙しい）。

(13) 答〉 **afraid of**

⇒be afraid of ~（~が怖い）。the dark は「暗がり」を意味する。

(14) 答 **proud of, daughter**

⇒ be proud of ～（～を誇りにしている）。daughter のつづりに注意。

(15) 答 **kind〔nice〕to**

⇒ be kind〔nice〕to ～（～に親切だ）。

(16) 答 **married to**

⇒ married は形容詞で，**be** married to ～は「～と結婚している」という〔状態〕を，**get** married to ～であれば「～と結婚する」という〔状態の変化〕を表す。前置詞が with でないことに注意。

We **got married** last year. （私たちは昨年結婚しました）

(17) 答 **sorry for**

⇒ 〈be〔feel〕sorry for ＋人〉（人を気の毒に思う・かわいそうに思う）。

(18) 答 **was worried about**

⇒ be worried about ～（～のことで心配している）。

(19) 答 **short of, lend**

⇒ be short of ～で「（金・時間など）に不足している」。「～を貸す」は lend，「～を借りる」は borrow。疑問文で使われている some については，塾技⑰ some と any 参照。

⚑ **入試レベルの問題にチャレンジ！** 　　　　　　　解答→別冊 *p.20*

Q 問題 1 次の英文の下線部の誤りを訂正しなさい。

(1) 私の時計は3分遅れている。

My watch is three minutes <u>late</u>.

(2) その通りは交通量が多い。

The traffic is <u>much</u> on the street.

(3) 東京の人口はどれくらいですか。

How <u>much</u> is the population of Tokyo?

(4) 彼は1日おきに洗たくをする。

He does the laundry <u>every second days</u>.

例題 **1**　各組の英文が同じような意味を表すように，(　　　)内に適語を入れなさい。

(1) He is a careful (　　　　　).
　　 He drives (　　　　　).

(2) Jane is a fast (　　　　　).
　　 Jane speaks (　　　　　).

(3) My father is a very good (　　　　　).
　　 My father cooks very (　　　　　).

例題 **2**　日本文の意味を表すように，[　　　]内の語を並べかえなさい。ただし，句読点などは必要に応じて補うこと。

(1) 彼は時々学校に遅刻した。
　　 [for / was / sometimes / school / he / late]

(2) ここではあまり雨は降らない。
　　 [doesn't / often / here / rain / it]

副詞の働きと形 !

1. 副詞の働き

名詞を修飾するのは形容詞だが，**副詞は名詞以外を修飾する**。

　　 She **closed** the door **quietly**.　← 副詞 quietly（静かに）が動詞 closed を修飾
　　　　　　　　　　　　　　　　　　　（彼女は静かにドアを閉めた）

quiet（静かな）は形容詞なので，She closed the door quiet.（×）とはならない。

2. 副詞の形

① quiet と quietly のように，〈形容詞 +**ly**〉で**副詞**になるものが多い。

形容詞	副詞
kind　（親切な）	kindly　（親切に）
slow　（ゆっくりした）	slowly　（ゆっくりと）
quick　（すばやい）	quickly　（すばやく）
bad　（悪い，下手な）	badly　（悪く，下手に）
happy　（幸せな）	happily　（幸せに）
easy　（容易な）	easily　（容易に）

94

② 形容詞と副詞が同形のものもある。

She is a **hard worker**. ← 形容詞 hard（熱心な）が名詞 worker を修飾

（彼女は<u>熱心な</u>働き手だ ⇒ 働き者だ）

She works **hard**. ← 副詞 hard（熱心に）が動詞 works を修飾

（彼女は<u>熱心に</u>働く ⇒ 働き者だ）

	形容詞	副詞
early	（時間・時期が）早い	早く
late	（時間・時期が）遅い	遅く
fast	（速度が）速い	速く
long	（物・距離・時間が）長い	長く
high	（位置が）高い	高く

3. 頻度を表す副詞

「頻度」を表す副詞はふつう，**be** 動詞のあとか一般動詞の前に置く。**助動詞があるときは，助動詞の後ろに置く。**

She **is never** absent from school. （彼女は決して学校を休まない）

He **usually goes** to bed at ten. （彼はたいてい10時に床につく）

You **must always** be honest. （いつも正直でなくてはならない）

> ▶頻度を表す副詞（頻度順）
>
> always（いつも）＞ usually（ふつうは）＞ often（しばしば）＞ sometimes（時々）
> ＞ seldom・rarely（めったに〜ない）＞ never（決して〜ない）

解 例題 1

(1) 答 **driver** （彼は注意深い運転者だ → 彼は注意深く車を運転する）

→ 形容詞 careful（注意深い）が名詞 driver（運転者）を修飾。

答 **carefully**

→ 動詞 drives を修飾するので，副詞の carefully（注意深く）とする。

(2) 答 **speaker** （ジェーンは速い speaker だ → ジェーンは早口だ）

→ 形容詞 fast（速い）が名詞 speaker（話す人）を修飾。

答 **fast**

→ 動詞 speaks を修飾する副詞の fast（速く）。fastly という単語はない。

(3) 答 **cook** （父はとても上手な cook だ → 父は料理がとても上手だ）

→ cook（料理をする人）を cooker（料理器具）としないこと。

答 **well**
→ 動詞 cooks を修飾するので, good（上手な）の副詞に相当する well（上手に）とする。goodly としないこと。

解 例題 2

(1) 答 **He was sometimes late for school.**

→「頻度」を表す副詞 sometimes はふつう be 動詞の後ろに置く。

(2) 答 **It doesn't often rain here.**

→「頻度」を表す副詞 often は, 助動詞があるときはふつう助動詞の後ろに置く。一般動詞の否定文で用いる don't［doesn't］は助動詞。

名詞に具体的なイメージを与えるのは形容詞, 名詞以外の語（句）に具体的なイメージを与えるのが副詞。単語は意味・発音だけでなく, 品詞も意識するようにしていこう。

演習問題

問題❶ （　　）内の語を, 必要があれば適切な形に直しなさい。

(1) We went to bed (late) last night.

(2) I solved the problem (easy).

(3) Don't eat so (quick). It's not good for you.

(4) He is studying (hard) for his exams.

(5) I like (sad) movies.

(6) It snowed (heavy) yesterday.

(7) He sings very (bad).

(8) There was a (sudden) change in the weather.

(9) She climbed (high) on the ladder.

(10) She (kind) showed me around.

解 (1) 答 **late** （私たちは昨夜は遅く寝た）
⇒ 動詞 went を修飾する副詞の late（遅く）。lately は「最近」を意味する副詞。

(2) 答 **easily** （私はその問題を簡単に解いた）
⇒ 動詞 solve を修飾する副詞の easily（簡単に）。

96

(3) 圏 **quickly** （そんなに急いで食べないで。体に良くないよ）

⇒ 動詞 eat を修飾する副詞の quickly（急いで，すばやく）。

(4) 圏 **hard** （彼は試験のために一生懸命勉強している）

⇒ 動詞 study を修飾する副詞の hard（熱心に，一生懸命）。hardly は「ほとんど〜でない」を意味する副詞（塾技63注意すべき否定表現参照）。

(5) 圏 **sad** （私は悲しい映画が好きだ）

⇒ 名詞 movies を修飾する形容詞の sad（悲しい）。sadly は副詞で「悲しそうに」。

(6) 圏 **heavily** （昨日大雪が降った）

⇒ 動詞 snowed を修飾する副詞の heavily（多量に，激しく）。

(7) 圏 **badly** （彼は歌がとても下手だ）

⇒ 動詞 sings（歌う）を修飾する副詞の badly（下手に）。

(8) 圏 **sudden** （天候が突然変わった）

⇒ 名詞 change（変化）を修飾する形容詞の sudden（突然の）。「天候に突然の変化があった」が直訳。

(9) 圏 **high** （彼女ははしごの高いところまで登った）

⇒ 動詞 climbed を修飾する副詞の high（高く，高い所へ）。ladder は「はしご」。

(10) 圏 **kindly** （彼女は親切にも私を案内してくれた）

⇒ 動詞 showed を修飾する副詞の kindly（親切にも）。〈show 人 around〉（人を案内する）。

入試レベルの問題にチャレンジ！

解答→別冊 *p.20*

Q 問題 1 下線部の語に注意して，それぞれの英文を日本語に直しなさい。

(1) ① Did you sleep <u>well</u>?
　② He'll get <u>well</u> soon.

(2) ① It was raining <u>hard</u> outside.
　② We <u>hardly</u> knew each other.

Q 問題 2 日本文の意味を表すように，1語を補って[　]内の語を並べかえなさい。ただし，句読点などは必要に応じて補うこと。

(1) ポールは仕事でよくシカゴに行く。
　[Chicago / business / to / Paul / often / on]

(2) 私は朝に髪にブラシをかけることはめったにない。
　[the / I / hair / morning / brush / in / my]

(3) 私たちは皆同じホテルに滞在していた。
　[hotel / all / we / same / staying / at / the]

例題 **1** 日本文の意味を表すように，(　　　)内に適語を入れなさい。

(1) ジェーンは看護師です。彼女の夫も看護師です。
　　 Jane is a nurse. Her husband is a nurse, (　　　　　　).

(2) 私は牛肉を食べません。豚肉も食べません。
　　 I don't eat beef. I don't eat pork, (　　　　　　).

例題 **2** 次の英文を日本語に直しなさい。

(1) He ate almost all of the food.

(2) He almost ate the food.

(3) The train was right on time.

(4) Go right home after school.

注意すべき副詞 **!**

1．too と either

肯定文を受けて「〜も」は **too** を使うが，否定文を受けて「〜も（…ない）」は **either** を使う。

　　A: I can't drive. 　　　　　　（私は車の運転ができない）

　　B: I can't (drive), **either**. （私もできない）

too の代わりに **also**（否定文ではふつう使わない）を使う場合は，頻度を表す副詞と同じ位置に置かれる。

　　I am a doctor, **too**. = I am **also** a doctor.（私も医者です）

　　I know Jack, **too**. = I **also** know Jack. （私もジャックを知っている）

　　　　　　　　　 ※ どちらの文も文脈によっては，「私はジャックも知っている」の意味にもなる。

2．so と neither［nor］

too の代わりに so を使って〈**so** + 疑問文の語順〉で，not + either の代わりに neither または nor を使って〈**neither**［**nor**］+ 疑問文の語順〉で表すこともできる。

　　A: I know Jack.

　　B: I know him, **too**. ← too を so に変え，I know him を疑問文の語順とする。

　　　= **So** do I.

※ do I のあとの know him はくりかえしとなるので省略し，主語の I で止める。

    A: I'm not hungry.　　　　　　（私はお腹がすいていない）

    B: I'm **not** (hungry) **either**.　（私もすいていない）

      = **Neither**[**nor**] am I. ← **Neither**[**nor**] / am I.

※ neither は not + either と考える。疑問文の語順である am I のあとの hungry はくりかえしとなるので省略し，主語の I で止める。

3. almost の意味

almost は「もう少しで」を意味する副詞で，**直後の語句を修飾**する。

    I was **almost** late for school.　（もう少しで遅刻した
                                  → 危うく遅刻するところだった）

    It is **almost** nine o'clock.　（もう少しで9時だ → もう9時近い）

4. 強調語としての right

right には直後の「**時や位置**」を表す語句を修飾し，「**ちょうど，すぐに，まっすぐに**」などの意味を表す使い方がある。**強調語の一種**と考えればいい。

    He is out **right** now.　（ちょうど今，彼は外出中です）

    Wait here a minute. I'll be **right** back.

（ここで少し待っていて。すぐに戻ってくるから）

解 **例題 1**

(1)　答> **too**

    → 肯定文を受けて「〜も」は too。

(2)　答> **either**

    → 否定文を受けて「〜も（…ない）」は either。

解 **例題 2**

(1)　答> 彼はその食べ物のほとんど全てを食べた。

    → almost（もう少しで）は直後の all を修飾し，「もう少しで全て（を食べた）」が直訳。

(2)　答> 彼はその食べ物をもう少しで食べるところだった[危うく食べるところだった]。

    → almost（もう少しで）は直後の ate を修飾し，「もう少しで（その食べ物を）食べた」が直訳。

(3) 答 列車はちょうど時間通りだった。

→ right が「ちょうど」の意味で直後の on time（時間通りに）の意味を強めている。

(4) 答 授業が終わったらまっすぐ家へ帰りなさい。

→ right が「まっすぐに」の意味で直後の home（家へ）を修飾している。

 この項目に出てきた副詞は，その意味や用法が入試でもよく問われる重要なものだ。しっかりと練習しておこう。

✏ 演習問題

問題❶ ＿＿＿＿には **too** か **either** を，（　　）には **too** や **either** を使わず＿＿＿＿を含む文と同じ意味になるように適語を入れなさい。

(1) **A:** I'm thirsty.
   B: I'm thirsty, ＿＿＿＿＿. = (　　　　　) (　　　　　) (　　　　　).

(2) **A:** Jack can't ride a bicycle.
   B: Bob can't, ＿＿＿＿＿. = (　　　　　) (　　　　　) (　　　　　).

(3) **A:** I never watch TV.
   B: I never watch TV, ＿＿＿＿＿. = (　　　　　) (　　　　　) (　　　　　).

(4) **A:** I liked the movie.
   B: I liked it, ＿＿＿＿＿. = (　　　　　) (　　　　　) (　　　　　).

(5) Mary doesn't have a car, and Jane doesn't, ＿＿＿＿＿.
   = Mary doesn't have a car and (　　　　　) (　　　　　) (　　　　　).

解 (1) 答 **too / So am I**
   （のどが渇いたな。― 私もです）
   ⇒ so のあとは疑問文の語順となるが，くりかえしとなる thirsty は省略し，主語の I で止める。

(2) 答 **either / Neither[Nor] can Bob**
   （ジャックは自転車に乗れないよ。― ボブもだよ）
   ⇒ neither[nor]のあとは疑問文の語順となる。

(3) 答 **either / Neither[Nor] do I**
   （私はテレビを見ません。― 私もです）
   ⇒ neither[nor]のあとは疑問文の語順となるが，くりかえしとなる watch TV は省略し，主語の I で止める。

(4) 答 **too / So did I**

(私はその映画が好きだった。— 私もです)

⇒ so のあとは疑問文の語順となるが，くりかえしとなる like it は省略し，主語の I で止める。

(5) 答 **either / neither[nor] does Jane**

(メアリーもジェーンも車を持っていない)

⇒ neither[nor]のあとは疑問文の語順となるが，くりかえしとなる have a car は省略し，主語の Jane で止める。

🚩 **入試レベルの問題にチャレンジ！**　　　　　　　　　　　解答→別冊 p.21

Q問題1 **We left home <u>right</u> after lunch.** の下線部 **right** と同じ使い方の **right** を含む文を1つ選びなさい。

① Turn to the <u>right</u> at the next light.
② The car stopped <u>right</u> in front of me.
③ He is the <u>right</u> man for the job.
④ What is the <u>right</u> time?
⑤ Freedom of speech is one of the basic human <u>rights</u>.

Q問題2　日本文の意味を表すように，(　　　)内に適語を入れなさい。

(1) 私たちは一休みしなくてはならなかったが，彼も同じだった。
She had to take a rest, and (　　　　　) (　　　　　) he.

(1) 私たちは一休みしなくてはならなかったが，彼も同じだった。
We had to take a rest, and (　　　　　) (　　　　　) he.

(2) 彼らはほとんど何も言わなかった。
They said (　　　　　) (　　　　　).

(3) 彼女は午後はめったに家にいない。
She (　　　　　) (　　　　　) at home in the afternoon.

(4) 私はもう少しで最終のバスに乗り遅れるところだった。
I (　　　　　) (　　　　　) the last bus.

(5) 私は夜にコーヒーを飲まないが，私の妻もそうだ。
I don't drink coffee at night, and (　　　　　) (　　　　　) my (　　　　　).

例題 1　次の英文を日本語に直しなさい。

(1) This bridge is as long as that bridge is.

(2) I walked as slowly as you did.

(3) It isn't as cold as it was yesterday.

例題 2　日本文の意味を表す英文となるように，[　　]内の語を並べかえなさい。ただし，句読点などは必要に応じて補うこと。

(1) 私はジョンほど速く走ることができない。
　　[run / John / as / can't / fast / I / so]

(2) 彼女は私と同じだけの数の本を持っている。
　　[books / has / do / as / as / many / she / I]

---

as ～ as を用いた比較 ❗

1．～と同じほど…

　2つを比べて程度が同じであることを表すときは，〈**as ＋ 形容詞 / 副詞 ＋ as ～**〉の形を使う。「～と同じほど…」の意味を表すが，**否定形は「～ほど…でない」**の意味になる。最初の as... で「同じほど…」，後ろの as ～で「～と同じほど」を意味する。

① I'm **as tall** as you (are). （私はあなたと同じ背の高さだ）

→ I'm **tall**. の文をもとにして，形容詞 tall を使い，「背の高さ」が同じであることを表している。are は省略してもよいが，I'm as tall as you are tall. （×）と tall を2度くりかえして使わないのが決まり。

② Helen ran **as fast** as Mary (did). （ヘレンはメアリーと同じ速さで走った）

→ Helen ran **fast**. の文をもとにして，副詞 fast を使い，走る「速さ」が同じであることを表している。did は ran のくりかえしを避けるための代動詞だが，省略可。

③ My room isn't **as large** as yours. （私の部屋はあなたの部屋ほど広くはない）
　 = My room isn't **so large** as yours.

→ My room isn't **large**. の文をもとにして，形容詞 large を使い，私の部屋の「広さ」があなたの部屋ほど広くないことを表している。否定文では最初の as は so でも可。

④ I didn't get up **as[so] early** as my mother (did).
　（私は母ほど早くは起きなかった）

→ I didn't get up **early**. の文をもとにしている。

2．倍数表現

〈 *x* times as ＋ 形容詞 / 副詞 ＋ as 〜〉の形で，倍数を表現することができる。「3倍」は **three times**，「4倍」は **four times** とするが，「2倍」は **twice**，「半分」は **half** を使う。

Your room is <u>three times</u> as **large** as mine.
（あなたの部屋は私の部屋の3倍の広さだ）

This bag is <u>twice</u> as **heavy** as that one. （この袋はあの袋の2倍の重さだ）

3．できるだけ…

〈as ＋ 形容詞 / 副詞 ＋ as 主語 can〉で，「できるだけ…」という意味を表す。
〈as ＋ 形容詞 / 副詞 ＋ as possible〉でも同じ意味を表す。possible は「可能な」を意味する形容詞で，そのまま訳せば「可能なのと同じほど」。

Come home as **early** as <u>you can</u>. （できるだけ早い時間に帰ってきなさい）

= Come home as **early** as <u>possible</u>.

Tom studied as **hard** as <u>possible</u>. （トムはできるだけ一生懸命勉強した）

= Tom studied as **hard** as <u>he could</u>. ← **studied** が過去形なので，can ではなく **could** とする。

解 例題1

(1) 答 この橋はあの橋と同じ長さだ。

→ This bridge is **long**. の文をもとにしているが，必ずしもどちらも「長い」という意味ではない。「長さ」が同じという意味を表す。文末の is は省略可。

(2) 答 私はあなたと同じくらいゆっくりと歩いた。

→ I walked **slowly**. の文をもとにしている。文末の did は省略可。

(3) 答 昨日ほど（今日は）寒くはない。

→ It isn't **cold**. の文をもとにしている。It isn't as <u>cold</u> as it was <u>cold</u> yesterday. （×）と，cold を2度くりかえすことはしない。

解 例題2

(1) 答 **I can't run so fast as John.**

→ I can't run **fast**. の文をもとにしている。I can't run **as fast** as John. と同じ意味。否定文では最初の as は so としても可。

(2) 答 **She has as many books as I do.**

→ She has books as many as I do.（×）としてはならない。as 〜 as のような**比較に関する文**は「基本となる文の語順を変えないで作る」のが原則。この場合は She has **many** books. が基本となる文。many を使って「数」が同じであることを表す文を作るので，many の前に as を置く。また many books で意味のまとまりを作っているので，2つ目の as は books の後ろに置く。do は have の代動詞。

 比較に関する文は，「基本となる文の語順を変えないで作る」のが原則。
迷ったら，基本となる文が何かを落ち着いて考えることが重要。

演習問題

(問題❶) 〔　　〕内の文をもとにして，日本文の意味を表す英文を書きなさい。

(1) ケンはマイクと同じ年齢だ。〔Ken is old.〕

(2) できるだけすぐに私に電話してください。〔Please call me soon.〕

(3) メアリーはできるだけ静かにその部屋に入った。〔Mary entered the room quietly.〕

(4) オーストラリアは日本の約 (about) 20倍の広さだ。〔Australia is large.〕

(5) 私はあなたほど自由な時間はない。〔I don't have much free time.〕

(6) 私はあなたの半分のお金しか使わなかった。〔I spent much money.〕

(解) (1) 答 **Ken is as old as Mike (is).**
⇒ Ken is as old as Mike is <u>old</u>.（×）としないこと。

(2) 答 **Please call me as soon as <u>you can</u>[possible].**
⇒「できるだけ〜」は〈**as 〜 as 主語 can**〉か，〈**as 〜 as possible**〉とする。

(3) 答 **Mary entered the room as quietly as <u>she could</u>[possible].**
⇒ **entered** は過去形なので，can ではなく **could** とする。possible を使うときは，時制を気にする必要はない。

(4) 答 **Australia is about twenty times as large as Japan (is).**
⇒ 倍数は〈 ***x* times as ＋ 形容詞 / 副詞 ＋ as 〜**〉の形で表す。約20倍なので，***x* times** の部分が about twenty times となる。

(5) 答 **I don't have as[so] much free time as you (do).**
⇒ 形容詞 much を使って自由時間の「多さ」が同じでないことを表す。1つ目の as は much の前に置くが，much free time（多くの時間）で意味・働きのまとまりを作っているので，2つ目の as は time の後ろに置く。

(6) **答** **I spent half as much money as you (did).**

⇒「半分」なので x times の部分が **half** となる。much money（多くのお金）で意味・働きのまとまりを作っているので、2つ目の as は money の後ろに置く。

🚩 **入試レベルの問題にチャレンジ！**　　　　　　　　　　　解答→別冊 *p.22*

Q 問題 1　日本文の意味を表すように、（　　）内に適語を入れなさい。

(1) トムはできるだけ頻繁に両親に手紙を書いた。
　　Tom wrote to his parents （　　　　　）（　　　　　）（　　　　　）（　　　　　）（　　　　　）.

(2) 彼は見かけほど歳をとってはいない。
　　He isn't as （　　　　　）（　　　　　）（　　　　　）（　　　　　）.

(3) 私たちにはできるだけ多くの時間が必要だ。
　　We need （　　　　　）（　　　　　）（　　　　　）（　　　　　）（　　　　　）.

(4) 彼女はあなたほど歌がうまくはありません。
　　She doesn't sing （　　　　　）（　　　　　）（　　　　　）（　　　　　）.

(5) 彼らの家は私たちの家の約2倍の大きさだ。
　　Their house is （　　　　　）（　　　　　）（　　　　　）（　　　　　） as （　　　　　）.

Q 問題 2　[　　]内の語(句)を並べかえて、意味の通る英文を作りなさい。ただし、句読点などは必要に応じて補うこと。

(1) Please [as / as / like / eat / you / much].

(2) [as / as / I / the station / thought / wasn't / far]

(3) The airport [as / as / yesterday / crowded / was / it / isn't].

(4) She [as / as / times / money / used to / you / much / make / three].

例題1 次の（　）内の語を，最も適切な形に直しなさい。

⑴ Your car is (big) than mine.

⑵ Which is (popular) in America, soccer or baseball?

⑶ I spent (much) money than you did.

例題2 日本文の意味を表すように，（　）内に適語を入れなさい。

⑴ 私の母は私の父よりもずっと若い。

My mother is (　　　　　) (　　　　　) than my father.

⑵ 私の父は私の母よりも12歳年上だ。

My father is (　　　　) (　　　　) (　　　　　) than my mother.

比較級を用いた文 ❗

1．比較級と最上級の作り方

形容詞や副詞には**比較級**と**最上級**という形がある。比較級・最上級の作り方は3通りある。

1）語尾に **-er**（比較級），**-est**（最上級）をつけるもの → **比較的つづりが短い単語**

	原級（もとの形）	比較級	最上級
①語尾にそのまま -er，-est をつける	tall	taller	tallest
② e で終わる語は -r，-st をつける	large	larger	largest
③〈子音字＋y〉は y を i に変えて	early	earlier	earliest
④〈短母音字＋子音字〉は 最後の文字を重ねて	big hot	bigger hotter	biggest hottest

※④はほかに，sad（悲しい），thin（薄い，細い），fat（太った）などがある。

2）原級の前に **more，most** をつけて比較級，最上級を作るもの
　→ **比較的つづりが長い単語**か，〈**形容詞 +ly**〉の形の副詞（塾技⑳ 副詞⑴参照）

	原級	比較級	最上級
①比較的つづりが長い単語	difficult interesting	more difficult more interesting	most difficult most interesting
②〈形容詞 + ly〉の形の副詞	slowly quickly	more slowly more quickly	most slowly most quickly

※ useful（役に立つ）– more useful – most useful のようにつづりが長いか短いか判断に迷う場合もあるが，そういうものはその場その場で確認し覚えていけばいい。

※ early は ear という形容詞に ly がついているわけではないので，②にあてはまらない。

3）不規則に変化するもの

原級	比較級	最上級
good （よい，上手な）	**better**	**best**
well （元気な，上手に）	**better**	**best**
bad （悪い，下手な）	**worse**	**worst**
ill （病気の，悪く）	**worse**	**worst**
many （[数が] 多くの）	**more**	**most**
much （[量が] 多くの）	**more**	**most**
little （[量が] わずかしかない）	**less**	**least** [líːst]
far （遠い，遠く）	**further** [fə́ːrðər]	**furthest** [fə́ːrðist]

2. 比較級 than

2つを比べて「～より…だ」の意味を表すときは，比較級と than（～よりも）を使って，〈比較級 + than ～〉の形で表す。

① I am **taller than** my father (is). （僕は父より背が高い）
　→ I am **tall**. が基本文。

② He speaks **more slowly than** you (do). （彼はあなたよりゆっくり話す）
　→ He speaks **slowly**. が基本文。

③ She is a **better** swimmer **than** you (are). （彼女はあなたよりも泳ぎがうまい）
　→ She is a **good** swimmer. が基本文。

3. 具体的な差を示す場合

「どれだけの差があるか」を具体的に示す場合は，「差」を表す語句を比較級の直前に置く。

　I am **two years older than** Jack (is). （私はジャックより2歳年上だ）

　I am **much taller than** you (are). （私はあなたよりずっと背が高い）

→「とても背が高い」は very tall だが，**比較級を強調して「ずっと～」は very** ではな
く **much や far を使う。**

解 例題 1

(1) 答 **bigger** （あなたの車は私の車よりも大きい）

　→ Your car is **big**. が基本文。

(2) 答 **more popular** （アメリカではサッカーと野球のどちらが人気がありますか）

　→ 2つを比べて「どちらがより～か」とたずねるときにも比較級を用いる。

popular（人気がある）の比較級は more popular。この文の主語は疑問詞の which（どちらが）なので，肯定文と同じ〈Which + 動詞 〜 ?〉の語順になる。

(3) 答　**more**　（私はあなたよりも多くのお金を使った）

→ much の比較級は more。I spent **much** money. が基本文。比較に関する文は，**基本文の語順を変えないで作る**のが原則。

解 例題 2

(1) 答　**much[far] younger**

→ My mother is **young**. が基本文。「〜よりもずっと若い」と比較級 younger を強調するには，**much** や **far** を用いる。very は原級を修飾するので不可。

(2) 答　**twelve years older**

→ My father is **old**. が基本文。「どれだけの差があるのか」を具体的に表す場合は，「差」を表す語句を比較級の直前に置く。

 比較級を使った英文も，**as 〜 as** の文と同様に，「**比較に関する英文は基本文の語順を変えないで作るのが原則**」であることを忘れないようにしよう。

✎ 演習問題

問題 ❶　次の下線部の単語の反意語を書きなさい。

(1) It is <u>colder</u> today than yesterday.

(2) This movie is <u>better</u> than that one.

(3) My car is <u>cheaper</u> than Tom's.

解 (1) 答　**hotter**　（今日は昨日よりも寒い）
　⇒ It is **cold** today. が基本文。cold（寒い）⇔ hot（暑い）。

(2) 答　**worse**　（この映画はあの映画よりもいい）
　⇒ This movie is **good**. が基本文。good（よい）⇔ bad（悪い）。

(3) 答　**more expensive**　（私の車はトムのものよりも安い）
　⇒ My car is **cheap**. が基本文。cheap（値段が安い）⇔ expensive（値段が高い）。

問題 ❷　日本文の意味を表すように，（　　）内に適語を入れなさい。

(1) ジョンはミックよりもスペイン語が上手だ。
　John speaks Spanish (　　　　　) (　　　　　) Mick does.

(2) 彼の顔はいつもよりも赤かった。
　His face was (　　　　　) than (　　　　　).

(3) もっと注意すべきだ。

You should be (　　　　　) (　　　　　).

(4) 私たちが思っていたよりも多くの人がいる。

There (　　　　　) (　　　　　) people than we expected.

(5) この情報はずっと役に立つ。

This information is much (　　　　　) (　　　　　).

(解) (1) 答 **better than**

⇒ John speaks Spanish **well**. が基本文。

(2) 答 **redder, usual**

⇒ than usual で「いつもよりも」。red − **redder** − red**dest** のつづりに注意。

(3) 答 **more careful**

⇒ You should be careful. が基本文。「もっと」とは「今よりももっと」ということ。than 以下は省略されている。careful の比較級は **more** careful だが, この more は語尾につける -er に相当する。

(4) 答 **are more**

⇒ There are many people. が基本文。many（多くの）の比較級は more だが, (3)の more careful の more とは性格が違うことに注意。

(5) 答 **more useful**

⇒「とても役に立つ」なら **very** useful。much になっているということは useful が比較級になっていると考える。than 以下は省略されている。

入試レベルの問題にチャレンジ！

解答→別冊 p.23

Q 問題 1　1 語を補い, 日本文の意味を表すように, [　　]内の語を並べかえなさい。ただし, 句読点などは必要に応じて補うこと。

(1) 私たちはあなたたちよりも 5 分遅れて到着した。

[minutes / you / we / five / arrived / than]

(2) 空港はいつもよりも混み合っていた。

[crowded / airport / than / the / usual / was]

(3) ベンとジョンとでは, どちらがテニスが上手ですか。

[Ben / John / tennis / is / or / a / who / player]

(4) この本は私が思っていたよりもずっとおもしろい。

[interesting / than / thought / is / book / much / I / this]

(5) 昨日よりも今日の方が少し暖かい。

[today / yesterday / it's / than / warmer / was / little / it]

例題 1 日本文の意味を表すように, ( )内に適語を入れなさい。

(1) あなたはコーヒーと紅茶ではどちらが好きですか。— コーヒーのほうが好きです。

A: ( ) do you like ( ), coffee ( ) tea?
B: I like coffee ( ).

(2) ナイル川は世界の他のどんな川よりも長い。

The Nile is longer than ( ) ( ) ( ) in the world.

(3) ますます寒くなってきている。

It is getting ( ) ( ) ( ).

(4) その俳優は実際よりも若く見える。

The actor ( ) younger than he really ( ).

例題 2 各組の英文が同じような意味を表すように, ( )内に適語を入れなさい。

(1) My mother is taller than I am.

I am ( ) ( ) my mother.

(2) I got up earlier than him.

He ( ) get up ( ) early ( ) me.

比較級を用いた重要表現 ❗

1. 比較級を用いた決まった言い方

① **Which** do you **like better**, A or B?

「あなたは **A** と **B** ではどちらのほうが好きですか」

I **like** A **better** (**than** B). 「私は (**B** よりも) **A** のほうが好きです」

Which do you **like better**, dogs **or** cats? — **I like** dogs **better**.
（あなたは犬と猫ではどちらのほうが好きですか。— 犬のほうが好きです）

次のように言いかえることもできる。

Which do you **prefer**, A or B? 〔= Which do you like better, A or B?〕
I **prefer** A (**to** B). 〔= I like A better（than B）.〕

Which do you **prefer**, dogs **or** cats? — **I prefer** dogs.

② 〈比較級 + than any other + 単数名詞〉「他のどんな〜よりも…」

Tokyo is **bigger than any other city** in Japan.
（東京は日本の他のどんな都市よりも大きい）

any 〜の意味は「どんな〜（でも）」（**塾技⓱ someとany** 参照）。

③ 〈比較級 and 比較級〉「ますます〜」

Your English is getting **better and better**.
（君の英語はますますよくなってきているよ）

２．比較級を用いた書きかえ

(1) 〈比較級 ⇄ 比較級〉〔反意語を問うもの〕

This is **larger** than that.　　（これはあれよりも大きい）
That is **smaller** than this.　　（あれはこれよりも小さい）

(2) 〈比較級 ⇄ not as〔so〕〜 as〉

This is **larger than** that.　　　（これはあれよりも大きい）
That is **not as**〔**so**〕**large as** this.　　（あれはこれほど大きくはない）

解 例題 **1**

(1) 答 A: Which, better, or　B: better

→ 比較級を用いた決まった言い方の①を用いた文。I like coffee better. のあとに than tea が省略されている。better はふつう省略しない。

(2) 答 any other river

→ 比較級を用いた決まった言い方の②を用いた文。any other を other any に、また river を rivers としないこと。実質的には「ナイル川は世界でいちばん長い川だ」を意味している。

(3) 答 colder and colder

→ 比較級を用いた決まった言い方の③を用いた文。主語の it は寒暖を表す it。〈get＋形容詞〉で「〜（の状態に）なる」を意味し、現在進行形になっている。この文はこのまま覚えておくといい。

(4) 答 looks, is

→ 〈look + 形容詞〉で「〜のように見える」を意味する。その look を使って「見かけ」と、be 動詞 is を使って「実際」を比べている。この文も覚えておいたほうがいい。もちろん音読を通して。

The actor <u>looks</u> younger than he really <u>is</u>.　　※ really は省略可
　　　　　見かけ　　　　　　　　　　　　　　実際

(1) 答 **shorter than** （私は母よりも背が低い）

→ tall（背が高い）の反意語は short（背が低い）。small は「(体が)小さい」を意味する。

(2) 答 **didn't，as[so]，as** （彼は私ほど早くは起きなかった）

→ 「私は彼よりも早く起きた」のだから「彼は私ほど早くは起きなかった」となる。上の文の than him は than he did，下の文の as me は as I did としても意味は変わらない。口語では，than や as の後ろに代名詞を使うときは目的格(me，him，her，us，them など)を使うことが多い。

塾技解説 問題を見たら解答と関連事項がすぐ浮かぶまで，何度もくりかえし練習しよう。

演習問題

問題❶ 各組の英文が同じような意味を表すように，（　　）内に適語を入れなさい。

(1) The actor looks older than he really is.
The actor isn't as (　　　　　) as he (　　　　　).

(2) This church is older than that one.
That church is (　　　　) (　　　　　) this one.

(3) I can ski better than Mary.
Mary cannot ski (　　　　) (　　　　　) (　　　　　) me.

(4) Tennis isn't as popular as soccer.
Soccer is (　　　　) (　　　　　) (　　　　　) tennis.

(5) I don't know as many people as you.
You know (　　　　) (　　　　　) (　　　　　) me.

(6) She liked rice better than bread.
She (　　　　) rice (　　　　　) bread.

(7) I spent less money than you.
I didn't spend (　　　　　) (　　　　　) (　　　　　) as you.

(8) We needed as much money as possible.
We needed as much money as (　　　　　) (　　　　　).

解 (1) 答 **old，looks** （その俳優は見かけほど実際は歳をとっていない）

⇒ 上の文の「その俳優は実際よりも歳をとって（老けて）見える」ということは，下の文の「その俳優は見かけほど実際は歳をとっていない」ということになる。

(2) 答▷ **newer than** （あの教会はこの教会よりも新しい）

⇒ 「古い」の意味の old の反意語は new。

(3) 答▷ **as[so] well as** （メアリーは私ほどスキーがうまくない）

⇒ 上の文は I can ski **well**. を基本文として，「私はメアリーよりも上手にスキーができる」を意味する文。

(4) 答▷ **more popular than** （サッカーはテニスよりも人気がある）

⇒ 上の文は「テニスはサッカーほど人気はない」を意味する文。popular の比較級は more popular。

(5) 答▷ **more people than** （あなたは私よりも多くの人と知り合いだ）

⇒ 上の文は I don't know **many** people. を基本文として，「私はあなたほど（多くの）知り合いはいない」を意味する文。下の文は You know **many** people. をもとにした文。many people で意味・働きのまとまりを作っているので than 以下はその後ろに置く。people more than me としないこと。

(6) 答▷ **preferred, to** （彼女はパンよりもごはんのほうが好きだった）

⇒ **比較級を用いた決まった言い方の①**を用いた書きかえ。prefer を用いた時は，better は不要。preferred のつづりに注意。

(7) 答▷ **as much money** （私はあなたほどお金は使わなかった）

⇒ less は little の比較級で，「より少ない[く]」を意味する。上の文は I spent **little** money. をもとにした文で「私はあなたよりもより少ないお金を使った」が直訳。下の文は I didn't spend **much** money. をもとにした文なので，I didn't spend money as much as you.（×）としないこと。

(8) 答▷ **we could** （私たちはできるだけ多くのお金を必要としていた）

⇒ 〈**as ～ as possible**〉=〈**as ～ as 主語 can**〉で「できるだけ…」という意味を表す。needed と過去形になっているので，can ではなく could とする。

🚩 入試レベルの問題にチャレンジ！　　　　　解答→別冊 p.23

Q 問題 1 （　　）内の条件に従い，次の日本文を英語に直しなさい。

(1) ジェーンはクラスの他のどんな生徒よりも速く泳げる。（can, fast, any, her を使って）

(2) 夏と冬とではどちらの季節が好きですか。（season, better を使って）

(3) 彼らはだんだん疲れてきている。（get, more を使って7語で）

(4) 私は1時間よりも多く待つことはできない。（than を使って7語で）

(5) 私の夫は年のわりには若く見える。（look, for, age を使って）

例題 1　日本文の意味を表すように，（　　　）内に適語を入れなさい。

(1) あの教会が町で最も古い建物です。
　　That church is (　　　　　) (　　　　　) building (　　　　　) the town.

(2) このホテルがその3つのホテルのうちで最も高価だ。
　　This hotel is (　　　　　) (　　　　　) expensive (　　　　　) the three.

(3) 母が家族の中で最も早く起きる。
　　My mother gets up (　　　　　) (　　　　　) my family.

(4) どんなスポーツがいちばん好きですか。 — サッカーがいちばん好きです。
　　A: What sport do you (　　　　　) (　　　　　)?
　　B: I (　　　　　) soccer (　　　　　).

(5) 名古屋は日本で最も大きな都市の中のひとつだ。
　　Nagoya is one of (　　　　　) (　　　　　) (　　　　　) in Japan.

(6) トムは全力をつくしたが，うまくいかなかった。
　　Tom (　　　　　) (　　　　　) (　　　　　), but didn't succeed.

最上級 ❗

1．〈the 最上級 + in［of］～〉

3つ以上を比べて「～の中で最も・いちばん…」の意味を表すときは，最上級を使って〈the 最上級 + in［of］～〉の形で表す。

① Tom is **the tallest in** the class.　（トムはクラスで最も背が高い）

　　→ Tom is **tall**. が基本文。

② This is **the most interesting** book **of** all.
　　（これが全部の中でいちばん面白い本だ）

　　→ This is an **interesting** book. が基本文。an の位置に the が置かれている。

③ May can sing **(the) best of** the five.
　　（メイがその5人の中では最も上手に歌える）

　　→ May can sing **well**. が基本文。well（上手に）は動詞 sing（歌う）を修飾する副詞。

※ 副詞（名詞以外を修飾する）の最上級では the をつけなくてもよい。

⚠ 「～の中で」は〈in ＋ 場所・範囲〉，〈of ＋ 複数を表す名詞・代名詞〉と使い分ける。

2.「最も好きだ」

3つ以上の中で「～が最も好きだ」は〈like ～ (the) best〉で表す。

> I **like** roses **(the) best** of all flowers.　（私は全ての花の中でバラがいちばん好きだ）

I **like** roses very **much**.（私はバラがとても好きだ）と much を使うが，比較級では **more** ではなく **better** を，最上級では **most** ではなく **best** をふつう使う。

3.〈one of the 最上級 ＋ 複数名詞〉

「最も…なものの中の１つ」という場合は，〈one of the 最上級 ＋ 複数名詞〉を使って表す。

> This is **one of the most difficult questions**.　（これは最も難しい問題の１つだ）

この言い方は，「最も…なグループの中の１つ」を表す言い方。

⚠ **one of ～**（～の中の１つ）は，意味を考えれば「～」は当然**複数名詞**となる。

解 例題 1

(1) 答 **the oldest，in**

→ The church is an **old** building. をもとに old を最上級 oldest にする。最上級の前には the を置くので，an は不要となる。the town は**場所**を表すので「町の中で」は **in** the town とする。

(2) 答 **the most，of**

→ This hotel is **expensive**. をもとに expensive（高価な）を最上級 most expensive にする。the three は**複数**を表すので「その３つのうちで」は **of** the three とする。

(3) 答 **earliest in**

→ My mother gets up **early**. をもとに副詞 early を最上級 earliest とする。この文の early（速く）は gets up を修飾する副詞なので，the はつけなくてもいい。「家族の中で」は **in** my family とする。

(4) 答 **A: like best　B: like，best**

→ 「～が最も好きだ」は〈**like ～ (the) best**〉で表す。この best は副詞なので，the はなくてもいい。

(5) 答 **the biggest[largest] cities**

→ 「最も…なものの中の１つ」は〈**one of the 最上級 + 複数名詞**〉を使って表す。city(都市)を複数形にするのがポイント。

(6) 答 **did[tried] his best**

→ 〈**do[try] one's best**〉で「全力(ベスト)をつくす」を意味する決まった表現。one's の部分には my, his, your などの代名詞の所有格がくる。succeed[səksíːd](成功する)。

 「〜の中で」の前置詞の使い分けは,〈**in ＋場所・範囲**〉,〈**of ＋複数を表す(代)名詞**〉。最上級を使った文についても,「基本となる文の語順を変えないで作る」原則を忘れないでおこう。

演習問題

問題❶ 日本文の意味を表すように,下線部に適切な語(句)を補いなさい。ただし,１語とは限らない。

(1) ブラジルは南アメリカで最も大きな国だ。
Brazil is _____ South America.

(2) その３人の中では,私が最も車の運転が慎重だった。
I drove _____ the three.

(3) すみません,いちばん近い銀行はどこにありますか。
Excuse me, where _____?

(4) 彼ら全員の中でだれが最も多くの本を持っているのですか。
Who _____ them all?

(5) 私はこのあたりではこのレストランがいちばん気に入っている。
I like this _____ around here.

(解) (1) 答 Brazil is **the biggest[largest] country in** South America.
⇒ Brazil is a **big[large]** country. を基本文にして,形容詞 big[large]を最上級とする。最上級の前には a の代わりに the を用いる。「南アメリカで」は **in** South America とする。

(2) 答 I drove (**a car**) (**the**) **most carefully of** the three.
⇒ I drove (a car) **carefully**.(私は慎重に車を運転した)を基本文とし,副詞 carefully を最上級の most carefully とする。carefully は副詞なので,最上級の前の the はなくてもいい。「その３人の中では」は **of** the three とする。

116

(3) 答 Excuse me, where **is the nearest bank**?

⇒ 「いちばん近い銀行」は形容詞 near（近い）の最上級 nearest を用いて the nearest bank とする。

(4) 答 Who **has the most books of** them all?

⇒ 疑問詞 who（だれが）を主語とする Who has **many** books? を基本文とする。形容詞 many の最上級は most。「彼ら全員の中で」は of **them** all，「私たち全員の中で」なら of **us** all となる。

(5) 答 I like this **restaurant (the) best** around here.

⇒ 「～が最も気に入っている」は〈like ～ (the) best〉で表す。around here の前に前置詞は不要。around here（このあたりでは）の中に含まれている。

 入試レベルの問題にチャレンジ！   解答→別冊 *p.24*

Q 問題 1   次の英文の誤りを訂正しなさい。

(1) He's one of the richest man in the world.

(2) Which is the most heavy of the three bags?

(3) If we don't our best, we will lose.

(4) The most tourists don't visit this place.

Q 問題 2   1 語を補い，日本文の意味を表すように，[   ]内の語(句)を並べかえなさい。ただし，句読点などは必要に応じて補うこと。

(1) どんな音楽が最も好きですか。
[music / like / you / do / what]

(2) ジャックは私たち全員の中で最も速く走ることができる。
[all / can / Jack / run / us / fastest]

(3) これは今年最悪の映画のひとつだ。
[one / movies / this / this / of / year / is / the]

(4) アマゾン川は世界で 2 番目に長い川だ。
[the / the / is / river / the Amazon / world / second / in]

例題 1 ①～④の英文が同じような意味を表すように, (　　)内に適語を入れなさい。

① Mary is the tallest girl in her class.
② Mary is (　　　　　) than (　　　　　) other (　　　　) in her class.
③ (　　　　) other (　　　　) in her class is (　　　　) than Mary.
④ (　　　　) other (　　　　) in her class is (　　　　) tall
　(　　　　) Mary.

例題 2 日本文の意味を表すように, (　　)内に適語を入れなさい。

(1) 東京の人口はニューヨークの人口よりも多い。
　The population of Tokyo is (　　　　) than (　　　　) (　　　　)
　New York.

(2) この自転車がこの3台の中で最も新しい。
　This bike is (　　　　) (　　　　) of the three.

(3) この自転車はこの2台の中では新しいほうだ。
　This bike is (　　　　) (　　　　) of the two.

(4) 早く来れば来るほどよい。
　(　　　　) sooner you come, the (　　　　) it is.

比較に関する応用表現 **!**

1. 最上級との書きかえ

最上級を用いた文と同じような意味を表す文を, 比較級や原級を使って表すことができる。

① Mt. Fuji is **the highest** mountain in Japan.　(富士山は日本で一番高い山だ)

② Mt. Fuji is **higher than any other** <u>mountain</u> in Japan.
　「富士山は日本の他のどんな山よりも高い」

③ **No (other)** <u>mountain</u> in Japan is **higher than** Mt. Fuji.
　「日本の (他の) どの山も富士山より高くない」

④ **No (other)** <u>mountain</u> in Japan is **as[so] high as** Mt. Fuji.
　「日本の (他の) どの山も富士山ほど高くない」

⚠ ②③④ともに**下線部の名詞は単数形** (mountain) とする。

※ ③④の文頭の **No** は「ゼロの」を意味する。③は直訳すれば「日本のゼロ個の他の山が富士山より高い」となる。

2. 〈that of 〜〉

比較する際には，何と何を比較するか注意する必要がある。

  The population of Tokyo is larger than New York.（×）

この形では，The population of Tokyo（東京の人口）と New York（ニューヨーク〔という都市〕）を比べることになってしまう。the population of New York とすればいいのだが，同じ名詞をくりかえす代わりにふつう **that** を用いて，

  The population of Tokyo is larger than **that of** New York.（○）

とする。この英文は1つの定型表現として覚えておいたほうがいい。

3. 〈the 比較級 + of the two〉

2つを比較して，「2つのうちで〜なほう」という場合は，〈**the 比較級 + of the two**〉を用いる。

  John is **the taller of the two**.　（ジョンはその2人のうちでは背が高いほうだ）

4. 〈the 比較級 〜, the 比較級 ...〉

〈**The 比較級 + S + V 〜, the 比較級 + S + V... .**〉で「〜すればするほど，ますます…」を意味する。

  The older she got, **the happier** she was.
  （年をとればとるほど，彼女は幸せになった）

※この文は She got **old**. と She was **happy**. の old と happy を〈the 比較級〉として，主語の前に置いた形になっている。

S + V が省略され，〈**The 比較級 , the 比較級**〉の形でもよく使われる。

  The sooner, the better.　（早ければ早いほどよい）

解 例題 **1**

  答 ② **taller，any，girl**
   ③ **No，girl，taller**
   ④ **No，girl，as〔so〕，as**

 → 「メアリーはクラスの中で最も背が高い女の子」を意味する英文を，比較級・原級を用いて表したもの。girl は単数形にする。

解 例題 **2**

 (1)　答 **larger，that of**

  → 比較に関する応用表現 2.〈**that of 〜**〉の解説参照。population（人口）が「多い」は large で，「少ない」は small でふつう表す。many などは使わないので，

larger の代わりに more としないよう注意。

(2) 答〉 **the newest**

→ 3つ以上を比べて「最も・いちばん〜」は〈**the 最上級**〉を使って表す。

(3) 答〉 **the newer**

→ 2つを比べて「2つのうちで〜なほう」は，〈**the 比較級 + of the two**〉を使って表す。

(4) 答〉 **The, better**

→ この文は You come **soon**. と It is **good**. をもとにして，soon と good を〈**the 比較級**〉として，それぞれを主語の前に置いた形。**比較に関する応用表現4.〈the 比較級 〜, the 比較級 ...〉**の類型。

 比較に関する応用表現1.最上級との書きかえの①〜④は，入試に頻出する重要表現。また，この項目の問題は，決まった表現を知っていないと解けないものばかりだ。音読しながら何度もくりかえし解くようにしよう。

演習問題

(問題❶) 次の①〜④の英文が同じような意味を表すように，[　　]内の語を並べかえなさい。ただし，句読点などは必要に応じて補うこと。

① [fastest / all / light / things / travels / of]
② [anything / travels / than / else / light / faster]
③ [than / light / travels / faster / nothing]
④ [as / as / nothing / light / fast / travels]

(解) ① 答〉 **Light travels fastest of all things.**
　　　（光はあらゆるものの中で最も速く進む）

⇒ fastest は副詞なので the はなくてもいい。この travel は「（光・音などが）進む，伝わる」。

② 答〉 **Light travels faster than anything else.**
　　　（光は他のどんなものよりも速く進む）

⇒ 疑問詞や something などに「その他の」の意味を加えるときは other を使わず，その直後に else を置き，〈〜 else〉の形で「その他の(に)〜」とする（塾技❸疑問詞を用いた注意すべき表現参照）。**anything else** で「その他のどんなもの」を意味する。

③ 答 **Nothing travels faster than light.**
  （光よりも速く進むものはない）
  ⇒ 「nothing（ゼロ個のもの）が光よりも速く進む」が直訳。

④ 答 **Nothing travels as fast as light.**
  （光と同じくらい速く進むものはない）
  ⇒ 「nothing（ゼロ個のもの）が光と同じくらい速く進む」が直訳。

🚩 **入試レベルの問題にチャレンジ！**　　　　　　　　　　　　　　　　解答→別冊 *p.25*

Q 問題 1 日本文の意味を表すように，下線部に適切な語(句)を補いなさい。ただし，1語とは限らない。

(1) 日本の農場はアメリカよりもずっと狭い。
  Farms in Japan are much smaller ＿＿＿＿＿＿＿＿＿＿＿＿＿＿ America.

(2) 金よりも重い金属はないのですか。
  ＿＿＿＿＿＿＿＿＿＿＿＿＿＿＿＿＿＿ heavier than gold?

(3) 日本には東京ほど生活費のかかる都市はない。
  ＿＿＿＿＿＿＿＿＿＿＿＿＿＿＿＿＿＿ as expensive as Tokyo.

(4) 彼女は他のだれよりも数学が得意だった。
  She was ＿＿＿＿＿＿＿＿＿＿ mathematics ＿＿＿＿＿＿＿＿＿＿＿.

Q 問題 2 次の英文を日本語に直しなさい。

(1) The more you have, the more you want.

(2) Nancy's hair isn't as long as it used to be.

(3) The best players can sometimes lose.

(4) The park is beautiful in fall, and much less crowded than it is in summer.

例題 1 １語を補い，[   ]内の語を並べかえて，全文を書きなさい。

(1) [English / learn] is not easy.

(2) My dream is [live / Hawaii / in].

(3) Jack decided [his / sell / car].

例題 2 日本文の意味を表すように，(   )内に適語を入れなさい。

(1) これらの質問に答えることは難しい。

(   ) (   ) these questions (   ) difficult.

(2) これらの質問に答えることは難しい。

(   ) is difficult (   ) (   ) these questions.

(3) 私にはこれらの質問に答えることは難しい。

(   ) is difficult (   ) me (   ) (   )
these questions.

to 不定詞の名詞的用法 !

1. to 不定詞の形

〈**to ＋ 原形動詞**〉を **to 不定詞**という。to 不定詞には**名詞的用法，形容詞的用法，副詞的用法**とよばれる使い方がある。

2. 名詞的用法の働きと意味

文中で名詞と同じような働きをする **to 不定詞**の**名詞的用法**は，「**〜すること**」の意味を表し，ふつう次の**３つの位置**に現れる。

1) 文の**主語**となり，「**〜することは**」を意味する。

To understand this is important.　(これを理解することは重要だ)

2) **be 動詞**の直後に置かれ，「**〜すること (です)**」を意味する。

Her dream is **to be** an actress.　(彼女の夢は女優になることです)

3) 動詞の**目的語**となり，「**〜すること (を…する)**」を意味する。

I want **to see** him.　(私は彼に会うことを望んでいる→ 彼に会いたい)

〈**動詞 ＋ to 不定詞 (名詞的用法)**〉の形でよく用いられるものを次にあげる。

① **want to ～**	：～したい〔←～することを望んでいる〕	
② **would like to ～**	：(できれば)～したい〔would like は want より丁寧な言い方〕	
③ **like[love] to ～**	：～するのが好きだ〔←～することを好む〕	
④ **begin[start] to ～**	：～し始める〔←～することを始める〕	
⑤ **try to ～**	：～しようと(努力)する〔←～することを試みる〕	
⑥ **need to ～**	：～する必要がある〔←～することを必要とする〕	
⑦ **decide to ～**	：～することに決める	
⑧ **learn to ～**	：～できるようになる〔←～することを身につける〕	
⑨ **promise to ～**	：～することを約束する	
⑩ **plan to ～**	：～する予定だ〔←～することを計画する〕	

3．形式主語の it

to 不定詞が文の主語になっている〈**To ～ is ...**〉の形の代わりに，**It** を形式上の主語とし，**To ～** を文末に移動させた〈**It is ... to ～**〉の形がよく用いられる。

<u>**To understand** this</u> is important.
　　　主語
　　　　↓
It　　　　　　　　is important **to understand** this.

英語は長い主語を避ける傾向がある。to 不定詞が主語になると主語が長くなることが多いため，この形の文が好まれる。この **it** を**形式主語**または**仮主語**と呼ぶ。

👆 重要

to 不定詞の動作を「だれが」するのかをはっきりさせたいときには，〈**It is ... for** 人 + **to** 不定詞～.〉の形を用いる。「人が[人にとって]～することは…だ」の意味を表す。

It is important <u>**for** you **to understand**</u> this.
（あなたはこれを理解することが大切だ）

〈**It is ... (for** 人) + **to ～.**〉の ... には important の他に，**difficult・hard**（難しい），**easy**（簡単な），**necessary**（必要な），**possible**（可能な），**impossible**（不可能な），**dangerous**（危険な），**fun**（おもしろいこと）などがよく使われる。

解 例題 **1**

(1) 答 <u>**To learn** English</u> **is not easy.** （英語を習得することは簡単ではない）

→ to 不定詞 **To learn ～** が文の**主語**になっている名詞的用法。

(2) 答 **My dream is <u>to</u> live in Hawaii.** （私の夢はハワイで暮らすことだ）

→ to 不定詞 **to live ～** が **be** 動詞の**直後**に置かれている名詞的用法。

(3) 答 **Jack decided <u>to</u> sell his car.** （ジャックは車を売ることに決めた）

→ to 不定詞 **to sell ～** が**動詞 decide** の**目的語**になっている名詞的用法。

(1) 答 **To answer, is**

→ to 不定詞（名詞的用法）が主語になっているときは，**3人称・単数**として扱うので be 動詞は **is** とする。直前の questions から are としないこと。

(2) 答 **It, to answer**

→ (1)の文の主語 To answer these questions を**形式主語の it** で書きかえた文。

(3) 答 **It, for, to answer**

→ (2)の文に to 不定詞 **to answer** 〜 の意味上の主語を〈for 人〉の形で加えた文。

 to 不定詞の名詞的用法が文中で現れる３つの位置（働き）を覚えておこう。
形容詞的用法，副詞的用法との区別を問う問題の際に必要となる。

演習問題

問題❶ 日本文の意味を表すように，（　　　）内に適語を入れなさい。

(1) 私は世界中を旅行してみたい。
   I (　　　　　) (　　　　　) (　　　　　) go (　　　　　) a trip around the world.

(2) 彼は5歳の時に泳げるようになった。
   He (　　　　　) (　　　　　) (　　　　　) when he was five years old.

(3) 彼女は英語で日記をつけようとした。
   She (　　　　　) (　　　　　) (　　　　　) a diary (　　　　　) English.

(4) 雨が降り始めた。
   It (　　　　　) (　　　　　) (　　　　　).

(5) 彼らはエベレストに登る計画を立てた。
   They (　　　　　) (　　　　　) (　　　　　) Mt. Everest.

(6) 遅かったので，家までタクシーで行くことに決めた。
   It was late, so I (　　　　　) (　　　　　) (　　　　　) a taxi home.

(7) 君は真実を語る必要がある。
   You need (　　　　　) (　　　　　) (　　　　　) truth.

(8) 私たちはもう一度ジョンソンさんを訪ねることを約束した。
   We (　　　　　) (　　　　　) (　　　　　) on Mr. Johnson again.

解 (1) 答 **would like to, on**
   ⇒ I would like は I'd like と短縮することが多い。like の代わりに love でも可。
   go **on** a trip（旅行する）を go to a trip（×）としないこと。

(2) 答 **learned to swim**

⇒ learn の基本的な意味は「身につける，習得する」。learn to ～の「～すること を習得する」とは，「～できるようになる」ということ。

(3) 答 **tried to keep，in**

⇒ keep a diary（日記をつける），in English（英語で）の表現にも注意。

(4) 答 **started〔began〕to rain**

⇒ 主語の It は「天候」を表す。rain は「雨」ではなく，動詞の「雨が降る」。

(5) 答 **planned to climb**

⇒ plan**ned** のつづりに注意。

(6) 答 **decided to take**

⇒ take a taxi で「タクシーを利用する」。この take は「（交通機関）を利用する」 を意味する。文末の home は副詞で「家まで」を意味する。

(7) 答 **to tell〔speak〕the**

⇒ tell〔speak〕the truth（真実を語る）⇔ tell a lie（うそをつく）。

(8) 答 **promised to call**

⇒ 〈call on + 人〉で「（人）を訪ねる（= visit）」，〈call at + 場所〉で「（場所）を 訪ねる（= visit）」。I called **at** his house.（私は彼の家を訪ねた）

⚑ 入試レベルの問題にチャレンジ！　　　　　　　　　　　解答→別冊 *p.26*

Q 問題 1　1語を補い，日本文の意味を表すように，[　]内の語を並べかえなさい。ただし， 句読点などは必要に応じて補うこと。

(1) 君がその川を泳いで渡るのは危険だ。
[across / it / dangerous / river / is / swim / you / the / to]

(2) 彼の仕事の1つはトマトを育てることだった。
[to / one / his / grow / jobs / of] tomatoes.

(3) 彼は何を言おうとしているのですか。
[he / say / trying / what / is]

Q 問題 2　各組の英文が同じような意味を表すように，(　)内に適語を入れなさい。

(1) I can't climb over the wall.
It is (　　　) (　　　) me (　　　) climb over the wall.

(2) We had to finish the work by five o'clock.
It (　　　) (　　　) (　　　) us (　　　) finish the work by five o'clock.

例題 1 日本文の意味を表すように，[　　　]内の語を並べかえなさい。

⑴ トムはその店で何か食べる物を買った。
　　Tom [to / bought / something / eat] at the store.

⑵ 何か冷たい飲み物をもらえるかな。
　　Can I [cold / drink / something / have / to]?

⑶ 彼らは住む家を探している。
　　They are looking for [live / a / in / to / house].

to 不定詞の形容詞的用法 !

1. 働きと意味

to 不定詞が直前の名詞を修飾することがある。名詞を修飾するのは形容詞の働きなので，このときの to 不定詞は形容詞的用法という。形容詞的用法の to 不定詞は「〜するための，〜すべき」などと訳したりするが，**義務・可能・意図**を表すことが多い。

I have a lot of work **to do**.　　　〔義務〕（やらなくてはならない仕事がたくさんある）

Give me something **to drink**.　　〔可能〕（何か飲み物［飲むのが可能な何か］をください）

I have some pictures **to show** you.　〔意図〕（君に見せたい写真がある）

2.〈something cold to drink〉

形容詞的用法の to 不定詞は〈**something** など + **to 不定詞**〉の語順でよく使われるが，形容詞を加えるときは **something** などの直後に置く（塾技18 形容詞⑴参照）。

Give me **something** cold **to drink**.　（何か冷たい飲み物をください）

3. 末尾に前置詞を伴う形容詞的用法

形容詞的用法の to 不定詞は，末尾に前置詞を伴うことがある。

He needs some friends **to play with**.　（彼には遊び友達が必要だ）

この言い方は，play **with** some friends（友達と遊ぶ）―当然 with は必要―の名詞 some friends が動詞 play の前に出て，to でつないだものと英語では考える。そのため，with は必要なものとなる。

　　play **with** some friends → some friends / to play **with**

例題 **1**

(1) 筥 (Tom) **bought something to eat** (at the store.)

→ to eat は something を修飾する形容詞的用法。

(2) 筥 (Can I) **have something cold to drink**?

→ something to drink（何か飲む物）に形容詞 cold が加わったもの。cold の位置に注意。

(3) 筥 (They are looking for) **a house to live in**.

→ live **in** a house（家に住む）の a house を動詞 live の前に置き，to でつないだものと考える。よって in は必要。live **in** a house（家に住む）→ a house / to live **in**（住む家）

塾技解説 末尾に前置詞を伴う形容詞的用法の **to** 不定詞は，最初のうちは戸惑うかもしれないが，くりかえし練習しているうちにその感覚がつかめてくる。

演習問題

問題❶ ［　］内の語句を最も適した場所に入れ，全文を書きなさい。

(1) I'll go and get a magazine on the train.　［ to read ］

(2) One of the best ways is to read as much as possible.　［ to learn English ］

(3) There is no time for us.　［ to visit the museum ］

(4) Neil Armstrong was the first person on the moon.　［ to walk ］

解 (1) 筥 **I'll go and get a magazine to read on the train.**
（電車の中で読む雑誌を買ってきます）
⇒ a magazine **to read** on the train で「電車の中で読むための雑誌」とする。

(2) 筥 **One of the best ways to learn English is to read as much as possible.**
（英語を学ぶ最良の方法の１つは，できるだけたくさん読むことだ）
⇒ the best ways **to learn** English で「英語を学ぶための最良の方法」とする。
to read 〜は be 動詞の直後に置かれ「〜すること（です）」を意味する名詞的用法，as 〜 as possible は「できるだけ〜」（塾技㉒比較(1)参照）。

(3) 筥 **There is no time for us to visit the museum.**
（私たちにはその博物館を訪れる時間はない）

⇒ time **to visit** the museum の下線部は to 不定詞の形容詞的用法で，直前の time を修飾し，「その博物館を訪れる（のが可能な）時間」を意味する。これに to visit 〜の意味上の主語を表す for us を加えた time / **for us to visit** the museum は，「私たちがその博物館を訪れる（のが可能な）時間」を意味する。to 不定詞の意味上の主語を明示する〈for 人〉は，〈It is ... for 人 + to 〜.〉の形だけではなく，**形容詞的用法や副詞的用法でも使われる**。その際〈**for 人**〉は **to** 不定詞の前に置くことを忘れないように。よって There is no time to visit the museum for us. （×）とすることはできない。

(4) 答 **Neil Armstrong was the first person <u>to walk</u> on the moon.**
（ニール・アームストロングは月面を歩いた最初の人だった）

⇒〈**the first person + to 不定詞**〉で「**最初に〜する・した人**」を表す重要表現（person は省略されることもある）。この to 不定詞は直前の名詞 the first person を修飾する形容詞的用法。first の代わりに second（2番目の）などの序数や，last（最後の）なども使われる。

He was the **last**（person）to arrive. （彼が最後に着いた）

問題❷　日本文の意味の意味を表すように，（　　）内に適語を入れなさい。

(1) 私たちには話し合わなければならないことがたくさんある。
We have a lot of things (　　　　　) (　　　　　) (　　　　　).

(2) 何か（ペンのような）書くものは必要ですか。
Do you need anything (　　　　　) (　　　　　) (　　　　　)?

(3) 何か（紙のような）書くものは必要ですか。
Do you need anything (　　　　　) (　　　　　) (　　　　　)?

(4) 心配するようなことは何もない。
There is (　　　　　) (　　　　　) (　　　　　) (　　　　　).

解 (1) 答 **to talk about**
⇒ talk には「話し合う」の意味があり，talk **about** a lot of things で「多くのことについて話し合う」となる。この言い方をもとに talk **about** <u>a lot of things</u> → <u>a lot of things</u> / to talk **about**（話し合わなければならない多くのこと）とする。

(2) 答 **to write with**
⇒ write **with** a pen（ペンで書く）の with は「道具」を表す。write with anything をもとに write **with** <u>anything</u> → <u>anything</u> / to write **with** とする。something と anything の使い分けは，some と any の場合と同じ（塾技⑰some とany 参照）。

(3) 答 **to write on**

   ⇒「紙（の上）に書く」は write **on** paper。よって write **on** anything → anything / to write **on** とする。

(4) 答 **nothing to worry about**

   ⇒「何かについて心配する」は worry **about** something。worry **about** something → something / to worry **about**（何か心配しなくてはならないこと）で，あとは something を nothing とすればいい。

入試レベルの問題にチャレンジ！

解答→別冊 *p.26*

Q 問題 1 下線部と同じ用法の **to** 不定詞を含む文を，①～⑤の中から 1 つ選びなさい。

I have a lot of work to do.

① Good-bye. I hope to see you again soon.
② There's no need to hurry.
③ Is it fun to ski?
④ My only hope was to go back to my hometown.
⑤ To make new friends is not so difficult.

Q 問題 2 1 語を補い，日本文の意味を表すように，[　　]内の語（句）を並べかえなさい。ただし，句読点などは必要に応じて補うこと。

(1) 君にはそんなことをする権利はないよ。
[that / have / you / do / right / no]

(2) 退屈だな。何かおもしろいことはない？
I'm bored. [interesting / is / do / anything / to]

(3) おもちゃを入れておく箱がほしいな。
[toys / keep / box / in / I / the / like / to / a]

(4) 私たちが彼を助ける必要性はあるのですか。
[need / him / is / us / there / help / to / any]

(5) 私が座れるいすがなかった。
[to / was / chair / there / me / no / sit / for]

(6) 彼がその山の頂上に 2 番目に到達した。
[the summit / the mountain / was / of / the / he / reach / second]

例題 1 次の英文を日本語に直しなさい。

(1) He turned on the television to watch the news.

(2) I was shocked to see the car accident.

(3) You were careless to take the wrong bus.

例題 2 各組の英文が同じような意味を表すように，（　　）内に適語を入れなさい。

(1) We went up the mountain to see the sunrise.
　　We went up the mountain (　　　　　) (　　　　　) to see the sunrise.

(2) I was sorry when I heard that.
　　I was sorry (　　　　　) (　　　　　) that.

---

to 不定詞の副詞的用法 !

1．働きと意味

副詞と同じ働き（**名詞以外を修飾**）をする to 不定詞を，**副詞的用法**という。副詞的用法の to 不定詞はいろいろな意味をもつが，まず次の３つを押さえておく。

１）動詞を修飾し，「**〜するために**」とその**目的**を説明する。

She went to the store **to buy** some fruit.　（彼女は果物を買うためにその店へ行った）
→ She went to the store （彼女はその店に行った）
／ **to buy** some fruit （果物を買うために）.

to 不定詞はいろいろな意味を表す。そこで「〜するために」という目的の意味を明確にするために，**in order** や **so as** を **to** の前に置くことがある。意味は変わらない。

She went to the store in order [so as] **to** buy some fruit.

２）感情を表す形容詞などのあとにきて，感情の「**原因・理由**」を表す。

I'm **glad to meet** you.　（あなたにお会いできてうれしい）
→ I'm glad （私はうれしい）／ **to meet** you （あなたに会えて）.

感情を表す形容詞などには，**glad**（うれしい），**happy**（うれしい），**pleased**（うれしい），**sad**（悲しい），**sorry**（残念に思って・申し訳なく思って），**shocked**（ショックを受けた），**surprised**（驚いた），**disappointed**（がっかりした）などがある。

3）「～するとは，～するなんて」と判断の根拠を表す。

I was careless **to lose** the car keys. （車のキーをなくすとは，私は不注意だった）
→ I was careless（私は不注意だった）/ **to lose** the car keys（車のキーをなくすとは）.

2．〈not to 不定詞〉

to 不定詞を否定するときは，何用法かに関係なく〈**not to ＋** 原形動詞〉とする。

Jack decided / **to sell** his car.　　（ジャックは車を売ることに決めた）
I decided / **not to sell** my car.　　（私は車を売らないことに決めた）

解 例題 1

(1) 答 彼はニュースを見るためにテレビをつけた。

→ He turned on the television（テレビをつけた）/ **to watch** the news（ニュースを見るために）. と，to 不定詞が「**目的**」を表している。turn on ～（～〔テレビ・明かりなど〕をつける）⇔ turn off ～（～を消す）。

(2) 答 私はその自動車事故を見てショックを受けた。

→ I was shocked（ショックを受けた）/ **to see** the car accident（その自動車事故を見て）. と，to 不定詞が形容詞 shocked の「**原因・理由**」を表している。

(3) 答 バスを乗り間違えるとは，君は不注意だった。

→ You were careless（君は不注意だった）/ **to take** the wrong bus（間違ったバスに乗るとは）. と，to 不定詞が「**判断の根拠**」を表している。take the wrong bus（間違ったバスに乗る）。

解 例題 2

(1) 答 **in order**［**so as**］　（私たちは日の出を見るためにその山に登った）

→ **in order**［**so as**］to 不定詞で，**目的**の意味（～するために）が明確になる。

(2) 答 **to hear**　（私はそれを聞いて残念に思った）

→ 上の文の「それを聞いた時残念に思った」は，下の文の「それを聞いて残念に思った」と同じこと。to hear ～は sorry の「**原因・理由**」を表している。

 塾技解説 to 不定詞を含む文に限らないことだが，**いきなり後ろから訳しながら文全体の意味を理解しようとはしないこと**。文の切れ目に注意して前から意味を考え，そのあとにどんな情報が続くべきか考えながら，文の意味を理解していく習慣をつけよう。

(問題❶) 日本文の意味を表すように，[   ]内の語を並べかえなさい。ただし，句読点など
は必要に応じて補うこと。

(1) 私たちは同じ間違いをしないことが重要なのだ。
[important / same / to / us / the / it / not / mistake / is / for / make]

(2) だれにも言わないって約束するよ。（1語不要）
[promise / don't / anyone / to / I / tell / not]

(3) 彼は遅れないように早く出発した。
[early / late / he / not / in / be / left / order / to]

(4) 風邪をひかないように気をつけなさい。（1語不要）
[catch / be / don't / careful / cold / not / a / to]

(解) (1) **答** **It is important for us not to make the same mistake.**
⇒ **It is** important（重要だ）/ **for us**（私たちが）/
not to make the same mistake（同じ間違いをしないことが）.
It is <u>not</u> important 〜. では「重要ではない」となってしまう。to 不定詞の意
味上の主語である for us の位置にも注意（for us を文末に置かないこと）。

(2) **答** **I promise not to tell anyone.** （don't が不要）
⇒ I promise（約束するよ）/ **not to tell** anyone（だれにも言わないことを）.
「〜を約束するよ」は現在形の promise を使って I promise 〜. で表す。動詞
の現在形はふつう「普段」のことを表すときに使うが，このような使い方もある
（**塾技❺現在進行形と現在形**参照）。I don't promise 〜. では「〜を約束しないよ」
となってしまう。to <u>not</u> tell 〜としないよう注意。

(3) **答** **He left early in order not to be late.**
⇒ He left early（彼は早く出発した）/ **in order not to be** late（遅れないように）.
「目的」を表す to 不定詞（〜するために）を否定して「〜しないために，〜しな
いように」は not to 不定詞ではなく，**in order not to 不定詞**または **so as
not to 不定詞**としなくてはならない。ただし「〜しないよう気をつける」を意
味するときは例外で，in order や so as を用いず not to 不定詞とする。

(4) **答** **Be careful not to catch a cold.** （don't が不要）
⇒ Be careful（気をつけなさい）/ **not to catch** a cold（風邪をひかないように）.
Don't be careful 〜. では「注意してはいけない」となってしまう。to 不定詞の
否定は not を用いるので don't は不要。また(3)の解説にある通り，「〜しないよ
う気をつける」を意味するので，in order や so as はこの場合は不要。

(問題❷) 日本文の意味に合うように，（   ）内に適語を入れなさい。

(1) アンは友達を出迎えるために駅に行った。
Ann went to the station (   ) (   ) her friend.

(2) そんなことをするなんて君は間違っている。

You are (　　　　) (　　　　　) (　　　　　　) that.

(3) 彼女はあなたがここにいるのを見たらがっかりするだろう。

She'll (　　　　　) (　　　　　) (　　　　　) see you here.

(4) 彼から連絡をもらって驚いた。

I was (　　　　　) (　　　　　) (　　　　　　) from him.

解 (1) 答 **to meet**

⇒ meet ~（~を出迎える）⇔ see ~ off（~を見送る）。

(2) 答 **wrong to do**

⇒ You are wrong（君は間違っている）/ **to do** that（そんなことをするなんて）.「**判断の根拠**」を表す副詞的用法。

(3) 答 **be disappointed to**

⇒ She'll be disappointed（彼女はがっかりするだろう）/ **to see** you here（ここで君を見たら）. 感情の「**原因・理由**」を表す副詞的用法。

(4) 答 **surprised to hear**

⇒ I was surprised（私は驚いた）/ to hear from him（彼から連絡があって）. 感情の「**原因・理由**」を表す副詞的用法。hear from ~（~から〔手紙・電話・メールなどで〕連絡がある）。

⚑ 入試レベルの問題にチャレンジ！

解答→別冊 p.27

Q 問題1 ①～⑤の各文の **to** 不定詞の用法に最も近いものを，ア～オの中から選びなさい。

① To support my family, I worked very hard.
② The captain was the last man to leave the ship.
③ You are nice to help me with my work.
④ It's bad to tell lies.
⑤ It's not very late. We don't need to go home yet.

　ア　I was foolish to believe him.
　イ　It is time to go to bed.
　ウ　You forgot to turn off the light when you went out.
　エ　I sat for a minute to take a rest.
　オ　To learn English in a year or so is not easy.

Q 問題2 (　　　　)内の条件に従い，次の日本文を英語に直しなさい。

(1) 大きな声で話さないようにしなさい。（try で始め loud, voice を使って全体で8語で）

(2) 私は彼女を起こさないように静かに歩いた。（quietly, wake を使って9語で）

例題 1　日本文の意味を表すように，（　　　）内に適語を入れなさい。

(1) このコーヒーは熱すぎて飲めない。

This coffee is (　　　　　) (　　　　　) (　　　　　) drink.

(2) 彼は父親の手伝いができるだけの年齢になっていた。

He was (　　　　　) (　　　　　) (　　　　　) help his father.

(3) どちらを買ったらいいか決められない。

I cannot decide (　　　　　) (　　　　　) (　　　　　).

例題 2　各組の英文が同じような意味を表すように，（　　　）内に適語を入れなさい。

(1) She couldn't move the desk. It was too heavy.

The desk was (　　　　　) heavy (　　　　　) (　　　　　) to move.

(2) Don't try to skate here. The ice is not thick enough.

The ice isn't (　　　　) (　　　　) (　　　　) (　　　　) here.

決まった表現として覚える ❗

1．〈too ... to 不定詞〉と〈... enough to 不定詞〉

1)〈**too ... to ～**〉は「～するには…すぎる」，すなわち「あまりに…なので～できない」と**否定的な意味**を持つ。

I'm **too** busy **to** see him.　（私は忙しすぎて彼に会えない）

→ I'm **too** busy（私はあまりにも忙しすぎる）/ **to** see him（彼に会うには）.

to 不定詞の意味上の主語を明示するときは，〈**for 人**〉を to 不定詞の前に置く。

The question is **too** difficult **for me to** answer.
（その質問は難しすぎて私には答えられない）

→ The question is **too** difficult（その質問はあまりにも難しすぎる）
　　　　　　　　　　　　　　　　　　　 / **for me to** answer（私が答えるには）.

2)〈**形容詞・副詞 + enough to ～**〉は「～するのに十分に…」を意味する。

I was foolish **enough to** believe him.
（私は愚かにも彼の言うことを信じてしまった）

→ I was foolish **enough**（私は十分に愚かだった）
　　　　　　　　　　　　　　　 / **to** believe him（彼の言うことを信じるのに）.

形容詞・副詞を修飾する **enough**（十分に）は，形容詞・副詞の後ろに置く。enough（十分な）が**名詞を修飾する**ときは，ふつう**名詞の前**に置く。

She has **enough** money **to** buy the car.
（彼女はその車を買うだけのお金は持っている）

→ She has **enough** money（彼女は十分なお金を持っている）

／**to** buy the car（その車を買うのに）.

2.〈疑問詞 + to 不定詞〉

〈疑問詞 + to 不定詞〉は，「どのように［何を・いつなど］〜したらよいか」という意味のまとまりを作る。

My mother taught me **how to cook**.　（母は私に料理の仕方を教えてくれた）

→ My mother taught me（母は私に教えてくれた）

／ **how to cook**（どのように料理したらよいかを）.

how to 〜	どのように〜したらよいか	when to 〜	いつ〜したらよいか
what to 〜	何を〜したらよいか	where to 〜	どこで（へ）〜したらよいか
which to 〜	どれを〜したらよいか	who to 〜	だれを（に）〜したらよいか

I don't know **what book to read**.　（私はどんな本を読んだらいいかわからない）

※〈疑問詞 + α〉で意味のまとまりを作る場合もある（**塾技❷**疑問詞のある疑問文(2)参照）。

→ I don't know（私はわからない）／ **what book to read**（どんな本を読んだらいいか）.

解 **例題 1**

(1) **答** **too hot to**

→ This coffee is **too** hot（このコーヒーは熱すぎる）／ **to** drink（飲むには）.

(2) **答** **old enough to**

→ He was old **enough**（彼は十分な年齢になっていた）

／ **to** help his father（父親を手伝うのに）.

(3) **答** **which to buy**

→ I cannot decide（決められない）／ **which to buy**（どちらを買ったらいいか）.

解 **例題 2**

(1) **答** **too, for her**　（その机は重すぎて彼女には動かせなかった）

→ The desk was **too** heavy（その机は重すぎた）

／ **for her to** move（彼女が動かすには）.

(2) **答** **thick enough to skate**　（氷はここでスケートができるほど厚くはない）

→ The ice isn't thick **enough**（氷は十分に厚くはない）

／ **to skate** here（ここでスケートをするには）.

日本語の「十分に厚い」の語順にまどわされて enough thick（×）としないよう注意。

 どれも入試でよく問われる重要構文。次の並べかえの演習問題は，日本文を見て英文がすぐ言えるまで，何度も音読しよう。

演習問題

問題❶ 1語を補い，日本文の意味を表すように，[　]内の語を並べかえなさい。ただし，句読点などは必要に応じて補うこと。

(1) 映画を見に行くには時間が遅すぎる。
[the / to / to / it / movies / late / is / go]

(2) 私は疲れていて何もできなかった。
[too / do / I / was / to / tired]

(3) この靴は大きすぎて私にははけない。
[to / shoes / wear / me / are / too / these / large]

(4) それは指をやけどするくらい熱かった。
[hot / fingers / to / was / burn / it / my]

(5) 彼は金庫の開け方を発見した。
[open / discovered / safe / he / the / to]

(6) 日本人はどうしたらいいのかわからない時に，しばしばほほえむ。
Japanese often smile [know / to / they / when / what / don't].

(7) だれにたずねたらいいのか，見当がつかなかった。
[who / I / idea / ask / had / to]

(8) どのボタンを押したらいいか思い出した。
[button / I / push / which / remembered]

解 (1) **答** **It is <u>too</u> late to go to the movies.**
⇒ It is **too** late（あまりに時間が遅すぎる）／ **to** go to the movies（映画を見に行くには）. 主語の it は「時間」を表す。go to the movies（映画を見に行く）。

(2) **答** **I was too tired to do <u>anything</u>.**
⇒ I was **too** tired（あまりに疲れていた）／ **to** do anything（どんなことをするにも）. anything（何でも，どんなことでも）を nothing としないこと。too tired to do nothing では「何もしないようにするには疲れすぎている」，つまり「疲れていて何もしないわけにはいかない」というおかしな意味になってしまう（**塾技⑰**someとany 参照）。

136

(3) 答⟩ **These shoes are too large <u>for</u> me to wear.**

⇒ These shoes are **too** large（この靴はあまりに大きすぎる）/ **for me to** wear（私がはくには）．for me の位置を to wear for me としないこと。to 不定詞の意味上の主語〈for 人〉は，to の前に置く。

(4) 答⟩ **It was hot <u>enough</u> to burn my fingers.**

⇒ It was hot **enough**（それは十分に熱かった）/ **to** burn my fingers（指をやけどするのに）．enough hot（×）としないよう注意。〈... enough to 不定詞〉の構文では，enough（十分に）は日本語に訳さないことが多い。

(5) 答⟩ **He discovered <u>how</u> to open the safe.**

⇒ **how to open** the safe で「どうやってその金庫を開けたらよいのか」，つまり「金庫の開け方」を意味する。

(6) 答⟩ (Japanese often smile) **when they don't know what to <u>do</u>.**

⇒ **what to do** で「何をしたらよいか，どうしたらいいか」。when they don't know（彼らはわからない時に）/ what to do（何をしたらよいかを）．

(7) 答⟩ **I had <u>no</u> idea who to ask.**

⇒ idea（見当）を用いた I have no idea は，「（考えたけれど）私にはわからない」を意味する表現で，I don't know と同じような意味を表す。

(8) 答⟩ **I remembered which button <u>to</u> push.**

⇒ which button（どのボタン）で意味のまとまりを作っている。

🚩 **入試レベルの問題にチャレンジ！**   解答→別冊 *p.28*

Q 問題1 各組の英文が同じような意味を表すように，(   )内に適語を入れなさい。

(1) I cannot use this machine.
   I don't know (   ) (   ) (   ) this machine.

(2) They're not old enough to get married.
   They're (   ) (   ) (   ) get married.

(3) It seems that he needs help.
   He (   ) (   ) (   ) help.

Q 問題2 次の英文を日本語に直しなさい。

(1) They talked about what to do with the land.

(2) The bridge was wide enough for two trucks to pass each other.

(3) The news is too good to be true.

例題 1 日本文の意味を表すように，（　　　）内に適語を入れなさい。

(1) 私は彼女にドアにカギをかけるようにと言った。

　I (　　　　　) (　　　　　　　) (　　　　　　　) lock the door.

(2) 私は彼女にドアにカギをかけるようにと言わなかった。

　I (　　　　　) (　　　　　　　) (　　　　　　) (　　　　　　　) lock the door.

(3) 私は彼女にドアにカギをかけないようにと言った。

　I (　　　　　) (　　　　　　) (　　　　　　) (　　　　　　　) lock the door.

(4) 彼は私に手伝ってくれと頼んだ。

　He (　　　　　　) (　　　　　　) (　　　　　　) help (　　　　　　).

(5) 彼女は学校まで歩いて30分かかります。

　It (　　　　) (　　　　　) thirty minutes (　　　　) (　　　　　) to school.

例題 2 次の（　　　）内に適語を入れなさい。

(1) It was necessary (　　　　　　) you to come on time.

(2) It was very nice (　　　　　　) you to come all the way.

> **to 不定詞の意味上の主語を意識する** ❗

1.〈tell / ask / want ＋ 人 ＋ to 不定詞〉

〈tell / ask / want ＋ 人 ＋ to不定詞〉の構文では，tell / ask / want の目的語である「人」が **to 不定詞の意味上の主語**になっている。

1)〈tell ＋ 人 ＋ to 不定詞〉　**人に〜するように言う**

He **told me to come** at seven.　（彼は私に7時に来るようにと言った）

→ 私 (me) が7時に来る (come at seven) という関係が成立している。

2)〈ask ＋ 人 ＋ to 不定詞〉　**人に〜するよう頼む**

She **asked him to wash** the dishes.　（彼女は彼に皿を洗ってくれと頼んだ）

→ 彼 (him) が皿を洗う (wash the dishes) という関係が成立している。

3)〈want ＋ 人 ＋ to 不定詞〉　**人に〜してもらいたい（人が〜するのを望んでいる）**

I **want you to be** happy.　（私はあなたに幸せになってもらいたい）

→ あなた (you) が幸せである (be happy) という関係が成立している。

▶ **この構文をとるその他の主な動詞**

> **would like**［want よりも丁寧］, **advise**（助言する）, **allow**（許可する）, **order**（命じる）, **expect**（予想する）, **believe**（思う・信じている）, **encourage**（励ます）, **train**（訓練する）, **help**（手助けする）

2.〈It is ... of 人 ＋ to 不定詞～.〉

〈It is ... of 人 ＋ to ～.〉は「～するとは人は…だ」と，**人物に対する評価**を表す。

> **It's** kind **of** you **to** say so.
> （そう言ってくれるとはあなたは親切だ［そう言ってくれてありがとう］）

※この構文の to 不定詞は「～するとは，～するなんて」と（人物に対する）判断の根拠を表すので，次のように「人」を主語にして書きかえられる。

> **You** are kind to say so. 　（**塾技㉙** to不定詞の３用法 ⑶参照）

▶ It is の後ろには，次のような人の性格や態度に対する判断を表す形容詞がくる。
> **kind・nice・good**（親切な）, **careless**（不注意な）, **foolish・stupid**（愚かな）, **brave**（勇敢な）, **polite**（礼儀正しい）, **wise**（賢明な）, **clever**（りこうな）など

〈It is ... for 人 ＋ to ～.〉は「**人が…するのは～だ**」と，**行為に対する評価・判断**を表す。

> **It is** important **for** you **to** tell the truth. 　（あなたは真実を話すことが重要だ）

※ important なのは you ではなく for you to tell the truth（あなたが真実を話す）という**行為**。よってこの構文は「人」を主語にして You are important to tell the truth.（×）とは書きかえられない。

3.〈It takes ＋ 人 ＋ 時間 ＋ to 不定詞～.〉

〈It takes ＋（人）＋ 時間 ＋ to ～.〉で「**（人が）～するのに時間がかかる**」を意味する。

> **It took** me three days **to** read the book. 　（私はその本を読むのに３日かかった）

〈It costs ＋（人）＋ 金 ＋ to ～.〉は「**（人が）～するのに金がかかる**」を意味する。

> **It cost** me $10 **to** come here.
> （私はここに来るのに10ドルかかった）

解 **例題 1**

(1) **答** **told her to**

→〈tell ＋ 人 ＋ to 不定詞〉の構文。say, speak, talk はこの構文をとらない。

(2) **答** **didn't tell her to**

→「～と言わなかった」のだから didn't tell。

(3) **答** **told her not to**

→ 「人に〜しないように言う」は〈tell ＋ 人 ＋ to 不定詞〉の to 不定詞を否定しているので，〈tell ＋ 人 ＋ **not** to 不定詞〉で表す。

(4) 答 **asked me to**，**him**

→ 〈ask ＋ 人 ＋ to 不定詞〉は「人」が to 不定詞の意味上の主語だから，me が help するのはだれかと考えれば文末の him は迷うことなくわかる。

(5) 答 **takes her**，**to walk**

→ 〈It takes ＋（人）＋ 時間 ＋ to 不定詞〜.〉の構文。walk to 〜（〜へ歩いて行く）。

解 例題2

(1) 答 **for** （あなたは時間通りに来ることが必要だった）

→ necessary（必要な）なのは you ではなく「あなたが時間通りに来る」という行為。on time は「時間通りに」，in time は「間に合って」。

(2) 答 **of** （はるばる来てくださってありがとうございました）

→ 「はるばる来てくれるとはあなたはとても親切だった」が直訳で，人物に対する評価を表している。all the way （遠いところをはるばる）。

 〈tell / ask / want ＋ 人 ＋ to 不定詞〉の構文はその意味だけではなく，「人」が **to 不定詞の意味上の主語**になっていることを忘れてはならない。

🖊 **演習問題**

問題❶ 各組の英文が同じような意味を表すように，（   ）内に適語を入れなさい。

(1) "Brush your teeth, Jack," she said.
She (   ) (   ) (   ) brush (   ) teeth.

(2) "Don't waste time," my father said to me.
My father (   ) (   ) (   ) (   ) waste time.

(3) "Please pass the pepper," he said to me.
He (   ) (   ) (   ) pass the pepper.

(4) Shall I drive you to the station?
Do you (   ) (   ) (   ) drive you to the station?
(   ) you like (   ) (   ) drive you to the station?

(5) He was stupid to quit his job.
(   ) was stupid (   ) (   ) to quit his job.

解 (1) 答 **told Jack to**，**his** （彼女はジャックに歯をみがくようにと言った）

⇒〈tell ＋ 人 ＋ to 不定詞〉の構文では「人」が to 不定詞の意味上の主語だから，Jack は **his** teeth を brush することになる。

(2) 答 **told me not to** （父は私に時間をむだに過ごさないようにと言った）
⇒「人に～しないように言う」を表す〈tell ＋ 人 ＋ **not** to 不定詞〉で表す。

(3) 答 **asked me to** （彼は私にそのコショウを取ってくれと頼んだ）
⇒〈tell ＋ 人 ＋ to 不定詞〉は〈ask ＋ 人 ＋ to 不定詞〉に比べて命令的な言い方。上の文に please があるので tell ではなく ask とする。

(4) 答 **want me to / Would，me to** （あなたを車で駅まで送りましょうか）
⇒ **Shall I ～?** は「（私は）～しましょうか」と相手の意向をたずねる表現。〈want ＋ 人 ＋ to 不定詞〉を使った **Do you want me to ～?** は「あなたは私に～してもらいたいですか」が直訳だが，日本語から感じられる押しつけがましさはそれほどない。**Shall I ～? = Do you want me to ～?** の書きかえ問題は入試頻出。〈**would like ＋ 人 ＋ to 不定詞**〉は〈want ＋ 人 ＋ to 不定詞〉の丁寧な表現だが，would は助動詞なので疑問文では主語の前に出る。

(5) 答 **It，of him** （仕事を辞めるなんて彼は愚かだった）
⇒ 人物に対する評価を表すので〈It is ～ **of** 人 ＋ to 不定詞～．〉で表す。quit ～は「（仕事など）をやめる」で活用は quit － quit － quit と無変化。

入試レベルの問題にチャレンジ！

解答→別冊 *p.29*

Q 問題 1 1 語を補い，日本文の意味を表すように，[　　]内の語(句)を並べかえなさい。ただし，句読点などは必要に応じて補うこと。

(1) 私は空港に着くのに車で1時間半かかった。
[get / hours / car / the airport / and / took / by / one / it / half / to / to / a]

(2) 彼の弁護士は彼に，警察には何も言わないようにと助言した。
[him / the / lawyer / to / to / police / his / advised / not / say]

(3) 電車にバッグを置き忘れるなんて，彼女は不注意だった。
[was / the / it / leave / careless / on / her / her / train / to / bag]

(4) 荷物はどこに置きましょうか。
[put / where / want / to / the / do / package / you]

(5) 兄は車を洗うのを手伝ってくれた。
[helped / car / to / brother / my / my / wash]

(6) 私はそのことについてだれにも知られたくなかった。
[know / didn't / it / I / about / want / to]

Q 問題 2 次の英文を日本語に直しなさい。

When things aren't going well, he encourages me not to give up.

例題 1 [   ]内の語を適切に並べかえ，全文を書きなさい。

(1) [the / reading / is / dark / in] bad for the eyes.

(2) One of Tom's hobbies [rare / is / books / collecting].

(3) I don't [up / morning / mind / every / early / getting].

例題 2 (   )内から，適切なものを選びなさい。ただし，答えは 1 つとは限らない。

(1) I don't like (write, writing, to write) e-mails.

(2) I enjoyed (play, playing, to play) golf.

(3) When are you planning (get, getting, to get) married?

動名詞と不定詞の名詞的用法

1. 動名詞の働きと意味

進行形⟨be 動詞 + ～ing⟩で使われる～ing を現在分詞という。これに対し，「～すること」を意味する**～ing** を動名詞という。動名詞は名詞と同じような働きをし，ふつう次の位置に現れる。

1）文の主語となり，「**～することは**」を意味する。

　　Learning English isn't easy.　（英語を習得することは簡単ではない）

　※この文は to 不定詞の名詞的用法を用いて，**To learn** English isn't easy. と書きかえることができる。

2）**be** 動詞の直後に置かれ，「**～すること（です）**」を意味する。

　　My hobby is **cooking**.　（私の趣味は料理をすることです）

　※進行形⟨be 動詞 + ～ing⟩と見た目は同じになる。

　　My mother is cooking.　（私の母は料理をしている）〔進行形〕

3）動詞の目的語となり，「**～すること（を…する）**」を意味する。

　　He began **watching** TV.　（彼はテレビを見ることを始めた→ テレビを見始めた）

　この文は to 不定詞を用いて，He began **to watch** TV. と書きかえられる。

　　She finished **eating**.　（彼女は食べることを終えた→ 食べ終えた）

　この文は to 不定詞を用いて，She finished to eat.（×）と書きかえられない。

2. 〈動詞の目的語となる不定詞（の名詞的用法）と動名詞の使い分け〉

to 不定詞の名詞的用法も動名詞も，「〜すること」を意味するが，まったく同じというわけでもない。to は本来「（これから向かう）方向・到達点」を表すので，**to 不定詞**は「これから〜すること」と**未来的・未経験的**な感じを与える。〜ing の形は進行形でも使われることから，**動名詞**は「（すでに）〜していること」と**過去的・現在的・経験的**な感じを与える。この両者の違いを考えると，使い分けに関して見当はつけられる。

① 目的語に **to 不定詞**も**動名詞**もどちらもとり，意味もあまり変わらない動詞

like，love，begin，start，continue（続ける）など

　　I **like** to play tennis.

　　I **like** playing tennis. 　（私はテニスをするのが好きだ）

② 目的語に不定詞（名詞的用法）だけをとる動詞 （塾技㉗ to不定詞の３用法⑴参照）

want，would like，hope，decide，plan，promise，need，learn など

　　I **hope to see** you again. 　（またお会いしたいと思います）

→ I hope seeing you again. （×）とすることはできない。
want をはじめとするこれらの動詞は，「これからすること」と相性のいいもので，数は多い。

③ 目的語に動名詞だけをとる動詞

finish 〜ing（〜し終える），**enjoy** 〜ing（〜して楽しむ），**mind** 〜ing（〜するのをいやに思う），**stop** 〜ing（〜していることをやめる），**practice** 〜ing（〜することを練習する），**give up** 〜ing（〜するのをあきらめる，やめる）など

　　I **finished reading** the book. 　（私はその本を読み終えた）

→ I finished to read the book. （×）とすることはできない。
「終える（finish）」のは「（すでに）していること（〜ing）」で，まだしていない「これからすること（to 〜）」を終えることはありえない。動名詞だけを目的語にとる動詞のほうが数は少ない。

⚠ **stop 〜ing と stop to 〜**

stop 〜ing「〜するのをやめる」（「すでにしている［た］ことをやめる」ということ）

　　He **stopped smoking**. 　（彼は禁煙した）

stop to 〜「〜するために立ち止まる・手を休める」

　　He **stopped to smoke**. 　（彼はたばこを吸うために立ち止まった・手を休めた）

→ stop to 不定詞の to 不定詞は，「〜するために（目的）」を意味する**副詞的用法**。副詞的用法でも「これからたばこを吸う」という to の持つ未来的な意味を持っている。

④目的語に to 不定詞も動名詞もどちらもとるが，意味が大きく異なる動詞

　to 不定詞は「これからしようとすること」，動名詞は「すでにしたこと」を表す。

$\left\{\begin{array}{l}\textbf{forget to ～} \quad （～するのを忘れる）\\ \textbf{forget ～ing} \quad （～したことを忘れる）\end{array}\right.$

$\left\{\begin{array}{l}\textbf{remember to ～} \quad （～するのを覚えている，忘れずに～する）\\ \textbf{remember ～ing} \quad （～したことを覚えている）\end{array}\right.$

$\left\{\begin{array}{l}\textbf{try to ～} \quad （～するよう努める，～しようとする）\\ \textbf{try ～ing} \quad （試しに～してみる）\end{array}\right.$

I won't **forget to meet** him.　（彼にこれから会うのを忘れない。
　　　　　　　　　　　　　　　　　忘れずに彼に会います）

I won't **forget meeting** him.　（彼に会ったことを忘れません）

解 例題 1

(1) 答 **Reading in the dark is bad for the eyes.**
　　（暗い所で本を読むのは目に悪い）

→ 動名詞 reading を含む意味のまとまり Reading in the dark（暗い所で本を読むことは）が主語になっている。the dark（暗がり）。

(2) 答 **One of Tom's hobbies is collecting rare books.**
　　（トムの趣味の1つは珍しい本を収集することだ）

→ 動名詞 collecting を含む意味のまとまり collecting rare books（珍しい本を収集すること）が be 動詞の直後に置かれている。

(3) 答 **I don't mind getting up early every morning.**
　　（毎朝早起きするのはいやではありません）

→ 動名詞 getting を含む意味のまとまり getting up early every morning（毎朝早起きすること）が動詞 mind（いやに思う）の目的語になっている。mind は目的語に to 不定詞はとらない代表的な動詞。

解 例題 2

(1) 答 **writing，to write**　（私は電子メールを書くのは好きではない）

→ like は目的語に to 不定詞も動名詞もどちらもとり，意味もあまり変わらない動詞。

(2) 答 **playing**　（私はゴルフをして楽しんだ）

→ enjoy は目的語に動名詞をとる動詞。「楽しむ（enjoy）」のは「（すでに）していること（～ing）」で，まだしていない「これからすること（to ～）」を楽しむことはできない。

(3) 答 **to get**　（君たちはいつ結婚するつもりなのですか）

→ plan（計画する）は目的語に不定詞（名詞的用法）をとる動詞。get married（結婚する）。

塾技解説　動詞の目的語として **to** 不定詞を使うか動名詞（〜 **ing**）を使うかについては，**to** 不定詞と動名詞との違いを理解した上で，すぐに反応できるようにしておこう。**to** 不定詞は「**これから〜すること**」，動名詞は「**（すでに）〜していること**」。

✎ 演習問題

問題❶ 日本文の意味を表すように，（　　）内の動詞を適切な形に変えなさい。

(1) 生徒たちは，先生が教室に入ると話をやめた。
The students stopped (talk) when the teacher entered the classroom.

(2) 中断して昼食にしよう。
Let's stop (have) lunch.

(3) 忘れずに明日の朝彼女に電話をしなさい。
Remember (call) her tomorrow morning.

(4) 以前どこかで彼女に会った覚えがある。
I remember (see) her somewhere before.

(5) そのテーブルを動かそうとしたが，できなかった。
I tried (move) the table, but I couldn't.

(6) 部屋が暑かった。試しに窓を開けてみたが，それでは効果がなかった。
The room was hot. I tried (open) the window, but that didn't help.

(解) (1) **答** **talking**
⇒「話をやめた」は「話していたこと[行為]をやめた」ということだから，stopped talking。

(2) **答** **to have**
⇒ stop having lunch は「昼食を食べるのを[食べていた行為]をやめた」を意味する。stop to 不定詞は「〜するために立ち止まる」だけではなく，「**〜するために（仕事など）それまでやっていたことをやめる**」の意味でも使われる。

(3) **答** **to call**
⇒「忘れずに彼女に電話する」は「これから彼女に電話することを覚えておく」ということ。よって remember to call her となる。

(4) **答** **seeing**
⇒「以前どこかで彼女に会ったこと」は「すでにしたこと」だから，〜ing（動名詞）とする。

(5) 答 **to move**

⇒ tried moving では「試しに動かしてみた」つまり「動かした」となり，後半の内容と矛盾する。

(6) 答 **opening**

⇒ tried to open は「開けようと試みた」を意味し，実際に開けたかどうかはこれだけでは不明。よって but that didn't help（しかし開けたことは役に立たなかった）とはうまくつながらない。tried opening（試しに窓を開けてみた）は実際に「開けた」ことを意味する。help（役に立つ）。

🚩 入試レベルの問題にチャレンジ！

解答→別冊 *p.30*

Q 問題 1 次の（　　）内の語を最も適切な形にしなさい。

(1) He finished (speak) and sat down.

(2) Jane would like (meet) you.

(3) I'll never be able to give up (drink) beer.

(4) **A:** Does Jane know about the meeting? — **B:** No, I forgot (tell) her.

(5) They stopped (run) and began to walk.

(6) In this class students practice (write) letters.

(7) Take your time. I don't mind (wait).

(8) I tried (finish) the book, but I was too tired.

(9) I remember (be) in the hospital when I was five.

(10) You must learn (be) more patient.

Q 問題 2 （　　）内の条件に従い，次の日本文を英語に直しなさい。

(1) 私たちはその湖でスケートをして楽しんだ。（6語で）

(2) 30分前に雨がやんだ。（it を使って7語で）

(3) 彼女は留学することに決めた。（ decide, abroad を使って5語で）

(4) 彼女は留学することに決めた。（ mind, abroad を使って8語で）

例題 1 1語不要とし，[ ]内の語を適切に並べかえて，全文を書きなさい。

⑴ I get a lot of information [the / reading / by / newspaper / read].

⑵ [out / before / went / going], I called Nancy.

例題 2 次の( )内から最も適切なものを選びなさい。

⑴ Tom left without (say, said, to say, saying) anything.

⑵ She seemed to (know, knowing) everything about him.

⑶ I'm looking forward to (hear, hearing) from you.

前置詞に続く動名詞 ❗

1．〈前置詞 + 動名詞〉

動名詞（〜ing）は前置詞（**at, in, of, for, without** など）のあとにも置かれる。前置詞の直後にはふつう（代）名詞・動名詞が続くが，**to 不定詞が前置詞の後ろに置かれて前置詞と結びつくことはない**。

Jack is good **at riding** a horse. （ジャックは馬に乗ることが上手だ）

Jack is good at to ride a horse. (×)

※ 前置詞に続く（代）名詞・動名詞を**前置詞の目的語**という。

2．動名詞を使った重要表現

動名詞は決まった表現とともに使われることが多い。**動名詞を使った重要表現**を次に示す。

> ▶ **to を含む注意すべき表現**
>
> **look forward to 〜ing**（〜することを楽しみに待つ），
> **be[get] used to 〜ing**（〜することに慣れている［慣れる］），
> **What do you say to 〜ing?**（〜するのはどうですか）

これらの to は，to 不定詞で用いる to ではなく前置詞の to なので，後ろには（代）名詞・動名詞が続く。**原形動詞が続くことはない**。覚えるときは，〜ing をつけて覚えるといい。

I am used to hard work. （きつい仕事には慣れています） ※ work は名詞

He **wasn't used to walking** so fast.
（彼はそんなに速く歩くことに慣れていなかった）

He wasn't used to walk so fast. (×) としないこと。

▶ **to 以外の前置詞で終わる慣用表現**

be good at ~ing (~が上手だ), **be bad[poor] at ~ing** (~が下手だ),
be fond of ~ing (~するのが大好きだ), **be afraid of ~ing** (~するのが怖い),
be interested in ~ing (~することに興味がある), **be thinking of ~ing** (~
しようかと思っている), **be tired of ~ing** (~するのがいやになっている), **feel
like ~ing** (~したい気分だ), **Thank you for ~ing.** (~してくれてありがとう),
How[What] about ~ing? (~するのはどうですか)

▶ **その他の慣用表現**

be busy ~ing (~するのに忙しい), **cannot help ~ing** (~せずにはいられない,
思わず~してしまう), **prevent[keep, stop] A from ~ing** (A が~するのを妨
げる), **have trouble[difficulty] ~ing** (~するのに苦労する, なかなか~できな
い), **spend + 時間 + ~ing** (~するのに時間を使う), **go swimming[shopping,
fishing, skiing, camping]** (泳ぎに[買い物に, 釣りに, スキーに, キャンプに]行く),
Would[Do] you mind ~ing? (~していただけませんか)

解 例題 **1**

(1) 答 **I get a lot of information by reading the newspaper.** (read が不要)
(私は新聞を読むことによって多くの情報を得ている)

→ 動名詞 reading を含む意味のまとまり reading the newspaper(新聞を読むこ
と)が前置詞 by のあとに続くかたち。by ~ing (~することによって)。

(2) 答 **Before going out, I called Nancy.** (went が不要)
(私は出かける前にナンシーに電話した)

→ 前置詞 before のあとなので, 動名詞 going を用いる。

解 例題 **2**

(1) 答 **saying** (トムは何も言わないで去って行った)

→ without は前置詞なので, 動詞を続けるときは動名詞(~ing)にする。
without ~ing (~しないで)。

(2) 答 **know** (彼女は彼のことなら何もかも知っているようだった)

→ 〈seem to 不定詞〉は「~であるように思われる」を意味する決まった表現。to 不
定詞の to なので, 後ろは原形動詞となる。

(3) 答 **hearing** (あなたから連絡があるのを楽しみに待っている)

→ look forward to ~ing (~することを楽しみに待つ)の to は前置詞であること
に注意。hear from ~ (~から〔手紙・電話・メールなどで〕連絡がある)。

動名詞を使うそれぞれの連語表現は，どれも重要なものばかり。きちんと身につけるためには反復練習あるのみ。

中1・中2で習う分野

不定詞と動名詞

演習問題

問題❶ 日本文の意味を表すように，(　　)内に適語を入れなさい。

(1) 毎日同じことをするのがいやになっていますか。
　　Are you (　　　　　) (　　　　　) (　　　　　　　　) the same thing every day?

(2) パーティーに招待してくれてありがとう。
　　Thank you (　　　　　) (　　　　　) me (　　　　　) your party.

(3) 家を買おうかと考えているんです。
　　I'm (　　　　　) (　　　　　) (　　　　　) a house.

(4) 間違えることを怖がってはいけない。
　　Don't be (　　　　　) (　　　　　) (　　　　　) mistakes.

(5) 彼女は柔道部に入ることに興味がある。
　　She is (　　　　　) (　　　　　) (　　　　　) the judo club.

(6) 私はうそをつくのがうまくはない。
　　I'm not (　　　　　) (　　　　　) (　　　　　) lies.

(7) 今夜は外食したい気分ではない。
　　I don't (　　　　　) (　　　　　) (　　　　　) out tonight.

(解) (1) **答** **tired of doing**
　　⇒ be tired of 〜ing（〜するのがいやになっている）

(2) **答** **for inviting，to**
　　⇒ Thank you for 〜ing.（〜してくれてありがとう），〈invite 人 to 〜〉（人を〜に招待する）。

(3) **答** **thinking of buying**
　　⇒ be thinking of 〜ing（〜しようかと思っている）。

(4) **答** **afraid of making**
　　⇒ be afraid of 〜ing（〜するのが怖い）。make mistakes（間違いをする）のmake を take としないこと。

(5) **答** **interested in joining**
　　⇒ be interested in 〜ing（〜することに興味がある），join 〜（〜に加わる，入会する）。

149

(6) 答⟩ **good at telling**

⇒ be good at 〜ing（〜が上手だ），tell lies（うそをつく）。

(7) 答⟩ **feel like eating**

⇒ feel like 〜ing（〜したい気分だ），eat out（外食する）⇔ eat in（自宅で食事をする）。

問題❷ 日本文の意味を表すように，（　　　）内に適語を入れなさい。

(1) 私は子供たちの世話をするのに忙しい。

I'm （　　　　　　）（　　　　　　）（　　　　　　）（　　　　　　） the children.

(2) ドアを閉めてもらえませんか。— いいですよ。

A: Would （　　　　　　）（　　　　　　）（　　　　　　） the door?

B: （　　　　　　）, not at all.

(3) 駐車する場所を見つけるのに苦労した。

I （　　　　　　）（　　　　　　）（　　　　　　） a parking space.

(4) 毎朝，彼は新聞を読むのに約1時間かける。

Every morning he （　　　　　　） about an hour （　　　　　　） the newspaper.

(5) 彼女は彼の冗談に思わず笑ってしまった。

She （　　　　　　）（　　　　　　）（　　　　　　） at his jokes.

(6) 私たちはその川に泳ぎに行った。

We （　　　　　　）（　　　　　　）（　　　　　　） the river.

解⟩ (1) 答⟩ **busy taking care of**

⇒ be busy 〜ing（〜するのに忙しい），take care of 〜（〜の世話をする）。

(2) 答⟩ **A: you mind closing[shutting]　B: No**

⇒ **mind** は「いやに思う」を意味するが，mind，closing[shutting]の意味上の主語はどちらも主語の you なので，「あなたはあなたがドアを閉めるのはいやですか」が直訳。**Would[Do] you mind 〜ing?** は，「（あなたは）〜していただけませんか」と人に何かをやってもらおうとする時に使う表現で，Will you (please) close the door? などと同じ内容を表す。

「いいですよ」の返事は「いやではない」から No, not at all などとする。Would[Do] you mind 〜ing? を「〜してもいいですか（×）」と訳す間違いが多いので注意すること。「〜してもいいですか」と許可を求める表現は，「私が〜してもいいですか」ということだから，主語は I を使って May[Can] I 〜? などとする。

(3) 答⟩ **had trouble[difficulty] finding**

⇒ **have trouble[difficulty] in 〜ing**（〜するのに苦労する，なかなか〜できない）とすることもあるが，in は省略するほうがふつう。

(4) **答** **spends, reading**

⇒〈spend + 時間 + in ～ing〉（～するのに時間を使う）とすることもあるが，in は省略するほうがふつう。

(5) **答** **couldn't help laughing**

⇒ cannot help ～ing（～せずにはいられない，思わず～してしまう）の help は「避ける」を意味する。「～するのを避けられない」が直訳。laugh at ～（～を聞いて[見て]笑う）。

(6) **答** **went swimming in**

⇒ in を to としないこと。go + swimming **in** the river という関係で，swim in the river（その川で泳ぐ）がもとになっている。前置詞 in を決める際，go は無関係。他に go shopping **at** the store（その店に買い物に行く），go skating **on** the lake（その湖にスケートに行く）も同じ構造。

🚩 入試レベルの問題にチャレンジ！

解答→別冊 p.31

Q 問題 1 各組の英文が日本文の意味を表すように，（　　　）内に適語を入れなさい。

(1) 彼は写真を撮るのが大好きです。

He likes (　　　　　　　) pictures very much.

He is (　　　　　) (　　　　　　　) (　　　　　　　) pictures.

(2) 公園を散歩するのはどうですか（公園を散歩しませんか）。

What do you say (　　　　　　) (　　　　　　) a walk in the park?

(　　　　　　) about (　　　　　　) a walk in the park?

(3) 彼は病気だったので外出できなかった。

He could not go out because he was (　　　　　　).

Illness (　　　　　　) him (　　　　　　) (　　　　　　) out.

(4) ドアを閉めてもいいですか。

Can (　　　　　　) close the door?

Would you mind (　　　　　　) (　　　　　　) the door?

Q 問題 2 （　　　）内の語を必要があれば適切な形に変えて，英文を日本語に直しなさい。

(1) I'm used to (get) up early in the morning.

(2) I used to (get) up early in the morning.

例題 1 次の英文の動詞の目的語は何か。1語ではなく，意味のまとまりで答えなさい。ない場合は「なし」と答えなさい。

(1) Nancy helped the boy.

(2) A strange thing happened yesterday.

(3) Jack took the chair to that room.

(4) Mary shut the door to the room.

(5) When did you plant this tree?

(6) What did you buy at the supermarket?

(7) Who wrote this poem?

(8) I gave her the keys last week.

例題 2 各組の英文が同じような意味を表すように，（　　）内に適語を入れなさい。

(1) Can you lend me an umbrella?
　 Can you lend an umbrella (　　　　　　　) me?

(2) Shall I make you a cup of coffee?
　 Shall I make a cup of coffee (　　　　　　) you?

目的語を必要とする動詞と必要としない動詞 ❗

1．動詞の目的語とは

動詞には，単なる動作を表し，相手をともなわず行われるもの（**自動詞**）と，相手がなくてはできないもの（**他動詞**）がある。

- ・Bob **cried**.　（ボブは泣いた）→ 英文として成り立つ
- ・John **made**.　（ジョンは作った）→ 英文として成り立たない
- ・John **made breakfast**.　（ジョンは朝食を作った）→ 英文として成り立つ
　　　　　　 目的語(O)　　※目的語はふつう O で表す

cry（泣く）は単なる動作を表し相手をともなわず行われるが，make（作る）は**動作の相手**となる「何を」に相当するものが必要となる。このとき動作の相手に相当するもの（上の文では breakfast）を**動詞の目的語**といい，動詞の直後に置かれる。多くの場合「～を…する」の「～を」に相当する部分で，目的語になるものはふつう**名詞と代名詞**であることを覚えておこう（ほかに，to 不定詞の名詞的用法や動名詞などもある）。

2. 目的語を2つ持つ動詞

動詞の中には「何を」のほかに，「だれに」という2つの目的語を必要とするものがある。2つの目的語はそれぞれ〈S + V + ～に + ～を .〉の順に並ぶ。「～に」は「人」，「～を」は「物」であることが多い。

I gave Jun a book. （私はジュンに本をあげた）
　　　　O₁　O₂

She bought Tom a bicycle. （彼女はトムに自転車を買ってあげた）
　　　　　　O₁　　O₂

3.〈S + V + 人 + 物〉⇄〈S + V + 物 + to[for] + 人〉

〈S + V + 人 + 物〉は，ほぼ同じ内容を〈S + V + 物 + to[for] + 人〉で表すことができる。

1) to を用いる give 型の動詞

I **gave** Jun a book. ≒ I **gave** a book **to** Jun.

I gave a book（本をあげた）/ to Jun（ジュンに）. のように，何かを give すればその何かがどこへ向かうのかという内容が必要になる。それを「**方向・到達点**」を表す **to** 以下で示しているので，give のように物や情報の移動先を必要とする動詞がこの型となる。

send（送る），**lend**（貸す），**sell**（売る），**pass**（手渡す），**teach**（教える），**tell**（伝える），**show**（見せる，示す），**bring**（持ってくる）

2) for を用いる buy 型の動詞

She **bought** Tom a bicycle. ≒ She **bought** a bicycle **for** Tom.

for は「～のために」と利益を表すので，buy のように「～のためにする」を意味する動詞がこの型となる。

make（作る），**cook**（料理する），**find**（見つける），**get**（手に入れる），**choose**（選ぶ），**bring**（持ってくる）　※bring はどちらの型でも使われる

[解] [例題 1]

(1) [答] **the boy** （ナンシーはその少年を手助けした）

(2) [答] **なし** （奇妙なことが昨日起きた）

→ happen（〔事が〕起こる）は目的語を必要としない動詞（自動詞）。yesterday は happened を修飾する副詞で，目的語ではない。

(3) [答] **the chair** （ジャックはそのいすをあの部屋へ持っていった）

→ take A to B で「A を B に持っていく」。to that room（その部屋に）は動詞 took を修飾している。〈前置詞 + 名詞〉はふつう修飾語として働く。

(4) 答〉 **the door to the room** （メアリーはその部屋へ通じるドアを閉めた）

→ to the room（その部屋への）は door を修飾しているので，the door to the room で意味のまとまりとなっている。

(5) 答〉 **this tree** （あなたはいつこの木を植えたのですか）

→ plant ～は「～を植える」を意味する他動詞。

(6) 答〉 **What** （あなたはそのスーパーで何を買いましたか）

→ この文は I bought <u>a cabbage</u> at the supermarket.（そのスーパーでキャベツを買った）の動詞 bought の目的語 a cabbage を問う疑問文に相当する。よって a cabbage に代わる what が bought の目的語。

(7) 答〉 **this poem** （だれがこの詩を書いたのですか）

→ この文の主語は **who**。この文の主語を this poem だと少しでも考えたら，**塾技①②** 疑問詞のある疑問文 (1)(2)を復習し直したほうがいい。

(8) 答〉 **her と the keys の2つ** （私は先週彼女にそのカギを渡した）

→ last week は動詞 gave を修飾する副詞に相当する。I gave the keys to her last week. としても意味はほとんど変わらないが，こうなるとこの文の目的語は the keys だけとなる。her は前置詞 to と結びついて，to her で動詞 gave を修飾する修飾語句となる。**動詞の目的語に前置詞は不要**と覚えておこう。

解 例題2

(1) 答〉 **to** （私に傘を貸してもらえますか）

→「あなたは私に傘を貸すことは可能ですか」が直訳。lend は give 型。

Can you lend <u>me</u> <u>an umbrella</u>?
        O₁(に)   O₂(を)

(2) 答〉 **for** （コーヒーを入れましょうか）

→「私はあなたに1杯のコーヒーをいれましょうか」が直訳。make は buy 型。

Shall I make <u>you</u> <u>a cup of coffee</u>?
         O₁(に)   O₂(を)

 目的語の重要性は最初のうちはピンと来ないものだが，意識しているうちに重要なものだとわかってくる。それぞれの動詞が目的語を必要とする他動詞か，必要としない自動詞かの区別は，日本語で考えてみればある程度の判断はつくが，最終的には辞書で確認する必要がある。

問題❶ 日本文の意味を表すように，[ ]内の語を並べかえなさい。ただし，句読点などは必要に応じて補うこと。

(1) 塩を取ってくれますか。— はい，どうぞ。
A: [pass / salt / you / the / me / can] — **B:** [are / here / you]

(2) 駅へ行く道を教えてくださいませんか。（1語補充）
[way / you / the / the / to / could / station / me]

(3) 彼は車を私に売ってくれるつもりだ。（1語補充）
[sell / me / going / car / to / his / he's]

(4) 彼女は私たちにおいしい朝食を作ってくれた。（1語補充）
[breakfast / she / us / cooked / good / a]

(5) 新聞を取ってきてくれ。（1語補充）
[the / get / and / me / paper]

（解） (1) **答> A: Can you pass me the salt? — B: Here you are.**
⇒ pass（手渡す）を用いた〈S ＋V ＋ O₁ ＋ O₂〉の文。テーブルで手が届かないときに腰を浮かせたりして取るのは失礼なので，このように言う。Here you are. は相手の求めている品物を手渡したり，見せたりするときの決まり文句。Here you go. や Here it is. などとも言う。
Can you pass me the salt?
　　　　　　　O₁(に)　O₂(を)

(2) **答> Could you tell[show] me the way to the station?**
⇒ tell[show] を用いた〈S ＋V ＋ O₁ ＋ O₂〉の文。この場合 teach は使わない。teach は教科や技能を教えるときに用いる。「道を教える」は tell（口頭で伝える）や show（図に描いて示す，同行して教える）を使う。the way to 〜（〜までの道）。
Could you tell[show] me the way to the station?
　　　　　　　　　　　O₁(に)　　　　　O₂(を)

(3) **答> He's going to sell his car to me.**
⇒ 1語補充という条件がなければ，sell を用いた〈S ＋ V ＋ O₁ ＋ O₂〉のかたちで He's going to sell me his car. とすることができる。sell は give 型なので〈sell ＋ 物 ＋ **to** ＋ 人〉とする。

(4) **答> She cooked a good breakfast for us.**
⇒ 1語補うという条件がなければ，She cooked us a good breakfast. と〈S ＋ V ＋ O₁ ＋ O₂〉のかたちで書くこともできる。cook は buy 型なので〈cook ＋ 物 ＋ **for** ＋ 人〉とする。breakfast（朝食），lunch（昼食），dinner（夕食）は不可算名詞だが，形容詞がつくとふつう可算名詞として扱う。
eat lunch（昼食を食べる）/ eat **a** light lunch（軽めの昼食をとる）

(5) **Go and get me the paper.**

 ⇒ 「行って新聞を私 (のため) に手に入れてくれ」が直訳。get <u>me</u> <u>the paper</u> は ⟨V + O₁ + O₂⟩ になっている。**go and get ~** は「~を取ってくる, 買ってくる, 呼んでくる」を意味する表現として覚えておいたほうがいい。

 Go and get your daddy for me.（お父さんを呼んできてくれるかい）

🚩 **入試レベルの問題にチャレンジ！**　　　　　　　　　　　　解答→別冊 *p.32*

Q 問題 1　次の日本文を意味する英文に誤りがあれば訂正しなさい。

(1) ビリーはあなたの娘さんと結婚したがっている。
 Billy wants to marry with your daughter.

(2) 浴室へは居間を通って入ることができます。
 You can enter into the bathroom through the living room.

(3) 学生たちは夏休みの計画について話し合った。
 The students discussed about their plans for the summer vacation.

(4) 私が話しかけてもベンは返事をしなかった。
 I spoke Ben, but he didn't answer.

(5) 彼女は彼らに私の秘密をもらしてしまった。
 She told to them about my secret.

(6) 私は海辺で小さなレストランを経営しよう思っている。
 I'm going to run to my own small restaurant by the sea.

(7) 彼がそう言うと, 彼女は彼のことを笑った。
 When he said that, she laughed him.

(8) 彼は地面に寝ころんだ。
 He lied on the ground.

Q 問題 2　①～④の英文が日本文の意味を表すように, (　　　) 内に適語を入れなさい。

 お願いしたいことがあるのですが。— どうぞ, 何でしょう。

① May I ask you a favor? — Sure, what is it?
② May I ask a favor (　　　　　) (　　　　　　)? — Sure, what is it?
③ Would you (　　　　) (　　　　) (　　　　　) (　　　　)?
 — Sure, what is it?
④ Would you (　　　　) (　　　　) (　　　　) (　　　　) (　　　　)?
 — Sure, what is it?

例題 1　次の能動態の英文を，それぞれの指示に従って書きかえなさい。

(1) Ken invited Yoko to the party.
　　① 受動態の英文に
　　② ①の英文を疑問文に
　　③ ①の英文を否定文に

(2) This book will change your life.
　　① 受動態の英文に
　　② ①の英文を疑問文に
　　③ ①の英文を否定文に

例題 2　次の能動態の英文を，受動態の英文に書きかえなさい。

(1) When did Shakespeare write this play?

(2) What did the men steal?

(3) Who painted this picture?

能動態と受動態 ！

「トムはそのボールをけった」のように，**動作をするほうを主語にして「〜は(が)…する」**という文の形を，能動態という。これに対し，「そのボールはトムによってけられた」のように，**動作を受けるほうを主語にして「〜は(が)…される (動作)，されている (状態)」**という文の形を，受動態という。受動態は〈**be 動詞＋過去分詞**〉の形で表す。規則動詞の過去分詞は過去形と同じ。

1.能動態の文を受動態に

能動態の英文を受動態の英文にするには，**能動態の動詞の目的語を受動態の主語にする。**

　　能動態　Tom **kicked** the ball.　　　　（トムはそのボールをけった）
　　　　　　　　　　動詞　　目的語

　　受動態　The ball **was kicked** by Tom.　（そのボールはトムによってけられた）
　　　　　　　主語　　　be 動詞＋過去分詞

行為者である能動態の主語 (上の文では Tom) は，「〜によって」を意味する〈**by 〜**〉の形にして後ろに置く。ただし，行為者がはっきりしない，示す必要がないなどの理由で**by 〜は省略されることが多い。**

２．助動詞を含む受動態の文

will, can, must などの助動詞を含む受動態の文は，〈助動詞 ＋ be ＋ 過去分詞〉の形にする。

能動態　You **can wash** it.　（それを洗うことができます。それは洗えます）
目的語

受動態　It **can be washed**.　（それは洗われることが可能だ。それは洗えます）
主語

助動詞は後ろに原形動詞をともなうので，**be 動詞の原形 be** が続くのは当然といえる。

３．「だれによって」を表す２つのかたち

「だれによって（〜されるのですか）」を意味する受動態の英文は，その語順に注意する。
だれによってその窓ガラスは割られたのですか。→ Who **was** the window **broken by**?

〔考え方〕

The window was broken by Tom.　（その窓ガラスはトムによって割られた）

下線部 Tom をたずねる疑問文（だれによってその窓ガラスは割られたのですか）を作ればいい。主語は the window なので，〈疑問詞 ＋ ふつうの疑問文の語順〉となる。

The window was broken by Tom. ⇒ **Who / was** the window broken by?
主語　　　　　　　　　　　　　who　　疑問詞 ＋ be 動詞を用いた疑問文の語順

〔もう１つの言い方〕

「だれによって」を意味する by whom を用いて，

By whom / was the window broken? = **By whom was** the window broken?
疑問詞　　＋ be 動詞を用いた疑問文の語順

とすることもある。これは堅い言い方で，会話ではあまり用いない。

解 例題 1

(1)　答　① **Yoko was invited to the party by Ken.**
　　　　　（ヨーコはケンによってそのパーティーに招待された）

→ 動詞 invited の目的語 Yoko を主語とする。invite（招待する）は規則動詞なので，過去分詞は過去形と同じ invited。

答　② **Was Yoko invited to the party by Ken?**
　　　（ヨーコはケンにそのパーティーに招待されましたか）

→ 疑問文は，be 動詞があるので be 動詞 was を主語の前に出す。

答　③ **Yoko was not［wasn't］invited to the party by Ken.**
　　　（ヨーコはケンにそのパーティーに招待されなかった）

→ 否定文は，be 動詞があるので be 動詞 was のあとに not を置く。

(2) 答 ① **Your life will be changed by this book.**
（あなたの人生はこの本によって変えられるだろう）

→ 動詞 change（変える）の目的語 your life を主語とする。will は助動詞なので，〈will be + 過去分詞〉とする。

答 ② **Will your life be changed by this book?**
（あなたの人生はこの本によって変えられるだろうか）

→ 疑問文は，助動詞 will があるので will を主語の前に出す。

答 ③ **Your life will not ［won't] be changed by this book.**
（あなたの人生はこの本によって変えられないだろう）

→ 否定文は，助動詞 will のあとに not を置く。

解 例題 2

(1) 答 **When was this play written by Shakespeare?**
（この劇はいつシェイクスピアによって書かれましたか）

→ 動詞 write の目的語 this play を受動態の主語とする。疑問詞 when は主語ではないので，〈疑問詞 + ふつうの疑問文の語順〉とする。write は不規則動詞。
When / was this play written by Shakespeare?
疑問詞 + be 動詞を用いた疑問文の語順

(2) 答 **What was stolen by the men?**
（何がその男たちによって盗まれたのですか）

→ 動詞 steal（盗む）の目的語 what を受動態の主語とする。疑問詞 what（何が）が主語になるので〈What + 動詞 ～?〉の語順となる。steal は不規則動詞。
What was stolen by the men?
   S   V

(3) 答 **Who was this picture painted by?**
（この絵はだれによって描かれましたか）

→ 動詞 paint（描く）の目的語 this picture を受動態の主語とする。「だれによって～されるのか」は結果として，〈Who + be 動詞 + 主語 + 過去分詞 + by?〉となる。
Who / was this picture painted by?
疑問詞 + be 動詞を用いた疑問文の語順
By whom was this picture painted? とすることもできる。

塾技
解説
まず動詞の活用，特に不規則動詞の活用をきちんと覚えること。その上で受動態については，疑問詞を用いた受動態の文がきちんと作れるようにしておこう。疑問詞の使い方に不安があれば塾技❶❷ 疑問詞のある疑問文(1)(2)を再チェック！

問題❶ 次の能動態の英文を，受動態の英文に書きかえなさい。

(1) John and Eric often helped me.

(2) That woman opened the door to this room.

(3) The police didn't catch the thief.

(4) Will the police stop the car?

(5) People must not leave bicycles around here. （by ～は省略すること）

(6) We can do something about it. （by ～は省略すること）

(7) Who built this house?

(8) What can we do? （by ～は省略すること）

解 (1) 答 **I was often helped by John and Eric.**
（私はよくジョンとエリックに助けられた）

⇒ 動詞 helped の目的語 me を受動態の主語とする。頻度を表す副詞 often は，ふつう be 動詞の後ろか一般動詞の前に置く。助動詞があるときは，助動詞の後ろに置く（**塾技⑳ 副詞**(1)参照）。

(2) 答 **The door to this room was opened by that woman.**
（この部屋のドアはあの女性によって開けられた）

⇒ 動詞 opened の目的語は the door to this room（この部屋に通じるドア）という意味のまとまり。

(3) 答 **The thief wasn't caught by the police.**
（その泥棒は警察に捕まらなかった）

⇒ 動詞 catch（捕まえる）の目的語は the thief。catch は不規則動詞。過去形の否定文であることに注意。

(4) 答 **Will the car be stopped by the police?**
（その車は警察に止められるだろうか）

⇒ 動詞 stop の目的語 the car を受動態の主語とする。肯定文なら The car **will be stopped** by the police. となるが，疑問文なので助動詞 will は主語の前に置く。規則動詞 stop の過去分詞 stop**ped** のつづりに注意。

(5) 答 **Bicycles must not be left around here.**
（このあたりに自転車を置いておいてはいけない）

⇒ 動詞 leave（置いて立ち去る）の目的語 bicycles を受動態の主語とする。must not は「禁止」を意味する助動詞だから，受動態は〈must not be ＋ 過去分詞〉とする。この文の by people のように特に言う必要のない場合は by ～を省略する。leave は不規則動詞。

(6) **答** **Something can be done about it.** （それについては何かができる）

⇒ 動詞 do の目的語 something を受動態の主語とする。can は助動詞なので〈can be ＋ 過去分詞〉，do は不規則動詞であることに注意。「何かがそれについてされることが可能だ」が直訳。

(7) **答** **Who was this house built by?〔By whom was this house built?〕**
（この家はだれによって建てられたのですか）

⇒ 動詞 built の目的語 this house を受動態の主語とし，「だれによって～」を意味する受動態の文にする。Who was built this house by?（×）がよくある間違いなので注意。

(8) **答** **What can be done?** （何ができるだろうか）

⇒ 動詞 do の目的語 what を受動態の主語（何が）とするので，肯定文と同じ〈What ＋ 動詞 ～?〉の語順となる。「何がされることが可能か」が直訳。

$$\underset{\text{S}}{\underline{\text{What}}} \ \underset{\text{V}}{\underline{\text{can be done}}}?$$

🚩 **入試レベルの問題にチャレンジ！** 解答→別冊 *p.33*

Q 問題 1 日本文の意味を表すように，（　）内に適語を入れなさい。

(1) この写真はどこで撮ったものですか。あなたが撮ったのですか。
Where (　　　　　) (　　　　　) (　　　　　) (　　　　　)?
Did you take them?

(2) それを使ったのはだれですか。
Who (　　　　　) (　　　　　) (　　　　　) (　　　　　)?

(3) 私はシカゴで生まれました。
I (　　　　　) (　　　　　) in Chicago.

(4) それは食べられます。
It (　　　　　) (　　　　　) (　　　　　).

(5) 彼はナイフで殺された。
He (　　　　　) (　　　　　) (　　　　　) a knife.

(6) この手紙はドイツ語で書かれている。
This letter (　　　　　) (　　　　　) (　　　　　) German.

Q 問題 2 次の日本文を英語に直しなさい。

(1) 先週私は指輪を盗まれた。（能動態で）

(2) 先週私は指輪を盗まれた。（受動態で）

161

例題 1 （　　　）内に適語を入れ，上の能動態の文を下の受動態の文に書きかえなさい。

(1) Mr. White teaches us English.
　① We (　　　　　) (　　　　　　　) (　　　　　　　) by Mr. White.
　② English (　　　　　) (　　　　　　) (　　　　　) (　　　　　　　) by Mr. White.

(2) Jack found me this job.
　This job (　　　　　) (　　　　　　) (　　　　　　) (　　　　　　　) by Jack.

(3) The doctor told me to stay in bed.
　(　　　　　) (　　　　　　) (　　　　　　　) by the doctor to stay in bed.

例題 2 次の能動態の英文を，受動態の英文に書きかえなさい。

(1) Everybody laughed at Jack.

(2) A young doctor took care of them.

受動態を用いた注意すべき表現 **!**

1.〈S＋V＋O₁＋O₂〉の受動態

　動詞の目的語が2つある文〈S＋V＋O₁＋O₂〉の受動態は次のようになる。

1）**give型**：S＋V＋人＋物 ≒ S＋V＋物＋to＋人

　My uncle gave <u>me</u> <u>this watch</u>. ≒ My uncle gave <u>this watch</u> **to** me.
　　　　　　　　①　　②　　　　　　　　　　　　　③

　→ ①を受動態の主語とする　(a) <u>I</u> was given this watch by my uncle.
　→ ②を受動態の主語とする　(b) <u>This watch</u> was given me by my uncle.
　→ ③を受動態の主語とする　(c) <u>This watch</u> was given **to** me by my uncle.
　※ (b)よりも to をつける(c)の受動態のほうが一般的。

2）**buy型**：S＋V＋人＋物 ≒ S＋V＋物＋for＋人

　My mother bought <u>me</u> <u>this coat</u>. ≒ My mother bought <u>this coat</u> **for** me.
　　　　　　　　　　　　　　　　　　　　　　　　　　　　　　　①

　→ buy型はふつう for を用いた文の①を受動態の主語とする

　<u>This coat</u> was bought **for** me by my mother. ← for は省略しない

2. 群動詞の受動態

動詞が目的語をとるときに前置詞は不要だが，**talk about ～**（～について話す，話し合う）のような決まった表現は，talk about で目的語を必要とする **1 つの動詞**（**群動詞**という）として扱う。

The boys **talked about** the problem. （少年たちはその問題について話し合った）
　　　　　　 V　　　　　　　O

→ The problem was **talked about** by the boys.
　　　　 S　　　　　　　 V

(The problem was **talked about** / by the boys.)
　　　その問題は話し合われた　　　　　　　　少年たちによって

※この受動態の文では前置詞 about のすぐ後ろに前置詞 by が続くが，これはたまたま隣に並んだだけ。どちらかを省略し，

The problem was talked about the boys. （×）

The problem was talked by the boys. （×）

などとしないよう注意しよう。

> ▶**主な群動詞**
>
> **laugh at ～**（～を見て［聞いて］笑う），**speak to ～**（～に話しかける），**run over ～**（［車が］～をひく），**bring up ～**（［子供］を育てる），**look after ～・take care of ～**（～の世話をする），**look up to ～**（～を尊敬する），**look down on ～**（［人・言動など］を見下す）

3. by 以外の前置詞を用いる受動態

動詞 know を用いた

Everyone knows the fact. （だれもがその事実を知っている）

の受動態は，

The fact is known **to** everyone. （その事実はすべての人に知られている）

のように，ふつう by ではなく to を用いる。このような表現は **be known to ～**のように 1 つの連語として覚えておこう。

> ▶**連語として覚えておくべき受動態表現**
>
> **be known to ～**（～に知られている），**be covered with ～**（～におおわれている），**be filled with ～**（［場所・空間が］～でいっぱいになる），**be caught in ～**（［雨・交通渋滞など］にあう），**be surprised at ～**（～に驚く），**be interested in ～**（～に興味がある），**be pleased with ～**（～が気に入っている），**be satisfied with ～**（～に満足している），**be disappointed at ～**（～にがっかりする），**be crowded with ～**（［場所が］～で混雑している）

解 例題 1

(1) 答 ① **are taught English**
　　　（私たちはホワイト先生によって英語を教えられている）

　　② **is taught to us**
　　　（英語は私たちにホワイト先生によって教えられている）

→ teach は give 型なので，Mr. White teaches English to us. と書きかえれば，②の受動態は English is taught to us by Mr. White. となる。

(2) 答 **was found for me**
　　（この仕事は私のためにジャックによって見つけられた）

→ find は buy 型なので，Jack found this job for me. と書きかえた this job を主語とした文が受動態となる。for はふつう省略しない。

(3) 答 **I was told**
　　（私は寝ているようにとその医者に言われた）

→ 〈tell ＋ 人 ＋ to 不定詞〉（人に～するように言う）の構文は，「人」が動詞 tell の目的語となる（**塾技31** to不定詞を用いた重要構文 (2)参照）。よって受動態は「人」が主語となる。stay in bed（寝ている）。

解 例題 2

(1) 答 **Jack was laughed at by everybody.**　（ジャックはみんなに笑われた）

→ laugh at ～は群動詞（目的語を必要とする1つの動詞として扱うもの）なので，その直後の Jack が目的語。よって，
　　Jack was laughed at（ジャックは笑われた）
　　　　　　　　　　　　　　　　/ by everybody（みんなによって）.
となる。Jack was laughed at everybody.（×）がよくある間違い。

(2) 答 **They were taken care of by a young doctor.**
　　（彼らは若い医者の手当てを受けた）

→ take care of ～は群動詞なので，その直後の them が目的語。
　　They were taken care of（彼らは世話された）
　　　　　　　　　　　　　　　　/ by a young doctor（若い医者によって）.

 be surprised at ～（～に驚く）のような表現を覚えるのはもちろん重要だが，動詞 surprise には「驚く」の意味はなく，「（人）を驚かせる」を意味することを，以下の問題・演習と解説を通し理解しながら学習を進めることも重要。

(問題❶) （　　　）内に適語を入れ，上の能動態の文を下の受動態の文に書きかえなさい。ただし，**by，at，with，to** をそれぞれ１度だけ用いること。

(1) Thomas Edison invented the electric light bulb.
The electric light bulb (　　　　　) (　　　　　) (　　　　　) Thomas Edison.

(2) Everybody knows him as a brave soldier.
He (　　　　) (　　　　) (　　　　　) everybody as a brave soldier.

(3) Snow covered the ground.　（地面には雪が積もっていた）
The ground (　　　　) (　　　　) (　　　　) snow.

(4) The news surprised us.
We (　　　　) (　　　　) (　　　　) the news.

(解) (1) **箜 was invented by**　（電球はトーマス・エジソンによって発明された）
⇒ 動詞 invented の目的語 electric light bulb を受動態の主語とした基本的な文。invent ～は「～を発明する」，electric light bulb は「電球」。

(2) **箜 is known to**　（彼は勇敢な兵士として皆に知られている）
⇒「～に知られている」は by を用いるよりも，ふつう be known **to** ～とする。to everybody（皆に）を省略した He is known as a brave soldier. は「彼は勇敢な兵士として知られている」。**be known to ～**「～に知られている」/ **be known as ～**「～として知られている」と覚えておく。

(3) **箜 was covered with**
⇒ **be covered with ～**で「～でおおわれている」を意味する。

(4) **箜 were surprised at**　（私たちはその知らせに驚いた）
⇒ 動詞 surprise の意味は「（人）を驚かせる」で，「驚く」ではない。よって上の能動態は「その知らせは私たちを驚かせた」。受動態 be surprised は「驚かされる」つまり「驚く」を意味し，**be surprised at ～**で「～に驚く」となる。

(問題❷) 〔　　　〕内の動詞を，適当な形に直して用い，（　　　）内に適語を入れなさい。

(1) その部屋は高価な家具でいっぱいだった。〔fill〕
The room (　　　　　) (　　　　　) (　　　　　) expensive furniture.

(2) スーパーは買い物客で大変混雑していた。〔crowd〕
The supermarket (　　　　　) very (　　　　) (　　　　) shoppers.

(3) 家に帰る途中でにわか雨にあった。〔catch〕
I (　　　　) (　　　　) (　　　　) a shower (　　　　) my way home.

(4) だれもその家を買うことに興味がなかった。〔interest〕
Nobody (　　　　　) (　　　　) (　　　　) (　　　　　) the house.

(5) この床は木材でできている。〔make〕
This floor (　　　　　) (　　　　　) (　　　　　) wood.

(6) パンは小麦粉で作られる。〔make〕
Bread (　　　　　) (　　　　　) (　　　　　) flour.

(7) ブドウからワインが作られる。〔make〕
Grapes can (　　　　　) (　　　　　) (　　　　　) wine.

解) (1) 答> **was filled with**
⇒ 動詞 fill の意味は「(場所・空間)をいっぱいにする」。その受動態を用いた be filled with ～は,「(場所・空間が)～でいっぱいにされる」つまり「(場所・空間が)～でいっぱいになる」を表し, be full of ～とほぼ同じ意味を表す。furniture(家具)は不可算名詞。

(2) 答> **was, crowded with**
⇒ 動詞 crowd は「(場所に人など)をぎっしり詰め込む」, その受動態を用いた be crowded with ～は「(場所が)～でぎっしり詰め込まれている → ～で混雑している」を意味する。The bus **is crowded**.　(バスは満員です)

(3) 答> **was caught in, on**
⇒ be caught in ～で「(雨・交通渋滞など)にあう」を意味する。
I **was caught in** the traffic jam.　(交通渋滞に巻き込まれた)
on one's way home (家に帰る途中で), shower (にわか雨)。

(4) 答> **was interested in buying**
⇒ 動詞 interest の意味は「(人)に興味・関心を抱かせる」で,「興味・関心を抱く」ではない。be interested in ～で「～に興味・関心を抱かされる → ～に興味・関心がある」となる。in は前置詞なので, 動詞を続けるときは動名詞(～ing)にしなければならない (塾技33 動名詞 (2)参照)。

(5) 答> **is made of**
⇒ 〈**be made of** + 材料〉は「(材料)から作られている」を意味し, 材料が**目に見える形で残っている**場合に使われる。floor (床) はふつう wood (木材) が目に見える形で残っている。
This ring **is made of** pure gold.　(この指輪は純金で作られている)

(6) 答> **is made from**
⇒ 〈**be made from** + 原料〉は「(原料)から作られている」を意味するが, 原料が**目に見える形で残っていない**場合に使われる。bread (パン) には flour (小麦粉) が目に見える形では残っていない。
Cheese **is made from** milk.　(チーズはミルクから作られる)

(7) 答> **be made into**
⇒ 〈原材料 + **be made into** ～〉は「(**主語である原材料が**)～に加工される, ～になる」を意味する。grapes (ブドウ) は加工されて wine になる。

The story **was made into** a movie. （その物語は映画化された）
のように使うこともある。

🚩 入試レベルの問題にチャレンジ！

解答→別冊 *p.34*

Q 問題 1（　　　）内の条件に従い，日本文の意味を表すように，[　　　]内の語を並べかえなさい。ただし，句読点などは必要に応じて補うこと。

(1) 彼は身分証明書の提示を求められた。（1語補充）
[show / ID / was / card / asked / his / he]

(2) 私は昨日外国人に話しかけられた。（1語補充）
[to / I / foreigner / yesterday / spoken / a / was]

(3) その子供はもう少しで車にひかれるところだった。（1語補充）
[over / was / car / by / child / almost / run / the]

(4) 彼は偉大な指導者として尊敬されていた。（1語不要）
[great / was / up / leader / a / he / by / to / as / looked]

(5) その映画にトムはがっかりした。（1語不要）
[disappointed / was / Tom / movie / the]

Q 問題 2 次の英文の中で，正しいものを1つずつ選びなさい。

(1) ① His new job pleased with him very much.
　　② He was very pleased with his new job.
　　③ He pleased his new job very much.
　　④ He pleased with his new job.

(2) ① Jack was brought up by his grandparents.
　　② Jack was brought up his grandparents.
　　③ Jack brought up by his grandparents.
　　④ Jack brought up his grandparents.

(3) ① He told not to lock the door.
　　② I was told not to lock the door.
　　③ He was told me not to lock the door.
　　④ I told him to not lock the door.

(4) ① I'm very interested in literature than in history.
　　② I'm more interesting in literature than in history.
　　③ I'm interested in literature than in history.
　　④ I'm more interested in literature than in history.

例題1　日本文の意味を表すように，（　　　）内に適語を入れなさい。

(1) 今朝トムに電話しなかったの？ — はい，しませんでした。/ いいえ，しました。
　　A: Didn't you call Tom this morning?
　　B: (　　　　　　), I (　　　　　　). / (　　　　　　), I (　　　　　　).

(2) ジムは仕事で家を留守にしているのですね。
　　— はい，そうです。/ いいえ，ちがいます。
　　A: Jim is away on business, (　　　　　　) (　　　　　)?
　　B: (　　　　　　), he (　　　　　　). / (　　　　　), he (　　　　　　).

(3) メアリーは今晩来られないのですね。
　　— はい，来られません。/ いいえ，来られます。
　　A: Mary can't come this evening, (　　　　　　) (　　　　　)?
　　B: (　　　　　　), she (　　　　　　). / (　　　　　　), she (　　　　　　).

例題2　それぞれの指示に従って答えなさい。

(1)「彼はバイオリンを弾くのがとても上手だ」を意味する英文となるよう，適語を入れなさい。
　　① He plays the violin (　　　　　　) (　　　　　　).
　　② He is (　　　　　) (　　　　　　) (　　　　　) (　　　　　　).

(2) 上の①と②の英文をそれぞれ感嘆文にしなさい。

(3)「彼らはとてもよく働く」を意味する英文となるよう，適語を入れなさい。
　　① They work (　　　　　　) (　　　　　).
　　② They are (　　　　　) (　　　　　　) (　　　　　).

(4) 上の①と②を感嘆文にしなさい。

さまざまな種類の文 ❗

1. 否定疑問文と Yes / No の使い方

Do you ～? や Is he ～? のようなふつうの疑問文（肯定疑問文）の形に対し，Don't you ～? や Isn't he ～? のような疑問文の形を**否定疑問文**と言い，**Yes の答えを期待すると
きや，意外な気持ちや驚きを表すとき**に使う。

Don't you like coffee?　（〔意外な気持ちで〕コーヒーは好きじゃないのですか）

🕐 **重要** 否定疑問文に Yes / No を使って答えるときには注意を要する。
　　　　相手の質問文の動詞の内容を肯定すれば **Yes**, 否定すれば **No** で答える。このとき not は除いて考えるのがポイント。

Don't you **like** coffee? に対し,
— 「いいえ, 好きです」　　　　は動詞 like (coffee) を肯定するので, **Yes**, I do.
— 「はい, 好きではありません」は動詞 like (coffee) を否定するので, **No**, I don't.
となる。

Yes は後ろに肯定文が, **No** は後ろに否定文が続く目印と考えればいい。「はい」「いいえ」よりもそのあとに続く内容をきちんと考えることが大切。

2. 付加疑問文

軽い確認の意味で「準備はできていますか」とか, **相手に念を押したり同意を求めたりする**意味で「準備はできていますね」と言うときには, **付加疑問文**が使われる。

　　You are ready, **aren't you**? (╱) と上昇調に発音すれば軽い確認

　　You are ready, **aren't you**? (╲) と下降調に発音すれば念押し・
　　　　　　　　　　　　　　　　　　　　　　　　同意を求める気持ち

〔付加疑問文の作り方〕

1) **肯定文 ,** 否定疑問 **?**

　　　Paul cooks well, **doesn't he**? （ポールは料理が上手ですよね）

Paul cooks well. の否定疑問文 Doesn't Paul cook well? の主語までの部分 doesn't Paul を付加するが, Paul は代名詞の he とする。

2) **否定文 ,** 肯定疑問 **?**

　　　Paul doesn't cook well, **does he**? （ポールは料理が上手ではないのですね）

肯定疑問文 Does Paul cook well? をもとに, 主語までの部分を付加する。

3) ① **(肯定の) 命令文 ,** will you**?**

　　　Come here, **will you**? （こちらに来てくれますか）

　　※上昇調で発音され, please の意味に近くなる。また won't you, would you, could you などが付加されることもある。

　② **否定命令文 ,** will you**?**

　　　Don't come here, **will you**? （こちらに来ないでくださいね）

　　※ 否定命令文にはふつう will you だけしか用いられない。

4) **Let's 〜 ,** shall we**?**

　　　Let's dance, **shall we**? （踊りませんか）

3. 感嘆文

「なんて～だろう」と驚きや感動を表現する文を**感嘆文**という。感嘆文の作り方は，**very** を用いた文を感嘆文に変える手順を通して理解しておくといい。

1）形容詞や副詞を強調する **How** を用いた感嘆文

This dog is [**very cute**].

↓ very を含む意味のまとまりの中に名詞がないときは very を how に

This dog is [**how cute**].

↓ 意味のまとまり how cute ごと文頭（主語の前）に移す

How cute this dog is!　（この犬は何とかわいいのだろう）

〈**How + 形容詞[副詞] + S + V ～!**〉が基本形となる。

2）名詞を強調する **what** を用いた感嘆文

This is [**a very cute dog**].

↓ very を含む意味のまとまりの中に名詞があるときは very を what に

This is [**a what cute dog**].

↓ 意味のまとまりごと文頭（主語の前）に移すが，what は文頭に置く

What a cute dog this is!（これは何とかわいい犬なのだろう）

〈**What a[an] + 形容詞 + 名詞 + S + V ～!**〉が基本形となる。

※ what を用いた感嘆文は，後ろに名詞がくることが重要で，その前の形容詞はなくてもいい。また，主語からあとは省略することも多い。

What a man!　（なんてやつだ！←ほめるときにもけなすときにも使える）

解 例題1

(1) 答 **No, didn't / Yes, did**

→ not は除いて考えるのがポイント。「はい，しませんでした」は call しなかったのだから No，「いいえ，しました」は call したので Yes となる。

(2) 答 **A: isn't he　B: Yes, is / No, isn't**

→ 肯定文には否定疑問を付加する。「はい，そうです」は is away を肯定しているので Yes，「いいえ，ちがいます」は is away を否定しているので No。away は「留守で」。

(3) 答 **A: can she　B: No, can't[cannot] / Yes, can**

→ 否定文には肯定疑問を付加する。「はい，来られません」は (can) come を否定しているので No，「いいえ，来られます」は (can) come を肯定しているので Yes。

解 例題2

(1) 答 ① **very well**　② **a very good violinist**

→ violinist（バイオリンを弾く人），pianist（ピアノを弾く人），guitarist（ギター
を弾く人）のつづりが書けるかチェックしておこう。

(2) 答 ① **How well he plays the violin!** ② **What a good violinist he is!**

→ ① He plays the violin［very well］．の［ ］の中に名詞がない。
② He is［a very good violinist］．の［ ］の中に名詞 violinist がある。
どちらも！の付け忘れに注意。

(3) 答 ① **very hard** ② **very hard workers**

→ 「よく働く」は「熱心に働く」ということ。hard は「熱心に」の意味で副詞，「熱心な」
の意味で形容詞としても使われる。①で very hardly（×）とした人は塾技⑳副詞
(1)の入試レベルの問題**Q 問題❶**(2)を復習しておこう。

(4) 答 ① **How hard they work!** ② **What hard workers they are!**

→ ① They work［very hard］．の［ ］の中に名詞がない。
② They are［very hard workers］．の［ ］の中に名詞 workers がある。
workers は複数形なので当然 a は不要。

塾技解説 否定疑問文に答えるとき，質問文の動詞の内容を肯定すれば **Yes**，否定すれば
No。慣れてくると，この答え方のほうが単純でわかりやすく思えてくる。

✏ 演習問題

問題❶ 1語を補い，［ ］内の語を適切に並べかえて感嘆文を作りなさい。ただし，句読
点などは必要に応じて補うこと。

(1) ［ ring / she / what / expensive / wears ］

(2) ［ weather / is / nice / it ］

(3) ［ all / glad / see / again / was / I / to / them ］

解 (1) 答 **What an expensive ring she wears!**
（彼女はなんて高価な指輪をしているのだろう）
⇒ She wears［a very expensive ring］．をもとに考えればいいが，結果として
a は expensive の前に置かれるので an となる。

(2) 答 **What nice weather it is!** （なんていい天気なのだろう）
⇒ How nice it is weather!（×）としないこと。It is［very nice weather］．
の very を含む意味のまとまりである［ ］の部分に名詞 weather があるので，
very は what となる。weather は不可算名詞なので a は必要ない。

(3) 答 **How glad I was to see them all again!**
   (彼ら全員に再び会えてどんなにうれしかったことか)
   ⇒ I was〔very glad〕to see them all again. をもとに考える。「彼ら全員に会う」
   は see them all. to see 〜は，「感情の原因・理由を表す to 不定詞」(塾技29 to
   不定詞の3用法(3)参照)。

(問題)2　次の(　　)内に適語を入れなさい。

(1) Let's have a drink, (　　　　　) (　　　　　)?

(2) Don't forget, (　　　　　) (　　　　　)?

(3) Nancy will be here in time, (　　　　　) (　　　　　)?

(4) You don't have a paper bag, (　　　　　) (　　　　　)?

(5) Your father put a button on this shirt, (　　　　　) (　　　　　)?

(6) There was somebody there, (　　　　　) (　　　　　)?

(7) It seldom rains there, (　　　　　) (　　　　　)?

(8) You've never been there, (　　　　　) (　　　　　)?

(9) I told you the show was very good, (　　　　　) (　　　　　)?

(10) I think the meeting is almost over, (　　　　　) (　　　　　)?

(解) (1) 答 **shall we**　(1杯やりませんか)
   ⇒ have a drink (1杯やる)。

(2) 答 **will you**　(忘れないでね)
   ⇒ 否定命令文に付加するのはふつう **will you** だけ。

(3) 答 **won't she**　(ナンシーは間に合うようにここに来ますよね)
   ⇒ 肯定文に付加するのは否定疑問 (**Won't Nancy** be 〜?)。Nancy は代名詞の
   she とする。in time は「間に合って，遅れずに」で，be here in time は「こ
   こに遅れずにいる」が直訳。

(4) 答 **do you**　(紙袋をお持ちではないですね)
   ⇒ 否定文に付加するのは肯定疑問 (**Do you** have 〜?)。you は代名詞なのでこの
   まま。

(5) 答 **didn't he**
   (あなたのお父さんがこのシャツにボタンをつけてくれたんですね)
   ⇒ 主語の your father は3人称単数なのに puts となっていないのは，put が過去
   形ということ。よって過去形の否定疑問 (**Didn't your father** put 〜?) を付
   加する。

(6) 答 **wasn't there**　(そこにだれかいましたよね)

⇒ 肯定文に付加するのは否定疑問（**Wasn't there** 〜?）。There is〔are〕〜構文では there はそのまま用いる。

(7) 答 **does it** （そこではめったに雨が降らないですよね）

⇒ not 以外にも**否定内容を表す語**がある。**no，never，few，little，hardly** などがこれにあたる。**seldom**（めったに〜ない）も動詞 rains を否定する否定語で，It doesn't rain there. のように否定文を作る。よって**肯定疑問（Does it** rain 〜?）を付加する。seldom・never については 塾技⑳ 副詞(1)，no・few・little については 塾技⑱ 形容詞(1)を参照。

(8) 答 **have you** （そこへ行ったことはありませんよね）

⇒ never がある否定文なので，肯定疑問（Have you 〜?）を付加する。have been to 〜は「〜へ行ったことがある」を意味するが，to は there の中に含まれている（塾技㊵ 現在完了形を用いた重要表現参照）。

(9) 答 **didn't I** （私はそのショーはとてもよかったと言いましたよね）

⇒ 付加疑問によって何を相手に確認しているのかを考えればいい。「そのショーはよかったですよね」ということではなく，「〜と言いましたよね」と I told の部分を確認しているのだから，didn't I となる。

(10) 答 **isn't it** （会議はもう少しで終わりだと思うんだけど，そうだよね）

⇒ 何を相手に確認しているかを考える。「私は思っていますよね」と自分のことを相手に確認しても意味がない。「会議はもう少しで終わりですよね」と the meeting is almost over の部分を確認しているのだから，isn't it となる。be over は「終わっている」。almost は 塾技㉑ 副詞(2)参照。

🚩 **入試レベルの問題にチャレンジ！**　　　　　　　　　　　　　解答→別冊 *p.36*

Q 問題 1　日本文の意味を表すように，（　　　）内に適語を入れなさい。

(1) 彼は20年ぶりに故郷に戻ったのですね。— ええ，そうなんです。
   A: He went back home (　　　　　) the first time (　　　　　) twenty years,
   　(　　　　　) (　　　　　)?
   B: (　　　　　), he (　　　　　).

(2) 最初のうちはあなたはそれが信じられなかったのですね。— ええ，そうなんです。
   A: (　　　　　) first you couldn't believe it, (　　　　　) (　　　　　)?
   B: (　　　　　), I (　　　　　).

(3) 彼女はなんて早起きなんだろう。
   What (　　　　　) (　　　　　) (　　　　　) she is!

(4) 手伝ってくれてありがとう。
   (　　　　　) kind (　　　　　) you to help me!

例題 1 各組の英文が同じような意味を表すように，（　　）内に適語を入れなさい。

⑴ Ted went to Germany, and he isn't here now.
　 Ted (　　　　　) (　　　　　　) to Germany.

⑵ The train left just now, and you have to wait for the next train.
　 The train (　　　　　) (　　　　　) (　　　　　).

例題 2 （　　）内の条件に従い，次の日本文を英語に直しなさい。

　 私は子供のころ，2度その動物園へ行ったことがある。（visit，child を用いて）

現在完了形が表す意味 ❗

1. 過去形と現在完了形とのちがい

　現在完了形は，〈have[has] + 過去分詞〉で表す。現在形の have[has]（～を現在持っている）により「現在の情報」を，過去分詞により「完了した事柄」，つまり「過去の情報」を伝える。よって，現在完了形をそのまま解釈すれば，「～した状態を現在持っている」という意味を表す。

① **I lost** my wallet. （私は財布をなくした）

　→ この文の動詞は過去形の lost。動詞の過去形は「**過去の情報**」を伝えるので，この文だけからは**現在の状態**（今どうなっているのか）は**わからない**。

② **I have lost** my wallet.

　→ I have [lost my wallet].

　　私は[財布をなくしてしまった]状態を現在持っている。
　　　　　　　　　　↓
　　私は財布をなくしてしまった（ので今財布がなくて困っている）。

過去形は「**過去の情報**」だけを，現在完了は「**過去と現在の両方の情報**」を伝えることを押さえておこう。

２．現在完了形が表す具体的な意味

現在完了形は具体的にはまず次の２つの意味を表す。ただし，その分類にこだわる必要はない。

(1) **主に近い過去に起こった出来事を表す「完了・結果」**
   （～してしまった〔のでその結果今…だ〕）

The elevator **has broken** down.
   （エレベーターが故障してしまった〔だから今は使えない〕）

→ The elevator has [broken down].
   （エレベーターは[故障してしまった]状態を現在持っている）

I **haven't done** my homework.
（私は宿題をやっていない〔これからやらなければ〕）

→ I haven't [done my homework]. （私は[宿題をした]状態を持っていない）

▶ 「完了・結果」を意味する文では，次の副詞が使われることが多い。
   just（ちょうど），**already**（〔肯定文で〕すでに），**yet**（〔疑問文で〕もう /〔否定文で〕まだ）

Jim **has** just **gone** out. （ジムはちょうど出かけたところだ〔だから今家にいない〕）
→ Jim has [just gone out].
   （ジムは[ちょうど出かけてしまった]状態を現在持っている）

I've already **washed** my hands. （手はすでに洗いました〔だからきれいだ〕）
→ I've [already washed my hands]. （私は[すでに手を洗った]状態を持っている）

Has the mailman **come** yet? （郵便屋さんはもう来た〔郵便物はとどいている〕?）
→ Has the mailman [come yet]? （郵便屋さんは[もう来た]状態を持っているか）

(2) **現在までの「経験」（～したことがある）**

I've **climbed** Mt. Fuji twice. （私は２度富士山に登ったことがある）
→ I've [climbed Mt. Fuji twice]. （私は[２度富士山に登った]状態を持っている）

▶ 「経験」を意味する文でよく使われる副詞(句)
   ever（〔ふつう疑問文で〕これまでに），**never**（１度として～ない），**before**（以前に），**once / twice[two times] / three times**（１回 / ２回 / ３回），**How many times [How often] ~?**（何回～？）

Nancy **has** never **eaten** sushi.
（ナンシーは〔１度として〕すしを食べたことがない）

※「過去のある時に」を意味する「かつて，昔」の意味の once は，現在完了では使わない。

   I once **lived** in Nagoya. （昔は名古屋に住んでいた）

3. 注意 ⚠

文中に「現在を含まない過去の時」を示す語句 (ten minutes ago や last week など) があるときには, **現在完了は使えない**。

「先月その女の子に会った」は

I <u>have met</u> the girl **last month**.（×）ではなく

I <u>met</u> the girl **last month**.　としなくてはならない。

解 例題 **1**

(1) 答 **has gone**

→ 上の文が過去と現在の両方の情報を伝えているので, 現在完了で同じような内容を表せると考える。「テッドはドイツへ行ってしまった(状態を持っているので今ここにはいない)」とすればいい。

(2) 答 **has just left**

→ (1)と同じように, 上の文が過去と現在の両方の情報を伝えている。「電車はちょうど出発してしまった(ので今次の電車を待たねばならない)」と考える。just now は「つい先ほど」という意味で, 過去の時を表している。

解 例題 **2**

答 **I visited the zoo twice[two times] when I was a child.**
　　[When I was a child, I visited the zoo twice[two times].]

→ 「行ったことがある」は経験, 経験は現在完了で表すと考え, I <u>have visited</u> the zoo twice[two times] when I was a child.（×）とするのが典型的な間違い。when I was a child が「**現在を含まない過去の時**」を示すので, 現在完了は使えない。

 現在完了は「過去に触れながら今を語っている」ことを忘れないように。表に現れにくい「だから今どうなのか」の部分を意識する習慣をつけることが大切だ。「〜したことがある」を英語に直すときは, 文中に「現在を含まない過去の時」がないかを特にチェック！

✏️ **演習問題**

問題❶ 日本文の意味を表すように，（　　　）内に適語を入れなさい。

(1) まだ8時ですが，祖母はすでに寝てしまいました。

It's only eight and my grandmother (　　　　　) (　　　　　) (　　　　　)
to bed.

(2) 何をするかもう決めましたか？ ─ いいえ，まだです。

A: Have you (　　　　　) what to do? ─ **B:** No, (　　　　　) yet.

(3) いつゴルフをしたことがあるの？

When (　　　　　) you (　　　　　) golf?

(4) このようなことはアメリカの歴史の中でこれまでに起きたことはありますか。

─ いいえ，1度もありません。

A: Has this (　　　　　) (　　　　　) in American history?

B: No, it (　　　　　) has.

解 (1) 答〉 **has already gone**

⇒ 意味とカッコの数から現在完了で表すと考える。alreadyがなくても文意に大差はないが，already（もう，すでに）を使うと予想していたよりも早く何かが起こったという感じが強調される。

(2) 答〉 **A: decided　B: not**

⇒ 「いいえ，まだです」は No, I haven't. と答えることもできるが，**No, not yet.** という答え方もある。

(3) 答〉 **did，play**

⇒ When have you played golf? （×）としないこと。ゴルフをしたのは「先週？」「去年？」などと「（現在を含まない）過去の時」が問われている。「いつ？」をたずねる when は現在完了の文では使えない。

(4) 答〉 **A: ever happened　B: never**

⇒ No, it **never** has. は1度も経験がないことを強調した答え方。 never の位置に注意しよう。No, it hasn't. と答えてもいい。

問題❷ 次の（　　　）内の語（句）を最も適当な形に直しなさい。

(1) I (read) his books when I was in high school. I (enjoy) them very much.

(2) **A:** I (never drink) beer. ─ **B:** Well, have some now.

(3) John (wait) for me when I arrived.

(4) I (write) the letter but I can't find a stamp.

(5) We (miss) the bus. Now we'll have to walk.

177

(解) (1) 答 **read, enjoyed** （高校生の時，彼の本を読んだ。とてもおもしろかった）

⇒ when I was in high school があるので現在完了は使えない。全て「高校生の時」の話だから過去形とする。

(2) 答 **have never drunk**

（ビールを飲んだことがありません。— なら，今いくらか飲んでごらん）

⇒「ビールを1度として飲んだことがありません」は現在までの経験を表す。よって現在完了とする。

(3) 答 **was waiting** （私が着いた時，ジョンは私を待っていた）

⇒「私が着いた時」にジョンは私を「待った」のではなく，「待っていた」のだから過去進行形で表す。現在を含まない過去の時を示す when I arrived があるので，現在完了は使えない。

(4) 答 **have written** （手紙は書いてあるのだが，切手が見つからない）

⇒「手紙を書いたので今は手紙を出せる状態になっている」と，過去に触れながら今の状態を語っているので現在完了で表す。

(5) 答 **have missed**

（私たちはバスに乗り遅れてしまった。こうなると歩かねばならないだろう）

⇒「バスに乗り遅れてしまった（状態を持っているのでバスは使えない）」と，過去に触れながら今の状態を語っているので現在完了とする。

入試レベルの問題にチャレンジ！

解答→別冊 *p.36*

Q 問題 1 次の各文の下線部に誤りがあれば訂正しなさい。

(1) We haven't had breakfast yet. We are very hungry.

(2) Alexander Graham Bell has invented the telephone.

(3) Jenney can watch TV because she hasn't done her math homework yet.

(4) Jack's mother and father just left home.

(5) Kaoru has gone to Greece for a vacation, but he's back home in Tokyo now.

(6) My grandfather has grown up in Hawaii.

Q 問題 2 （　　）内の語を用いて，意味の通る英文を完成させなさい。

(1) Mike hasn't been late for school once this month, but he _____ three times this year. (late)

(2) **A:** Eric has gone out.
B: Has he? What time _____? (go)

塾技 ワザ **39** 現在完了形(2)

> **例題 1** 各組の英文が同じような意味を表すように，(　　)内に適語を入れなさい。
>
> (1) Taro went to hospital last Thursday, and he is still in hospital.
> 　　Taro (　　　　　) (　　　　　　) in hospital (　　　　　) last Thursday.
>
> (2) It began to snow two days ago, and it is still snowing.
> 　　It has (　　　　　) (　　　　　) (　　　　　　) two days.
>
> (3) She went to Paris a few months ago, and she is there now.
> 　　She has (　　　　　) (　　　　　　) Paris (　　　　　) a few months.

現在までの継続 ❗

1. 現在まで継続している状態

過去に始まり現在も継続している状態を表すには，(1)「現在完了形」か(2)「現在完了進行形」を用いる。**現在完了進行形**は 〈**have[has] been ～ing**〉で表す。

過去 ――――― 現在完了 →――― 現在 ―――――→

(1) We **have known** each other for forty years.
　　(私たちは40年来の知り合いだ)

ふつう進行形にしない be 動詞や know などの「**状態動詞**」を使って現在までの継続を表すときは，「**現在完了形**」を使う。

(2) She **has been cleaning** the kitchen since this morning.
　　(彼女は今朝からずっと台所を掃除している)

進行形でも使う clean や run などの「**動作動詞**」を使って現在までの継続を表すときは，「**現在完了進行形**」を使う。

参考) 現在までの継続を表すとき，live, stay, study, learn, teach, work, rain, snow といった動詞は，for ～や since ～などの期間を示す語句があれば，現在完了形を使っても現在完了進行形を使っても表すことができる (意味に大差はない)。

　　I **have lived** in Boston for ten years.
　　I **have been living** in Boston for ten years.
　　(私は10年間ずっとボストンに住んでいる)

▶「現在までの継続」では，次の副詞(句)がよく用いられる。

for ~（~の間ずっと），**since ~**（~以来ずっと），**How long ~?**（どのくらいの間~，いつから~）

How long have you worked[**been working**] for this company?
（この会社にはいつから働いているのですか）

— **For** about a month.（およそ1か月間です）

— **Since** last month.（先月からです）

解 例題 **1**

(1) 答 **has been, since**
    （タローは先週の木曜日からずっと入院している）

→ go to (the) hospital は「入院する」，be in (the) hospital は「入院している」。「タローは先週の木曜日からずっと入院している」と現在までの継続した状態を表すと考える。「タローは現在入院している」であれば He **is** in hospital. となるが，be 動詞はふつう進行形にしない状態動詞なので，「ずっと入院している」は現在完了形を用いて表す。

(2) 答 **been snowing for**
    （2日間ずっと雪が降っている）

→ 「2日前からずっと雪が降っている」と現在までの継続した状態を表すと考える。動作動詞 snow は for などの期間を表す語があれば現在完了形でも現在までの継続を表すが，カッコの数からここは原則通り現在完了進行形とする。「2日前から」の「~から」だけを取り上げて since two days としないこと。since は「~以来ずっと」を意味するので〈**since** + 開始時点〉，for は「~の間ずっと」意味をするので〈**for** + 時間の幅〉となる。

⚠ 注意！

「2日間雪[雨]が降った」を過去形で表すと It snowed[rained] for two days. となるが，日本語で「2日間雪[雨]だった」と考えて It was snow[rain] for two days. とする間違いをよく見かける。このような言い方はふつうしない。よって，この文に基づいた It has been snow[rain] for two days.（×）としてはならない。

(3) 答 **been in, for**
    （彼女は数か月間ずっとパリにいる）

→ 「彼女は数か月間ずっとパリにいる」のだから，現在までの継続を表すと考える。「彼女は数か月前からパリに行っている」の「行」という漢字に惑わされて，She has **gone** to Paris for a few months.（×）とするのがよくある間違い。「~に行っている」というのは結局「~にいる」ことを意味するし，for a few months（数か月間ずっと）続くのは「行く」という行為ではなく，「**いる**」という状態。この問題を間違えた人は，答えの文を何度も音読しよう！

塾技解説　「現在までの継続」した動作・状態を表すには，原則として「**現在完了進行形**」，ただし進行形にできない動詞を使って表すときは「**現在完了形**」で表す，と考えればいい。また現在完了の文は，「**過去に触れながら現在を語る**」という感覚が大切で，「完了・結果」「経験」「継続」の分類にこだわりすぎないことも大切。

✎ 演習問題

問題❶　次の（　　）内から，適切なものを選びなさい。

(1) I've (knew, known, been knowing) about it for a long time.

(2) He's been a stylist (since, for, from) the year before last.

(3) **A:** How long have you (drove, driving, been driving)?
　　B: (For, Since, When) I was 18.

(4) Ms. White (works, has worked, worked) in a bank for ten years. Then she quit.

（解）(1) 答> **known**　（私はそのことについては長い間知っています）
　　　⇒ 現在までの継続を表す。know は進行形にならない状態動詞なので，現在完了進行形にもならない。

(2) 答> **since**　（彼は一昨年から美容師をしている）
　　　⇒ stylist は「美容師」，the year before last は「一昨年，おととし」，the month before last なら「先々月」。「おととしから（今まで）」と開始時点を示すので since とする。開始時点だけを示す from とは違い，since は「開始時点から今までずっと」の意味を表すため，現在完了や現在完了進行形の文でよく使われる。

(3) 答> **been driving, Since**
　　　（いつから車を運転しているの？ ― 18歳の時からです）
　　　⇒ drive（車の運転をする）は動作動詞なので，現在完了進行形で「現在までの継続」を表す。この英文は18歳の時から（眠らずずっと）車の運転をしているのではないのは明らか。「現在までの継続」の中には，「**習慣的にくりかえされる行為の継続**」も含まれる。since は S＋V〜を従える従位接続詞としても使うことができる。

(4) 答> **worked**
　　　（ホワイトさんは10年間銀行で働きました。そのあと銀行を辞めました）
　　　⇒ Then she quit.（そのあと退職した）とあるので現在は銀行で働いていない。よって過去の事実を伝える過去形とする。quit（やめる）– quit – quit と活用する。

問題② 次の英文の中で誤りがあるものを全て選びなさい。

① He worked in Los Angeles ten years ago.
② He worked in Los Angeles for ten years.
③ He works in Los Angeles for ten years.
④ He has worked in Los Angeles for ten years.
⑤ He has been working in Los Angeles for ten years.

(解)　**答** ③

⇒ He works in Los Angeles for ten years.（×）のような文はない。「10年間
　ロサンゼルスで働いている」は④もしくは⑤となる」
　①「彼は10年前，ロサンゼルスで働いていた」
　②「彼は（ある）10年間，ロサンゼルスで働いていた」
　④「彼は10年前からロサンゼルスで働いている」
　⑤④とほぼ同じ意味を表す。

問題❸　(　　)内の語(句)とその他必要な語を用いて，英文を完成させなさい。動詞は現在
完了形か現在完了進行形にすること。

(1) **A:** We are having a party next week.
　　B: (how many people / invite)?

(2) **A:** Is Dad trying to lose weight?
　　B: Yes, (jog / and / eat less) for two weeks now.

(解) (1) **答** **How many people have you invited (to it)?**
　　　（来週パーティーを開く予定なんだ。— 何人招待しているの？）

　　⇒ We are having a party next week. は「予定」を表す現在進行形（**塾技❽ 未来**
　　表現(2)参照）。invite（〜を招待する）は動作動詞なので，現在完了進行形にする
　　と「ずっと招待し続けている」となっておかしい。答えの have you invited は，
　　「継続」ではなく「招待した状態を持っている」，つまり「招待してある」を意味
　　する。

　(2) **答** **Yes, he has been jogging and eating less for two weeks now.**
　　　（父さんはやせようとしているの？— そうよ，2週間ずっとジョギングしたり
　　　食べる量を減らしたりしているのよ）

　　⇒ 会話の内容から jog（ジョギングする）や eat less（食べる量を減らす）を2週
　　間継続していると考える。jog も eat も動作動詞なので現在完了進行形で表す。
　　lose weight は「やせる」，「太る」は gain[put on] weight。less は little の
　　比較級で「より少なく」。

Q 問題 1 各組の英文が同じような意味を表すように，（ ）内に適語を入れなさい。

(1) We came to San Francisco in 2012, and we are still here.

We ( ) ( ) ( ) San Francisco ( ) 2012.

(2) Jack got sick three days ago, and he is still sick.

Jack ( ) ( ) sick ( ) the last three days.

(3) I have a headache. It started when I woke up.

( ) ( ) a headache ( ) I woke up.

(4) I'm waiting for the bus. I got to the bus stop twenty minutes ago.

I have ( ) ( ) ( ) the bus ( ) twenty minutes.

(5) It snowed on New Year's Day. There is still snow on the ground.

There ( ) ( ) snow on the ground ( ) New Year's Day.

Q 問題 2 （ ）内の条件に従い，次の日本文を英語に直しなさい。

(1) いつから日本に住んでいるのですか。（live を使って）

(2) 私の夫は1時間前からずっとその車の修理をしています。（fix を使って）

(3) 彼女は先々月からずっとダイエットをしています。（be 動詞，a, last を使って）

例題1 1語を補い，日本文の意味を表すように，[　]内の語（句）を並べかえなさい。ただし，句読点などは必要に応じて補うこと。

(1) 彼を見送りに東京駅へ行ってきたところです。
　　[him / to / to / off / I've / Tokyo Station / see / just]

(2) 彼が死んで5年になる。
　　[five / for / has / he / years / been]

(3) こんなにおもしろい本を読んだことがない。
　　[book / read / such / have / interesting / I / never]

覚えておくべき重要表現 ❗

現在完了形を用いた表現の中で，入試でよく出題されるもの，決まった言い方として覚えておくべきものを次にあげる。

1．have been to 〜の2つの意味

(1) 〜へ行って（帰って）きたところだ［完了・結果］

　① Where **have** you **been**?　（どこへ行ってきたの？）
　　→ been のあとに to は不要。where（どこへ）の中に含まれている。

　② I **have** just **been to** the library.　（図書館へ行ってきたんだよ）

(2) 〜へ行ったことがある［経験］

　③ **Have** you ever **been to** Tokyo Disneyland?
　　（東京ディズニーランドへ行ったことがありますか）

　④ Yes, **I've been** there three times.　（はい，3回行ったことがあります）
　　→ been のあとに to は不要。 there（そこへ）の中に含まれている。

2．have gone to 〜

〜へ行ってしまった（今ここにはいない）［完了・結果］

　⑤ He **has gone to** India with his wife.
　　（彼は奥さんとインドへ行ってしまった）

3．have been in 〜の2つの意味

(1) 〜にずっといる［現在までの継続］

　⑥ She **has been in** Australia for one and a half years.
　　（彼女は1年半前からずっとオーストラリアにいる）

→ since one and a half years ago とはしないこと。

(2) ～にいたことがある［経験］

　　⑦ We **have been in** Germany before.
　　　（私たちは以前ドイツにいたことがある）

4.「彼が死んで５年になる」の言い方

　　⑧ He **died** five years ago.　　　　　　（彼は５年前に死んだ）

　　⑨ He **has been dead** for five years.　（彼は５年間ずっと死んでいる）［直訳］
　　　　→ dead は「死んでいる」を意味する形容詞。He has died for five years.（×）
　　　　　としないこと。

　　⑩ Five years **have passed since** he died.
　　　（彼が死んでから５年が経過した）［直訳］
　　　　→ pass は「経過する」。

　　⑪ **It is**［**has been**］five years **since** he died.　（彼が死んでから５年だ）［直訳］
　　　　→ 主語は時を表す it。It is ～. でも It has been ～. でもどちらでもいい。

5.「これまでの中で一番～」の言い方

　　⑫ **I have never** read **such** an interesting book.
　　　（こんなにおもしろい本を読んだことがない）

≒ ⑬ This is **the most interesting** book **(that)** I've **ever** read.［that は省略可］
　　　（これは私が今までに読んだ中で一番おもしろい本だ）

　　　→ that は関係代名詞だがここは文法的な分析はひとまずおいて，１つの定型表
　　　　現として覚えておこう。大まかな構造は，(that) I've ever read が直前の名
　　　　詞である the most interesting book を修飾している。

　　　　　This is **the most interesting** book　（これは一番おもしろい本だ）
　　　　　　　　　　　　最上級
　　　　　　　　　　　　＋
　　　　　(that) I've **ever** read.　（私が今までに読んだことがある）

　　　　= This is **the most interesting** book **(that)** I've **ever** read.

解 例題 1

(1) 答 **I've just been to Tokyo Station to see him off.**

　　→ 「～へ行ってきたところです」とあるので have been to ～ を使う。〈see ＋人＋
　　　off〉で「人を見送る」。Tokyo Station のような駅名に冠詞は付けない。

(2) 答 **He has been dead for five years.**

　　→ 現在形の He is dead.（彼は死んでいる）を現在完了形にした文。

(3) 答 **I have never read such <u>an</u> interesting book.**

→ interesting の前なので a としないこと。

 前ページで覚えておくべき重要表現として示した例文（①〜⑬）は，少なくとも数十回は音読し，スラスラと言えるようにしておこう。そのあとで，以下の演習問題を解いてみるといい。

演習問題

問題❶ 各組の英文が同じような意味を表すように，（　　）内に適語を入れなさい。

(1) Last year, I went to Hokkaido (　　　　　　) the first time. I went there again last month.
　　 I've (　　　　　) (　　　　　　) Hokkaido (　　　　　).

(2) I last saw Bill three years ago.
　　 I (　　　　　) (　　　　　) Bill (　　　　) three years.
　　 Three years (　　　　　) (　　　　　) (　　　　　) I (　　　　) Bill
　　 (　　　　　).
　　 It (　　　　　) three years (　　　　　) I (　　　　) (　　　　　) Bill.

(3) I last saw Jane a long time ago.
　　 I (　　　　　) (　　　　　) Jane (　　　　　) ages.

(4) I have never met (　　　　　) (　　　　　) honest boy (　　　　) Jack.
　　 Jack is (　　　　　) (　　　　　) (　　　　　) boy I have (　　　　) met.

(5) I have never driven a car before.
　　 This is the (　　　　　) time I (　　　　　) (　　　　　) a car.

解 (1) 答 **for** （昨年初めて北海道へ行った。先月再び行った）
　　　　　 been to, twice （私は2度北海道へ行ったことがある）
　　　　 ⇒ 「〜へ行ったことがある」は have been to 〜。for the first time（初めて）を at the first time とする誤りが多いので注意しよう。

(2) 答 **haven't seen, for** （3年間ビルとは会ったことがない）
　　　　　 have passed since, saw, last
　　　　　 （ビルと最後に会ってからこれまで3年が経過した）
　　　　　 is, since, last saw （最後にビルと会ってから3年だ）
　　　　 ⇒ 「彼が死んで5年になる」の英文がスラスラと言えれば難しくはない。

(3) 答 **haven't seen, for** （ずいぶんジェーンとは会っていない）
　　　　 ⇒ 上の文は「ずいぶん前に最後にジェーンと会った」。よって「長い間ジェーンとは

会ったことがない」と考える。for ages = for a long time（長い間ずっと）。

(4) 答 **such an, as[like]**
（私はこれまでにジャックのような正直な少年には出会ったことがない）
the most honest, ever
（ジャックは私がこれまでに出会った中で最も正直な少年だ）
⇒ 重要表現の**5.**の類型。a honest boy としないこと。as Jack（ジャックのような）に比べて like Jack はくだけた言い方。

(5) 答 **first, have driven**　（車を運転したのはこれが初めてです）
⇒ 重要表現⑬の応用表現。「～したのはこれが初めてです」は〈**This is the first time** + 現在完了形〉で表す。これも定型表現として覚えておこう。

⚑ 入試レベルの問題にチャレンジ！

解答→別冊 p.38

Q 問題 1 次の英文に誤りがあれば訂正しなさい。

(1) How many times has your father been abroad?

(2) It has passed fifteen years since we got married.

(3) Last night, I have seen snow for the first time in my life.

(4) This is the nicest park I've never been to.

(5) Do you two know each other for a long time?

Q 問題 2 次の（　）内に入れるのに最も適切なものを選びなさい。

(1) I (　) housework all morning and I haven't finished yet.
　① did　　② will do　　③ has done　　④ have been doing

(2) After finishing college, she (　) a job as a secretary.
　① gets　② got　　③ has got　　④ has been getting

(3) Tom Green passed away? I'm sorry to hear that. I (　) him well when we were in high school.
　① know　② have known　③ knew　　④ have been knowing

Q 問題 3 （　）内の条件に従い，次の日本文を英語に直しなさい。

(1) あなたはピーターと出会ってからどれくらいたつのですか。（it と meet を使って）

(2) 彼女が携帯電話をなくしたのはこれが2回目です。（cell phone を使って）

(3) （あれ以来ジャックの姿を見かけないけど）ジャックはどうなったのだろう。
　　　　　　　　　　　　　　　（下線部を become を使って5語で）

例題 1 次の英文の主部に下線を引き，英文全体を日本語に直しなさい。

(1) The woman is talking to Mr. White.

(2) The woman talking to Mr. White is my aunt.

(3) Some of the people were invited to the party.

(4) Some of the people invited to the party couldn't come.

例題 2 日本文の意味を表すように，[　　]内の語を並べかえなさい。ただし，句読点などは必要に応じて補うこと。

(1) あのほほえんでいる女の子
　　[girl / that / smiling]

(2) あなたにほほえみかけているあの女の子
　　[at / girl / that / you / smiling]

(3) あなたにほほえみかけているあの女の子はだれですか。
　　[at / girl / who / that / you / is / smiling]

(4) その割れた花びん
　　[broken / vase / the]

(5) ジャックが割った花びん
　　[broken / Jack / vase / by / the]

(6) ジャックが割った花びんはとても高価なものだった。
　　[very / was / broken / Jack / expensive / vase / by / the]

名詞を修飾する現在分詞と過去分詞 **!**

1. 名詞を修飾する語句の位置

　名詞を修飾する語句は，「1語なら名詞の前，2語以上で意味のまとまりを作っているときは名詞の後ろに置く」のが原則。

　① 1語で名詞を修飾
　　a **tall** boy（背の高い少年）⇒ a **tall** boy

　② 2語以上で意味のまとまりを作って名詞を修飾
　　a boy **with blue eyes**（青い目をした少年）⇒ a boy（**with blue eyes**）

2. 名詞を修飾する〜ing

進行形〈be 動詞 + 〜ing〉で用いられる〜ing（現在分詞）は，名詞を修飾する働きもある。名詞を修飾するときは be 動詞は不要で，その位置は2通りある。

① 〜ing（現在分詞）が単独で名詞を修飾すれば，名詞のすぐ前

the **sleeping** boy（眠っている少年）⇒ the（**sleeping**）boy

The **sleeping** boy is Jack. （眠っている少年はジャックだ）

② 〈〜ing + α〉で2語以上の意味のまとまりを作り名詞を修飾すれば，名詞のすぐ後ろ

the boy **sleeping in the bed**（ベッドで眠っている少年）

⇒ the boy（**sleeping in the bed**）
　　　　　　　　〜ing　　　+ α

The boy **sleeping in the bed** is Jack.
（ベッドで眠っている少年はジャックだ）

名詞を修飾する現在分詞も，「動きを感じさせる生き生きとした様子（能動的）」を伝え，「〜している」と訳すことが多い（塾技**5** 現在進行形と現在形参照）。

3. 名詞を修飾する過去分詞

受動態〈be 動詞 + 過去分詞〉で用いられる過去分詞にも，名詞を修飾する働きがある。名詞を修飾するときは be 動詞は不要で，現在分詞と同様にその位置は2通りある。

① 過去分詞が単独で名詞を修飾すれば，名詞のすぐ前

a **used** towel （使用されたタオル，使って汚れたタオル）
⇒ a（**used**）towel

There was a **used** towel on the table.
（テーブルの上には使用されたタオルがあった）

② 〈過去分詞 + α〉で2語以上の意味のまとまりを作り名詞を修飾すれば，名詞のすぐ後ろ

a car **made in Japan** （日本で作られた車，日本製の車）
⇒ a car（**made** in Japan）
　　　　　　　過去分詞　　+ α

This is a car made in Japan. （これは日本製の車だ）

名詞を修飾する過去分詞はふつう，「受け身（〜される，されている）」の意味になる。

解 例題 1

(1) 答 **The woman is talking to Mr. White.**
その女性はホワイトさんと話しています。

→ 現在進行形(is talking)を使った文。

(2) 答 **The woman talking to Mr. White is my aunt.**
ホワイトさんと話している女性は私のおばです。

→ The woman (talking to Mr. White)という関係で文の主部になっているので，「ホワイトさんと話しているその女性は」と訳す。

(3) 答 **Some of the people were invited to the party.**
その人たちの何人かはそのパーティーに招待された。

→ 受動態(were invited)を使った文。some of ～は「～の中のいくらか」。

(4) 答 **Some of the people invited to the party couldn't come.**
そのパーティーに招待された人たちの何人かは来られなかった。

→ invited to the party は直前の名詞 people を修飾する〈過去分詞 + α〉で，Some of the people (invited to the party) という関係で文の主部になっている。よって「そのパーティーに招待された人たちの何人かは」と訳す。

解 例題 2

(1) 答 **that smiling girl**

→ 現在分詞 smiling が単独で名詞 girl を修飾しているので，そのすぐ前に置く。

(2) 答 **that girl smiling at you**

→ 日本語の「(あなたにほほえみかけている)あの女の子」という修飾関係からもわかるとおり，smiling at you (あなたにほほえみかけている)が〈～ing + α〉の形で名詞 that girl を修飾しているので，そのすぐ後ろに置く。

(3) 答 **Who is that girl smiling at you?**

→ that girl smiling at you (あなたにほほえみかけているあの女の子は)が主部。よって疑問詞 who は主語になっていないので，〈疑問詞 + ふつうの疑問文の語順〉となる(塾技❶疑問詞のある疑問文⑴参照)。
Who / is that girl smiling at you?
疑問詞 + be 動詞を用いた疑問文の語順

(4) 答 **the broken vase**

→「割れた花びん」は「割られた花びん」と考え，break(割る)の過去分詞形 broken(割られた)を使い，the broken vase とするのが英語の考え方。日本語

に「割れている花びん」とあっても，「割れている花びん」＝「割れた花びん」な
のだから breaking としないよう注意。

(5) 答 **the vase broken by Jack**
→「ジャックが割った花びん」は「（ジャックによって割られた）花びん」と考える。

broken by Jack（ジャックによって割られた）は〈過去分詞＋α〉の形で名詞
the vase を修飾しているので，そのすぐ後ろに置く。

(6) 答 **The vase broken by Jack was very expensive.**
→「ジャックが割った花びんは」とあるので，the vase broken by Jack を文の主
部とすればいい。expensive（値段が高い）⇔ cheap（値段が安い）。

日本語では名詞を後ろから修飾することはない。現在分詞「〜している」と過去分詞「〜
された」の使い分けも含めて，名詞を修飾する分詞に対しては，理解だけではなく，英
文の内容をイメージしながらの音読練習が欠かせない。

演習問題

問題❶ 日本文の意味を表すように，（　　　）内の語を適切な形に直しなさい。

(1) トムの隣に座っている女性を知っていますか。
Do you know the woman (sit) next to Tom?

(2) 彼は母親を救うために，燃える建物の中へと入っていった。
He went into the (burn) building to save his mother.

(3) 彼は約100年前に建てられた家に住んでいます。
He lives in a house (build) about 100 years ago.

(4) これはヘミングウェイが書いた小説だ。
This is a novel (write) by Hemingway.

(5) これは盗難車だ。
This is a (steal) car.

(6) 彼女は毎朝朝食にゆで卵を食べる。
She eats a (boil) egg for breakfast every morning.

(7) 私たちの方に走ってくる少年は私の弟だ。
The boy (run) toward us is my brother.

(8) 彼女の折れている足を見ましたか。
Did you see her (break) leg?

(9) 私はあのパン屋で売っているマフィンが好きです。
I like the muffins (sell) at that bakery.

⑽　あなたの家の前に駐車してある車はだれのものですか。
　　Whose is the car (park) in front of your house?

(解) (1) 答 **sitting**
　　⇒「トムの隣に座っている」を意味する sitting next to Tom が〈~ing ＋ α〉の形で名詞 the woman を後ろから修飾している。next to ~（~の隣の[に]）。

(2) 答 **burning**
　　⇒「燃える建物」は「燃えている建物」のことなので，burning とする。この burning は単独で building を修飾しているので，building のすぐ前に置かれている。

(3) 答 **built**
　　⇒「約100年前に建てられた（家）」とあるので，「受け身」を表す過去分詞 built とする。built about 100 years ago が〈過去分詞 ＋ α〉の形で名詞 a house を後ろから修飾している。

(4) 答 **written**
　　⇒「ヘミングウェイが書いた（小説）」とあるが，英文に by Hemingway（ヘミングウェイによって）とあるので，「ヘミングウェイによって書かれた（小説）」と考える。よって「受け身」を表す過去分詞 written とする。

(5) 答 **stolen**
　　⇒動詞 steal は「盗む」を意味し，steal － stole － stolen と活用する。「盗難車」は「盗まれた車」と考え，「受け身」を表す過去分詞 stolen とする。

(6) 答 **boiled**
　　⇒「ゆで卵」は「ゆでられた卵」と考え，boil（ゆでる，煮る，炊く，沸かす）の過去分詞 boiled とする。

(7) 答 **running**
　　⇒「私たちの方に走ってくる（少年）」は「私たちの方へ（今まさに）走っている少年」なので，現在分詞 running とする。running toward us は〈~ing ＋ α〉の形で名詞 the boy を後ろから修飾している。toward ~は「~の方に」を意味する前置詞。

(8) 答 **broken**
　　⇒「折れている足」は「折られた足」と考え，「受け身」を表す過去分詞 broken とする。日本語で「折れている足」とあっても，「折られた足」と同じことを表すので breaking とはしないこと。

(9) 答 **sold**
　　⇒「売っている」だから selling と単純に考えてはいけない。**修飾される名詞とそれを修飾する分詞との間には意味上，主語と述語の関係が隠れている**。「マフィン」は「売られる」ものであって，マフィンという食べ物が自ら「売っている」

わけではない。「あのパン屋で売っている（マフィン）」は「あのパン屋で売られている（マフィン）」と考え，過去分詞の sold とする。

⑽ 答 **parked**

⇒ 車（car）は「駐車される」のであって，自ら「駐車する」わけではないので，「あなたの家の前に駐車してある（車）」は「あなたの家の前に駐車された（車）」と考えて「**受け身**」を表す過去分詞 parked とする。parked in front of your house は〈過去分詞 ＋ α〉の形で名詞 the car を後ろから修飾している。

🚩 入試レベルの問題にチャレンジ！

解答→別冊 *p.39*

Q 問題 1 日本文の意味を表す英文となるように，（　　）内に適語を入れなさい。

(1) メキシコで話されている言葉はスペイン語です。

The (　　　　) (　　　　　) (　　　　　) Mexico is Spanish.

(2) ソファーで横になっている子供の名前は何ですか。

What's the name of the (　　　　) (　　　　) (　　　　) the sofa?

(3) ここに住んでいる多くの人たちは車で通勤しています。

Many people (　　　　) (　　　　) drive to work.

(4) 彼は村では正直者の医者として知られている。

He is a (　　　　) (　　　　) (　　　　) the villagers as an honest man.

Q 問題 2 日本文の意味を表すように，下線部の動詞を適当な形に変え，[　　]内の語を並べかえなさい。ただし，句読点などは必要に応じて補うこと。

(1) グレッグという名前の人から，今朝君に電話があったよ。

[you / Greg / name / morning / phoned / somebody / this]

(2) 君はその中古車にいくら払ったの？

[for / car / much / did / use / how / pay / the / you]

(3) そのビンにはほとんどワインは残っていない。

[wine / in / bottle / leave / the / is / little / there / very]

例題 **1**　次の英語を日本語に直しなさい。

(1) the rising sun

(2) spoken English

(3) ① boiling water　② boiled water

例題 **2**　次の英語を日本語に直しなさい。

(1) surprising speed

(2) a surprised look

(3) ① a surprising boy　② a surprised boy

例題 **3**　次の英語を日本語に直しなさい。

(1) a sleeping dog

(2) a sleeping bag

動詞の意味を正しく覚える **!**

１. 現在分詞と過去分詞の持つ意味

現在分詞と過去分詞は次のような意味を持つ。

現在分詞 ⇒「動きを感じさせる生き生きとした様子を表し（〜している），能動的（〜する）」

　　a crying baby　（泣いている赤ちゃん）

　　a falling tree　（倒れようとしている木）

→ 動詞 fall は「倒れる，落ちる」を意味する。「倒れている木」という日本語はふつう「倒れてしまった木」を意味するので，このようには訳さないほうがいい。

過去分詞 ⇒「受け身（〜される・された）**or** 完了（〜してしまった）」

　　a broken glass　（割れたコップ）

→「割られたコップ」と過去分詞 broken が「受け身」を表している。

　　a fallen tree　　（倒れた木，倒木，倒れてしまった木）

→ 過去分詞が名詞を修飾するときはふつう「受け身」の意味になる。しかし fall は「倒れる，落ちる」を意味するので（つまり**目的語をとらない自動詞**）「受け身」の意味にはならない。このようなときは「**完了（〜してしまった）**」と考えるが，数は少ない。

2.「(人を)～させる」を意味する動詞

exciteやsurpriseなど人間の感情・心理に関する動詞は，ふつう「～(という気持ちに)させる」という意味を表す。よって，その現在分詞と過去分詞の扱いには注意が必要。

1）an **exciting** game →「(人を)**興奮・わくわくさせる試合，おもしろい試合**」

〔考え方〕
① 動詞exciteの意味は「(人を)興奮・わくわくさせる」。 ⚠「興奮する」ではない
② 現在分詞は「～する，させる」と能動的(自分から他へ働きかけるさま)。
③ よって，現在分詞excitingは「(人を)興奮・わくわくさせる(ような)」を意味する。

2）an **excited** man →「**興奮している男，興奮した男**」

〔考え方〕
① 動詞exciteは「(人を)興奮・わくわくさせる」。
② 過去分詞は「受け身(～される・された)」を意味する。
③ よって，過去分詞excitedは「興奮・わくわくさせられた」すなわち「興奮・わくわくしている」を意味する。

⚠ 注意を要する主な動詞とその分詞
① surprise「(人)を驚かせる」
　現在分詞 surprising →「(人を)驚かせるような，驚くべき」
　過去分詞 surprised →「驚かされた，驚いた」

② interest「(人)に興味・関心を抱かせる」
　現在分詞 interesting →「興味・関心を抱かせるような」→「おもしろい」
　過去分詞 interested →「興味・関心を抱かされた」→「興味・関心を持った」

③ please「(人)を喜ばせる」
　現在分詞 pleasing →「(人を)喜ばせるような，(人に)喜びを与える」
　過去分詞 pleased →「喜ばされた」→「喜んだ，喜んでいる」

④ disappoint「(人)をがっかり・失望させる」
　現在分詞 disappointing →「(人を)がっかり・失望させるような」
　過去分詞 disappointed →「がっかり・失望させられた」→「がっかり・失望した」

⑤ bore「(人)を退屈させる」
　現在分詞 boring →「(人を)退屈させるような」→「退屈な」
　過去分詞 bored →「退屈させられた」→「退屈している，退屈した」

これらの動詞は結果として，**現在分詞(～ing)**で「人を～させるような」，**過去分詞(～ed)**で「人が～して」という意味を表すが，現在分詞・過去分詞というよりはbusyやbeautifulのような**形容詞**と考えてもいい。

3. 名詞を修飾する〜ing のもう1つの意味

〜ing が「〜するための」と目的や用途を表して，直後の名詞を修飾することがある。

a **waiting** room →「待つための部屋」→「待合室」
(「待っている部屋」では意味をなさない)

a **washing** machine →「洗うための機械」→「洗濯機」

a **walking** stick →「歩くための棒 (stick)」→ つえ，ステッキ

a **hearing** aid →「聴くための助けとなるもの (aid)」→「補聴器」

発音するときは，名詞よりも〜ing のほうを強めに発音する。この〜ing は文法上は**動名詞**に分類されている。

解 例題 **1**

(1) 答 **朝日**

→ rise は「(太陽・月・星が)昇る」。「昇っている太陽」が直訳。the setting sun は「夕日」。

(2) 答 **口語英語，話し言葉の英語**

→「話される英語」が直訳。written English は「書かれた英語」から「書き言葉としての英語」を意味する。

(3) 答 ① **沸騰しているお湯** (煮立っている状態)
② **白湯，沸かしたお湯** (沸騰させたあとに火からおろしたお湯)

→ boil は「沸騰する，沸騰させる」を意味する。現在分詞(〜ing)は「動きを感じさせる生き生きとした様子」を表すので boiling water は「今まさにぐつぐつと沸騰しているお湯」，過去分詞は「受け身・完了」を表すので boiled water は「沸かされたお湯，沸騰がいったん完了したお湯」を意味する。water は「水，湯」と温度に関係なく用いる。

解 例題 **2**

(1) 答 **驚くべきスピード，驚くほどの速さ**

→ 現在分詞 surprising が speed を修飾。もちろん「驚いているスピード」ではない。
The big man moved with surprising speed.
(その大きな男は驚くほどの速さで動いた)

(2) 答 **驚いた(ような)表情・顔つき**

→ 過去分詞 surprised が名詞 look (表情，顔つき)を修飾。

(3) 答〉 ① 驚くべき少年，人を驚かせる（ような）少年
② 驚いた少年，驚かされた少年

→ a surprising boy を「驚いている少年」としないこと。「驚いている少年」という日本語は，「驚いた少年，驚かされた少年」のこと。

解 例題 3

(1) 答〉 眠っている犬

→ 現在分詞 sleeping が dog を修飾。

(2) 答〉 寝袋

→「眠っている袋」では意味をなさない。この sleeping は「眠るための」と目的・用途を表し，bag（袋）を修飾している。「眠るための袋」から「寝袋」。

日本語で「～している」とあるから～ing と単純に考えてはいけないことは，「興奮・わくわくしている」が exciting ではなく excited であることから明らかだろう。ただし，理屈だけでなく，理屈を理解した上ですぐに口から出てくるまで何度も反復練習することを忘れないように。

演習問題

問題❶ 〔please，disappoint，shock，bore，excite〕の中から動詞を選び，適切な形にして（　　）内に入れなさい。

(1) 彼はあまりにも興奮していたので眠れなかった。
He was too (　　　　　) to sleep.

(2) それはとてもわくわくする経験だった。
It was a very (　　　　　) experience.

(3) 彼は退屈な男だった。
He was (　　　　　).

(4) 彼は退屈していた。
He was (　　　　　).

(5) お会いできてうれしいです。
I'm (　　　　　) to see you.

(6) モーツァルトの音楽はいつも私に喜びを与えてくれた。
The music of Mozart was always (　　　　　) to me.

(7) その結果は私にはとてもがっかりするものだった。
The result was very (　　　　　) to me.

197

(8) 「警察がここに来ているわ」と彼女はがっかりした声で言った。

"The police are here," she said in a (　　　　　　) voice.

(9) その母親はその光景にショックを受けたように見えた。

The mother looked (　　　　　　) at the sight.

(10) どうしてこんな衝撃的な結果となったのだ。

What brought about these (　　　　　　) results?

(解) (1) **答** **excited**

⇒ 主語は He だから「彼は興奮していた」は「彼は興奮させられていた」と考え，「**受け身**」を表す過去分詞の excited とする。〈too ... to ～〉で，「～するには…すぎる，あまりに…なので～できない」と否定的内容を表す。

(2) **答** **exciting**

⇒「わくわくする経験」は「(人を) わくわくさせる経験」と考え，「**能動**」を表す現在分詞の exciting とする。

(3) **答** **boring**

⇒ 動詞 bore は「(人) を退屈させる」を意味する。「退屈な男」は「(人を) 退屈させるような男」のことだから，「**能動**」を表す boring とする。

(4) **答** **bored**

⇒「退屈していた」は「退屈させられていた」ということ。よって「**受け身**」を表す過去分詞の bored とする。

(5) **答** **pleased**

⇒ 動詞 please は「(人) を喜ばせる」を意味する。「私はうれしい」は「私は喜ばされている」ということなので，「**受け身**」を表す過去分詞の pleased とする。to see you は感情の「原因・理由」を表す to 不定詞。

(6) **答** **pleasing**

⇒ 文の主語は The music of Mozart。モーツァルトの音楽は「喜びを与えてくれた」とは，その音楽は「(人を) 喜ばせるようなものだった」ということ。よって「**能動**」を表す現在分詞の pleasing とする。

(7) **答** **disappointing**

⇒ disappoint は「(人) をがっかりさせる」を意味するので，「その結果はがっかりするもの」は「その結果はがっかりさせるもの」と考え，「**能動**」を表す現在分詞の disappointing とする。

(8) **答** **disappointed**

⇒「がっかりした声」とは「がっかり<u>させられた</u>声」のことなので、「**受け身**」を表す過去分詞の disappointed とする。また、the police（警察）は複数扱いであることにも注意（**塾技⓮可算名詞と不可算名詞**参照）。

(9) **答** **shocked**

⇒ 動詞 look は look angry（怒っているように見える）のように〈look ＋ 形容詞 or 分詞〉で「～に見える」を意味する（**塾技㊸主語を説明する形容詞(S ＋ V ＋ 形容詞)**参照）。また shock は人間の感情・心理に関する動詞で、「（人）をぎょっとさせる、（人）にショックを与える」を意味する。よって look shocked で「ショックを与えられた（ショックを受けた）ように見える」となる。

(10) **答** **shocking**

⇒「何がこれらの衝撃的な結果を引き起こしたのか」が直訳。「衝撃的な結果」とは「衝撃（ショック）を与えるような結果」ということだから、「**能動**」を表す現在分詞の shocking とする。bring about ～で「（ある結果）を引き起こす、もたらす」。

 入試レベルの問題にチャレンジ！　　　　　　　　　　　　　解答→別冊 *p.41*

Q 問題 1　次の（　　）内の語を適切な形に直しなさい。

(1) The news was (surprise) to everyone.

(2) I don't have anything to do. I'm (bore).

(3) **A:** What did you think about the final scene?
　 B: I was (move).

Q 問題 2　（　　）内の語を適切な形に直し、英文を日本語に直しなさい。

(1) **A:** When are your parents leaving for Canada?
　 B: Next week. They are (excite) about going.

(2) He sounded very (disappoint) on the phone.

(3) Jack used to look (surprise) when he was scolded.

塾技 43 主語を説明する形容詞（S＋V＋形容詞）

例題 **1** 日本文の意味を表すように，[　　]内の語を並べかえなさい。

(1) 空を見上げると黒い雲が見えた。（1語補充）

　　I [sky / up / clouds / and / dark / looked / the / saw].

(2) 彼は何かを心配しているように見えた。（1語不要）

　　He [about / looked / something / at / worried].

(3) 私の妻は母親にまったく似ていない。（1語補充）

　　My wife [mother / look / all / her / doesn't / at].

---

be 動詞にかぶさる一般動詞 ❗

1．形容詞の働き

　形容詞は，①直後の名詞を修飾するほかに，②主語の性質や状態を説明する働きもある。

　　① I bought a **large** table.　（私は大きなテーブルを買った）

　　　　　　　　→ 形容詞 large が table を修飾

　　② Jack's house is **large**.　（ジャックの家は大きい）

　　　　―――説明―――

　　　　　　　　→主語 Jack's house を形容詞 large が説明

　②の文のように **be** 動詞の後ろに置かれた形容詞は，主語の性質や状態を説明している。

2．一般動詞 ＋ 形容詞

　主語を説明する形容詞は，be 動詞のほかに，一般動詞のあとに置かれることもある。

　　Tom is angry.　　（トムは怒っている）

　　　―説明―

　　Tom looks angry.　（トムは怒っているように見える）

　　　―――説明―――

　　　　　　　　→ 主語 Tom を形容詞 angry が説明

　この文の look は「見る，視線を向ける」ではなく，〈look ＋ 形容詞〉で「（見た目が）〜に見える」を意味する。Tom **looks** angry. という文は，Tom **is** angry. の **be** 動詞 **is** に一般動詞 **look** がかぶさったものと考えればいい。

　　Tom **is** angry. ＋ **look**（〜に見える）＝ Tom **looks** angry.

　⚠ 名詞を従えて「〜のように見える，〜に似ている」は，〈**look like ＋ 名詞**〉とする。この like は「〜のように」を意味する前置詞。

It **looked like** a toy house. （それはおもちゃの家のように見えた）

He **looks** just **like** you.
　（彼は君そっくりだ）

→ He looks / just like you.
　　彼は見える / まさに君のように
　　　　　　　　　　　　　　　※ just は「ちょうど，まさに」を意味する強調語

▶ **look**（～に見える）のように **be** 動詞にかぶさることができる主な動詞

　1) **感覚を表す動詞**
　　feel ＋ 形容詞（～の感じがする），**sound** ＋ 形容詞（～に聞こえる），**taste** ＋ 形
　　容詞（～な味がする），**smell** ＋ 形容詞（～なにおいがする）

　2) **状態の変化を表す動詞**（～になる）
　　become［**get**］＋ 形容詞（～な状態になる），**grow** ＋ 形容詞（〔次第に〕～な状態
　　になる），**go** ＋ 形容詞（〔主に望ましくない〕状態になる）

　3) **その他**
　　remain［**stay**］＋ 形容詞（～の状態のままでいる）

解 例題1

(1) 答 (I) **looked up** at the sky and saw dark clouds.

　→「～を見る，～に視線を向ける」は look at ～，「～を見上げる」は look up at ～。
　　「～が見える，視界に映る」は see ～。the は1つに特定される名詞につくので，
　　the sky とする（空は1つしかない）。

(2) 答 (He) **looked worried about something**.　（at が不要）

　→〈**look** ＋ 形容詞〉で「（見た目が）～のように見える」を意味するので，at は不要。
　　この文の worried は「心配している」を意味する形容詞。
　　He **was** worried about something.（何かについて心配していた）＋ **looked**
　　= He **looked** worried about something.
　　と考えればいい。

(3) 答 (My wife) **doesn't look like her mother at all**.

　→ 名詞を従えて「～のように見える，～に似ている」は〈**look like** ＋ 名詞〉。at
　　all は否定文で使われ，「少しも・まったく（～ない）」と否定の意味を強調する。

be 動詞に一般動詞がかぶさり〈**S** ＋ **V**（一般動詞）＋ 形容詞〉の形となる英文は，
理屈を理解するだけではなく，日本文を見たらスラスラと英文が出てくるまでくりかえ
し音読し，その感覚も身につけるようにしよう。

問題❶　____には〔　〕内の動詞から適切なものを選び，必要があれば形を変えて入れなさい。ただし同じものを2度用いてはならない。（　）内には適語を入れなさい。

〔 look, grow, sound, stay, feel, go, taste, smell 〕

(1) 彼女の髪に触れると柔らかな感じがした。
　　I touched her hair and it _____ (　　　　　　　).

(2) 彼女は少し疲れた声をしていた。
　　She _____ a little (　　　　　　).

(3) このコーヒーは苦い味がする。
　　This coffee _____ (　　　　　　　).

(4) どう，似合う？ — 君はそのスーツが似合うね。
　　A: (　　　　　　) do I _____?
　　B: You _____ nice (　　　　　　) that suit.　※ ____には同じ動詞が入る

(5) この花は甘い香りがする。
　　This flower _____ (　　　　　　　).

(6) かわいそうに，その女の子は失明してしまった。
　　The poor girl _____ (　　　　　　).

(7) 音は次第に大きくなっていった。
　　The noise _____ louder.

(8) 私はよく午前2時か3時まで寝ないで起きていた。
　　I often _____ up (　　　　　　) two or three in the morning.

解　(1) 圏▷ ____**felt**____ (**soft**)
　　⇒〈feel ＋ 形容詞〉で「～の感じがする」，soft は形容詞で「柔らかい」。
　　　It (＝ Her hair) **was** soft. ＋ felt ＝ It **felt** soft. と考えればいい。

　　(2) 圏▷ ____**sounded**____ (**tired**)
　　⇒〈sound ＋ 形容詞〉で「～に聞こえる」。「とても疲れている」は very tired，「少し疲れている」は a little tired。
　　　She **was** a little tired. ＋ sounded ＝ She **sounded** a little tired.

　　(3) 圏▷ ____**tastes**____ (**bitter**)
　　⇒〈taste ＋ 形容詞〉で「～な味がする」，bitter は形容詞で「苦い」。ほかに hot（〔舌にひりひりとするように〕辛い），salty（塩辛い），mild（まろやかな），sweet（甘い），sour（すっぱい）なども覚えておこう。
　　　This coffee **is** bitter. ＋ tastes ＝ This coffee **tastes** bitter.

　　(4) 圏▷ (**How**) ____**look**____ (**in**)

⇒ You look **nice**. の形容詞 nice（すてきな）の部分をたずねて「（このスーツを着ると）私はどんなふうに見えるか」は疑問詞 how を用いて表す。how は1語で「どのようにして」と方法を問うほか，「どんなふうに」と様子をたずねるときにも使う。〈in ＋ 着用物〉で「～を身につけて」（**塾技57** 前置詞(3) の **問題❶**(14) 参照）。

(5) **答** __smells__（sweet）

   ⇒〈smell ＋ 形容詞〉で「～なにおいがする」。

     This flower **is** sweet. ＋ smells ＝ This flower **smells** sweet.

(6) **答** __went__（blind）

   ⇒ go は「行く」が基本となる意味だが，〈go ＋ 形容詞〉で「～な状態に行く」から「（主に望ましくない）状態になる」を意味する。blind は形容詞で「目が見えない」。The milk went sour. であれば「牛乳が腐った（すっぱくなった）」となる。

(7) **答** __grew__

   ⇒〈grow ＋ 形容詞〉で「（次第に）～な状態になる」，louder は形容詞 loud（〔音・声が〕大きい）の比較級。

     The noise **was** louder. ＋ grew ＝ The noise **grew** louder.

(8) **答** __stayed__（until〔till〕）

   ⇒〈stay ＋ 形容詞〉で「～の状態のままでいる」，up は形容詞で「起きている」。**stay up**（＝ sit up）は「（夜遅くまで）**寝ないで起きている**」として覚えておこう。until〔till〕～（～の時までずっと）は，**塾技56** 前置詞(2)参照。

入試レベルの問題にチャレンジ！　　　　　　　　　　　　解答→別冊 *p.41*

Q 問題 1　次の英文を日本語に直しなさい。

(1) She grew tired of city life.

(2) He always stays cool even when things go wrong.

(3) You sound like your mother when you say things like that.

(4) The taller he grew, the bigger his feet got.

Q 問題 2　（　　）内の条件に従い，次の日本文を英語に直しなさい。

(1) これは奇妙に聞こえるかもしれないけど，本当なんだ。（but を使って8語で）

(2) ついに彼女の夢は実現した。（last, come を使って6語で）

(3) 私たちは寝る準備をしていた。（get, bed を使って6語で）

(4) 彼女はしばらくの間立ったままでいた。（remain, while を使って6語で）

(5) 座ったままでいてください。（stay, seat を使って3語で）

例題 **1** 次の英文を日本語に直しなさい。

⑴ She made me a cup of coffee.

⑵ I made her my secretary.

⑶ The cold medicine made him sleepy.

SVOC という文の型 ❗

1. O と C の関係

SVOC とは，動詞の目的語 (**O**) とその後ろに続く補語と呼ばれる語句 (**C** という記号で表す) との間に，「何が＋どんなだ (どうする)」のような「**主語＋述語**」の関係が**意味上成**立する文の型のことで，英語ではとても重要なものである。次の①と②を比べてみよう。

　① Tom made **<u>her</u> <u>a meal</u>**.　(トムは彼女に食事を作ってやった)
　　　　　　　　O₁(に)　O₂(を)

この文は動詞 make が 2 つの目的語 (**O**) をとっているが，her と a meal の間には意味上「her (彼女) が a meal (食事) だ」という主語と述語の関係が成り立ってはいない (塾技**34** 動詞とその目的語参照)。

　② Tom made **<u>her</u> <u>his wife</u>**.　(トムは彼女を妻とした)
　　　　　　　　O　　C

この文の her と his wife は，「her (彼女) が his wife (彼の妻) だ」の関係になっている (意味上の主述関係であって，O と C だけを取り出しても英文として成立するという意味ではない)。また **make** は SVOC の文では「**状態を作りだす**」を意味する。よって，

Tom made [<u>her his wife</u>]. →「トムは[彼女が彼の妻である]状態を作り出した」
　　　　　　O(主)　C(述)

　　　　　　　　　　　　　　↓つまり

「トムは彼女を (自分の) 妻とした」という意味になる。

2. SVOC の C になるもの

O になるのは名詞だが，C になるものにはまず，**形容詞と名詞**がある (動詞なども C になるが，詳しくは塾技**45** SVOC⑵で扱う)。

① 形容詞が C になる場合

The present made <u>me</u> **happy**.　(そのプレゼントをもらって私はうれしかった)
　　　　　　　　O　C

→ 形容詞 happy が C。「そのプレゼントは[私が幸せである]状態を作り出した」が直訳。〈**make ＋ O ＋ C**〉は結果として，「**O を C とする**」の意味を表す。

② 名詞が C になる場合

Tom made her **his wife**.　→ 名詞 his wife が C
　　　　　　 ‿O‿ ‿‿C‿‿

3. SVOC の型の文を作る動詞(V) [形容詞 or 名詞を C とする主な V]

① 〈make + O + C〉　O を C とする (→ O が C である状態を作り出す)

② 〈call + O + C〉　O を C と呼ぶ
　　We **call** him John.　(私たちは彼をジョンと呼ぶ)
　　　　　　　 ‿O‿ ‿C‿

③ 〈name + O + C〉　O に C と名前をつける
　　Her parents **named** her Mary.　(両親は彼女にメアリーという名前をつけた)
　　　　　　　　　　　　 ‿O‿ ‿C‿

④ 〈keep + O + C〉　(何らかの意図があって) O を C の状態にしておく
　　He **kept** the door open.　(彼はドアをずっと開けたままにしておいた)
　　　　　　　 ‿‿O‿‿ ‿C‿

　　※ この open は「開く」を意味する動詞ではなく, 「開いている」という状態を表す形容詞

⑤ 〈leave + O + C〉　O を C の状態に放っておく
　　Don't **leave** the door open.　(ドアを開けっ放しにしないで)
　　　　　　　　 ‿‿O‿‿ ‿C‿

⑥ 〈find + O + C〉　(経験してみて) O が C だとわかる, 感じる
　　I **found** the book easy.　(〔読んでみたら〕その本は簡単だとわかった)
　　　　　　　 ‿‿O‿‿ ‿C‿

⑦ 〈paint + O + C〉　O を C の色に塗る
　　He **painted** the wall white.　(彼は壁を白く塗った)
　　　　　　　　 ‿‿O‿‿ ‿C‿

解 例題 1

(1) 答 彼女は私に1杯のコーヒーを入れてくれた。

　→ She made me a cup of coffee. で「me は a cup of coffee だ」の関係は当然
　　　　　　　 ‿O₁(に)‿ ‿O₂(を)‿
　成り立たないので, SVOC の文ではない。

(2) 答 私は彼女を私の秘書にした。

　→ I made [her my secretary]. で名詞 my secretary が C になっている。
　　　　　　 ‿O‿ ‿‿C‿‿

(3) 答 そのかぜ薬を飲んで彼は眠くなった。[そのかぜ薬は彼を眠くさせた。]

　→ The cold medicine made [him sleepy]. で形容詞 sleepy が C になっている。
　　　　　　　　　　　　　　 ‿O‿ ‿‿C‿‿

SVOC は，構造を理解しただけでは使えるようにはならない。この項目の解説の例文と問題の英文は，覚えてしまうくらい何度も音読しておこう。

演習問題

(問題)❶ 日本文の意味を表すように，[   ]内の語を並べかえなさい。ただし，句読点などは必要に応じて補うこと。

(1) 彼らは娘をサラと名付けたが，たいていは彼女をサリーと呼んでいる。
[Sarah / their / named / they / daughter], but usually [her / Sally / call].

(2) 私たちはジャックをキャプテンにしようとした。（1語補充）
[captain / tried / make / we / Jack]

(3) 彼は1日中カーテンを閉めたままにしておいた。
[day / curtains / kept / the / all / he / closed]

(4) 彼はそのアルバムをテーブルの上に開いたままにして（放って）おいた。
[on / the / the / he / open / table / album / left]

(5) 私たちはその映画がおもしろいとはまったく感じなかった。
[movie / at / didn't / funny / we / the / find] all.

(6) ドアは何色に塗ったの。— 青だよ。　（疑問文・答えの文のどちらにも1語補充）
A: [the / did / color / door / paint / you] — **B:** [it / painted / blue]

(7) どうしてそんなに怒ったのですか。（1語補充）
[you / made / angry / so]

(8) このコートを着ていると暖かいよ。
[you / will / this / warm / keep / coat]

(解) (1) (答) **They named their daughter Sarah**, (but usually) **call her Sally**.
⇒ They named [their daughter Sarah], but usually call [her Sally].
　　　　　　　　　　O　　　　　　C　　　　　　　　　　　O　　C

(2) (答) **We tried to make Jack captain.**
⇒ We tried to make [Jack captain]. この文の captain のように，C が定員一
　　　　　　　　　　　O　　　C
名の役職を表すときはふつう冠詞はつけない（ふつう the などはつけない）。

(3) (答) **He kept the curtains closed all day.**
⇒ 〈keep + O + C〉で「O を C の状態にしておく」。He kept the closed curtains
～. (×) などとしないこと。「開いている」を意味する形容詞は **open**，その反意
語の「閉まっている」を意味する形容詞は **closed** であることもきちんと覚えて
おこう。all day（1日中）。He kept [the curtains closed] all day.
　　　　　　　　　　　　　　　　　　　　　　　O　　　C

(4) 答⟩ **He left the album open on the table.**

⇒ He left [the album open] on the table. この open も形容詞。
　　　　　　　O　　　C

(5) 答⟩ **We didn't find the movie funny at (all.)**

⇒ We didn't find the funny movie ~. (×) としないこと。これでは「私たちはそのおもしろい映画を見つけなかった」と，よくわからない内容の英文になってしまう。**英語は語順1つで意味が変わってしまうことをここで確認しておこう。** at all は否定文で「まったく，すこしも（〜ない）」と否定の意味を強調する。

　　　We didn't find [the movie funny] at all.
　　　　　　　　　　　　　　O　　　　C

(6) 答⟩ **What color did you paint the door? — I[We] painted it blue.**

⇒ I[We] painted [it blue]. で blue を問う疑問文が What color did you paint
　　　　　　　　　　O　C　　　　　　　　　　　　　　　　C
the door?
　O

(7) 答⟩ **What made you so angry?**

⇒ why を使えば Why did you get so angry? となる。「何があなたをそんなに怒らせたのか」と考える。What made [you so angry]?
　　　　　　　　　　　　　　　　　　S　　V　　 O　 C

(8) 答⟩ **This coat will keep you warm.**

⇒ ⟨keep ＋ O ＋ C⟩ は「O が C である状態を保つ」が直訳。「このコートはあなたが暖かい状態を保ってくれるだろう」がこの文の直訳。

　　　This coat will keep [you warm].
　　　　　　　　　　　　　　O　　C

入試レベルの問題にチャレンジ！　　　　　　　　　解答→別冊 *p.43*

Q 問題 1　各組の英文が同じような意味を表すように，（　　　）内に適語を入れなさい。

(1) What do you call this flower in English?
　　What is (　　　　　) (　　　　　) (　　　　　) in English?

(2) She was sad to hear the news.
　　The news (　　　　　) (　　　　　) (　　　　　).

Q 問題 2　（　　　）内の条件に従い，次の日本文を英語に直しなさい。

(1) 私はコーヒーを飲むと眠くならない。（keep, awake を使って4語で）

(2) 彼はその缶が空だと分かった。（can, empty を使って5語で）

(3) 彼の手紙に彼女はがっかりした。（5語で）

中3で習う分野

主語を説明する形容詞とSVOC

207

例題 1 日本文の意味を表すように，（　　　）内に適語を入れなさい。

(1) 私たちは彼がその建物に入るのを見た。
　　We saw (　　　　　　) (　　　　　　) into the building.

(2) 私たちは彼がその建物に入ろうとしているのを見た。
　　We saw (　　　　　　) (　　　　　　) into the building.

(3) 彼らはその歌がイタリア語で歌われるのを初めて聞いた。
　　They first heard the song (　　　　　　) (　　　　　　) Italian.

例題 2 次の日本文の意味を表す英文を選びなさい。

　　彼が楽しそうに笑っているのが聞こえた。

　　① I heard he was laughing happily.

　　② I heard that he was laughing happily.

　　③ I heard him laughing happily.

知覚動詞 see・hear・feel !

1. do・doing・done も C となる

SVOC は O と C には意味上，主語と述語の関係があるが，**原形動詞**（**do** など）・**現在分詞**（**doing** など）・**過去分詞**（**done** など）が C になる場合もある。それぞれの場合の O と C との意味の関係は，次の通り。　　※「原形動詞」を「原形不定詞」と呼ぶこともある。

① S ＋ V ＋ O ＋ **do** (C)　　→　O が C する（能動的）
② S ＋ V ＋ O ＋ **doing** (C)　→　O が C している（能動的）
③ S ＋ V ＋ O ＋ **done** (C)　　→　O が C される（受動的）
⚠ 動詞の過去形（did など）や 3 人称・単数・現在形（does など）が C になることはない。

2. see・hear・feel

SVOC の文型をとる動詞 (V) で，C に原形動詞や分詞をとる V として，**see**（見える）・**hear**（聞こえる・耳にする）・**feel**（感じる）などの**知覚動詞**がある。

① **see / hear / feel ＋ O ＋ do** (C)　「O が C するのを V する」

　　I **saw** <u>him</u> <u>cross</u> the street.　（彼が通りを渡るのを見た）
　　　　　　　　O　　　C

⚠ C が動詞の過去形になることはないので，I saw him <u>crossed</u> the street.（×）という文はない。

② see / hear / feel + O + doing（C）「O が C しているのを V する」

I saw <u>**him**</u> <u>**crossing**</u> the street.　（彼が通りを渡っているのを見た）
　　　　　O　　　　C

※ C が原形動詞（do など）の場合は「**動作の初めから終わりまでの全体**」を，C が現在分詞（doing など）の場合は「**動作の途中・一部**」を表す。上の①では「道を渡り始めてから渡り終えるまでの全体」を，②では「渡っている途中」を見たことを表し，渡り切ったかどうかはこの文だけではわからない。

③ see / hear / feel + O + done（C）「O が C されるのを V する」

I saw <u>**him**</u> <u>**caught**</u> by the police.　（彼が警察に捕まえられるのを見た）
　　　　　O　　　C

C が過去分詞の場合は「C される」と受け身の意味になる。

知覚動詞はほかに，**watch**（じっと見る），**look at**（視線を向ける），**notice**（気がつく）などがある。

3. SVOC と受動態

SVOC の **C が原形動詞（do など）の文を受動態**にした場合，その原形動詞の前に to をおき，**to 不定詞**としなければならない。

① I saw <u>**him**</u> <u>**cross**</u> the street.
　　　　 O　　C（cross が原形動詞）

　⇒ He was seen **to** cross the street.　（彼は通りを渡るのを見られた）

② I saw <u>**him**</u> <u>**crossing**</u> the street.
　　　　 O　　　C

　⇒ He was seen crossing the street.　（彼は通りを渡っているのを見られた）
　　　　　　　　↑── 原形動詞ではないのでそのまま

解 例題 1

(1) 答 **him go**

→ We saw <u>he went</u>[go] into ～.（×）としないこと。「O が C するのを見る」は〈see + O + do（C）〉で表す。O は目的語なので，目的格の him とする。
　　We saw <u>**him**</u> <u>**go**</u> into the building.
　　　　　　 O　 C

(2) 答 **him going**

→「O が C している［しようとしている］のを見る」は〈see + O + doing（C）〉で表す。
　　We saw <u>**him**</u> <u>**going**</u> into the building.
　　　　　　 O　　C

(3)　答▷　**sung in**

→「O が C されるのが聞こえる」は〈hear ＋ O ＋ done（C）〉で表す。「～語で」は〈in
　～語〉。

They first heard <u>the song</u> <u>sung</u> in Italian.
　　　　　　　　　O　　　　C

解　例題**2**

答▷　③

→ hear の使い方には注意が必要。

1）〈**hear ＋ O ＋ C**〉の形は「～の**音や声**が聞こえる」を意味する。

I heard <u>him</u> <u>go</u> out.（彼が出ていく音が聞こえた）
　　　　O　　C

2）〈**hear（that）＋ S ＋ V ～**〉の形は，「～ということを**うわさに聞く・聞いて知っ
　ている**」を意味する。

I hear（that）he wrote this book.
（彼がこの本を書いたと聞いている）

①②は同じ意味で，「彼が（どこかで）楽しそうに笑っているといううわさを聞いた」
と状況をつかみにくい意味を表す。「彼が楽しそうに笑っているのが聞こえた」は
彼の笑う「声」を聞いたということだから，③の I heard <u>him</u> <u>laughing</u>
<u>happily</u>. となる。　　　　　　　　　　　　　　　　　　　　O　　C

塾技
解説　see・hear・feel などの知覚動詞は，SVOC の文型をとる代表的な動詞。
　　　これらの動詞を見たら，この文型かなと考えてみるといい。

 演習問題

問題❶　日本文の意味を表す英文となるように，［　　　］内の語を並べかえなさい。

(1) ジムは彼らがあとをついてきているのに気づいた。
　　Jim［ them / noticed / him / following ］.

(2) 私たちは彼がはしごを降りてくるのを見ていた。
　　We［ him / ladder / down / the / watched / climb ］.

(3) 私は彼がピアノを弾くのを聞いたことがない。（1語補充）
　　I［ heard / piano / have / play / never / the ］.

(4) 彼が階段から転げ落ちるのを見ましたか。（1語不要）
　　Did you［ stairs / him / down / fell / see / fall / the ］?

(5) 私たちは犬がトラックにひかれるのを見た。（1語補充）

We [dog / truck / by / over / a / a / saw].

(6) 彼女は何か冷たいものがほほに触れるのを感じた。

She [cold / felt / cheek / touch / something / her].

(7) 何かがこげているにおいがする。（1語補充）

I [something / smell / can].

解 (1) **答**　(Jim) **noticed them following him.**

　　⇒「ＯがＣしているのに気づく」は〈notice ＋ Ｏ ＋ doing（Ｃ）〉で表す。follow ～
　　は「～のあとについて行く」。Jim noticed [them following him].
　　　　　　　　　　　　　　　　　　　　　　　　　Ｏ　　Ｃ

(2) **答**　(We) **watched him climb down the ladder.**

　　⇒「ＯがＣするのをじっと見る」は〈watch ＋ Ｏ ＋ do（Ｃ）〉で表す。climb down
　　～は「（手足を使って）～を降りる，下る」。
　　　　We watched [him climb down the ladder].
　　　　　　　　　　　Ｏ　　Ｃ

(3) **答**　(I) **have never heard him play the piano.**

　　⇒「ＯがＣする音や声を聞く」は〈hear ＋ Ｏ ＋ do（Ｃ）〉で表す。
　　　　I've never heard [him play the piano].
　　　　　　　　　　　　　Ｏ　　Ｃ

　　この文に関しては play を playing としても意味に大差はない。

(4) **答**　(Did you) **see him fall down the stairs?**　（fell が不要）

　　⇒「ＯがＣするのを見る」は〈see ＋ Ｏ ＋ do（Ｃ）〉で表す。**動詞の過去形がＣに
　　なることはないので** fell **は不要。**Did you see [him fall down the stairs]?
　　　　　　　　　　　　　　　　　　　　　　　　　　　　Ｏ　　Ｃ

(5) **答**　(We) **saw a dog run over by a truck.**

　　⇒「ＯがＣされるのを見る」は〈see ＋ Ｏ ＋ done（Ｃ）〉で表す。run over ～で「（車
　　が）～をひく」，run の過去分詞形は run。
　　　　We saw [a dog run over by a truck].
　　　　　　　　Ｏ　　Ｃ

(6) **答**　(She) **felt something cold touch her cheek.**

　　⇒「ＯがＣするのを感じる」は〈feel ＋ Ｏ ＋ do（Ｃ）〉で表す。something などを
　　修飾する形容詞は，〈something ＋ 形容詞〉の語順となることに注意（**塾技⑱**形
　　容詞⑴参照）。She felt [something cold touch her cheek].
　　　　　　　　　　　　　　　Ｏ　　　　　Ｃ

(7) **答**　(I) **can smell something burning.**

　　⇒「ＯがＣしているにおいがする」は〈smell ＋ Ｏ ＋ doing（Ｃ）〉で表す。smell
　　は〈smell ＋ Ｏ ＋ do〉（×）という言い方はしない。「こげる」は burn。
　　　　I can smell [something burning].　この文は覚えておいたほうがいい。
　　　　　　　　　　　Ｏ　　　Ｃ

(問題)❷ 各組の英文が同じような意味を表すように，（　　　）内に適語を入れなさい。

(1) They saw her leaving the shop.
　　She (　　　　　) (　　　　　) (　　　　　　　) the shop.

(2) They saw him enter the shop.
　　He (　　　　　) (　　　　　) (　　　　　) (　　　　　　　) the shop.

(3) I heard someone call my name.
　　I heard my name (　　　　　　　).

(解) (1) 答》 **was seen leaving** （彼女はその店を出ようとしているのを見られた）

　　⇒ They saw [her leaving the shop]. の文の動詞 saw の目的語 her が下の文で
　　　　　　　　　 O 　 C
　　は主語になっているので，受動態にすればいい。SVOC の文を受動態にする時に
　　気をつけることは，C が原形動詞の時は to をつけて to 不定詞にすることだが，
　　この文では leaving は原形動詞ではないのでそのままの形で用いる。

(2) 答》 **was seen to enter** （彼はその店に入るのを見られた）

　　⇒ (1)と同じように They saw [him enter the shop]. の文の動詞 saw の目的語
　　　　　　　　　　　　　　　　 O 　 C
　　him が下の文では主語になっているので，受動態にすればいい。この文では C が
　　原形動詞の enter となっているので，**to** enter と to 不定詞にしなければならな
　　い。「～（の中）に入る」は enter ～で，enter into ～（×）ではない。

(3) 答》 **called** （私は自分の名が呼ばれる声が聞こえた）

　　⇒ I heard [someone call my name]. は〈hear + O + do (C)〉で「だれかが私の
　　　　　　　　 O 　 　 C
　　名を呼ぶ声が聞こえた」。

　　I heard [my name called]. は〈hear + O + done (C)〉で called は過去分詞。
　　　　　　　 O 　 C
　　よって「呼ばれる」と受け身の意味を表す。動詞の過去形が C になることはない
　　ので，この called を過去形と考えてはいけない。

入試レベルの問題にチャレンジ！

解答→別冊 *p.43*

Q 問題１　次の日本文を英語に直しなさい。

(1) あなたが入ってくる音が聞こえなかった。　（in を使って6語で）

(2) 彼は父親が死にかけていると聞いた。　（6語で）

(3) 私は友人のジャックがバスを待っているのを見かけた。　（see, a を使って）

Q 問題２　次の英文を日本語に直しなさい。

　　I saw the baby carried out of the burning house.

例題**1** （　　）内に入れるべき最も適切なものを選びなさい。

(1) I'll make Jack (　　) you at once.
　　① help　　② helping　　③ helped　　④ to help

(2) She kept us all (　　).
　　① wait　　② waiting　　③ waited　　④ to wait

例題**2** 次の英文を日本語に直しなさい。

(1) Jane pulled out a tooth.

(2) Jane had a tooth pulled out.

> 知覚動詞以外で do・doing・done を C とする V ❗

1. V と C との相性

SVOC の文型をとる V で，C に原形動詞（do など）・現在分詞（doing など）・過去分詞（done など）をとる，知覚動詞以外の主な V を次に示す。C にどんな語をとるのかは，V との相性によって決まる。　　　　　　　　　　※「原形動詞」は「原形不定詞」とも呼ぶ。

1）**make**

　①〈**make + O + do**（**C**）〉　**O に C させる**（← O が C する状態を作り出す）
　　The movie **made** <u>me</u> **cry**.
　　　　　　　　　　　O　　C
　　（その映画は私を泣かせた）← その映画は私が泣く状態を作り出した

　　We **made** <u>him</u> **go** there.
　　　　　　　O　　C
　　（私たちは彼をそこへ行かせた）← 私たちは彼がそこへ行く状態を作り出した
　　※ 人を主語とした〈make + O + do（C）〉はふつう，強制的（無理やりさせる）な意味を表す。

　②〈**make + O + done**（**C**）〉　**O が C される状態を作り出す**
　　I couldn't **make** <u>myself</u> **understood** in English.（私の英語は通じなかった）
　　　　　　　　　　　O　　　　C
　　→ この文については問題**❶**(7)の解説を参照。

　🔌 重要　**make** は C に現在分詞（**doing** など）をとらない。
　　よって We made him going there.（×）という文はない。

2) 〈let + O + do（C）〉　希望通り O に C させる（← O が C するのを許す）

　　　We **let** <u>him</u> **go** there.　（私たちは彼をそこへ行かせてやった）
　　　　　　　　O　　C

3）**keep / leave**

　　① 〈**keep + O + doing（C）**〉　（何らかの意図があって）**O を C の状態にしておく**
　　　　　　　　　　　　　　　　　　（← O が C している状態を持ち続ける）
　　　　〈**leave + O + doing（C）**〉　**O を C させておく**
　　　　　　　　　　　　　　　　　　（← O が C しているまま放っておく）

　　　Keep <u>the fire</u> **burning**.　（火を燃やし続けておきなさい）
　　　　　　　O　　　C

　　② 〈**keep + O + done（C）**〉　（何らかの意図があって）**O が C されたままにしておく**
　　　　〈**leave + O + done（C）**〉　**O が C されたままに放っておく**

　　　Don't **leave** <u>your homework</u> **half-finished**.
　　　　　　　　　　O　　　　　　　　C

　　　（宿題を中途半端にしておくな）　← 宿題が半分終えられたままに放っておくな

　　🖐 **重要　keep / leave は C に原形動詞（do）をとらない。**

4）〈**have + O + done（C）**〉

　　そのまま訳せば「O が C される状態を持つ」，そこから主に
　　(ⅰ)（被害を表して）**O を C される**　(ⅱ)（だれかに）**O を C してもらう**
　　を意味する。

　　　(ⅰ) I **had** <u>my money</u> **stolen**.　　（私は金を盗まれた）
　　　　　　　　　O　　　C　　　　　　　← 私は金が盗まれた状態を持った

　　　(ⅱ) We **had** <u>our house</u> **painted**.（私たちは家にペンキを塗ってもらった）
　　　　　　　　　O　　　C　　　　　← 私たちは家がペンキを塗られた状態を持った

2. SVOC と形式目的語の it

　　SVOC の文には，形式目的語の **it** を用いた〈**S + V + it + C + to 不定詞**〉という形がある。it は後ろの to 不定詞の内容を指す。

　　I thought **it** important to go there.　（私はそこへ行くことは重要だと思った）
　　→ I thought it important / to go there.
　　　　　　　　　　O　　　C

　　この形をとる V には find，think，make などがある。

解 例題 1

(1) 答 ①　（すぐにジャックにあなたの手伝いをさせます）

→ 〈make ＋ O ＋ C〉の文型を見抜く問題。I'll make [Jack（　）you] at once.
　　　　　　　　　　　　　　　　　　　　　　　　　　O　　　C
で［Jack があなたを手伝う］のだから，能動を意味する原形動詞の help とする。「O
に C させる」の意味で〈make ＋ O ＋ doing〉（×）や〈make ＋ O ＋ to 不定詞〉
（×）という言い方はしない。

(2) 答 ②　（彼女は私たち全員を待たせておいた）

→ (1)と同じく〈keep ＋ O ＋ C〉の文型を見抜く問題。She kept [us all（　）]. で
　　　　　　　　　　　　　　　　　　　　　　　　　　　　　　O　　C
[us all が待っている］のだから，能動を意味する現在分詞の waiting とする。「O
を C させておく」の意味で〈keep ＋ O ＋ do〉（×）や〈keep ＋ O ＋ to 不定詞〉
（×）という言い方はしない。

解 例題 2

(1) 答 ジェーンは（自分で）歯を抜いた。

→ Jane pulled my hair. であれば「ジェーンは私の髪を引っぱった」なので，
Jane pulled out a tooth. であれば「ジェーン自身が歯を引き抜いた」ことにな
る。

(2) 答 ジェーンは（歯医者に）歯を抜いてもらった。［ジェーンは歯を抜いた。］

→ まず Jane had [a tooth pulled out]. という〈have ＋ O ＋ done（C）〉の形を
　　　　　　　　　 O　　　 C
見抜かなければならない。「ジェーンは［歯が引き抜かれる］状態を持った」が直訳。

塾技
解説
　SVOC に関する問題は瞬時にそれとして見抜くことが求められる。そのためには
SVOC の文構造を理解しているだけでは役に立たない。くりかえしになるが，塾技 44 〜
46 SVOC (1)〜(3)の項目の英文は口からスラスラ出てくるまで音読を！

演習問題

問題 1　日本文の意味を表すように，[　　　]内の語を並べかえなさい。ただし，句読点など
　　　　は必要に応じて補うこと。

(1) 母は私にもう一度それをやらせた。（1語不要）
My mother [it / again / to / me / over / do / made / all].

(2) 父は私に父の車を運転させてくれた。（2語不要）
My father [me / driving / his / to / drive / let / car].

⑶ それをこの住所に配達してもらえますか。

[this / have / can / address / it / I / to / delivered]

⑷ 私に何かできることがあったら知らせてね。

[is / do / anything / me / there / if / can / let / know / I]

⑸ あなたは今までに運転免許証を取り上げられたことがありますか。

Have you [taken / your / license / ever / away / driver's / had]?

⑹ お待たせしてすみませんでした。

I'm sorry [you / waiting / to / kept / have].

⑺ 私の英語は通じなかった。（1語不要）

[in / couldn't / understand / myself / I / English / make / understood]

⑻ 冷蔵庫を移動させるのを手伝ってくれる？

[the / you / me / help / fridge / will / move]

⑼ 彼と仲良くやっていくのは難しいとわかった。

I found [along / him / get / it / to / difficult / with].

解 ⑴ **答** (My mother) **made me do it all over again**. （to が不要）

⇒ （all）over again は again の強調形で「もう一度，再びゼロから」。

My mother made me do it all over again.
　　　　　　　　　　O　C

⑵ **答** (My father) **let me drive his car**. （driving と to が不要）

⇒ 〈let＋O＋do（C）〉で「希望通り O に C させる」。

My father let me drive his car.
　　　　　　　O　C

⑶ **答** **Can I have it delivered to this address?**

⇒ 「（だれかに）O を C してもらう」は〈have＋O＋done（C）〉で表せる。deliver 〜（〜を配達する）。Can I have [it delivered to this address]?
　　　　　　　　　　　　　　　　　　　　　　　　　O　　C

（私は[それがこの住所に配達される]状態を持てますか）が直訳。Can I have delivered it 〜? （×）としないこと。

⑷ **答** **Let me know if there is anything I can do.**

⇒ 〈let＋O＋do（C）〉で「O に C させる」を意味するが，特に〈**let＋人＋know 〜**〉は「人に〜を知らせる」を意味する表現としてよく使われる。Let me know / if there is anything (that) I can do. と関係代名詞 that が省略されている。

⑸ **答** (Have you) **ever had your driver's license taken away**?

⇒ 「（被害を表して）O を C される（目にあう）」は〈have＋O＋done（C）〉で表せる。take 〜 away は「〜を取り上げる」。

Have you ever had [your driver's license taken away]?
　　　　　　　　　　　O　　　　　　　　C

で「[運転免許証が取り上げられる]状態を持ったことはありますか」が直訳。

(6) 答 (I'm sorry) **to have kept you waiting**.

⇒「OをCさせておく」を意味する〈keep + O + doing (C)〉を用いた表現で，人を待たせたあとによく用いられるもの。to have kept は to 不定詞の完了形なのだが，この文は決まった表現としてこのまま覚えておこう。

(7) 答 **I couldn't make myself understood in English.**

（understand が不要）

⇒ make myself understood となっており，この文の myself は「自分の言うこと」，understood は過去分詞だから（Cに過去形はこない！），「（相手に）理解される」と受け身の意味を表す。よって「自分の言うことが（相手に）理解される」つまり「自分の言うことが相手に通じる，わかってもらえる」を意味する。この文は覚えておいたほうがいい。
（O = myself, C = understood）

(8) 答 **Will you help me move the fridge?**

⇒〈**help + 人 + to 不定詞**〉は「人が〜するのを手助けする」を意味する重要構文だが（塾技31 to不定詞を用いた重要構文(2)参照），help に関しては特別で，to のない〈**help + 人 + do**〉の形でも同じ意味を表す。この文の move は「〜を移動させる」を意味する。

(9) 答 (I found) **it difficult to get along with him**.

⇒〈find + O + C〉は「（やってみて）OがCだとわかる，感じる」を意味する。I found it difficult.（私はそれが難しいとわかった）の it の内容はその時の文脈で決まる。I found it difficult / to get along with him. の it は形式目的語で，後ろの to 〜 him を指す。この形の文は何度か音読しているうちに感覚がつかめてくる。get along with 〜（〜と仲良くやっていく）。
（O = it, C = difficult）

🚩 **入試レベルの問題にチャレンジ！**　　　　　　　　　　　　　解答→別冊 *p.44*

Q 問題 1　（　　）内の条件に従い，次の日本文を英語に直しなさい。

(1) リサはパスポートを盗まれた。　（Lisa で始めて5語で）

(2) どうしてそう考えるのですか。　（make, so を使って5語で）

(3) 私は腕時計を修理してもらった。　（5語で）

Q 問題 2　次の英文を日本語に直しなさい。

(1) You can lead a horse to water, but you can't make him drink.

(2) He had to shout to make himself heard above the music.

例題 **1** 　下線部を先行詞として，次の２つの英文を関係代名詞を用いて１つの文にし，日本語に直しなさい。

(1) I know the boy.　He came here the day before yesterday.

(2) The woman is very friendly.　She lives next door.

(3) We live in a house.　It is 100 years old.

(4) The house is Bob's.　It has a blue roof.

関係代名詞による２文結合とその働き ❗

　関係代名詞（who，which，that など）によって，２つの文を１つに結びつけることができる。

１. ４つの手順

　関係代名詞を用いて２つの文を１つにするには，次の４つの手順に従う。

　　① I have a friend.　He lives in Hawaii.
　　② The phone is mine.　It is on the table.

の２つのパターンを例にとってみる。

手順(1)　２つの英文から，同じ内容を表す**名詞**（**先行詞という**）と代名詞を１つずつ選ぶ。

　① I have **a friend**.　　**He** lives in Hawaii.
　　　　　　名詞(先行詞)　　代名詞

　② **The phone** is mine.　**It** is on the table.
　　　　　名詞(先行詞)　　　　代名詞

手順(2)　(1)で選んだ語のうち，**代名詞**の方をその①**格**（**主格 or 所有格 or 目的格**）と②**種類**（**人 or 人以外**）に応じて適当な関係代名詞に変える。関係代名詞の選択は次の表に従えばいい。

		格		
		主格	所有格	目的格
種類	人	who	whose	whom[who]
	人以外	which		which
	人・人以外	that	×	that

① I have **a friend**.　　**He** lives in Hawaii.
　　　　　　　↓　①主格で②人だから
　　　　　who か **that**

② **The phone** is mine.　**It** is on the table.
　　　　　　　↓　①主格で②人以外だから
　　　　　which か **that**

　確認）　主格　…「～は（が）」の意味で，主語になる形。he，she，it，they など
　　　　所有格 …「～の」の意味で所有を表し，名詞の前に置く形。his，her，its，
　　　　　　　their など
　　　　目的格 …「～を（に）」の意味で，動詞の目的語になる形。前置詞の後ろにも置
　　　　　　　かれる。him，her，it，them など

手順(3)　関係代名詞をいったんその文の先頭に移動させる（この操作は主格の関係代名詞
　　　では実質的には行わない）。

　① I have **a friend**.　　　　**who**[**that**] lives in Hawaii.
　　　　　　　　　　　　　who[that] は初めから文の先頭にあるのでこのままの語順

　② **The phone** is mine.　　　**which**[**that**] is on the table.
　　　　　　　　　　　　　which[that] は初めから文の先頭にあるのでこのままの語順

手順(4)　関係代名詞以下の英文を，**先行詞の直後（右隣）に置く**。

　① **I have a friend who**[**that**] lives in Hawaii.

　② **The phone which**[**that**] is on the table is mine.

　⚠ The phone is mine which[that] is on the table.（×）としないこと。
　　先行詞と関係代名詞は隣り合うのが基本。

これで2つの英文が，関係代名詞を使って1つの英文になった。

2．関係代名詞節の働き

　関係代名詞以下の意味のまとまりは，すぐ前の名詞（先行詞）を修飾する。

　① I have **a friend** (**who**[**that**] lives in Hawaii).

　　　（私にはハワイに住んでいる友人がいる）

　② **The phone** (**which**[**that**] is on the table) is mine.

　　　（テーブルの上の電話は私のものだ）

関係代名詞以下の意味のまとまり（カッコでくくった部分）を**関係代名詞節**という。

解 例題 1

(1) 答 **I know the boy who[that] came here the day before yesterday.**
私はおとといここへやって来たその少年を知っています。

→ He（①主格②人）が who[that]に変わる。the day before yesterday は「おととい」。

I know **the boy** (**who[that]** came here the day before yesterday).

(2) 答 **The woman who[that] lives next door is very friendly.**
隣に住んでいる女性はとても気さくだ。

→ She（①主格②人）が who[that]に変わる。next door は「隣家に」。

The woman (**who[that]** lives next door) is very friendly.

The woman is very friendly (who[that] lives next door). (×)としないこと。

(3) 答 **We live in a house which[that] is 100 years old.**
私たちは築100年の家に住んでいる。

→ It（①主格②人以外）が which[that]に変わる。

We live in **a house** (**which[that]** is 100 years old).

(4) 答 **That house which[that] has a blue roof is Bob's.**
青い屋根のあの家はボブの家だ。

→ It（①主格②人以外）が which[that]に変わる。

That house (**which[that]** has a blue roof) is Bob's.

That house is Bob's (which[that] has a blue roof). (×)としないこと。

 塾技解説 2文結合の手順からわかるとおり，**関係代名詞は文と文をつなぐ接続詞と代名詞の働きを同時にする。**

演習問題

問題❶ 次の関係代名詞を用いた英文を，そのもととなる2文に分けなさい。

(1) We thanked the boy who helped us.

(2) The man who sat next to me was from China.

(3) Shall we go to the Italian restaurant which opened last week?

(4) He often asks questions that are difficult to answer.

(5) The star which shines up there is Jupiter.

(6) Is the building that stands on that hill a church?

(解) (1) 答 **We thanked the boy. He helped us.**
⇒ 何が先行詞でどこが関係代名詞節かを，英文を見て正確につかむこと。
We thanked **the boy** (**who** helped us).

（私たちは私たちを助けてくれた少年に礼を言った）

(2) 答 **The man was from China. He sat next to me.**
⇒ **The man** (**who** sat next to me) was from China.

（私の隣に座った男性は中国出身だった）

next to 〜は「〜の隣に[の]」。

(3) 答 **Shall we go to the Italian restaurant? It opened last week.**
⇒ Shall we go to **the Italian restaurant** (**which** opened last week)?
（先週開店したイタリアンレストランに行かない？）

(4) 答 **He often asks questions. They are difficult to answer.**
⇒ He often asks **questions** (**that** are difficult to answer).
（彼はしばしば答えにくい質問をする）

(5) 答 **The star is Jupiter. It shines up there.**
⇒ **The star** (**which** shines up there) is Jupiter.
（あそこに輝く星は木星だ）
up there は「あそこで」。

(6) 答 **Is the building a church? It stands on that hill.**
⇒ Is **the building** (**that** stands on that hill) a church?
（あの丘の上に立っている建物は教会ですか）

(問題❷) 日本文の意味を表すように，下線部にそれぞれ適語を入れなさい。

(1) この家に住んでいる女性を知っていますか。
Do you know the woman ＿＿＿＿＿＿ ＿＿＿＿＿＿ in this house?

(2) ここにあった新聞はどこにある？
Where is the newspaper ＿＿＿＿＿＿ ＿＿＿＿＿ here?

(3) 手紙を書いている少年はジャックです。
The boy ＿＿＿＿＿＿ ＿＿＿＿＿＿ ＿＿＿＿＿ a letter is Jack.

(4) 机の上にある辞書はあなたのものですか。
＿＿＿＿＿＿ the dictionary ＿＿＿＿＿＿ ＿＿＿＿＿ on the desk ＿＿＿＿＿?

221

解 (1) 答 **who**[**that**] **lives**

⇒ 関係代名詞の問題は2文に分けて考えるのが基本。日本文と英文から

Do you know **the woman** (＿＿＿＿＿ ＿＿＿＿＿ in this house)? と考

え，Do you know **the woman**? **She** lives in this house. がもととなる2
文と考える。live としないよう注意。

(2) 答 **which**[**that**] **was**

⇒ Where is **the newspaper** (＿＿＿＿＿ ＿＿＿＿＿ here)? から

Where is **the newspaper**? **It** was here. がもととなる2文と考える。

(3) 答 **who**[**that**] **is writing**

⇒ **The boy** (＿＿＿＿＿ ＿＿＿＿＿ ＿＿＿＿＿ a letter) is Jack. から

The boy is Jack. **He** is writing a letter. がもととなる2文と考える。

(4) 答 **Is**，**which**[**that**] **is**，**yours**

⇒ ＿＿＿＿＿ **the dictionary** (＿＿＿＿ ＿＿＿＿ on the desk) ＿＿＿＿? から

Is **the dictionary** yours? **It** is on the desk. がもととなる2文と考える。

■ 入試レベルの問題にチャレンジ！   解答→別冊 *p.45*

Q 問題 1 各組の英文が同じような意味を表すように，( )内に適語を入れなさい。

(1) Do you know the elderly woman talking to Eric?

Do you know the elderly woman ( ) ( ) ( ) to
Eric?

(2) Look at the window broken by Paul yesterday.

Look at the window ( ) ( ) ( ) by Paul yesterday.

Q 問題 2 1語を補い，日本文の意味を表すように，[ ]内の語を並べかえなさい。ただし，
句読点などは必要に応じて補うこと。

(1) パーティーで歌を歌った男性を覚えていますか。

[man / sang / the / the / you / do / party / remember / at]

(2) 通りの向こう側にある大きな家は私のおじのものだ。

[house / is / uncle's / large / street / the / the / my / across / that]

(3) あなたと話をしたいという女性がいます。

[like / you / is / would / woman / a / to / to / who / talk]

例題1 下線部を先行詞として，次の２つの英文を関係代名詞を用いて１つの文にし，日本語に直しなさい。

(1) The people came late. I invited them to dinner.

(2) I've lost the jacket. My father bought it for me.

(3) This is the book. I told you about it the other day.

例題2 次の関係代名詞を用いた英文(省略を含む)を，そのもととなる２文に分けなさい。

(1) The people who we visited yesterday were very nice.

(2) Did you find the key which you were looking for?

(3) The coffee that I drank this morning was bitter.

(4) Was the woman you saw wearing a red hat?

関係代名詞の目的格とその省略 !

1. 関係代名詞の移動

関係代名詞の目的格を用いて２つの文を１つにするときも４つの手順に従うが，**手順(3)が特に重要。**

手順(1) ２つの英文から，先行詞となる名詞とそれを受ける代名詞を１つずつ選ぶ。

① He is **the man**. I saw **him** there.

② **The music** was good. We listened to **it** last night.

手順(2) 代名詞の方を，その①格（主格 or 所有格 or 目的格）と②種類（人 or 人以外）に応じて，適当な関係代名詞に変える。

① He is **the man**. I saw **him** there.
　　　　　　　　↓ ①目的格で②人だから
　　　　　　whom か **who** か **that**

※ who は本来①主格で②人のときに使うが，会話では目的格の whom の代わりに使われることも多い。

② **The music** was good. We listened to **it** last night.
　　　　　　　　　　　↓ ①目的格で②人以外だから
　　　　　　　　which か **that**
　　　　　　　※ 前置詞の後ろに置く形は目的格

223

手順(3) 関係代名詞をいったんその文の先頭に移動させる。

① He is **the man**.　　　　　**whom**[**who / that**] I saw ˅ there.

② **The music** was good.　　**which**[**that**] we listened to ˅ last night.

手順(4) 関係代名詞以下の英文を，先行詞の直後（右隣）に置く。

① He is **the man whom**[**who / that**] I saw there.
　　→ He is **the man**（**whom**[**who / that**] I saw ˅ there ）.

（彼は私がそこで見た男性です）

② **The music which**[**that**] we listened to last night was good.
　　→ **The music**（**which**[**that**] we listened to ˅ last night ）was good.

（私たちが昨晩聞いた音楽はよかった）

2．関係代名詞の省略

関係代名詞の目的格は省略することができる。会話では省略することが多い。また省略された文に慣れることは，入試問題を解くうえでとても重要。

① He is the man I saw there.
　　→ He is **the man**（ I saw ˅ there ）.

② The music we listened to last night was good.
　　→ **The music**（ we listened to ˅ last night ）was good.

解 例題 1

(1) 答 **The people whom**[**who / that**] **I invited to dinner came late.**
　　　The people I invited to dinner came late.
　　　（関係代名詞の目的格を省略した文）
　　　私が夕食に招待した人たちは遅れてやって来た。

　　→ them（①目的格②人）が whom[who / that]に変わり，いったん I の前に出る。
　　　The people（ **whom**[**who / that**] I invited ˅ to dinner ）**came late.**
　　　The people（ I invited ˅ to dinner ）**came late.**

(2) 答 **I've lost the jacket which**[**that**] **my father bought for me.**
　　　I've lost the jacket my father bought for me.
　　　（関係代名詞の目的格を省略した文）
　　　私は父が買ってくれた上着をなくしてしまった。

→ it（①目的格②人以外）が which[that]に変わり，いったん my の前に出る。

I've lost **the jacket**（ **which[that]** my father bought [∨] for me ）.

I've lost **the jacket**（ my father bought [∨] for me ）.

(3) 圏 **This is the book which[that] I told you about the other day.**

This is the book I told you about the other day.

（関係代名詞の目的格を省略した文）

これが私が先日あなたに話した本だ。

→ it（①目的格②人以外）が which[that]に変わり，いったん I の前に出る。the other day は「先日，この間」。

This is **the book**（ **which[that]** I told you about [∨] the other day ）.

This is **the book**（ I told you about [∨] the other day ）.

解 例題 2

(1) 圏 **The people were very nice. We visited them[= the people] yesterday.**

→ **The people**（ **who** we visited [∨] yesterday ）were very nice.（私たちが昨日訪ねた人たちはとても親切だった）という文構造をまず見抜く。そして who がもともとどこにあったのかを考える。

(2) 圏 **Did you find the key? You were looking for it[= the key].**

→ Did you find **the key**（ **which** you were looking for [∨] ）?
（あなたは探していたカギを見つけましたか）

(3) 圏 **The coffee was bitter. I drank it[= the coffee] this morning.**

→ **The coffee**（ **that** I drank [∨] this morning ）was bitter.
（私が今朝飲んだコーヒーは苦かった）bitter（苦い）。

(4) 圏 **Was the woman wearing a red hat? You saw her[= the woman].**

→ Was **the woman**（ you saw [∨] ）wearing a red hat?
（あなたが見た女性は赤い帽子をかぶっていたのですか）
you の前に関係代名詞の目的格 whom[who / that]が省略されている。〈名詞 ＋ S ＋ V ～〉の形を見たら関係代名詞の省略ではと考えてみる。

何事も基本が重要だが，関係代名詞はまさにその代表格といってもいい。2文結合の手順をきちんと守り，くりかえし練習すればさほど難しいものではない。特に重要なのは，手順(3)で関係代名詞を文頭に移動させることと，関係代名詞の省略だ。

問題❶ 日本文の意味を表すように，下線部にそれぞれ適語を入れなさい。

(1) これがあなたがその部屋で見つけた指輪ですか。

Is this the ring ＿＿＿＿＿ ＿＿＿＿＿ ＿＿＿＿＿ in the room?

(2) 私が会いたかった女性はその時外出していた。

The woman ＿＿＿＿＿ ＿＿＿＿＿ ＿＿＿＿＿ to see ＿＿＿＿＿ out then.

(3) ジョンが見ている女の子を知ってる？

Do you know the girl ＿＿＿＿＿ ＿＿＿＿＿ looking ＿＿＿＿＿？

(4) 私たちが泊まったホテルは駅の近くにあった。

The hotel ＿＿＿＿＿ ＿＿＿＿＿ ＿＿＿＿＿ was near the station.

(5) 私にできることが何かありますか。

＿＿＿＿＿ there anything ＿＿＿＿＿ ＿＿＿＿＿ do?

解 (1) **答** **which[that] you found**

⇒ まず英文の構造をとらえる。関係代名詞を使った英文なら2文に分けて考えてみる。

Is this **the ring** (＿＿＿＿＿ ＿＿＿＿＿ ＿＿＿＿＿ in the room)？か
   V S

ら，Is this **the ring**? You found **it** in the room. がもととなる2文と考える。

(2) **答** **whom[who / that] I wanted, was**

⇒ **The woman** (＿＿＿＿＿ ＿＿＿＿＿ ＿＿＿＿＿ to see) ＿＿＿＿＿ out then.
    S   V

から，**The woman** was out then. I wanted to see **her**. がもととなる2
文と考える。go out は「外出する」，be out は「外出している」。

(3) **答** **John is, at**

⇒ 目的格の関係代名詞を省略した文。

Do you know **the girl** (＿＿＿＿＿ ＿＿＿＿＿ looking ＿＿＿＿＿)？から，
    S   V

Do you know **the girl**? John is looking at **her**. がもととなる2文と考える。

                                    ↓ ①目的格で②人だから

                          whom か **who** か **that** → **省略**

(4) **答** **we stayed at[in]**

⇒ 目的格の関係代名詞を省略した文。

The hotel (＿＿＿＿＿ ＿＿＿＿＿ ＿＿＿＿＿) was near the station.
    S   V

から，**The hotel** was near the station. We stayed at[in] **it**. がもととなる
2文と考える。

(5) 答 **Is, I can**

⇒ 目的格の関係代名詞を省略した文。

_____ there **anything** (_____ _____ do) ? から,

Is there **anything**? **I can** do **it**. がもととなる2文と考える。

入試レベルの問題にチャレンジ！

解答→別冊 *p.45*

Q 問題 1 1語を補い，日本文の意味を表すように，[ ]内の語を並べかえなさい。ただし，句読点などは必要に応じて補うこと。

(1) 探していた財布はソファーの下にあった。
[under / I / for / the / the / which / was / wallet / looking / sofa]

(2) 君が買った靴はいくらだったの。
[shoes / bought / much / you / the / how]

(3) 今朝電話をかけてきた女性は名前を名のらなかった。
[morning / name / woman / called / give / the / this / her / didn't]

(4) あなたが座っているいすは座り心地がいいですか。
[sitting / chair / are / that / comfortable / is / you / the]

(5) ジムと話をしている女の子を知っていますか。
[know / to / Jim / the / do / girl / you / talking]

(6) 私たちは貧しい人たちのためにできる限りのことをした。
[all / people / for / we / we / poor / could]

Q 問題 2 次の英文の主部に下線を引き，英文全体を日本語に直しなさい。

Many of the fruits and nuts we buy in the supermarket come from the rain forest.

(nut：木の実)

例題 **1** 下線部を先行詞として，関係代名詞を用いた文にし，日本語に直しなさい。

(1) I have a Japanese friend. Her name is Mika.

(2) The book is my father's. Its cover is black.

(3) That's the boy. I'm going to see his mother today.

例題 **2** 次の関係代名詞を用いた英文を，そのもととなる2文に分けなさい。

(1) Throw away the chairs whose legs are broken.

(2) Is that girl whose hair is short Lisa?

(3) The mountain whose top you can see over there is Mt. Fuji.

意味・働きのまとまりを意識する ❗

1. whose + 名詞

関係代名詞の**所有格**を用いて2つの文を1つにするときも，**手順(3)が特に重要。**

手順(1)　2つの英文から，先行詞となる名詞とそれを受ける代名詞を1つずつ選ぶ。

① I want to live in **a room**.　　**Its** window is large.

② **The people** were all nice.　　He visited **their** house.

手順(2)　**所有格は人でも人以外でもすべて whose とする。that は使えない。**

① I want to live in **a room**.　　**Its** window is large.
　　　　　　　　　　　　　　　　↓ 所有格はすべてwhose
　　　　　　　　　　whose

② **The people** were all nice.　　He visited **their** house.
　　　　　　　　　　　　　　　　　　　　↓ 所有格はすべてwhose
　　　　　　　　　　　　　　　　whose

手順(3)　関係代名詞をいったんその文の先頭に移動させる。その際〈**whose + 名詞**〉はこれをひとまとめとして，いったん文の先頭に移動させる。〈所有格 + 名詞〉は意味・働きのまとまりを作っているから，切り離すことはしない。

① I want to live in **a room**.　　**whose** window is large.
　　　　　　　　　　　　　　　　この文のwhose は初めから文の先頭にある

② **The people** were all nice.　　**whose** house / he visited ⌄.
　　　　　　　　　　　　　　　　whose house ごと文頭に移す

手順(4)　関係代名詞以下の英文を，先行詞の直後（右隣）に置く。

① I want to live in **a room whose** window is large.
→ I want to live in **a room** (**whose** window is large).

（私は窓が大きな部屋で暮らしたい）

② **The people whose** house he visited were all nice.
→ **The people** (**whose** house he visited ˇ) were all nice.

（彼が訪れた家の人たちは皆親切だった）

2．前置詞 with

先行詞が物の場合には，関係代名詞の whose を使う代わりに，所有・所持を意味する**前置詞の with ～ （～を持っている）** を使って表すことが多い。

① I want to live in a room **whose window is large**.
= I want to live in a room **with** a large window.

この英文は主格の関係代名詞を使って，
I want to live in a room **that[which] has a large window**.
と表すこともできる。

解 例題 1

(1) 答 **I have a Japanese friend whose name is Mika.**
　　私にはミカという名前の（名前がミカという）日本人の友達がいる。

→ Her（所有格）が whose に変わる。
I have **a Japanese friend** (**whose** name is Mika).

(2) 答 **The book whose cover is black is my father's.**
　　表紙が黒いその本は私の父のものだ。

→ Its（所有格）が whose に変わる。
The book (**whose** cover is black) is my father's.

(3) 答 **That's the boy whose mother I'm going to see today.**
　　あれは私がその母親と今日会おうと思っている少年だ。

→ his が whose（所有格）に変わり，whose mother がいったん I'm の前に出る。
That's **the boy** (**whose** mother / I'm going to see ˇ today).

解 例題 2

(1) 答 **Throw away the chairs. Their legs are broken.**

→ 何が先行詞でどこが関係代名詞節かを，英文を見て正確につかむ。

Throw away **the chairs** (**whose** legs are broken).
（脚が壊れているいすは捨てなさい）

(2) 答 **Is that girl Lisa? Her hair is short.**

→ Is **that girl** (**whose** hair is short) Lisa?
（髪が短いその女の子はリサですか）

(3) 答 **The mountain is Mt. Fuji. You can see its top over there.**

→ **The mountain** (**whose** top / you can see ˅ over there) is Mt. Fuji.
（頂上がむこうに見える山が富士山だ）という文構造をまず見抜く。そして whose top がもともとどこにあったのかを考える。

塾技解説 関係代名詞を用いた文を正しく理解するためには，**2文に分けて考える**のが基本だが，瞬間的に英文の構造を見抜くためには，理解した英文を音読することは欠かせない。理屈だけを理解しても英語はできるようにはならない。

演習問題

問題❶ 日本文の意味を表すように，下線部に適語を入れなさい。

(1) 昔，アルフレッドという名の王が住んでいた。
There once lived a king ＿＿＿＿＿ ＿＿＿＿＿ ＿＿＿＿＿ Alfred.

(2) 車を盗まれたその男の人は警察に電話しましたか。
Did the man ＿＿＿＿＿ ＿＿＿＿＿ was ＿＿＿＿＿ call the police?

(3) ポチはしっぽが長い犬ですか。
Is Pochi a dog ＿＿＿＿＿ ＿＿＿＿＿ long tail?

(4) 意味のわからない単語がたくさんある。
There are many words ＿＿＿＿＿ ＿＿＿＿＿ ＿＿＿＿＿ don't know.

 (1) 答 **whose name was**
⇒ There once lived **a king** (＿＿＿＿＿ ＿＿＿＿＿ ＿＿＿＿＿ Alfred).
から There once lived **a king**. **His** name was Alfred. がもととなる2文と考える。was を is としないことがポイント。There once lived 〜.（昔〜が住んでいた）は決まった表現。この there に「そこに」の意味はない。

(2) 答 **whose car，stolen**
⇒ Did **the man** (＿＿＿＿＿ ＿＿＿＿＿ was ＿＿＿＿＿) call the police?
から Did **the man** call the police? **His** car was stolen. がもととなる2文と考える。

(3) 答 **with a**

⇒ Is Pochi a dog that[which] has a long tail? とも表せるが，語数が合わない。Is Pochi a dog whose tail is long? としても意味は変わらない。

(4) 答 **whose meanings I**

⇒ There are **many words** (＿＿＿＿＿ ＿＿＿＿＿ ＿＿＿＿＿ don't know ˇ). から There are **many words**. I don't know **their** meanings. がもととなる２文と考える。意味・働きのまとまりである whose meanings は，いったん I の前に出す。

中３で習う分野

関係詞

入試レベルの問題にチャレンジ！

Q 問題1 下線部に適切な関係代名詞を入れなさい。特に入れる必要がなければ，×印を入れなさい。

(1) Is that the man ＿＿＿＿＿＿ wife was killed in the car accident?

(2) My father works for a company ＿＿＿＿＿＿ makes cars.

(3) Soccer is the only sport ＿＿＿＿＿＿ I'm interested in.

(4) This is all ＿＿＿＿＿＿ I can do for you.

(5) There was only one person besides Mick ＿＿＿＿＿＿ knew Susan Ford.

(6) He is the man ＿＿＿＿＿＿ picture you saw in the paper.

Q 問題2 日本文の意味を表すように，[ ]内の語(句)を並べかえなさい。ただし，句読点などは必要に応じて補うこと。

(1) 私は両親がサーカスで働いている少年に会った。（1語補充）
[boy / in / parents / a / a / I / whose / circus / met]

(2) アンは大きな青い目をした内気な少女だった。（1語不要）
[girl / blue / was / with / Ann / whose / eyes / a / large / shy]

(3) こんな退屈な映画はこれまでに見たことがない。（1語不要）
[movie / never / seen / most / this / boring / is / ever / the / I've]

(4) その女性は，道をふさいでいた車の運転手に向かってどなっていた。（1語不要）
[blocking / the woman / at / was / was / who / a driver / the street / whose / shouting / car]

(5) あなたが気に入った絵を描いた画家は，私の友人です。（1語補充）
[painting / of / artist / a / the / friend / liked / is / whose / you]

(6) あなたはそのボタンを押すだけでいい。（1語補充）
[do / button / have / the / all / push / to / to / you]

例題 **1** 日本文の意味を表す4通りの英文を，①～④の[　]内の語を並べかえて作りなさい。

ここがジェーンが話していたパン屋です。

① This is [talked / the / Jane / that / bakery] about.
② This is [talked / the / Jane / which / bakery] about.
③ This is [about / the / Jane / talked / bakery].
④ This is [that / Jane / which / bakery / about / the] talked.　（1語不要）

例題 **2**　次の英文を日本語に直しなさい。

(1) What he said cannot be true.

(2) This is what I want you to do.

(3) I'm going to do what is necessary.

前置詞＋関係代名詞と関係代名詞 what

1．前置詞＋関係代名詞

関係代名詞による2文結合の手順(3)で，〈**前置詞＋関係代名詞**〉ごと文頭に出すこともできる。

手順(1)　This is **the house**.　Tom lives in **it**.

手順(2)　This is **the house**.　Tom lives in **it**.
　　　　　　　　　　　　　　　　　　　　　　↓　①目的格で②人以外だから
　　　　　　　　　　　　　　　　　　which か **that**　※ 前置詞の後ろに置く形は**目的格**

手順(3)　関係代名詞をいったんその文の先頭に移動させる。その際〈前置詞＋関係代名詞〉はこれをひとまとめとして移動させてもいいし，関係代名詞だけを移動させてもいい。ただし，**関係代名詞の that は前置詞の直後では使えない。**

　　　　This is **the house**.　① **which**[**that**] Tom lives **in**.

　　　　　　　　　　　　　　 ② **in which**[× that] Tom lives.

手順(4)　①　This is **the house which**[**that**] Tom lives **in**.

　　　　①′　This is **the house** Tom lives **in**.　　　　← 関係代名詞の目的格の省略

　　　　②　This is **the house in which** Tom lives.　← which は省略できない

→ This is **the house** (**in which** Tom lives).

（ここがトムが住んでいる家だ）

⚠ 前置詞の直後に置かれた関係代名詞は，**目的格でも省略できない**。

⚠ 前置詞の直後では who を whom の代わりに使うことはせず，**whom** を用いる。

Do you know the man **whom** [**who / that**] she is talking **to**?

= Do you know the man **to whom** [× who / × that] she is talking?

（彼女が話をしている男性を知っていますか）

〈前置詞＋関係代名詞〉ごと文頭に移した形は文語（書き言葉）的な表現で，会話ではあまり使われない。

2. 関係代名詞 what

関係代名詞の what は，先行詞 the thing と関係代名詞 which[that] を用いた **the thing which**[**that**] に相当し，「～なもの・こと」を意味する。関係代名詞 what には当然のことだが先行詞はない。

What I want now is a cup of hot coffee.

（私が今ほしいものは1杯の熱いコーヒーだ）

(= **The thing which**[**that**] I want now is a cup of hot coffee.)

I don't believe **what** she said.　（私は彼女が言ったことを信じない）

(= I don't believe **the thing which**[**that**] she said.)

解 例題1

答 ① (This is) **the bakery that Jane talked** (about).

② (This is) **the bakery which Jane talked** (about).

③ (This is) **the bakery Jane talked about**.

④ (This is) **the bakery about which Jane** (talked). （that が不要）

→ This is the bakery. Jane talked about it[＝the bakery]. を関係代名詞の目的格を用いて2文結合したものと考えればいい。③は関係代名詞を省略した文，④は〈前置詞 about ＋関係代名詞〉ごと文頭に移したものなので，that は使えない。

解 例題2

(1) 答 彼が言ったことが本当であるはずはない。

→ まず文の主部と動詞をつかむ。<u>**What** he said</u> <u>cannot be true</u>.
　　　　　　　　　　　　　　　　　　　S　　　　　V

文頭の what は関係代名詞，cannot については **塾技⑩ 助動詞can** 参照。

(2) 答 これが私があなたにしてもらいたいことだ。

→ This is **what** I want you to do.
   S V   C

what は関係代名詞，want you to do の部分については**塾技㉛** to不定詞を用いた**重要構文**(2)参照。

(3) 答 私は必要なことはするつもりです。

→ I'm going to do **what** is necessary.
   S   V   O

= I'm going to do **the thing** (**which** is necessary).

塾技解説 関係代名詞の **what** によって導かれる関係代名詞節〈**what 〜**〉は〈**the thing which 〜**〉に相当することからもわかる通り，名詞と同じように文の主語になったり，補語や目的語になったりする。1つの大きな名詞のかたまりと考えればいい。

演習問題

問題❶ 日本文の意味を表すように，（　　　）内に適語を入れなさい。

(1) 君はしたいと思うことをしていいんだ。
You can (　　　　　) (　　　　　) you like.

(2) あなたにとって重要なことは私にとっても重要なのです。
(　　　　　) (　　　　　　) important to you is also important to me.

(3) 私の娘が寝ているベッドはかたい。
① The bed (　　　　　) my (　　　　　) (　　　　　) (　　　　　) is hard.
② The bed my (　　　　　) (　　　　　) (　　　　) is hard.
③ The bed (　　　　) (　　　　　　) my (　　　　　) (　　　　　) is hard.

(4) 彼にはそのお金を借りることができる友人がいなかった。
① He had no friend (　　　　　) whom (　　　　　) (　　　　　) (　　　　　) the money.
② He had no friend (　　　　　) (　　　　　) (　　　　　) the money (　　　　).
③ He had no friend (　　　　　) (　　　　　) (　　　　　) (　　　　　) the money (　　　　).

解 (1) 答 **do what**
⇒ You can do **what** you like. で「君は君が好きなことをすることができる」が
         S   V   O
直訳。

(2) 答 **What is**

⇒ <u>**What** is important to you</u> is also important to me. で,
      S   V

= <u>**The thing** (**which** is important to you)</u> is also important to me.
     S   V

と同じ内容。

(3) 答 ① **which〔that〕, daughter sleeps in**
      ② **daughter sleeps in**
      ③ **in which, daughter sleeps**

⇒ **The bed** is hard. My daughter sleeps in **it**〔= the bed〕. がもととなる2
文。②は目的格の関係代名詞を省略した文, ③は前置詞 in の直後なので that は
使えない。

(4) 答 ① **from, he could borrow**
      ② **he could borrow, from**
      ③ **whom〔who / that〕he could borrow, from**

⇒ 「A を B から借りる」は borrow A from B。He had no **friend**. He could
borrow the money from **him〔her〕**. をもととなる2文と考えればいい。「借
りることができる」の日本語につられて can としないことは重要なポイント。

解答→別冊 p.48

⚑ 入試レベルの問題にチャレンジ！

Q 問題 1 次の下線部に誤りがあれば訂正しなさい。

(1) I enjoyed the book <u>that you told me to read it</u>.

(2) The woman <u>who I was dancing</u> stepped on my toes.

(3) What's the name of the boy <u>whose you borrowed bike</u>?
   （君が自転車を借りた男の子の名前は何ていうの？）

(4) I met a man <u>who I thought was a soldier</u>.

(5) <u>What you need to do to choose one of them</u>.

Q 問題 2 次の英文を日本語に直しなさい。

(1) I think Tom is a person you can have fun with.

(2) What I wanted, more than anything else, was a few days' rest.

(3) What seems easy at first often turns out to be difficult.

(4) God helps those who help themselves.

(5) Who that knows her character will believe her?

例題 **1** 2つの文が同じ意味を表す1つの文となるように，（　　）内に適語を入れなさい。ただし **which** と **that** はそれぞれ1度しか使わないものとする。

It's the country. My grandfather was born in the country.

① It's the country (　　　　　) my grandfather was born (　　　　　).
② It's the country my grandfather was born (　　　　　).
③ It's the country (　　　　　) (　　　　　) my grandfather was born.
④ It's the country (　　　　　) my grandfather was born.

例題 **2** 各組の英文が同じような意味を表すように，（　　）内に入れるべき適切なものを選びなさい。

(1) What's the name of the country? You went to the country last month.
What's the name of the country (　　) you went last month?
① which　　② to that　　③ where　　④ what

(2) India is a country. I've wanted to visit the country for a long time.
India is a country (　　) I've wanted to visit for a long time.
① which　　② to that　　③ where　　④ what

関係副詞としての where・when・why・how ❗

where・**when**・**why**・**how** は関係副詞として使われることがある。
関係副詞は〈前置詞＋関係代名詞〉に相当する。

1. 場所を先行詞とする関係副詞 where

That is the hotel. We stayed **at** the hotel[＝it] last year. の2文で

↓

which

と the hotel[＝it]を関係代名詞の which に変えて2文結合するほかに，直前の at を含めた **at which** の2語を関係副詞の **where** に変えて2文結合することもできる。

That is the hotel **at which** we stayed last year.　　→ 関係代名詞を使った文

That is the hotel **where** we stayed last year.　　→ 関係副詞を使った文
（あれは昨年私たちが泊まったホテルだ）

疑問詞の where は場所をたずねる疑問文で用いるが，関係副詞として用いる where は**場所を表す名詞が先行詞となる**。

2. 時を先行詞とする関係副詞 when

1945 is <u>the year</u>. World War Ⅱ ended **in** <u>the year</u>[＝it]. の2文では
  └→ 年号を表すin

the year[＝it]を関係代名詞の which に変えて2文結合するほかに, 直前の in を含めた **in which** の2語を関係副詞の **when** に変えて2文結合することもできる。

1945 is <u>the year</u> **in which** World War Ⅱ ended.

1945 is <u>the year</u> **when** World War Ⅱ ended.
（1945年は第二次世界大戦が終わった年だ）

関係副詞の when は**時を表す名詞**が先行詞となる。

3. reason（理由）を先行詞とする関係副詞 why

I don't know <u>the reason</u>. He went there **for** <u>the reason</u>[＝it]. の2文では

I don't know <u>the reason</u> **for which** he went there.

I don't know <u>the reason</u> **why** he went there.
（私は彼がそこへ行った理由を知らない）

関係副詞の **why** は「理由」を意味する **reason** を先行詞とする。

※この文は先行詞 the reason と関係副詞 why のどちらかを省略し, 次のように表すことが多い。

I don't know **why** he went there.

I don't know **the reason** he went there.

4. way（方法）を先行詞とする関係副詞 how

This is <u>the way</u>. I did it **in** <u>the way</u>[＝it]. の2文で関係代名詞を使えば

This is <u>the way</u> **in which** I did it.

となるが, 関係副詞 **how** を使って

This is <u>the way</u> <u>how</u> I did it.（×）

とはしない。the way how と並べて使うのは古い言い方で, 今の英語では the way と how のどちらかを必ず省略する。よって

This is **how** I did it.

This is **the way** I did it.
（これが私がそれをした方法だ → こうして私はそれをした）

とする。

答 ① that, in ② in ③ in which ④ where
（そこは私の祖父が生まれた国だ）

→ It's the country. My grandfather was born in the country [＝ it]. の下線部に着目し，2文結合すればいい。②は目的格関係代名詞の省略。③は前置詞の直後なので that は使えない。④の文には前置詞 in がないので関係副詞の where とする。

(1) 答 ③ （あなたが先月行った国の名前は何ですか）

→ 下の文の went の後ろに to がない。
よって What's the name of the country? You went to the country last month. の前置詞 to を含めた to the country を，関係副詞の where に変える。

(2) 答 ① （インドは私がずっと訪れたいと思っている国だ）

→ 先行詞が場所だから where と決めつけないことがポイント。
India is a country. I've wanted to visit the country for a long time. で the country の前に前置詞はないから，the country は関係副詞の where とはならない。（visit は直後に in や to などの前置詞は置かないから，関係副詞の where と共には使わない。）

関係副詞を学習した途端に，先行詞が場所だから where，時だから when などと決めつけてかかる人がでてくるが，少し考えればそれが誤りであることは明らかだろう。関係詞の文法問題は，迷ったら2文に分けて考えることを忘れないようにしよう。

✏ 演習問題

問題❶ 日本文の意味を表すように，（　　）内に適語を入れなさい。

(1) 私たちが初めて会った日を，私は決して忘れない。
　① I'll never forget the day (　　　　　) (　　　　　) we first met.
　② I'll never forget the day (　　　　　) we met (　　　　　) the first time.
(2) 彼は私にうそをついた。だから私は彼に腹を立てているのだ。
　① He (　　　　　) a lie to me. That is (　　　　　) I'm angry with him.
　② He lied to me. That is (　　　　　) (　　　　　) I'm angry with him.
(3) このようにして，私はたいてい魚を料理するのです。
　① This is (　　　　　) I usually cook fish.
　② This is (　　　　　) (　　　　　) I usually cook fish.

解 (1) 答 ① **on which** ② **when，for**

⇒ ①は I'll never forget <u>the day</u>. と We first met on <u>the day</u>. がもととなる
2文。
└→「日付・曜日」のon

②は I'll never forget <u>the day</u>. と We met for the first time on <u>the day</u>.
がもととなる2文。「初めて」は副詞の first か，for the first time で表す。

(2) 答 ① **told，why** ② **the reason**

⇒ 「だから私は彼に腹を立てているのだ」は「それが私が彼に腹を立てている理由
だ」と考える。That is the reason. I'm angry with him for <u>the reason</u>
[＝it]. の2文で，前置詞 for を含めた for the reason を関係副詞の why に置
きかえ，That is <u>the reason</u> why I'm angry with him. とする。先行詞 the
reason を省略すれば①，why を省略すれば②の文となる。特に①の〈**That is
why ＋ S ＋ V ～.**〉は「**だから～，そのような理由で～**」を意味するフレーズと
して覚えておいた方がいい。

(3) 答 ① **how** ② **the way**

⇒ 「このようにして，私はたいてい魚を料理するのです」は「これが私がたいてい
魚を料理する方法です」と考え，関係副詞の how を使って表す。①の〈**This is
how ＋ S ＋ V ～.**〉も「**このようにして～（する）**」を意味するフレーズとして覚
えておいたほうがいい。

🚩 **入試レベルの問題にチャレンジ！**   解答→別冊 *p.50*

Q 問題 1 次の（   ）内に，**that** 以外の関係詞を入れなさい。

(1) That's the house (   ) I lived for a while.

(2) That's the house (   ) we used to live in.

(3) That's the house (   ) she lived in her childhood.

(4) That's the house (   ) he built for himself.

(5) That's the house (   ) I'm moving to next week.

(6) That's the house (   ) she grew up.

(7) Fall is the season (   ) the weather becomes cooler.

(8) Fall is the season (   ) I like best.

Q 問題 2 次の（   ）内の語のうち，適切なものを選びなさい。

(1) It was raining hard. That's (why, because) I didn't come on foot.

(2) I didn't come on foot. That's (why, because) it was raining hard.

塾技 52 間接疑問(1)

例題 1 次の疑問文を下の書き出しに続けて1文にし，その文を日本語に直しなさい。

(1) Where does she come from?
    I don't know _____

(2) What is he afraid of?
    Do you know _____

(3) What happened to Mary?
    I wonder _____

(4) Which PC should I buy?
    Tell me _____

間接疑問は語順が肝心 ❶

1. 間接疑問の語順

疑問詞のある疑問文を他の文の中に組み込むときは，ふつうの文と同じ〈疑問詞＋S＋V
〜〉の語順にする。この組み込まれた文を**間接疑問**という。

1）間接疑問では接続詞 that は不要。

I don't know ＋ Where is the hotel?

→ I don't know [**where the hotel is**].
              疑問詞   S   V
（私はそのホテルがどこにあるか知らない）

この文を I don't know that where the hotel is.（×）としないこと。間接疑問では
疑問詞が2組の S＋V 〜を結びつける**接続詞の役割**を果たしているので，接続詞 that
は不要。

I wonder ＋ Why did Paul say that?

→ I wonder [**why Paul said** that].　（ポールはなぜあんなことを言ったのかな）
           疑問詞 S   V

※ **wonder** 〜は自問して「〜を知りたいと思う，〜かなと思う」を意味する動詞で，
間接疑問とともによく用いられる。

2）疑問詞が主語を兼ねていれば，見かけ上〈疑問詞＋V〜〉となる。

Do you know ＋ Who went there?

→ Do you know [**who went** there]?　（だれがそこに行ったか知っていますか）
           疑問詞(S) V

疑問詞が主語の場合は，もとになる疑問文の語順がそのまま間接疑問の語順になる。

3）疑問詞は1語で働くとは限らない。〈疑問詞＋α〉で意味のまとまりを作る場合もあることを忘れてはいけない。

Tell me ＋ What book should I read first?

→ Tell me〔**what book** **I** **should read** first〕.
　　　　　　　　 疑問詞＋α　　S　　　V

（最初にどんな本を読んだらいいか教えて）

2. 時制の一致

主文の動詞が過去形になっているときは，それに続く間接疑問の内容もふつう過去の内容を表すので，**間接疑問の動詞も過去形になる**（これを「時制の一致」と呼ぶ）。

① 彼がどこに住んでいるかを私は知っている。 I know where he lives.（○）

② 彼がどこに住んでいるかを私は知っていた。 I **knew** where he lives.（×）
　　　　　　　　　　　　　　　　　　　　　　　　　　　　　↓
　　　　　　　　　　　　　　　　　　　　　　 I **knew** where he lived.（○）

日本語では，「住んでいる」という現在を表す形が，②の日本文に見られるように過去の内容を表すことがある。**英語は日本語とは違って「過去の内容は過去形で表す」**ので注意が必要。

〔解〕 例題 1

(1) 〔答〕 (I don't know) **where she comes from.**
　　　　私は彼女がどこの出身なのか知らない。

　　→ come としないこと。I don't know〔**where she comes** from〕.
　　　　　　　　　　　　　　　　　　　 疑問詞　　　S　　　V

(2) 〔答〕 (Do you know) **what he is afraid of?**
　　　　彼が何を恐れているか知っていますか。

　　→ Do you know **what he is afraid of**?
　　　　　 S　　V　　　　　　　O

　　　と〔what he is afraid of〕全体が動詞 know の目的語になっている。このように，間接疑問は**動詞の目的語**になることが多い。

(3) 〔答〕 (I wonder) **what happened to Mary.**
　　　　メアリーに何が起こったのだろう。

　　→ I wonder〔**what happened** to Mary〕.
　　　　　　　　　　疑問詞(S)　　 V

　　　what が主語(S)として働いていることがわからなかったら，**塾技①②疑問詞のある疑問文**(1)(2)へ。

(4) 答 (Tell me) **which PC I should buy.**
どちらのパソコンを買ったらいいか教えて。

→ which PC で〈疑問詞＋α〉の形の意味のまとまりを作っている。
Tell me [**which PC** **I** **should buy**].
　　　　　　 疑問詞＋α　 S　　　V

 間接疑問の語順は，疑問詞が主語でなければ〈疑問詞＋Ｓ＋Ｖ～〉，主語ならば〈疑問詞＋Ｖ～〉。疑問詞の使い方に少しでも不安があれば，**塾技①②** 疑問詞のある疑問文の項目を復習し直そう。

演習問題

(問題**1**) 次の英文に誤りがあれば訂正し，全文を書きなさい。

(1) I don't remember what did my father say to me.

(2) Do you know that who are those women?

(3) Tell me which car is yours.

(4) I don't know how many there are students in this class.

(5) I can't remember when is her birthday.

(6) I wonder how it is heavy.

(7) I have no idea who did the dishes.

(解) (1) 答 **I don't remember what my father said to me.**
（父が私に何と言ったのか覚えていない）
⇒ I don't remember [**what** **my father** **said** to me].
　　　　　　　　　　　　　疑問詞　　 S　　　 V

(2) 答 **Do you know who those women are?**
（あの女の人たちはだれだか知っていますか）
⇒ Do you know [**who those women are**]?
　　　　　　　　　 疑問詞　　 S　　　 V

(3) 答 **誤りなし** （どの車が君のものなのか教えて）
⇒ Tell me [**which car is** yours].
　　　　　　 疑問詞(S) V
which car （どの車）で意味のまとまりを作っている。

(4) 答 **I don't know how many students there are in this class.**
（このクラスには何人の生徒がいるのか私は知らない）
⇒ I don't know [**how many students** **there are** in this class].
　　　　　　　　　 疑問詞＋α　　　　 ふつうの文と同じ語順

242

(5) 答 **I can't remember when her birthday is.**

（彼女の誕生日がいつなのか思い出せない）

⇒ I can't remember [**when** her birthday is].
　　　　　　　　　　　疑問詞　　S　　　V

remember は「①思い出す ②覚えている」の2つの意味を覚えておこう。

(6) 答 **I wonder how heavy it is.** （それはどれくらい重いのだろう）

⇒ I wonder [**how heavy** it is].
　　　　　　　疑問詞＋α　S　V

(7) 答 **誤りなし** （だれが皿を洗ったのかわからない）

⇒ I have no idea [**who did** the dishes].
　　　　　　　　　　疑問詞(S)　V

who は一般動詞 did の主語になっている。I have no idea は I don't know と
ほぼ同じ内容を表す。do the dishes で「(食後に) 皿洗いをする」を意味する。
この do は「～を処理する」を意味し，目的語によって意味が変化する。do the
room（部屋の掃除をする），do one's face（化粧をする）。

入試レベルの問題にチャレンジ！

解答→別冊 p.51

Q 問題 1　1語を補い，日本文の意味を表すように，[　　]内の語を並べかえなさい。ただし，句読点などは必要に応じて補うこと。

(1) 私は彼らが何と言おうと気にしない。
　[about / they / say / care / I / what]

(2) あの男の人にどのバスが都心部へ行くか聞いてみて。
　[bus / that / downtown / goes / which / man]

(3) あなたのお父さんがどんな人なのか知りたいな。
　[father / like / is / to / your / I'd / know / what]

(4) 私は他に何ができるだろうかと考えようとしていた。
　[think / could / was / to / I / I / do / trying / what]

(5) どれくらいしたら車の運転ができるようになるかなあ。
　[me / will / drive / I / long / to / to / wonder / how / take / learn]

Q 問題 2　(　　)内の条件に従い，次の日本文を英語に直しなさい。

(1) 彼はあの音は何なのだろうかと考えた。　（wonder, noise を使って6語で）

(2) 答えを知っているのはだれなのか見当がつかなかった。　（idea を使って8語で）

(3) その会議に何人来たか私は覚えていない。　（meeting を使って10語で）

例題 1 1 文にまとめ，その文を日本語に直しなさい。

(1) Do you know ＋ What is that man looking for?

(2) Do you think ＋ Where has she moved?

(3) Do you think ＋ How much did he pay for the T-shirt?

(4) Will you see ＋ Is there any butter in the fridge?

(5) I'm not sure ＋ Will he come back?

文全体の意味をよく考える ❗

1. 文全体が Yes / No で答えられる内容か

間接疑問を含む文で，**Yes / No で答えられない内容の疑問文は疑問詞を文頭**に置く。

① 「私がそこでだれに会ったか知っていますか」は
↓
「はい，知っています。/ いいえ，知りません」と Yes / No で答えられる内容。
↓
Do you know <u>who</u> I met there? — Yes, I do. / No, I don't.

② 「私がそこでだれに会ったと思いますか」は
↓
「はい，思います。/ いいえ，思いません」と Yes / No で答えられない内容。
↓
Do you think <u>who</u> I met there? (×)
↓
Who do you think ˇ I met there? (○)
— I think (that) you met Jim. などと答える。

このような例は，間接疑問が **think**, **say** などの動詞に続く（目的語になっている）ときに起こる。

2. 疑問詞を含まない間接疑問

疑問詞を含まない疑問文を他の文の中に組み込むときは，「〜かどうか」を意味する接続詞の **whether** か **if** を用いて，〈**whether[if]** + S + V 〜〉とする。

I don't know ＋ Is he free? →「彼が暇かどうか私は知らない」を意味する文になる。

= I don't know **whether[if]** he is free.

これは決まりというよりも，意味を考えれば当然のことと言える。

解 例題 1

(1) 答 **Do you know what that man is looking for?**
あの男の人が何を探しているか知っていますか。

→ Yes / No で答えられる内容なので，what を文頭に出してはならない。

(2) 答 **Where do you think she has moved?**
彼女はどこに引っ越したのだと思う？

→ Do you think <u>where</u> she has moved? (×) としないこと。Yes / No で答えられない内容なので，疑問詞 where を文頭に移す。語順に迷ったら，**一度間違った文を作ってから疑問詞を文頭に移してみるといい。**

(3) 答 **How much do you think he paid for the T-shirt?**
彼がそのTシャツにいくら払ったと思いますか。

→ Do you think <u>how much</u> he paid for the T-shirt? (×) で意味のまとまりの how much(いくら)ごと文頭に移す。意味・働きのまとまりはどんな時も切り離さない。

(4) 答 **Will you see whether[if] there is any butter in the fridge?**
冷蔵庫にバターがあるかどうか見て確かめてくれる？

→ この文の see は「見て確かめる」を意味する。

(5) 答 **I'm not sure whether[if] he will come back.**
彼が戻ってくるかどうかよくわからない。

→ 〜 if he <u>comes</u> back. としないこと。「〜かどうか」を意味する **if** 節の動詞は未来のことでも現在形にする必要はない（塾技❻❶ 従位接続詞(2)参照）。

間接疑問の疑問詞を文頭に移す文を学習すると，疑問詞を全て文頭に移す人が出てくる。疑問詞が文頭にくるのは，文全体が Yes / No で答えられない内容のときのみ。

245

問題❶ 次の英文の下線部の動詞を過去形にすると文全体の意味はどうなるかをよく考え，全文を書きなさい。

(1) I <u>don't</u> know whether he likes the plan or not.

(2) I <u>want</u> to know how I can get to the place.

(3) I <u>wonder</u> if that will happen again.

(解) (1) **答** **I didn't know whether he liked the plan or not.**
   （彼がその計画を気に入っているかどうか私にはわからなかった）
   ⇒ I <u>didn't</u> know に続く「彼がその計画を気に入っているかどうか」は過去の内容なので，動詞は過去形にする（時制の一致，**塾技㊿** 間接疑問(1)参照）。文末の or not は強調語句のようなもので，なくても意味は変わらない。

(2) **答** **I wanted to know how I could get to the place.**
   （どうしたらその場所に着けるか知りたかった）
   ⇒ (1)と同様に時制の一致により，助動詞 can は過去形の could とする。

(3) **答** **I wondered if that would happen again.**
   （そのようなことが再び起こるだろうかと思った）
   ⇒

   上の図からもわかる通り，現在から見た未来に対する意志や推量は will を使って表すが，**主文の過去形動詞 wondered の時点から見た未来に対する意志や推量は，will の過去形 would を使って表す**。

問題❷ 各組の英文が同じような意味を表すように，（　）内に適語を入れなさい。

(1) I don't know what I should do.
   I don't know (　　　　) (　　　　) (　　　　).

(2) He was not certain which way they should take.
   He was not certain (　　　　) (　　　　) (　　　　) (　　　　).

(3) The man told me where I could find it.
   The man told me (　　　　) (　　　　) (　　　　) it.

(解) (1) **答** **what to do** （どうすべきかわからない）
   ⇒ 〈疑問詞＋ to 不定詞〉は **should** または **can[could]** を用いた**間接疑問**と同じような意味を表す。以下(2)，(3)も同じ。〈疑問詞＋ to 不定詞〉は**塾技㉚ to不定詞を用いた重要構文**(1)参照。

(2) 答⟩ **which way to take**

 (彼はどちらの道をとるべきかよくわからなかった)

 ⇒ which way（どちらの道）で意味のまとまり。be certain（確信している）は
 be sure と同じ意味。

(3) 答⟩ **where to find**

 (その男の人は私にどこでそれを見つけられるか教えてくれた)

入試レベルの問題にチャレンジ！

Q 問題 1 日本文の意味を表すように，[   ]内の語を並べかえなさい。ただし，句読点などは必要に応じて補うこと。

(1) この文がどんな意味なのか教えてくれますか。
 [me / can / means / this / what / tell / sentence / you]

(2) 彼はどのような仕事をしているとあなたは思ったのですか。
 [of / did / did / work / kind / he / what / think / you]

(3) だれがベンに電話したとあなたは言いましたか。
 [called / did / say / Ben / who / you]

(4) だれの車が故障したと思いますか。
 [broke / whose / down / you / think / car / do]

(5) 彼が本当のことを言っているのかどうか疑わしいと思った。（1語補充）
 [truth / if / I / he / the / doubted / telling]

(6) あとどれくらいしたら夕食の用意が整うかと彼女はたずねた。（1語補充）
 [dinner / asked / soon / ready / she / be / how]

Q 問題 2 次の英文を日本語に直しなさい。

(1) Tell me which of you did it.

(2) She's looking for a job which will allow her to spend time with her children.

(3) How much time we have for the test matters to me.

中3で習う分野

間接疑問と話法

例題 **1**　次の英文に誤りがあれば訂正しなさい。

(1) She told that she was in trouble.

(2) He asked where I'm going.

例題 **2**　各組の英文が同じような意味を表すように，（　　　）内に適語を入れなさい。

(1) The man said to me, "I have something to tell you."
　　The man (　　　　　) me (　　　　　) (　　　　　) (　　　　　) something to tell (　　　　　).

(2) Jack said, "I'm not waiting for Mary."
　　Jack (　　　　　) (　　　　　) (　　　　　) waiting for Mary.

(3) He said to her, "Can you work until nine o'clock?"
　　He (　　　　　) her (　　　　　) (　　　　　) (　　　　　) work until nine o'clock.

(4) She said, "Where is the station?"
　　She (　　　　　) (　　　　　) (　　　　　) (　　　　　) (　　　　　).

(5) The police officer said to me, "Show me your driver's license."
　　The police officer (　　　　　) me (　　　　　) show (　　　　　) (　　　　　) driver's license.

(6) I said to him, "Take off your coat, please."
　　I (　　　　　) him (　　　　　) take off (　　　　　) coat.

引用符内の文の種類と４つのチェックポイント ❗

１. 人の発言を伝える方法

　ある人の言葉をほかの人に伝えるには，引用符（いんようふ）（" "）を用いてある人が言った言葉をそのまま伝える直接話法と，伝える人（話し手）の言葉に置きかえてその内容を伝える間接話法の２種類がある。

(1) 直接話法

　　Tom said to me, "I'm hungry."　　　（トムは私に「僕は空腹だ」と言った）

(2) 間接話法

　　Tom told me (that) he was hungry.　（トムは空腹だと私に言った）

2. 話法の書きかえ

直接話法を間接話法に書きかえるには，次の４つのポイントに注意する。

まず，**引用符 (" ") の中の文の種類**をチェックし，その上で

① **伝達動詞** (主文の「〜と言う」にあたる動詞) を選ぶ。

② **接続詞**を選ぶ。

③ **代名詞**などを伝える人 (話し手) の立場から見直して，適当な形に変える。

④ **時制の一致**に従う。(**塾技52** 間接疑問(1)参照)

中3で習う分野

間接疑問と話法

1) 直接話法の引用符 (" ") の中が**肯定文・否定文**の場合

[**直接話法**]　Tom said to me, "I'm hungry."

[**間接話法**]　Tom <u>**told**</u> me (<u>**that**</u>) <u>**he**</u> <u>**was**</u> hungry.
　　　　　　　　　　①　　　　　②　　　③　④

👆 **チェックポイント**

① 間接話法では〈**tell + 人 + (that) + S + V 〜**〉の形にする。「人」が明示されていなければ，〈**say (that) + S + V 〜**〉の形にする。

　　　Tom said, "I'm hungry." → Tom <u>said</u> (that) he was hungry.
　　　　　　　　　　　　　　　　　　　　①

② 接続詞は文の意味を考えれば，「〜ということ」を意味する **that** となる。

③ 引用符 (" ") の中の代名詞 I は伝える人 (話し手) から見ると Tom つまり **he** となる。

④ Tom <u>**told**</u> me に続く that 以下は過去の内容なので，過去形の **was** とする (時制の一致)。結果として引用符 (" ") の中の動詞の時よりもひとつ古いものとなる。

2) 直接話法の引用符 (" ") の中が**疑問文**の場合

[**直接話法**]　I said to her, "Where are you going?"
　　　　　　　　(私は彼女に「どこへ行こうとしているのですか」と言った)

[**間接話法**]　I <u>**asked**</u> her <u>**where**</u> <u>**she**</u> <u>**was**</u> going.
　　　　　　　　　①　　　　　②　　③　④

[**直接話法**]　She said, "Is it interesting?"
　　　　　　　　(彼女は「それはおもしろいですか」と言った)

[**間接話法**]　She <u>**asked**</u> <u>**if**[**whether**]</u> it <u>**was**</u> interesting.
　　　　　　　　　　①　　　　　②　　　　④

👆 **チェックポイント**

① 伝達動詞は **ask** (たずねる) とする。

② **接続詞とそのあとの語順は間接疑問の考え方に従う。**すなわち疑問詞があれば接続詞の代わりに疑問詞を，なければ「〜かどうか」を意味する **if**[**whether**]を使う。これらは決まりというよりは，落ち着いて意味や単語の働きを考えれば当然のことと言える。

249

3）直接話法の引用符（" "）の中が**命令文**の場合

[**直接話法**]　He said to us, "Get out of the room."
（彼は私たちに「部屋から出ていけ」と言った）

[**間接話法**]　He **told** us **to** get out of the room.
　　　　　　　　　　①

[**直接話法**]　She said to me, "Please help me."
（彼女は私に「助けてください」と言った）

[**間接話法**]　She **asked** me **to** help her.
　　　　　　　　　①

👆 チェックポイント

① 〈**tell ＋ 人 ＋ to 不定詞**〉（**人に～するように言う**）の構文を使う。命令文に **please** がついていたら，〈**ask ＋ 人 ＋ to 不定詞**〉（**人に～してくれと頼む**）とする（**塾技㉛** to 不定詞を用いた重要構文(2)参照）。

② 接続詞は使わない。

③ 〈**tell〔ask〕＋ 人 ＋ to 不定詞**〉の構文では，「人」と to 不定詞との間には**意味上主語と述語の関係**があることを考えると，代名詞は決めやすくなる。
She asked <u>me</u> <u>to help</u> her. → 私（me）が 彼女を助ける（help her）

④ to 不定詞を使うので，時制の一致は関係ない。

[解] [例題 **1**]

(1)　[答] **told → said**（または **told → told me**）（彼女は困っていると言った）

　→ He told that S ＋ V ～.（×）という文は誤り。tell はその直後に接続詞 that を従えることはできない。told を said とするか，「人」を置き He told <u>me</u> that S ＋ V ～. などとする。be in trouble で「困っている」。

(2)　[答] **I'm → I was**（彼は私がどこに行こうとしているのかとたずねた）

　→ He <u>asked</u> と過去形なので時制の一致に従う。ask は tell と異なり，He asked（me）where I was going. のように ask のあとの「人」はなくても可。

[解] [例題 **2**]

(1)　[答] **told, that he had, me**（その男性は私に話したいことがあると言った）

　→ 引用符の中は肯定文。

(2)　[答] **said he wasn't**（ジャックはメアリーを待っているのではないと言った）

　→ 引用符の中は否定文。接続詞 that は省略されている。

(3)　[答] **asked, whether〔if〕she could**
（彼は彼女に9時まで働けるかどうかとたずねた）

→ 引用符の中は疑問詞のない疑問文。until ～（～まで［ずっと］）

(4) 〔答〕 **asked where the station was**　（彼女は駅はどこかとたずねた）

→ 引用符の中は疑問詞のある疑問文。asked を said としないこと。

(5) 〔答〕 **told, to, him[her] my**
　　　（警察官は私に運転免許証を見せるようにと言った）

→ 引用符の中は命令文。license（免許〔証〕）。

(6) 〔答〕 **asked, to, his**　（私は彼にコートを脱いでくれと頼んだ）

→ 引用符の中は please がついた命令文。take off ～（～を脱ぐ）⇔ put on ～（～を身につける）。

塾技解説 話法の転換はただその手続きを覚えるのではなく，**文の意味をよく考え，話し手の立場や状況を思い描きながら書きかえる**ことが大切。

✎ **演習問題**

(問題❶)　各組の英文が同じような意味を表すように，（　　）内に適語を入れなさい。

(1) The boy said, "My mother doesn't wear glasses."
The boy (　　　　) (　　　　) (　　　　) mother (　　　　) wear glasses.

(2) He said, "Is there a gas station near here?"
He (　　　　) (　　　　) (　　　　) (　　　　) a gas station near there.

(3) The elderly woman said, "When will it be ready?"
The elderly woman (　　　　) (　　　　) (　　　　) (　　　　) (　　　　) ready.

(4) The man said to us, "Don't play in my garden."
The man (　　　　) (　　　　) (　　　　) (　　　　) play in (　　　　) garden.

(5) My father said, "The news may not be true."
My father (　　　　) the news (　　　　) not be true.

(6) She said, "Please don't swim out too far, Jack."
She (　　　　) (　　　　) (　　　　) (　　　　) swim out too far.

(7) She said to me, "Who lives next door?"
She (　　　　) (　　　　) (　　　　) (　　　　) next door.

⑻ I said to them, "You'll be surprised when you know it."

I (   ) them (   ) (   ) surprised when (   )
(   ) it.

⑼ I said to Mike, "Will you give me something to write with?"

I (   ) Mike (   ) (   ) (   ) something to
write with.

⑽ She said, "How much does it cost to send a postcard to Japan by air?"

She (   ) (   ) (   ) (   ) (   ) to send
a postcard to Japan by air.

(解) ⑴ 答 **said that his, didn't**
   (その少年は自分の母親はメガネをかけていないと言った)
   ⇒ wear ～は「～を身につけている」という「状態」を, put on ～は「～を身につける」という動作を表す。

⑵ 答 **asked whether[if] there was**
   (彼はそのあたりにガソリンスタンドはあるかとたずねた)
   ⇒ gas station で「ガソリンスタンド」(gasoline stand とはふつう言わない)。

⑶ 答 **asked when it would be**
   (その年配の女性はそれはいつ準備ができるのかとたずねた)
   ⇒ elderly (年配の) は old (年をとった) よりも丁寧な語。

⑷ 答 **told us not to, his** (その男性は私たちに彼の庭で遊ばないようにと言った)
   ⇒ to not としないこと。to 不定詞の否定は **not to 不定詞**。

⑸ 答 **said, might** (父はそのニュースは本当ではないかもしれないと言った)
   ⇒ 助動詞 may (～かもしれない) の過去形は might。

⑹ 答 **asked Jack not to**
   (彼女はジャックにあまり遠くまで泳いで行かないでと頼んだ)
   ⇒ 引用符の中の Jack は呼びかけ。「ジャックに～しないように頼む」を意味する文にする。

⑺ 答 **asked me who lived** (彼女は隣にはだれが住んでいるのかとたずねた)
   ⇒ who は主語, next door は「隣に[の]」。

⑻ 答 **told, they'd be, they knew**
   (私は彼らにそれを知ったら驚くだろうと言った)
   ⇒ 接続詞 that は省略されている。they would は they'd と短縮できる。

⑼ 答 **asked, to give me** (私はマイクに何か書くものをくれと頼んだ)
   ⇒ 間接話法は内容を伝える伝え方。引用符の中は Please give me something to write with. とほぼ同じ内容と考える。to write **with** のように末尾に前置詞を伴う to 不定詞については, 塾技㉘ to不定詞の3用法 ⑵ を参照。

(10) 答 **asked how much it cost**

　　（彼女は航空便ではがきを日本に送るにはいくらかかるかとたずねた）

⇒〈**It costs ＋ 人 ＋ 金額 ＋ to 〜.**〉で「人が〜するのに金額がかかる」を表す。「人」は省略可。cost の活用は cost－cost－cost，by air は「飛行機で，航空便で」。

▶**発展—過去完了（過去よりも古い過去）**

The old man said, "I wanted to be an actor as a boy."
The old man (　　　　) (　　　　) (　　　　) (　　　　) to be an actor as a boy.

　答 **said he had wanted**

　　（その老人は子供の頃は俳優になりたかったと言った）

⇒ 老人が俳優になりたかったのは，老人が言った（said）過去の時点よりもさらに古い過去。このように**主文の過去よりもさらに古い過去**を表すときは，ふつう**過去完了**〈**had ＋ 過去分詞**〉を用いる。

```
        had wanted        said
───────┼─────────────┼──────────────┼──────────────▶
    さらに古い過去        過去             現在
```

次のように**引用符の中が現在完了**の場合も，過去完了を使って表す。

　　He said, "I **have seen** the movie before."
　　→ He said he **had seen** the movie before.
　　（彼はその映画を見たことがあると言った）

⚠ 主文の過去よりもさらに古い過去であっても，「**歴史上の出来事**」を表すときは過去完了にはしない。過去のまた過去が明らかなときは，過去完了は用いず過去形で表すと考えればいい。

　　I **learned** that Columbus **discovered**[× had discovered] America in 1492.
　　（私はコロンブスが1492年にアメリカを発見したと習った）

🚩 **入試レベルの問題にチャレンジ！**　　　　　　　　　　　解答→別冊 *p.53*

Ｑ**問題1**　次の日本文を，それぞれの条件に従って英語に直しなさい。

(1) 私はジェーンに「熱があるの？」と言った。
　① you，fever を使い直接話法で
　② 間接話法で

(2) 彼は私に「僕のことは心配しなくてもいいよ」と言った。
　① you，have，worry を使い直接話法で
　② 間接話法で

塾技 55 前置詞(1)

例題 1 日本文の意味を表すように，[　]内の語句を並べかえなさい。ただし，句読点などは必要に応じて補うこと。

(1) その写真はその棚の上に置かれた。

[on / photograph / the / the / put / shelf / was]

(2) その棚の上の写真はかなり古いものだった。

[pretty / shelf / photograph / the / the / old / was / on]

例題 2 日本文の意味を表すように，(　)内に適語を入れなさい。

(1) 天井にハエがとまっている。

There is a fly (　　　　　　) the ceiling.

(2) トムは自分の机で勉強している。

Tom is studying (　　　　　　) his desk.

(3) 太陽は東から昇り西へ沈む。

The sun rises (　　　　　　) the east and sets (　　　　　　) the west.

前置詞の働きと場所を表す前置詞 ❗

1. 前置詞の働き

at, in, on, to, for, by などの**前置詞**は，その**直後に名詞や動名詞を従え**，〈前置詞＋(動)名詞〉全体でふつう**名詞や名詞以外の語句を修飾**する。

I saw Jun (**at** the station). （私は駅でジュンに会った）

The boy (**in** the room) is Jim. （その部屋の中にいる男の子はジムだ）

〈前置詞＋(動)名詞〉が名詞を修飾するときは，**名詞の直後**に置く。よって上の意味の英文を The boy is Jim in the room.（×）とはしない。

2. 場所を表す前置詞

場所に関する前置詞のうち，特に注意を要するものを次に示す。

① **in ～**：「～の空間の中に[で，の]」と**何かに囲まれている感じ**を表す。

There are some eggs **in** the fridge. （冷蔵庫の中に卵が入っている）

I came here **in** Tom's car. （トムの車に乗ってここに来た）

※「～の車で[に乗って]」は in one's car。単に「車で」は by car（＝ in a car）とする。

254

② **on ～**：「～の上に[で，の]」に限らず，**何か(の表面)に接触している感じ**を表す。

There was a calendar **on** the wall.　(壁にカレンダーがかけてあった)

She came here **on** a bicycle.　(彼女は自転車に乗ってここに来た)

※「自転車に乗って」は on a bicycle = by bicycle。自動車以外の「電車・バス・飛行機・船に乗って」も on a train[bus, plane, ship] = by train[bus, plane, ship]となる。これらの大きな乗り物は囲まれている感じよりも，上に乗って(接触して)いる感じが勝っていると考える。

※ on とは反対に「～から離れて」と**分離**を表すのが **off**。〈**get on** ＋ 電車やバスなど〉(～に乗る)⇔ **get off** ～(～から降りる)。

She got **off** the bus.　(彼女はバスから降りた)

③ **at ～**：「～のところに[で，の]」と**広がりを意識しない地点としてとらえた場所**を表す。

There is someone **at** the front door.　(だれかが玄関〔のところ〕にいる)

Does this train stop **at** Ueno Station?　(この電車は上野駅にとまりますか)

※こういった質問をするときは，話し手は東京駅・新宿駅・上野駅など路線上の停車駅を考えていて，駅自体の広がりは意識していない。

④ **to ～**：「～まで」と**到達点を含む方向**を表す。

I go **to** school at 8:20.　(私は8時20分に学校に〔着くように〕行きます)

⑤ **for ～**：「～へ向かって」と**これから向かう方向を指し示す感じ**を表すが，to と違って到達点は含まない。

Is this train **for** Aomori?　(この列車は青森行きですか)

⑥ **over ～**：「～の上をおおうように(超えて)」と　**over ～**　という感じを表す。

He jumped **over** the wall.　(彼はその壁を飛び越えた)

She is **over** fifty.　(彼女は50歳を超えている)

※この文は She is **more than** fifty. と書きかえられる(**塾技㉔** 比較(3)の入試レベルの問題 **Q問題❶**(4)参照)。

⑦ **across ～**：「～を横切って(その向こう側に)」と**何かと cross (交差) する感じ**を表す。

The dog swam **across** the river.　(その犬はその川を泳いで渡った)

⑧ **along ～**：「～に沿って」と**細長いものに沿う感じ**を表す。

Let's go for a walk **along** the river.　(川沿いに散歩に出かけよう)

⑨ (a)round ～：「～のまわり・あちこちを[に, の]」と周囲または全体にわたってその中を, ぐるっとひと回りする感じを表す。

> They sat **around** the table.　　（彼らはテーブルのまわりに[囲んで]座った）
>
> She looked **around** the room.　　（彼女はその部屋の中を見回した）

⑩ into ～と out of ～：into ～は「～の（**外から**）**中へ**」, out of ～は「～の（**中から**）**外へ**」という動きを表す。

> An old man came **out of** the room and got **into** the car.
> （1人の老人がその家の中から出てきて車（の中）に乗った）

⑪ through ～：「～を通り抜けて」と**空間の中を通り抜けていく感じ**を表す。

> The thief got into the house **through** a window.
> （その泥棒は窓から家の中に侵入した）

解 例題 1

(1) 答〉 **The photograph was put on the shelf.**

→ 「その写真は」を主語とする受動態の文。on the shelf（その棚の上に）は was put（置かれた）を修飾している。

　　The photograph <u>was put</u>（ **on** the shelf ）.

(2) 答〉 **The photograph on the shelf was pretty old.**

→ 「その棚の写真は」が主語なので The photograph on the shelf で始める。The photograph was pretty old on the shelf.（×）としないこと。〈前置詞＋名詞〉が名詞を修飾するときは, その名詞の直後に置かなければならない。この文の pretty は「かなり, 相当に」を意味する副詞で, very に比べるとやや弱い程度を表す。

　　The <u>photograph</u>（ **on** the shelf ）was pretty old.

解 例題 2

(1) 答〉 **on**

→ 天井の「表面に接触」してハエがいるので on とする。

(2) 答〉 **at**

→ テーブルではなく, こたつでもなく, 「机のところで」勉強していることを表す文だから at となる。

(3) 答〉 **in, in**

→ 日本語の感覚では The sun rises <u>from</u> the east and sets <u>to</u> the west.（×）
としたくなるが，「太陽は東という空間の中で昇り，西という空間の中で沈む」と
英語では考える。英語での考え方を理解し，それに慣れていくことも前置詞の勉
強の1つ。

 前置詞の習得は簡単にはいかない。感覚的なものも関係してくるからだ。まずは，「**in
は囲まれている感じ**」のように，**それぞれの前置詞の基本となる意味・イメージを
確認すること**。その上で，英語的な感覚を徐々に養いながら着実に学習を進めていく
ようにしよう。

中3で習う分野

前置詞

演習問題

問題❶ 次の（　　）内に適語を入れなさい。

(1) Open your textbook (　　　　　) page 71.

(2) The man walked (　　　　　) the direction of Shibuya Station.
（その男は渋谷駅の方向に歩いて行った）

(3) We watched the soccer game (　　　　　) beginning (　　　　　) end.

(4) I was (　　　　) trouble, so I asked her (　　　　) help.

(5) They showed me (　　　　) the school.

(6) Bob took the ring and put it (　　　　　) her finger.
（ボブは指輪を手に取り彼女の指にはめた）

(7) The post office is (　　　　　) the end of the street.
（郵便局はこの通りの突き当たりにあります）

(8) My father weighs (　　　　) 100 kilograms.
（私の父の体重は100キロを超えている）

(9) She didn't come (　　　　) her car. She came (　　　　) a taxi.
（彼女は自分の車に乗って来なかった。タクシーに乗って来た）

(10) There is a convenience store just (　　　　　) the street (　　　　) the
station.
（駅から見て通りのすぐ向こう側にコンビニがある）

(11) I borrowed a book on global warming (　　　　　) the library the other day.
（私は先日図書館で地球温暖化に関する本を借りた）

(12) Go (　　　　) this street one block and turn (　　　　) the right. You
will find the city hall (　　　　) your left.
（この通りを1ブロック行って，右に曲がってください。左側に市役所があります）

解 (1) **答** **at[to]** （テキストの71ページを開きなさい）

⇒ at は「71ページのところを（開きなさい）」，to は「71ページまで（開きなさい）」と理解する。

(2) **答** **in**

⇒ 渋谷駅の方向（direction）という空間の中を歩いて行った，と英語では考える。到達点を含む to とはしない。理解したら **in the direction of ～**（～の方向に）を連語として覚えておこう。

(3) **答** **from, to** （私たちはそのサッカーの試合を始めから終わりまで見た）

⇒ **from A to B** で「A から B まで」。

(4) **答** **in, for** （私は困っていたので彼女に助けを求めた）

⇒ in trouble は「困ったこと（trouble）の中に囲まれている（in）」感じから，**be in trouble** で「困っている」という状態を表す。他に **be in danger**（危険な状態にある），**be in good health**（健康である），**be in a hurry**（急いでいる）も覚えておこう。〈**ask 人 for ～**〉は「人に～を求める」の連語で，「人に～を指さして（for）頼む（ask）」という感じがもととなっている。

(5) **答** **around[round]** （彼らは校内を案内してくれた）

⇒ 〈**show 人 around ～**〉で「人に～を案内して回る」を意味する連語。「人に～のあちこち（around）を見せる（show）」がもととなっている。

(6) **答** **on**

⇒ put は「置く」のほかに「（何かをある場所に）移す」の意味でも使われる。指輪を彼女の指に接触させて移した，ということ。

(7) **答** **at**

⇒ 「通りの end（端）のところに（at）」は広がりを意識しない地点ととらえる。**at the end of ～**（～の端に[の]）。**in the end** は「最後には（= finally）」を意味する連語。

　　　In the end everything was OK. （最後にはすべてがうまくいった）

(8) **答** **over**

⇒ カッコが2つなら more than となる。日本語でも予算を超えてしまうことを予算 over という。weigh ～（～の重さがある）は way と同じ発音。

(9) **答** **in, in**

⇒ 「車[タクシー]で」は by car[taxi] = in a car[taxi]，「～の車で[に乗って]」は in one's car。

(10) **答** **across, from**

⇒ 「～（を横切って）その向こう側に」は across ～。駅とコンビニを結ぶ線と通りが cross している。

(11) 答 **from**

⇒ in としたいところだが，**borrow A from B** で「ＢからＡを借りる」。日本語でも「図書館から本を借りる」という言い方をする。「彼に金を借りる」は borrow money **from** him となる。on 〜は「〜について，〜に関する」と about と同じような意味で使うことがあるが，on は接触，つまり密着した感じがあるので on は専門的な内容，about は一般的な内容といった感じがする。

(12) 答 **along〔down〕，to，on**

⇒「通りに沿って」と細長いものに沿う感じがするので along とする。代わりに（下っていなくても）down としてもいい。**turn（to the）right** で「右に曲がる」，**on one's left** で「〜の左側に〔の〕」。

▌ 入試レベルの問題にチャレンジ！

解答→別冊 *p.53*

Q 問題 1 次の英文を日本語に直しなさい。

(1) Are you through your homework?

(2) I visited an old friend of mine at his summer home on the river.

(3) The patient got out of danger at last.

(4) We talked over a cup of coffee.

(5) A large tree was in the way.

Q 問題 2 次の下線部に誤りがあれば訂正しなさい。

(1) He was killed by a car accident four years ago.

(2) She arrived in Yokohama on a train.

(3) I'm leaving to Hawaii the day after tomorrow.

(4) There used to be a bridge on the river.

(5) Ann picked up a towel and began drying dishes next her mother.

例題 1 日本文の意味を表すように，（　　　）内に適語を入れなさい。

(1) 彼は朝の 7 時から仕事を始める。

He starts work (　　　　　) 7:00 (　　　　　) the morning.

(2) ノリコの誕生日は 5 月です。

Noriko's birthday is (　　　　　) May.

(3) カオルの誕生日は 8 月 30 日です。

Kaoru's birthday is (　　　　　) August 30.

(4) その事故は水曜の朝早くに起きた。

The accident happened early (　　　　　) Wednesday morning.

(5) 彼は 1 時間したら来るでしょう。

He'll come (　　　　　) an hour.

(6) 木曜までに車を修理できますか。

Can you fix my car (　　　　　) Thursday?

(7) そのレストランは夜の 12 時まで営業している。

The restaurant is open (　　　　　) midnight.

　時を表す前置詞 !

　時に関する前置詞のうち，特に注意すべきものを次にあげる。

1．at / in / on ～：（～の時）に

① **at + 時刻** など，きわめて短い時間として意識されるもの

　　I got up **at** <u>six thirty</u> this morning.　（今朝は 6 時半に起きた）

　　He came to see me **at** <u>night</u>.　　　　（彼は夜に私に会いに来た）

　　※ night を morning, afternoon, evening と同じ幅を持った活動時間ととらえて，
　　　in the night とすることもある。

　at は「～のところに」と広がりを意識しない「点」を表すので，時刻のような短い時間
として意識されるものが続く。

② **in + 午前・午後・週・月・季節・年**など，幅のある時間

　　They left early **in** <u>the morning</u>.　（彼らは朝早く出発した）

　　She moved to Tokyo **in** <u>March</u>.　（彼女は 3 月に東京に引っ越した）

Thomas Edison was born in America **in** 1847.
（トーマス・エジソンは1847年にアメリカで生まれた）

in は「〜の空間の中に」と何かに囲まれている感じを表すので，一定の幅のある時間として意識されるものが続く。

③ **on** + 日付・曜日

I was born **on** March 3.　　　　　（私は3月3日に生まれました）

Do you go to church **on** Sunday(s)?　（日曜日に教会に行きますか）

※ on Sundayは「今度の日曜日」など特定の日曜日の意味でも，「日曜日にはいつも」の意味でも使えるが，on Sundaysと複数形にすると「日曜日はいつも」と習慣を表す感じが強くなり，every Sunday と同じような意味となる。

👆 **重要1**　**in** the morning[afternoon, evening, night]，**at** night の morning・afternoon・evening・night に修飾語がつき「〜の日の午前・午後・夕方・夜に」の意味を表すときは，「日」を意識することになるので，前置詞は日付・曜日の **on** となる。

in the morning → **on** a cold morning　（寒い日の朝に）
at night → **on** Saturday night　（土曜日の夜に）

👆 **重要2**　morning，Monday，week などの時を表す語に **this・that・last・next・every** が付くと，**at・in・on** はふつう付けない。

We're going to visit him **next** Monday ［× on next Monday］.
（今度の月曜に彼を訪ねるつもりだ）

2. 注意すべき in の用法

「今から〜後に」は **in** 〜で表す。

I'll call you **in** three days.　（3日後に電話します）

この in は示された時間の幅の最後の時点に着目している。「3日以内に電話します」は

I'll call you **within** three days. とする。

3. until［till］と by

① **until**［**till**］〜：「（〜の時）まで（ずっと）」と同じ状態でいることを表す。

Please wait here **until** 7:00.　（7時までここで待っていてください）

until［till］は従位接続詞としても使うことができる。その場合は当然 S + V 〜が続く（塾技59 従位接続詞(1)参照）。

Please wait here **until** she comes.
（彼女が帰宅するまでここで待っていてください）

② **by ～**：「(～の時)までに(は)」と何かを完了させる期限・タイムリミットを表す。

　　Finish it **by** 7:00.　(7時までにそれを終わらせなさい)

　by は接続詞として使うことはできない。「～までに(は)」の意味で S ＋ V ～を続けるには，従位接続詞の by the time を用いる。

　　Finish it **by the time** he arrives.　(彼が到着するまでにそれを終わらせなさい)

解 例題1

(1) 答 **at, in**

　→ 日本語につられて from 7:00 (×) としないのがポイント。「7時から始める」も「7時に始める」も日本語では同じことを表すが，英語では「7時という時刻のところで始める」と時刻を示す at で表す。

(2) 答 **in**

　→ 月の前だから in だが，誕生日は5月という時の中にある，ということ。

(3) 答 **on**

　→ 「日付・曜日」の on は決まりとして覚えておこう。

(4) 答 **on**

　→ morning に修飾語の Wednesday がつき「～の日の早朝に」の意味になっている。

(5) 答 **in**

　→ 「1時間したら」は「今から1時間後に」ということ。

(6) 答 **by**

　→ 「木曜までずっと」修理するのではなく，「木曜までに(は)」修理を完了させる。

(7) 答 **until[till]**

　→ 「夜の12時までずっと営業している」のだから until[till]。midnight (夜の12時) ⇔ noon (正午) はどちらも時刻を表すことも確認しておこう。この文の open は「営業している」を意味する形容詞。

　　The shop opens at noon.　(その店は正午に開店する)
　では，open は「開店する」を意味する動詞。

 塾技解説　〈**at ＋短い時間**〉，〈**in ＋幅のある時間**〉，〈**on ＋日付・曜日**〉。それぞれの前置詞の使い方をきちんと確認し，くりかえし練習しよう。

演習問題

問題❶ at, in, on の中から適切なものを選び, (   ) 内に入れなさい。入れる必要がなければ×を書きなさい。

(1) Does your father go to work (   ) Saturdays?

(2) We meet at the café (   ) every Thursday.

(3) She often goes skiing in Hokkaido (   ) the winter.

(4) We went on a trip to Europe (   ) last summer.

(5) We first met the little girl (   ) a rainy day.

(6) She had a baby (   ) New Year's Eve.

(7) How about having a party (   ) this weekend at Nick's place?

(8) The supermarket on the corner closes (   ) midnight.

(9) The castle was built (   ) the 16th century.

(10) I don't like driving late (   ) night.

(11) They ran away (   ) a stormy night.

(12) He died (   ) the evening of June 29.

(解) (1) **答> on** (あなたのお父さんは土曜日に仕事に出かけますか)
　　⇒「日付・曜日」の on。

(2) **答> ×** (私たちは毎週木曜日にその喫茶店に集まります)
　　⇒ 時を表す Thursday の前に every がついているので on は不要。meet (〔人が〕集まる)。

(3) **答> in** (彼女は冬によく北海道にスキーに行く)
　　⇒「冬に」は幅のある時間なので in (the) winter。

(4) **答> ×** (昨年の夏私たちはヨーロッパに旅行に行った)
　　⇒ 時を表す summer の前に last があるので in は不要。go on a trip to ~ (~へ旅行する)。

(5) **答> on** (私たちは雨の降る日に初めてその少女に出会った)
　　⇒「ある雨の降る日に」は「日付・曜日」の on と考える。

(6) **答> on** (彼女は大みそかに赤ちゃんを産んだ)
　　⇒「日付・曜日」の on。have a baby (赤ちゃんを産む)。

(7) **答> ×** (今度の週末にニックのところでパーティーを開きませんか)
　　⇒「週末に」は on[at] the weekend だが, this がついているので on[at] は不要。

(8) **答** **at** （角にあるスーパーは夜の12時に閉まる）
   ⇒ midnight（夜の12時）は時刻。

(9) **答** **in** （その城は16世紀に建てられた）
   ⇒ century（世紀）は幅のある時間。

(10) **答** **at** （私は夜遅くに車を運転するのは好きではない）
   ⇒ **late at night**（夜遅くに），**early in the morning**（朝早くに）はすぐに
   言えるようにしておこう。

(11) **答** **on** （彼らはあらしの晩に逃げ出した）
   ⇒ morning・afternoon・evening・night に修飾語（この場合は stormy ）が
   つき，「〜の日の午前・午後・夕方・夜に」の意味を表して「日」を意識するとき
   は，前置詞は「日付・曜日」の on。stormy（あらしの）。

(12) **答** **on** （彼は6月29日の晩に死んだ）
   ⇒ evening を後ろから of June 29 が修飾し，「日」を意識している。「彼は6月
   29日に死んだ」は He died on June 29. となる。

 入試レベルの問題にチャレンジ！   解答→別冊 p.54

Q **問題1** （　　　）内から最も適切なものを1つ選びなさい。

(1) If you take an express, you'll get there (by, for, in, until) noon.

(2) **A:** Don't be long. — **B:** I'll be back (for, in, until, at) a second.

(3) I took a rest (on, at, from, for) a while, and then changed my clothes.

(4) The sunny weather lasted (at, until, in, by) Wednesday.

(5) He's looking for shoes (at, on, in, to) a lower price.

(6) (From, At, For) now on you had better think twice before saying stupid
   things.

例題 1 日本文の意味を表すように，[　　]内の語(句)を並べかえなさい。(2)は句読点などを必要に応じて補い，(4)(5)は下線のある動詞を適当な形に直すこと。

(1) その少年は両手をポケットに入れてじっと立っていた。
The boy [hands / his / his / stood still / pockets / with / in].

(2) 口の中に食べ物をいっぱい入れてしゃべってはいけない。
[mouth / speak / full / your / don't / with]

(3) ジャックはテレビをつけたまま眠ってしまった。
Jack [the / to / on / with / sleep / TV / went].

(4) その少女は目を輝かせて話した。
The girl spoke [shine, eyes, with, her].

(5) ベティーは目を閉じてそこに横になった。
Betty lay there [close, eyes, with, her].

その他の前置詞 ❗

1．with

いろいろな使い方のある **with** について，特に重要なものを示す。基本となる意味は「〜と（一緒に）」と「〜を（手に）持って［た］」。

① 「〜と（一緒に）」

　　Are you coming **with** us? （僕たちと一緒に来るかい）

② (「〜と一緒に」から) 携帯を表す。

　　Take an umbrella **with** you. （かさを持って行きなさい）

③ 「〜を（手に）持って［た］」と所有を表す。

　　May came in **with** a letter in her hand. （メイは手に手紙を持って入って来た）
　　※ came in の in（中に）は前置詞ではなく単独で働く副詞。

　　I need a clock **with** an alarm. （私はアラームがついた時計が必要だ）
　　※塾技49 関係代名詞(3)—所有格参照

④ (「〜を手に持って」から) 道具・手段を表す。

　　Cut it **with** a knife. （それをナイフで切りなさい）
　　※塾技28 to不定詞の3用法(2)の 問題❷ (2)参照

2. 付帯状況を表す with A + B

（「～を持って」から）with A + B というまとまりで「A が B である状態で［なので］」の意味を表す。A と B は意味上，主語と述語の関係にあるのが特徴。A には名詞が，B には形容詞や〈前置詞 + 名詞〉などのほか，現在分詞や過去分詞がくる。

1）B が形容詞や〈前置詞 + 名詞〉などの例

① Last night I slept **with** the windows open. （昨晩は窓を開けて寝た）
　　　　　→ with the windows open 　「窓が開いている状態で」
　　　　　　　　　　　 A　　　　　B

② He spoke **with** tears in his eyes. （彼は目に涙を浮かべて語った）
　　　　　→ with tears in his eyes 　「涙が目（の中）にある状態で」
　　　　　　　　　 A　　　　B

2）B が現在分詞か過去分詞の例

① I can't see **with** him standing there. （彼がそこに立っているので見えない）
　　　　　→ with him standing there 　「彼がそこに立っている状態なので」
　　　　　　　　　 A　　　　B

　　B の位置に置かれる現在分詞（～ing）は，「**動きを感じさせる生き生きとした様子（能動的）**」を伝える（塾技**42**分詞⑵参照）。

② She sat **with** her legs crossed. （彼女は足を組んで座った）
　　　　　→ with her legs crossed 　「足が交差させられた状態で」
　　　　　　　　　 A　　　　B　　　※ cross ～（～を交差させる）

　　B の位置に置かれる過去分詞は，**受け身**（～される，されている）の意味を表す。

3. その他の前置詞の使い方については，問題を通して学んでいこう。

解 例題 **1**

(1) 答 (The boy) **stood still with his hands in his pockets.**

　　→ 例題 **1** は全て付帯状況を表す with に関する問題。
　　　with his hands in his pockets は「彼の手がポケットの中にある状態で」が直
　　　　　　A　　　　　　B
　　　訳。stand still は「動かずにじっと立っている」を意味する連語。

(2) 答 **Don't speak with your mouth full.**
　　→ with your mouth full は「あなたの口が（食べ物で）いっぱいに詰まった（full）
　　　　　　 A　　　　B
　　　状態で」が直訳。この **with your mouth full**（口の中に食べ物をいっぱい入れて）はよく使うフレーズなので，覚えておいたほうがいい。

(3) 答 (Jack) **went to sleep with the TV on.**

→ with the TV on で「テレビがついている (on) 状態で」を表す。この on は形容詞で「(電気やテレビなどが)作動している，ついている」を意味する。

(4) 答⟩ (The girl spoke) **with her eyes underline{shining}**.

→ with her eyes shining は「目が輝いている状態で」が直訳。

(5) 答⟩ (Betty lay there) **with her eyes underline{closed}**.

→「目を閉じて」は「目が閉じられた状態で」と考え closed を用いて
with her eyes closed とする。この closed (閉じられた → 閉じた)は過去分詞
というよりは，ふつう形容詞として扱われている。このフレーズも覚えておくこと。

前置詞はその直後に続く (動) 名詞と意味・働きのまとまりを作るが，前置詞の中でも特に付帯状況を表す **with** は，⟨**with A + B**⟩ で意味・働きのまとまりを作る重要な用法だ。例題にある表現は，音読を通し全てスラスラと言えるようにしておこう。

演習問題

問題❶ ( ) 内に適切な前置詞を入れなさい。指示があればその指示に従うこと。

(1) Open the safe ( ) this key.

(2) I have no money ( ) me.

(3) Don't go out ( ) a coat on. （コートを着ないで外へ出てはいけない）

(4) Day ( ) day she worked hard to support her family.

(5) We had to sail ( ) the wind.
（風にさからって航行しなければならなかった）

(6) We are ( ) the war. （私たちはその戦争には反対だ）

(7) This lake is ( ) the deepest in the world.
（この湖は世界で最も深い湖の1つだ）

(8) What's the difference ( ) this PC ( ) that cheaper one?

(9) I don't go to school ( ) bicycle. I go there ( ) foot.

(10) I missed the bus ( ) a few minutes. （数分の差でバスに乗り遅れた）

(11) It is getting colder and colder day ( ) day.
（日ごとに寒くなってきている）

(12) She paid 500 dollars (to, in, for, on) the necklace. 〔適語を選択〕

(13) Say it ( ) easy English.

(14) Who is that woman (in, on, of, at) the blue sweater?　〔適語を選択〕

(15) She spoke (　　　　　　) a loud voice, and everyone turned to look at her.

(16) I met them (　　　　　　) my way to school.

解 (1) **答** **with**　（このカギを使って金庫を開けて）
⇒ 道具・手段を表す with。safe（金庫）。

(2) **答** **with[on]**　（手持ちの金がない）
⇒ 携帯を表す with。接触の on でもよい。

(3) **答** **without**
⇒ **without** ～は「～を持たないで」を表す。without a coat on の on は「身に付けて」を意味する副詞で，「コートを（ただ手で持つだけではなく）身に付けて持たないで」から，「コートを着ないで」となる。

(4) **答** **after**　（来る日も来る日も，彼女は家族を支えるために懸命に働いた）
⇒ after の前後に同じ名詞を用いてくりかえしや継続を表す。名詞に a(n) は付けない。**day after day** は（1日のあとまた1日から）「**毎日毎日，来る日も来る日も**」，**time after time** なら（1回のあとまた1回から）「**何回も何回も**」。

(5) **答** **against**
⇒ **against** ～は「～に向かい合い，対抗して」と**力と力が向かい合う感じ**を表す。そこから against は「～にさからって」の意味を表す。

(6) **答** **against**
⇒ 「～に反対して」は **against** ～，「～に**賛成して**」は **for** ～。

(7) **答** **among**
⇒ **among** ～は「いくつかあるものの中に混じって，囲まれて」という感じを表す。そこから one of ～と同じ「～の中の1つ」の意味も表す（**塾技25**比較(4)参照）。

(8) **答** **between, and**　（このパソコンとあの安いほうのパソコンの違いは何ですか）
⇒ between は「2つのものの間に（で，の）」を意味し，**between A and B** で「**A と B の間に（で，の）**」。「3つ以上のものの間に（で，の）」は **among** ～。
This song is popular **among young girls**.
（この歌は若い女の子の間で人気がある）

(9) **答** **by, on**　（私は自転車で通学してはいません。歩いて通っています）
⇒ 〈**by ＋ 交通手段・通信手段**〉を表すときは，by の後ろの名詞に a や the を付けない。「**徒歩で**」は足が地面に接触するので **on** foot。**by** air[sea, land]（空路[海路，陸路]で），**by** e-mail（電子メールで）。

(10) **答** **by**
⇒ この **by** ～は「～の差によって（～の差で）」を意味する（別冊解答**塾技23**比較(2)入試レベルの問題 **Q問題1** (1)の解説参照）。

(11) **答> by**

⇒ 差を表す by の前後に同じ名詞を用いて「〜ずつ」を表す。名詞に a(n) はつけない。**day by day** は1日1日の差を意識した言い方で「**1日ずつ，日ごとに**」を意味する。day after day（来る日も来る日も）とは違う。**one by one**（1つずつ），**step by step**（1歩ずつ），**little by little**（少しずつ）。

(12) **答> for**　（彼女はそのネックレスに500ドル払った）

⇒「**〜と交換に**」を意味する **for**。She bought the necklace for 500 dollars. としても同じような意味を表す。

(13) **答> in**　（それを簡単な英語で言いなさい）

⇒「**英語で**」は「英語という言葉の中で」から **in English** とするのが英語の考え方。**in Japanese**（日本語で），**in Chinese**（中国語で）。

(14) **答> in**　（青いセーターを着たあの女性はだれですか）

⇒ in 〜は何かに囲まれている感じから，くるまれている感じを表すので「（服・靴・帽子など）〜を身につけて」の意味がある。〈in + 色〉であれば「〜色の服で（の）」を意味する。a man **in** black（黒い服を着た男性）。

(15) **答> in**　（彼女は大きな声で話したので，皆がふりむいた）

⇒ **in** a loud[low，weak など]voice で「大きな[低い，か細い]声で」。

(16) **答> on**　（通学途中に彼らと出会った）

⇒ on one's[the] way to 〜で「〜までの道の上で」から「〜へ行く途中で」。「帰宅途中で」の場合は on one's[the] way home で to は不要（この home は「家までの」を表し，to の意味を含んでいる）。in the[one's] way は「じゃまになって，行く手をふさいで」（**塾技55** 前置詞(1)入試レベルの問題 **Q問題1**(5)参照）。by the way は「ところで」。

⚑ 入試レベルの問題にチャレンジ！

解答→別冊 p.55

Q問題1 次の英文を日本語に直しなさい。（　　）があるときは適語を入れなさい。

(1) There's no one here but me.

(2) It's pretty cold for this time of the year.

(3) He caught me (　　　　　　) the arm.

(4) (　　　　　　) my surprise, all the girls in my class seemed to be for the plan.

Q問題2 [　　]内の語を並べかえて，意味の通る英文を作りなさい。ただし，句読点などは必要に応じて補うこと。

(1) Tom was talking on his cell phone [the / back / with / door / against / his].

(2) [use / is / tool / no / this / of]

例題 1　〔 and, but, or, so, for 〕の中から適切な語を選び，（　　　）内に入れなさい。ただし同じ語を２度用いてはならない。

(1) It was very hot, (　　　　　　) Taro opened the window.

(2) I don't drive, (　　　　　　) my wife does.

(3) Will you call me back, (　　　　　　) shall I call you again?

(4) Mike is hungry, (　　　　　　) he didn't have breakfast.

(5) Last night I stayed at home (　　　　　) studied.

例題 2　日本文の意味を表すように，（　　　）内に適語を入れなさい。

(1) 彼らは疲れてもいたし，空腹でもあった。
　　They were (　　　　　) tired (　　　　　　) hungry.

(2) その少女の名前はトモコかノリコのどちらかだ。
　　The girl's name is (　　　　　　) Tomoko (　　　　　　) Noriko.

(3) マイクもジャックも間に合わなかった。
　　(　　　　　) Mike (　　　　　) Jack came in time.

(4) 彼はイタリアではなくスペイン出身だ。
　　He comes (　　　　) from Italy (　　　　　　) from Spain.

(5) 私たちはその森でキツネだけではなくクマも見た。
　　In the woods we saw (　　　　　) (　　　　　) a fox (　　　　　)
　　(　　　　　) a bear.

つなぎ言葉としての and, but, or, so, for ❗

1. 何と何を結びつけているのか

and, but, or, so（だから），for（というのは）は，**等位接続詞**として同じ働きをする語（句）や文の間に置き，両者を結びつける働きをする。

She **and** I are sisters.　（彼女と私は姉妹です）
→ and が she と I を結びつけている。

You can <u>come with us</u> **or** <u>stay at home</u>.
（私たちと一緒に来てもいいし，家にいてもいい）
→ or が come with us と stay at home を結びつけている。

<u>I soon went to sleep</u>, **for** <u>I was tired</u>.
（私はすぐに寝た，というのは疲れていたからだ）

→ for が I soon went to sleep と I was tired を結びつけている。

⚠ 等位接続詞が文と文をつなぐときは，2つの文の間に置き，前の文をそのままあとの文につなぐ。よって<u>For</u> I soon went to sleep, I was tired.（×）などとはならない。

2. 等位接続詞を用いた重要構文

1）**both A and B**：「**A と B の2つのうち，その両方とも**」

I like **both** history **and** geography. （私は歴史も地理もどちらも好きだ）

※〈**not + both A and B**〉はふつう，「**A も B も両方とも～というわけではない**」を表す。

He doesn't like **both** history **and** geography.
（彼は歴史も地理もどちらも好きというわけではない → どちらか一方が好きだ）

2）**either A or B**：「**A と B の2つのうち，そのどちらか一方**」

He likes **either** history **or** geography. （彼は歴史か地理のどちらかが好きだ）

※〈**not + either A or B**〉は「**A と B の2つのうち，そのどちらも～ない**」を表す。

She doesn't like **either** history **or** geography.
（彼女は歴史も地理もどちらも好きではない）

3）**neither A nor B**：「**A と B の2つのうち，そのどちらも～ない**」

She likes **neither** history **nor** geography.
（彼女は歴史も地理もどちらも好きではない）

= She **doesn't** like **either** history **or** geography.

⚠ She doesn't like <u>neither</u> history <u>nor</u> geography.（×）としないこと。
<u>n</u>either の n，<u>n</u>or の n は **not** の代わりと考えればいい。

4）**not A but B**：「**A ではなくて B**」

He is **not** my brother **but** my cousin. （彼は私の兄弟ではなくいとこだ）

5）**not only A but（also）B**：「**A だけでなく B も**」※also は省略可

He is **not only** kind **but**（**also**）honest. （彼は親切なだけでなく正直だ）

※① この表現は A よりも B に重点を置いている。
　② 同じように B に重点を置いた **B as well as A** を用いて書きかえられる。

He is **not only** <u>kind</u> **but**（**also**）<u>honest</u>.
= He is <u>honest</u> **as well as** <u>kind</u>.　　※ kind と honest の位置が反対になる

解 例題 **1**

(1) 答〉 **so** （とても暑かったので，タローは窓を開けた）

→ 接続詞の so は「**だから**」と結果を表し，ふつう so の前にコンマを置く。

(2) 答〉 **but** （私は車の運転はしないが，妻はする）

→ but は「**しかし**」と対立・対比を表す。does は drives の代わりの代動詞。

(3) 答〉 **or** （折り返しお電話をいただけますか，または再度こちらから電話しましょうか）

→ or は「**または**」と選択を表す。〈call ＋ 人 ＋ back〉は「（人）に折り返し電話する」。

(4) 答〉 **for** （マイクは空腹だ，というのは朝食を食べなかったからだ）

→ 接続詞として使われる for は直前にコンマを置き，「**というのは，なぜなら**」と理由を述べるのに用いられる。あらたまった感じを与え，会話ではあまり使わず，ふつうは because を使う。

(5) 答〉 **and** （昨夜は家にいて勉強した）

→ and は stayed と studied という 2 つの動詞を結んでいる。

解 例題 **2**

(1) 答〉 **both，and**

→ both A and B で「A も B も両方とも」。

(2) 答〉 **either，or**

→ either A or B で「A か B のどちらか」。

(3) 答〉 **Neither，nor**

→ neither A nor B で「A も B もどちらも〜ない」，in time は「間に合って」。

(4) 答〉 **not，but**

→ not A but B で「A ではなくて B」，come from 〜 は「〜の出身である」。

(5) 答〉 **not only，but also**

→ not only A but (also) B ＝ B as well as A：「A だけでなく B も」。この文は In the woods we saw a bear **as well as** a fox. に書きかえられる。

 等位接続詞（特に and）が語（句）をつなぐときは，同じ働きをする語（句）同士を結びつける，というのは重要なことだが，この重要さは実際に問題を解いた時に実感することが多い。演習を通して，この点を確認してほしい。

✎ 演習問題

問題❶ 日本文の意味を表すように，（　　）内に適語を入れなさい。

(1) ナンシーもメイも2人とも休暇を取っている。
（　　　　　　　）Nancy（　　　　　　　）May（　　　　　　　）on vacation.

(2) あなたか彼女のどちらかが，すぐに行かなければならない。
（　　　　　　　）you（　　　　　　）she（　　　　　　　）to go at once.

(3) 君も彼も（言っていることは）どちらも正しくはない。
（　　　　　　　）you（　　　　　　）he（　　　　　　　）right.

(4) 彼女ではなく君が間違っている。
（　　　　　　　）she（　　　　　　　）you（　　　　　　　）wrong.

(5) あなただけでなく私も招待されている。
（　　　　　）（　　　　　　　）you（　　　　　　）I（　　　　　　　）invited.

(解) (1) **图 Both，and，are**
⇒ 意味を考えれば当然だが，**both A and B が主語**になっているときは**複数扱い**。on vacation（休暇を取って）。

(2) **图 Either，or，has**
⇒ **either A or B が主語**になっているときは，動詞は **B**（この英文では she）に**合わせる決まり**になっている。〈have[has] to + 原形動詞〉で「～しなければならない」，at once は「すぐに」。

(3) **图 Neither，nor，is**
⇒ **neither A nor B が主語**になっているときも，動詞は **B**（この英文では he）**に合わせる決まり**になっている。Neither you nor he isn't right.（×）としないよう注意。また Either you or he isn't right.（×）ともしないこと。「1つも（少しも）～ない」を意味する〈**not + any**〉が any + not の語順では使わないのと同様に，「2つのうちどちらも～ない」を意味する〈**not + either**〉も，either + not の語順では使わない（**塾技⑰** some と any の入試レベルの問題 **Q問題1**(3)参照）。

(4) **图 Not，but，are**
⇒ 意味を考えればわかることだが，「A ではなくて B」を表す **not A but B が主語**になっているときは，動詞は **B**（この英文では you）**に合わせる**。

(5) **图 Not only，but，am**
⇒ **not only A but（also）B**（A だけでなく B も）が主語になっているときは，動詞は意味に重点のある **B**（この英文では I）**に合わせる**。

参考) この英文を **B as well as A** を使って表すと，**動詞は重点のある B に合わせるので**

I as well as you **am** invited. となる。だが you のあとに am が並ぶので，
I, as well as you, am invited. と両側にコンマを置くことが多い。

(問題)**2**　各組の英文が同じような意味を表すように，（　　　）内に適語を入れなさい。

(1) I like neither spinach nor green peppers.
I (　　　　　　) like (　　　　　　) spinach (　　　　　　) green peppers.

(2) He studies not only English but also Chinese.
He studies Chinese as (　　　　　) (　　　　　) English.

(解)　(1) (答) **don't, either, or**　(私はホウレンソウもピーマンもどちらも好きではない)
⇒「A も B もどちらも～ない」は neither A nor B ＝ not ＋ either A or B で表す（either のない not ＋ A or B としても意味はほぼ同じ）。I <u>don't</u> like <u>both</u> spinach <u>and</u> green peppers. はふつう「ホウレンソウもピーマンもどちらも好きというわけではない（どちらか一方は好きだが，もう一方は好きではない）」を意味する。

(2) (答) **well as**　(彼は英語だけではなく中国語も勉強している)
⇒ not only A but (also) B ＝ B as well as A で「A だけでなく B も」。A と B の位置に注意。

🚩 入試レベルの問題にチャレンジ！

Q(問題)**1**　日本文の意味を表すように，[　　　]内の語を並べかえなさい。ただし，句読点などは必要に応じて補うこと。

(1) 彼らは2人とも私に親切だ。（1語補充）
[kind / both / me / them / are / to]

(2) 私には休暇を取って出かける時間もお金もない。（1語補充）
[the money / nor / vacation / to / the time / go / I / neither / on]

(3) メアリーはあなたの助けを必要としているし，望んでもいる。（1語不要）
[needs / help / both / your / Mary / is / wants / and]

Q(問題)**2**　次の英文を日本語に直しなさい。

(1) I'm not marrying Mike because he is rich, but because I love him.

(2) If the verb is "be", "certainly" can come either before or after the verb.
（verb：動詞）

(3) Exercise will not only lower blood pressure but also protect against heart attacks.　（protect against ～：〔危険など〕から保護する，守る）

例題 **1** 次の[　　]内の語を，指示に従って並べかえなさい。ただし，句読点などは必要に応じて補うこと。

(1)「シャワーを浴び，そのあとでビールを飲んだ」という行為の順番がわかる文に。
　①[drank / he / shower / then / a / beer / took / and]
　②[drank / he / he / shower / after / a / beer / took]
　③[drank / he / he / shower / before / a / beer / took]

(2)「かなり寒かったが，彼はコートを着ていなかった」を意味する文に。
　①[cold / wearing / it / a / quite / he / was / wasn't / coat / but]
　②[cold / wearing / it / a / quite / he / was / wasn't / coat / though]

例題 **2** （　　）内に入れるべき最も適切なものを選びなさい。

(1) If I (　　) late tomorrow, don't wait for me.
　① am　　　　② will　　　　③ will be　　　④ was

(2) We'll go out when it (　　) raining.
　① stopped　　② will stop　　③ stops　　④ stop

従位接続詞の直後にはS＋V〜が続く ❗

等位接続詞（and，but，or，so，for）以外の接続詞を**従位接続詞**（または**従属接続詞**）という。**if，when，though，as，that**など，等位接続詞に比べれば数は多い。

1. 意味のまとまりを意識する

従位接続詞は2組のS＋V〜を結びつけるので，従位接続詞の直後にはS＋V〜が続く。そしてその直後のS＋V〜と意味・働きのまとまりを作る。

　We went out **though** it was raining. （雨が降っていたけれど，私たちは外出した）
　We went out / **though** it was raining.

従位接続詞 **though**[**although**] 〜は「〜だけれども」を意味し，though it was raining（雨が降っていたけれども）全体が1つのまとまりを作って動詞 went を修飾している。この英文は though it was raining を文頭に置き，

　Though it was raining, we went out. （**Though** it was raining, we went out.）

とすることもできる（その際はふつうコンマで区切る）。動詞を修飾する〈従位接続詞＋S＋V〜〉の多くが，このように位置を変えられる。

2．時や条件を表す副詞節

時や条件を表す副詞節の中では，未来のことでも動詞は現在形で表す。従位接続詞の **if**（もし〜なら），**when**（〜する時），**after**（〜したあとで），**before**（〜する前に），**while**（〜している間に），**until・till**（〜するまでずっと），**as soon as**（〜するとすぐに）などは，直後の S ＋ V 〜と一体となって時や条件を表す副詞節を作る。

> **If** it **rains** tomorrow, I won't go jogging.
>
> ＝ I won't go jogging **if** it **rains** tomorrow.　（明日雨なら，ジョギングはしません）

if it rains tomorrow は条件を表す副詞節なので，rains を will rain とはしない。

🕐 副詞節とは

節とは S ＋ V 〜を含む意味のまとまりで，その節が副詞の働き（名詞以外を修飾）をしていれば副詞節となる。if it rains tomorrow は動詞 go を修飾する副詞節で，「もし〜なら」と条件を表している（塾技 **7** 未来表現(1)参照）。

3．理由を表す従位接続詞

because / since / as 〜は「(なぜなら)〜だから」と理由を表す副詞節を導く。この3つの中では because が最もはっきりと理由を伝える。

> We didn't go on a picnic **because** the weather was bad.
>
> **Because** the weather was bad, we didn't go on a picnic.
> （天気が悪かったのでピクニックに行かなかった）

⚠️ 注意！

「私は床についた。眠かったからだ」を

> I went to bed. Because I was sleepy.（×）

とはふつうしない。because は2組の S ＋ V 〜を結びつけ1つの文にする従位接続詞なので，たとえ日本語では2つの文になっていても

> I went to bed **because** I was sleepy.（○）

などとする。Because S ＋ V 〜. とできるのは Why 〜？ に対する答えの時だけ。

> **Why** did you go to bed? ― **Because** I was sleepy.

また，Why 〜？ に対する答えを述べるときは，since や as は使わない。

解 例題 **1**

(1)　答　① **He took a shower and then drank beer.**
　　　　　（彼はシャワーを浴び，ビールを飲んだ）

　　　→ then はなくてもいいが，and then とすると「そのあとで」と時間的な順序を表すことがはっきりする。

276

② **He drank beer after he took a shower.**
〔**After he took a shower, he drank beer.**〕
（彼はシャワーを浴びたあとでビールを飲んだ）

→ 従位接続詞は直後の S + V 〜と意味のまとまりを作るので，〈**after S + V 〜**〉でまとまりを作る。「彼はシャワーを浴びたあとで」が意味のまとまりだから，after he took a shower とする。
He drank beer / **after** he took a shower.

③ **He took a shower before he drank beer.**
〔**Before he drank beer, he took a shower.**〕
（彼はビールを飲む前にシャワーを浴びた）

→ 〈**before S + V 〜**〉で意味のまとまりを作る。「彼はビールを飲む前に」が意味のまとまりだから，before he drank beer とする。

(2) 答 ① **It was quite cold, but he wasn't wearing a coat.**

→ but は2つの文の間に置き，前の文をそのままあとの文につなぐ。

② **Though it was quite cold, he wasn't wearing a coat.**
〔**He wasn't wearing a coat though it was quite cold.**〕

→ 〈**though S + V 〜**〉で「〜だけれども」という意味のまとまりを作る。「かなり寒かったけれども」は though it was quite cold とする。

解 例題 2

(1) 答 ① （もし明日私が遅れたら，私のことは待たないでください）

→ If 〜 tomorrow は条件を表す副詞節なので，その中の動詞は**未来のことでも現在形**で表す。

(2) 答 ③ （雨がやんだ時に出かけるつもりです）

→ when it stops raining（雨がやんだ時）は時を表す副詞節なので，その中の動詞は未来のことでも現在形で表す。
We'll go out / **when** it stops raining.

複数の単語からなる意味・働きのかたまりが，他のかたまりとどう関係しているのかをつかむことは，英文を正しく理解するうえで欠かせないことだ。**従位接続詞が直後に続く S + V 〜と大きな意味・働きのまとまりを作る**ということを忘れずに，文全体を見る習慣をつけよう。

演習問題

問題❶ 次の２つの英文を，（　　　）内の接続詞を用いて１つの英文にしなさい。

(1) He saw the fire. He phoned the fire department.（as soon as）

(2) I often fall asleep. I'm reading.（while）

(3) I wasn't feeling well. I went home early.（because）

(4) We'll stay here. She'll come back.（until）

(5) We must think very carefully. We will decide what to do.（before）

(解) (1) **答** **As soon as he saw the fire, he phoned the fire department.**
[He phoned the fire department as soon as he saw the fire.]
（彼は火事を見るとすぐに消防署に電話した）

⇒ まず意味をよく考える。as soon as ～は「～するとすぐに」を意味する従位接続詞なので，〈**as soon as S + V ～**〉で意味・働きのまとまりを作る。よって「彼は火事を見るとすぐに」は as soon as he saw the fire とする。

(2) **答** **I often fall asleep while I'm reading.**
[While I'm reading, I often fall asleep.]
（私は読書をしている間によく眠ってしまう）

⇒ 〈**while S + V ～**〉で「～している間」。「私は読書をしている間に」で意味のまとまりだから，while I'm reading とする。fall asleep は「眠ってしまう」。

(3) **答** **I went home early because I wasn't feeling well.**
[Because I wasn't feeling well, I went home early.]
（体の調子がよくなかったので，早く家に帰った）

⇒ 〈**because S + V ～**〉で「（なぜなら）～だから」。「体の調子がよくなかったので」で意味のまとまりだから，because I wasn't feeling well とする。feel well（体の調子がよい）⇔ feel sick[ill]（体の調子が悪い）。

(4) **答** **We'll stay here until she comes back.**
[Until she comes back, we'll stay here.]
（彼女が戻ってくるまで，私たちはここにいることにします）

⇒ 〈**until[till] S + V ～**〉で「～するまで（ずっと）」。「彼女が戻ってくるまで」は until she'll come back としたいところだが，**until** she'll come back は時を表す副詞節なので，動詞は**未来のことでも現在形**の comes とする。

(5) **答** **We must think very carefully before we decide what to do.**
[Before we decide what to do, we must think very carefully.]
（どうするか決める前に，慎重に考えなくてはならない）

⇒ 従位接続詞の before は時を表す副詞節を導くので，「どうするか決める前に」を before we will decide what to do（×）としないこと。what to do は「何をしたらいいのか」（**塾技30** to不定詞を用いた重要構文(1)参照）。

問題② 各組の英文が同じような意味を表すように，（　　　）内に適語を入れなさい。

(1) It was late and I was tired, so I went to bed.

（　　　　　　） it was late and I was tired, I went to bed.

(2) If you hurry up, you will catch the train.

（　　　　　　） you （　　　　　　） hurry up, you will （　　　　　　） the train.

Hurry up, （　　　　　　） you will （　　　　　　） the train.

解 (1) **答** **Since〔Because, As〕**　（時間も遅く疲れてもいたので，私は寝た）

　　　⇒ 上の文は等位接続詞の so（だから）を使った文なので，前の文をそのまま後ろの文につなぎ「時間も遅く疲れてもいた，だから私は寝た」となる。下の文は文全体の形から従位接続詞を使った文と考え，「時間も遅く疲れてもいたので」という意味のまとまり since〔because, as〕it was late and I was tired を作る。

　　(2) **答** **If, don't, miss / or, miss**　（急がないとその電車に乗り遅れるよ）

　　　⇒ 「その電車に乗り遅れる」は miss the train，「その電車に間に合う」は catch〔get〕the train。真ん中の文は「もし急がなければ電車に乗り遅れるでしょう」と考えるが，If ～ up は条件を表す副詞節なので，If you <u>won't</u> hurry up（×）としないこと。下の文は「急ぎなさい，そうすれば電車に間に合うでしょう」と考えて，Hurry up, **and** you will **catch〔get〕** the train. でも可。

　　🖐 **重要** 命令を意味する文に続く and と or には次のような意味がある。

　　　1）命令を意味する文 **, and** … :「～しなさい，そうすれば…」

　　　　　Run fast, **and** you will catch the bus.

　　　　　（速く走りなさい，そうすればバスに間に合うでしょう）

　　　2）命令を意味する文 **, or** … :「～しなさい，さもないと…」

　　　　　Stop, **or** I'll shoot.　（動くな，さもないと撃つぞ）

🚩 **入試レベルの問題にチャレンジ！**　　　　　　　　　　　　解答→別冊 *p.57*

Q問題①　次の英文を日本語に直しなさい。

(1) I left home an hour after you did.

(2) I can reach the shelf if I stand on a chair.

(3) I can't reach the shelf if I stand on a chair.

Q問題②　次の日本文を英語に直しなさい。

(1) 彼女はドイツに出発する3日前に私を訪ねてきた。　（she で始め leave を使って10語で）

(2) 暗くならないうちに家に帰ろう。　（let's で始め go, it を使って7語で）

(3) そこに着いたらすぐに私にメールを送って。　（e-mail, soon, get を使って10語で）

例題 **1** 次の英文を日本語に直しなさい。

(1) As he walked along the road, he thought about his mother.

(2) As it grew darker, it became colder.

(3) Do as I do.

(4) He loved singing as a child.

例題 **2** 日本文の意味を表すように，[　　]内の語(句)を並べかえなさい。ただし，句読点などは必要に応じて補うこと。

(1) 彼女が看護師ではなく医者だということは，だれでも知っている。
[a nurse / knows / that / but / she / a doctor / not / everybody / is]

(2) きっと彼女はすぐによくなると思う。
[well / that / she / sure / soon / will / I'm / get]

(3) 重要なのは，私たちがお互いに愛し合っているということだ。
[each / important / we / the / love / thing / that / other / is]

複数の意味を持つ従位接続詞 ❗

1. 従位接続詞 as

従位接続詞 as は「理由」のほかに，「同時」「様態（ようたい）」の意味も表す。

① 同時：「〜しながら，〜するにつれて，〜すると同時に」

She often sings **as** she works in the kitchen.

→ She often sings / **as** she works in the kitchen.
（彼女は台所で仕事をしながらよく歌を歌う）

② 様態：「〜するように，〜するのと同じように」

You must do **as** I tell you.

→ You must do / **as** I tell you.
（あなたは私が言うようにしなければなりません）

③ 理由：「〜なので」

As you are late, you have to hurry up.
（遅れているのだから，あなたは急がなければいけない）

〔前置詞 as〕

in や at のような前置詞は後ろに主に名詞を従え，〈前置詞 + 名詞〉で意味・働きのまとまりを作るが，as にはこの前置詞としての使い方もある。

① 「～として」

> A few years ago I worked **as** a taxi driver.
> (数年前，私はタクシー運転手として働いていた)

② 「(子供)の頃に」

> I loved skiing **as** a boy.　(私は子供の頃スキーが大好きだった)

2. 従位接続詞 that

従位接続詞 **that** は「～ということ」の意味で，文中の主に次の位置に置かれる。この that は省略されることも多い。

1) 動詞の目的語

> I believe (**that**) he is honest.
> → I believe / (that) he is honest.
> 　(彼は正直だということを私は信じている。⇒ 私は彼は正直だと思う)

that 節を目的語にとる動詞は **believe** のほかに，**know**，**think**，**say**，**hope**，**hear**，**find** など多くある。

2) 形容詞の直後

> I'm sorry (**that**) he is ill.
> → I'm sorry / (that) he is ill.
> 　(彼が病気だということを私は気の毒に思う)

that 節を従える形容詞は **sorry** のほかに，**sure・certain** (確信している)，**proud** (誇りとしている)，**glad・happy** (うれしい)，**sad** (悲しい)，**angry** (怒っている) などがある。

3) be 動詞の直後

> The trouble is (**that**) I have no money.
> → The trouble is / (that) I have no money.
> 　(その困ったことは私がお金を持っていないということです
> 　⇒ 困ったことに私はお金を持っていないのです)

※ **The trouble is (that)** ～. は「**困ったことに～**」という決まった表現として覚えておいたほうがいい。

4）It is ... that ～. の形で「～ということは…だ」

It is true **that** he bought a new motorcycle.
（彼が新しいオートバイを買ったということは本当だ）
→ It is true / that he bought a new motorcycle.

文頭の It は形式主語の it で，〈that S + V ～〉の内容を指す。

※ 従位接続詞 that はこのほかに重要構文を作るが，**塾技62** 従位接続詞(4)で扱う。

3. 従位接続詞 if

従位接続詞 if の意味は 3 つある。

①「もし～なら」（**塾技59** 従位接続詞(1)参照）

If it rains tomorrow, I won't go swimming.

= I won't go swimming **if** it rains tomorrow.
（もし明日雨なら，泳ぎに行かない）

②「もし[たとえ]～でも」= **even if** ～　（**塾技59** 従位接続詞(1)参照）

Even if it rains tomorrow, the game will be played.

= The game will be played（**even**）**if** it rains tomorrow.
（もし明日雨でも，試合は行われるだろう）

②の意味の場合も①と同様に，if 節内の動詞は未来のことでも動詞は現在形で表す。

③「～かどうか」の意味で主に動詞の目的語となる（**塾技53** 間接疑問(2)参照）。

I don't know **if** it will rain tomorrow. （明日雨が降るかどうかわからない）
→ I don't know / **if** it will rain tomorrow.
　　　S　　　V　　　　　　O

この文の if it will rain tomorrow（明日雨が降るかどうか）という意味のまとまりは，動詞 know の目的語になっていて副詞節ではない。よって「～かどうか」を意味する if 節の動詞は未来のことでも現在形にする必要はない。この意味では，if の代わりに **whether** も使われる。

解　例題 **1**

(1)　答〉　彼は道を歩きながら母親のことを考えた。

→「同時」を表す従位接続詞の as。ここでは「～しながら」と訳すといい。along ～は前置詞で「～に沿って」。

(2)　答〉　暗くなるにつれて，いっそう寒くなった。

→ この as も「同時」を表す。「暗くなる」のと「いっそう寒くなる」のが同時に進行しているので、「～するにつれて」と訳すといい。〈grow + 形容詞〉で「（だんだんと）～になる」を表す。

(3) 答 **私がするようにしなさい。**

→ 「～する（のと同じ）ように」と「様態」を表す従位接続詞の as。この文全体は原形動詞 do で始まるので命令文。Do / **as** I do.（しなさい / 私がするように）

(4) 答 **彼は子供の頃、歌を歌うのが大好きだった。**

→ **as** a child で「子供の頃に」を意味する。この as は前置詞。

解 例題2

(1) 答 **Everybody knows that she is not a nurse but a doctor.**

→ 従位接続詞 that は〈that S + V ～〉で「～ということ」を意味するので、「彼女が看護師ではなく医者だということ」は **that** she is not a nurse but a doctor となる。not A but B で「A ではなく B」、everybody は単数扱い。

Everybody knows / **that** she is not a nurse but a doctor.
S ⎯⎯⎯⎯ V ⎯⎯⎯⎯⎯⎯⎯⎯⎯⎯⎯ O

(2) 答 **I'm sure that she will get well soon.**

→ I'm sure（that）～. は「私は～ということを確信している、きっと～だと思う」を意味するよく使う表現。sure の代わりに certain でもいい。get well（健康になる、元気になる）。

(3) 答 **The important thing is that we love each other.**

→ 主語は「重要なのは」に相当する The important thing（重要なことは）、「私たちがお互いに愛し合っているということ」は従位接続詞 that を用いて **that** we love each other とする。

 塾技解説 従位接続詞はその意味だけではなく、後ろに続く **S + V** ～と意味・働きのまとまりを作ることを忘れてはいけない。

✎ **演習問題**

問題❶ 日本文の意味に合うように、（　　）内に適語を入れなさい。

(1) 雨が長く降り続かないといいな。
　　I (　　　　　　　) it doesn't rain too long.

(2) すみません。ここは禁煙席なのですが。
　　Excuse me. (　　　　　) (　　　　　　　) this is a non-smoking area.

(3) この道具は役に立たないと思う。

I (   ) think this tool (   ) useful.

(4) 彼には11人の子供がいるそうだ。

① They (   ) (   ) he has 11 children.

② It (   ) (   ) (   ) he has 11 children.

(5) 彼女は，自分の子供たちが学校の成績がいいということを自慢に思っていた。

She was (   ) (   ) her children were doing well at school.

(6) 私はリチャードが彼の本当の名前なのかどうか知りません。

I don't know (   ) Richard is his real name.

(7) 今日の新聞によれば，暑い夏になるそうだ。(今日の新聞には暑い夏になると書いてある)

Today's newspaper (   ) (   ) it is going to be a hot summer.

解 (1) **答** **hope**

⇒ 〈I hope（that）S + V 〜.〉は**良い結果を望むとき**に用いられる決まった表現で，「**〜ということになるといいな**」という気持ちを表す。I hope it won't rain too long. としてもいいが，hope のあとでは現在形を使うほうが多い。

(2) **答** **I'm afraid**

⇒ 〈I'm afraid（that）S + V 〜.〉は**言いにくいことを切り出すとき**に使われる決まった表現で，「**あいにく・残念ながら**」という意味に相当する。日本語には訳さないことも多い。area（区域，場所）。

(3) **答** **don't，is**

⇒ 英語では，「〜ではないと思う」は〈I think（that）+ 否定文 .〉とするよりも，「〜だとは思わない」に相当する〈I don't think（that）+ 肯定文.〉として表すほうがふつう。「この道具は役に立たないと思う」は I **think**（that）this tool **isn't** useful. とするよりも，「この道具は役に立つとは思わない」と考えて I **don't think**（that）this tool **is** useful. としたのがこの文。

(4) **答** ① **say that** ② **is said that**

⇒ 「〜といううわさだ，〜と言われている」とうわさや伝聞を表す決まった表現。

① **They say（that）S + V 〜.**

この They は「(世の中の人たちを漠然と表して) 人々は，世間の人たちは」を意味する。「世間の人たちは〜と言っている」→「〜といううわさだ」となる。

② **It is said that S + V 〜.**

It は形式主語で，従位接続詞の that 以下の内容を指す。is said は受動態だから「〜ということが言われている」→「〜と言われている」となる。

(5) **答** **proud that**

⇒ 形容詞 proud が that 節を従え，「〜ということを誇りとしている」を意味している。do well at school で「学校の成績がいい」(「学校でうまくやる」が直訳)。

(6) **答** **if[whether]**

⇒ 「～かどうか」を意味する従位接続詞は if または whether。

I don't know / **if[whether]** Richard is his real name.

S　　　　V　　　　　　　　　　　O

(7) **答** **says that**

⇒ 直訳すれば「今日の新聞は，暑い夏になりそうだということを言っている」となる。「新聞・本・テレビなどによれば～だそうだ」「新聞・本などには～と書いてある」とあれば，〈新聞など **says that S + V ～**〉で表す。

入試レベルの問題にチャレンジ！

解答→別冊 *p.58*

Q 問題 1 ①～③の下線部の単語と同じ意味で使われているものを１つずつ選びなさい。

(1) ① I wonder <u>if</u> they will come.

② We won't catch the 8:15 train <u>if</u> we run.

③ <u>If</u> you see him, give him this letter.

　ア Even <u>if</u> you stop me, I won't change my mind.

　イ She will wake up <u>if</u> you make such a noise.

　ウ Can you tell me <u>if</u> there is a bank near here?

(2) ① <u>As</u> you know, Japan is an island country.

② <u>As</u> I can't drive, I must go by train.

③ <u>As</u> I climbed the mountain, I got more and more tired.

　ア He decided to go out to eat <u>as</u> he had no food at home.

　イ Do in Rome <u>as</u> Romans do.

　ウ I used my shoe <u>as</u> a hammer.

　エ <u>As</u> time passed, my feelings toward him slowly changed.

Q 問題 2 １語を補い，日本文の意味を表すように，[　　]内の語を並べかえなさい。ただし，句読点などは必要に応じて補うこと。

(1) 彼はきっと私たちにお昼をおごってくれると思う。

[us / I'm / lunch / buy / he'll]

(2) 困ったことに，私は彼女がパーティーにいたかどうか覚えていない。

[remember / the / the / was / is / I / that / party / don't / she / trouble / at]

(3) 火星には生命は存在しないと言われている。

[there / Mars / that / is / is / on / life / said / no]

(4) 彼はよくなると思いますか。　　　　　　　Do you think he will get well?

　① そうだといいですね。　　　　　　　　[hope / I]

　② 残念ですが，そうはならないと思います。　[afraid / I'm]

塾技 61 従位接続詞(3)

例題 1 各組の英文が同じような意味を表すように，（　）内に適語を入れなさい。

(1) We ate in a restaurant after we saw the movie.
　　We ate in a restaurant (　　　　　) (　　　　　) the movie.

(2) I stayed home because the weather was hot.
　　I stayed home (　　　　　) (　　　　　) the hot weather.

例題 2 次の（　）内から適切なものを選びなさい。

(1) Did you visit the Louvre Museum (while, during) your stay in Paris?

(2) They waited for me (by, until) I finished eating.

従位接続詞と前置詞 ！

1. after と before

after と **before** は**従位接続詞**としても**前置詞**としても使うことができるが，品詞が違うとその後ろに続く形が違ってくる。

「ジャックは寝る前に宿題をした」は

　　① Jack did his homework **before** he went to bed.　← before を接続詞として使った文

　　② Jack did his homework **before** going to bed.　← before を前置詞として使った文

となる。

すなわち，①のように before を従位接続詞として使えばその直後には S＋V ～が，②のように前置詞として使えば直後には名詞・動名詞（～ing）が続く。②を，before go to bed（×）などとしないように注意しよう（塾技33 動名詞(2)参照）。

2. because と because of

理由を述べるときに使う **because** は**従位接続詞**なので，その直後には S＋V ～が続くが，**前置詞としては使えない**。because と意味は変わらない **because of** は2語で**前置詞**として働くので，その直後には名詞・動名詞（～ing）が続く。

「雨が降ったので彼らは散歩に出かけなかった」は

　　① They didn't go for a walk **because** it rained.　（～ because the rain. は×）

　　② They didn't go for a walk **because of** the rain.
　　　（～ because of it rained. は×）となる。

３．接続詞を含む書きかえ

接続詞については，次のような書きかえ問題も入試に出題される。

(1)「〜するときに」 **when + S + V 〜** ⇄ **in 〜 ing**

When <u>you cross</u> the street, you should be careful.

In <u>crossing</u> the street, you should be careful.
（道路を渡るときには注意しなさい）

(2)「〜するとすぐに」 **as soon as + S + V 〜** ⇄ **on 〜 ing**

As soon as <u>I arrive</u> in London, I'll write to you.

On <u>arriving</u> in London, I'll write to you.
（ロンドンに着いたらすぐに手紙を書きます）

(3)「〜にもかかわらず」 **(al)though + S + V 〜** ⇄ **in spite of 〜**

He went swimming in the sea **though** <u>the weather was cold</u>.

He went swimming in the sea **in spite of** <u>the cold weather</u>.
（寒い天気にもかかわらず彼は海に泳ぎに行った）

解 例題１

(1) 答 **after seeing** （私たちはその映画を見たあと，レストランで食事をした）

→ 上の文の after は接続詞。下の文の after は前置詞なので，**動名詞の seeing** となる。see や saw とした人は，その間違いを軽く考えてはいけない。入試ではこういったところが合否に大きく影響する。

(2) 答 **because of** （暑かったので私は家にいた）

→ the hot weather（暑い天候）は**名詞**のかたまりだから，その前には前置詞の because of がくる。

解 例題２

(1) 答 **during** （あなたはパリに滞在中に，ルーブル美術館を訪れましたか）

→ while（〜している間に）は接続詞だから，直後には S + V 〜が続く。所有格 your の直後には名詞がくるので，この stay は「滞在」を意味する名詞だから while は不可。during は「〜の間（ずっと）」を意味する前置詞。**during one's stay in 〜**は「〜に滞在中に」を意味する連語として覚えておこう。

(2) 答 **until** （彼らは私が食べ終わるまで待ってくれた）

→ until（= till）は「〜までずっと」と継続を表し，接続詞としても前置詞としても使われる。by には「〜までに（は）」と期限を表す用法があるが，前置詞としてしか使えない（つまり S + V 〜が続くことはない）。

接続詞と重要構文

接続詞を含む文の書きかえ問題を通し，品詞と文の構造に対する意識を高めよう。

〈従位接続詞＋S＋V〜〉，〈前置詞＋名詞・動名詞（〜ing）〉。

演習問題

問題❶ 　1語を補い，日本文の意味を表すように，[　　]内の語を並べかえなさい。

(1) その知らせを聞くとすぐに，彼は家を出た。
　① [left / news / as / as / the / he / he / heard] home.
　② [news / he / on / left / the] home.

(2) ジャックは頭が痛かったので，学校に行けなかった。
　① Jack [school / a / he / couldn't / to / headache / go / because].
　② Jack [to / to / because / wasn't / school / headache / able / go / a].

(3) 彼らは最善をつくしたが，その試合に負けた。
　① They [their / in / lost / best / game / spite / the / doing].
　② They [game / best / the / though / lost / their / they].

(4) 彼は44歳の時に交通事故で死んだ。
　① He [accident / was / died / in / forty-four / a / traffic / he].
　② He [the / was / forty-four / traffic / a / age / killed / of / in / accident].

(5) すぐに彼は元気になるだろう。
　① It [gets / won't / long / he / well / be].
　② He [well / long / get / will].

解 (1) **答** ① **As** <u>soon</u> **as he heard the news, he left** (home.)
　　　　　② **On** <u>hearing</u> **the news, he left** (home.)
　　　⇒ ①の as soon as は3語で従位接続詞として働く。
　　　　②の on は前置詞なので，動詞を続けるときは動名詞（〜ing）とする。

(2) **答** ① (Jack) **couldn't go to school because he** <u>had</u> **a headache**.
　　　　② (Jack) **wasn't able to go to school because** <u>of</u> **a headache**.
　　　⇒ ①の because は従位接続詞なので S＋V〜が続く。have a headache は「頭痛がする」。Jack had a headache because he couldn't go to school.（×）
　　　とした人は，**塾技59** 従位接続詞(1)で基本事項の確認を。
　　　　②は because に続く S＋V がないので，前置詞の because of 〜を用いて文を作る。

(3) **答** ① (They) **lost the game in spite** <u>of</u> **doing their best**.
　　　　② (They) **lost the game though they** <u>did</u>[tried] **their best**.

⇒ ①の in spite of ～（～にもかかわらず）の of は前置詞なので，後ろには名詞・動名詞が続く。

②の動詞を do や try としないよう注意。do〔try〕one's best（最善をつくす）。

(4) 答 ①(He) **died in a traffic accident** <u>**when**</u> **he was forty-four**.

② (He) **was killed in a traffic accident** <u>**at**</u> **the age of forty-four**.

⇒ ①は従位接続詞の when（～の時）を用いた文。

②の〈**at the age of ＋ 数**〉は「～歳の時に」を意味する連語。be killed は「不測の事故や災害などで死ぬ」を表す際によく用いられる。**be killed in a traffic accident**（交通事故で死ぬ）は覚えておいた方がいい。

(5) 答 ①(It) **won't be long** <u>**before**</u> **he gets well**.

② (He) **will get well** <u>**before**</u> <u>**long**</u>.

⇒ ①の **It won't be long before ＋ S ＋ V ～.** は「まもなく～するだろう」を意味する重要表現。「～する前に時間は長くないだろう」が直訳。before ＋ S ＋ V ～の部分は時を表す副詞節にあたるので，動詞は未来のことでも現在形にする。

②の **before long** は「まもなく」を意味する連語。

入試レベルの問題にチャレンジ！

解答→別冊 p.59

Q 問題 1 下線部に誤りがあれば，その番号を書きなさい。

(1) Jack <u>had to do</u> all <u>of the cooking and cleaning</u> <u>because</u> <u>his wife's</u> illness.
　　　　　　1　　　　　　　　　2　　　　　　　　　3　　　　4

(2) <u>What</u> did they <u>say about</u> me <u>during</u> I <u>was out of</u> the room?
　　1　　　　　　2　　　　3　　　4

(3) May <u>worked at</u> a <u>downtown department store</u> <u>for two and a half years</u> <u>after</u>
　　　　　1　　　　　　　　　　2　　　　　　　　　　3　　　　　　　　4

<u>finished high school</u>.
　　　5

(4) <u>He's</u> <u>so</u> <u>tired</u> <u>that</u> he fell <u>asleep</u> <u>while</u> reading the newspaper.
　　1　　2　　3　　　　　4　　　5

Q 問題 2 次の日本語を英語に直しなさい。

まもなく彼女から連絡があった。（it，long，hear を使って）

例題 1 日本文の意味を表すように, (　　　)内に適語を入れなさい。

⑴ 彼女はとても早く起きたので, 昼前には眠くなった。
　　She got up (　　　　　) early (　　　　　　　) she felt sleepy before noon.

⑵ そのコーヒーはとても熱くて, 私には飲めなかった。
　　The coffee was (　　　　　) hot that I (　　　　　) drink (　　　　　).

⑶ とても寒い夜だったので, 私たちはずっと家にいた。
　　It was (　　　　　) a cold night (　　　　　　) we stayed at home.

例題 2 各組の英文が同じような意味を表すように, (　　　)内に適語を入れなさい。

⑴ Nancy was too ill (　　　　　) eat anything.
　　Nancy was (　　　　　) ill (　　　　　) she (　　　　　) eat anything.

⑵ This book is too difficult (　　　　　) (　　　　) (　　　　　) read.
　　This book is (　　　　　) difficult that I (　　　　　) read (　　　　　).

> **従位接続詞 that を用いた重要構文** ❗

従位接続詞 **that** は「〜ということ」の意味を表すほかに, 重要な構文を作る。

1. so ... that 構文

so ... that 〜は①結果を表して「とても…なので〜」, ②程度を表して「〜なほど…」を意味する。…には so によって修飾される形容詞か副詞がくる。①の意味か②の意味かはその都度適当に判断すればいい。

　　She was **so** tired **that** she went to bed early.

①で訳せば「彼女はとても疲れていたので早く寝た」
②で訳せば「彼女は早く寝るほど疲れていた」

　　He is not **so** poor **that** he cannot buy it.

①だと「彼はとても貧しくないのでそれが買えない」(×)となってしまうので,
② の「彼はそれが買えないほど貧しくはない」となる。

🕐 **重要** 入試では次の書きかえが出題される。

1）**so ... that ＋ S ＋ can't[couldn't] ～ ⇄ too ... to不定詞**（～するには…すぎる）
  ※ too ... to 不定詞については**塾技③⓪** to不定詞を用いた**重要構文**(1)参照

　　① I'm **so** busy **that** I **can't** help you.　（とても忙しくてあなたを手伝えない）

　　　 I'm **too** busy **to** help you.　　　　（あなたを手伝うには忙しすぎる）

　　　→ so ... that 構文の2つの主語は同じ I。

　　② It was **so** hot **that** I **couldn't** go out.　（とても暑くて私は外出できなかった）

　　　 It was **too** hot **for** me **to** go out.　　　（私が外出するには暑すぎた）

　　　→ so ... that 構文の2つの主語は It と I で異なるので，to 不定詞の前に**意味上の主語を示す for ～**を置く。①のように2つの主語が同じときは for ～は不要。

2）**so ... that ＋ 肯定文 ⇄ ... enough to 不定詞**（～するのに十分に…）
  ※ ... enough to 不定詞については**塾技③⓪** to不定詞を用いた**重要構文**(1)参照

　　 He was **so** kind **that** he helped me.
　　（彼はとても親切だったので，私を手伝ってくれた）

　　 He was kind **enough to** help me.　（彼は親切にも私を手伝ってくれた）

2. such ～ that 構文

such ... that ～は so ... that ～と意味は変わらない。such **a kind girl** のように，～には such によって修飾される〈**a(n) ＋形容詞＋名詞**〉が続くときに用いられる。

　　 She is **such a kind girl that** everyone likes her.
　　（彼女はとても親切な女の子なので，みんな彼女が好きだ）

3. so that ＋ S ＋ V ～

「～するために，～するように」と目的を表すには（in order[so as]）to 不定詞の他に，接続詞 **so that** を用いて表すことができる。so that の後ろにはふつう助動詞の **can・will・may** が置かれる（may は堅い言い方）。in order[so as]to 不定詞は**塾技㉙** to不定詞の3用法(3)参照。

　　 I need more money / **to** buy the car.　（その車を買うためにもっとお金が必要だ）

　　＝ I need more money / **in order[so as]** to buy the car.

　　＝ I need more money / **so that** I **can** buy the car.

過去の内容であれば助動詞は過去形になる。

　　 I **needed** more money **so that** I **could** buy the car.

解 例題 1

(1) 答 **so, that**

→ so ... that 構文。so の代わりに very とはしない。She got up very early, **so** she felt sleepy before noon. と同じ内容を表す。

(2) 答 **so, couldn't, it**

→日本語では「そのコーヒーはとても熱くて私にはそれを飲めなかった」の「それを」は省略してもいいが，この英文の文末の it は省略できない。so ... that 構文の that は従位接続詞なので，**that** の後ろにはその部分だけを取り出しても意味が通じる「完全な文」を続けるのが英語の決まり。I couldn't drink. (×)だけでは「何を飲めなかったのか」が不明で英文として成立しない。よって the coffee を指す目的語の it が必要。

(3) 答 **such, that**

→ a cold night と〈a(n) + 形容詞 + 名詞〉が続くので，so ではなく such とする。

解 例題 2

(1) 答 **to / so, that, couldn't**
（ナンシーはとても気分が悪くて何も食べられなかった）

→〈so ... that + S + can't[couldn't] 〜 ⇄ too ... to 不定詞〉の書きかえ。

(2) 答 **for me to / so, cannot[can't], it**
（この本はとても難しくて私には読めない）

→ This book is **too** difficult / for me **to** read. の文では，read のあとに this
この本は難しすぎる / 私が読むには
book を指す it は不要。

 塾技解説 so ... that 構文は入試によく出題される。〈**so ... that + S + can't 〜**〉⇄〈**too ... to 〜**〉，〈**so ... that +肯定文**〉⇄〈**... enough to 〜**〉の書きかえは頻出だ。次の 問題❶ は日本文だけから英文が言えるまで，くりかえし練習しておこう。

演習問題

問題❶ 日本文の意味を表すように，[　　]内の語を並べかえなさい。ただし，句読点などは必要に応じて補うこと。

(1) 彼女は最終のバスに乗るために急いだ。
　①[catch / she / the / to / bus / hurried / so / last]　　　（1語補充）
　②[last / she / that / catch / hurried / the / so / could / bus]　（1語補充）

292

(2) とても良い天気だったので，私たちはドライブに出かけた。
  ① [was / drive / we / a / the / for / weather / nice / that / went / so]
  ② [that / nice / drive / a / we / for / it / was / weather / went / such]

(3) その箱は私ひとりでは持ち上げられないほど重い。
  ① [lift / heavy / box / myself / me / to / is / by / the / too]　（1語補充）
  ② [the / heavy / myself / is / lift / so / that / by / I / box / can't]　（1語補充）

(4) 私にはこの靴はとても小さいのではいていられない。
  ① [wear / shoes / I / these / small / are / that / so / can't]　（1語補充）
  ② [me / these / are / small / to / for / shoes / wear]　（1語補充）

(5) そのスープはとても熱くて舌をやけどしてしまった。
  ① [hot / was / that / tongue / it / soup / my / the / so / burned]
  ② [my / soup / hot / to / the / was / enough / burn / tongue]

（解） (1)　答　① **She hurried so <u>as</u> to catch the last bus.**
　　　　② **She hurried so that <u>she</u> could catch the last bus.**

　⇒ ①「～するために」という目的の意味をより明確にするために，in order や so as を to 不定詞の前に置くことがある。She hurried **to** catch the last bus. としても意味は同じ。
　②は〈so that + S + can[will，may] ～〉を使って目的を表した形。過去の内容なので，**could** となっている。

(2)　答　① **The weather was so nice that we went for a drive.**
　　　② **It was such nice weather that we went for a drive.**

　⇒ ①は so ... that 構文。「ドライブに出かける」は go for a drive。
　②は such ... that 構文。主語の it は天候を表す。weather（天気）は不可算名詞なので，such a nice weather（×）とはならない。

(3)　答　① **The box is too heavy <u>for</u> me to lift by myself.**
　　　② **The box is so heavy that I can't lift <u>it</u> by myself.**

　⇒ ①は「その箱は私がひとりで持ち上げるには重すぎる」と考え，too ... to 構文で表す。「ひとりで」は by ～ self。The box is too heavy to lift by myself <u>for me</u>.（×）とした人は，塾技**30** to不定詞を用いた**重要構文**(1)を復習しよう。
　② so[such] ... that 構文では，that の後ろは「完全な文」が続かなければならない。I can't lift by myself.（×）だけでは「何を持ち上げられなかったのか」が不明なので，lift（～を持ち上げる）の目的語となる it（= the box）が必要。

(4)　答　① **These shoes are so small that I can't wear <u>them</u>.**
　　　② **These shoes are <u>too</u> small for me to wear.**

　⇒ ① shoes は複数形（単数形は shoe）なので，it ではなく **them** とする。
　②は too ... to 構文。wear ～は「（服・くつ・宝石など）を身につけている」。

293

(5) **答** ① **The soup was so hot that it burned my tongue.**
 ② **The soup was hot enough to burn my tongue.**

⇒ ① burn ～は「～をやけどさせる」。it (= the soup) burned my tongue は「それが私の舌をやけどさせた」が直訳。

②〈so ... that + 肯定文 ⇄ ...enough to 不定詞〉の書きかえ。The soup was enough hot ～（×）とした人は，**塾技30** to不定詞を用いた重要構文(1)へ。

📝 **入試レベルの問題にチャレンジ！** 解答→別冊 *p.60*

Q 問題 1 (1)～(5)に続けるのに最も適当なものを，ア～カの中からそれぞれ1つ選びなさい。

(1) He bought so much beef　　　　ア he couldn't get through the door.

(2) Eric was so afraid of flying　　イ that he forgot to lock the door.

(3) He turned down the radio　　　ウ he stayed home all day.

(4) He was so fat　　　　　　　　エ that some went bad.

(5) He had such a bad cold　　　　オ so that his wife could get to sleep.

　　　　　　　　　　　　　　　カ that he traveled by train or bus.

Q 問題 2 次の英文を日本語に直しなさい。

(1) He was so ill that we had to send for a doctor.

(2) Be sure to put the meat in the oven at 6:00 so that it will be ready to eat by 7:00.

(3) So few came that the meeting had to be put off.

例題 1 日本文の意味を表すように，（　　　）内に適語を入れなさい。

(1) （時間があるかどうかわからないが）もし時間があれば，彼に会いに行きます。

If I (　　　) time, I (　　　) (　　　) to see him.

(2) もし時間があれば，彼に会いに行くのだが（でも時間がない）。

If I (　　　) time, I (　　　) (　　　) to see him.

(3) （あの時）もし時間があったら，彼に会いに行っただろう。

If I (　　　) (　　　) time, I (　　　) (　　　) (　　　) to see him.

(4) （今）彼がここにいればなあ。

I wish he (　　　) here.

(5) （あの時）彼があそこにいたらなあ。

I wish he (　　　) (　　　) there.

動詞や助動詞の過去形が現在 or 未来の内容を表すことがある ❗

１．条件や仮定を意味する if を用いた３つの型

接続詞 if が「もし～ならば」と条件や仮定を意味する文には，次に示すように基本となる３つの型がある。

(1) 〈**If ＋ S ＋動詞の現在形 ～ , S ＋ will ... .**〉

If he **comes**, I **will** help him. （もし彼が来れば，私は彼を手伝います）

= I **will** help him if he **comes**.

① この型の if 節（If ＋ S ＋動詞の現在形 ～の部分）は，**現在 or 未来のことを表し，実際にありうると話し手が考える**ことを示している。言い換えれば，if 節は「現在または未来についての単なる条件」を表している。上の英文であれば「彼は来るかもしれないし来ないかもしれないが，もし来れば私は彼を手伝うつもりだ」という内容を表している。

② **if 節は現在 or 未来のことであっても，動詞は現在形にする**（塾技**59** 従位接続詞(1)参照）。

※ if 節の動詞の現在形は現在進行形や現在完了形に，主文（主節）の助動詞 will は意味によっては現在形の助動詞 can や may などに変わることもある。

If you**'ve eaten** breakfast, we **can** start.
（あなたが朝食を食べてしまえば，私たちは始めることができます）

(2)〈**If ＋ S ＋動詞の過去形 ～, S ＋ would [could / might] ＋原形動詞 ... .**〉

　　If he **came**, I **would** help him.（もし彼が来れば，私は彼を手伝うのだが）

　　　＝ I **would** help him if he **came**.

　　If I **were**[**was**] rich, I **could** buy this car.（私が金持ちなら，この車が買えるのに）

　　　＝ I **could** buy this car if I **were**[**was**] rich.

　① この型の if 節は，**現在 or 未来のことを表し，実際にはありそうにないと話し手が考えること or 実際（事実）とは違うこと**を示している。上の第1の英文であれば，彼は来そうにないと話し手は考えながら「もし来れば」と言っている。第2の英文では，金持ちではないのに「金持ちなら」と実際（事実）とは違うことを想定している。(1) の型と (2) の型では，実際にありうることか，実際にはありそうにないことか，という話し手の気持ちが違っている。

　② **if 節は現在 or 未来のことであっても，動詞は過去形**（この過去形を仮定法過去という）にする。また，**be 動詞を使うときは主語が何であれ were とする**のが原則（I や he のときは was としてもよい）。主文（主節）の助動詞も過去形を用いる（意味は現在 or 未来を表す）。

　※ 主文の過去形助動詞 would・could・might の使い分けは，現在形の will・can・may の使い分けに準じる。

(3)〈**If ＋ S ＋ had ＋過去分詞 ～, S ＋ would [could / might] ＋ have ＋過去分詞 ... .**〉

　　If he **had come**, I **would have helped** him.（彼が来ていたら，彼を手伝ったのに）
　　　＝ I **would have helped** him if he **had come**.

　この型の if 節は，**実際にはなかった過去のこと**（過去の事実とは違うこと）を表し，文全体では「（あの時）もし～だったら，…だっただろう」を意味する。上記の文の he had come は実際にはなかったこと（彼は来なかったのが事実）を表している。

2. I wish

I wish ＋ S ＋ V ～. の形によって，実現が不可能なことや実現の可能性が少ないと話し手が考えることに対する願望を表すことができる。

(1)〈**I wish ＋ S ＋動詞の過去形 ～.**〉：S が～であればいいのだが（事実は～でなく残念だ）

　　→ **現在の事実に満足せず，現在とは別の現実を願望する**ときの言い方

　　　I wish I had a car.（車を持っていればなあ［持っていなくて残念だ］）

比較〈**I hope ＋ S ＋ V ～.**〉は実現の可能性はあると話し手が考えているときの言い方

　　　I hope she likes the flowers.（彼女が花を気に入ってくれるといいな）

(2)〈I wish ＋ S ＋ <u>had ＋過去分詞</u>〜．〉：S が〜だったらよかったのに（事実は〜でなく残念だ）

→ 過去の事実を後悔したり残念に思い，違うことが起きていたらと思うときの言い方

I wish I <u>had bought</u> that book.（あの本を買っておけばよかったなあ）

解 例題 1

(1) 答> **have, will go**

→ 日本文の「（時間があるかどうかわからないが）もし時間があれば」から，話し手は if 節の内容は実際にありうると考え，かつ現在 or 未来のことを表しているとわかる。よって if を用いた３つの型のうち(1)の型で表す。

(2) 答> **had, would go**

→ 日本文の「（でも時間がない）」の部分から，話し手は if 節の内容は実際にはありそうにないと考え，かつ現在 or 未来のことを表しているとわかる。よって if を用いた３つの型のうち(2)の型で表す。

(3) 答> **had had, would have gone**

→ 日本文から，実際にはなかった過去のこと（過去の事実とは違うこと）を表しているとわかる。よって if を用いた(3)の型で表す。had had の後ろの had は一般動詞 have（持っている）の過去分詞。

(4) 答> **were[was]**

→ 日本文から，現在の事実（彼が今ここにいないこと）に満足せず，別の現実を願望するときの言い方だとわかる。よって〈I wish ＋ S ＋動詞の<u>過去形</u> 〜．〉で表す。この言い方でも過去形動詞が be 動詞のときは were とするのが原則（S が he や it なら was も可）。

(5) 答> **had been**

→ 日本文から，過去に違うことが起こっていたらと思うときの言い方だとわかる。よって〈I wish ＋ S ＋ <u>had ＋過去分詞</u> 〜．〉で表す。

塾技解説 if 節の動詞が現在形の文と過去形の文の共通点は，どちらも現在 or 未来のことを表しているという点。異なるのは if 節の内容に対する話し手の気持ち，という部分を押さえておくことが重要。

演習問題

問題❶　次の英文を日本語に直しなさい。

⑴ If I have enough time tonight, I'll send my parents an email.

⑵ If I had enough time tonight, I would send my parents an email.

⑶ If I had had enough time last night, I would have sent my parents an email.

⑷ We would eat outdoors if the weather were warm.

⑸ It is raining right now. I wish it weren't raining.

⑹ Mark didn't come. I wish he had come.

（解）　⑴　**〚答〛**　今晩（十分な）時間があれば，両親にメールするつもりだ。
　　　⇒ 文全体が〈**If＋S＋動詞の現在形 ～，S＋will ... .**〉となっている。どのように訳すかも大切だが，それ以上に，話し手が **if 節の内容を実際にありうること**だと考えていることを感じ取ることが重要。

　　⑵　**〚答〛**　今晩（十分な）時間があれば，両親にメールするのだが（その時間はない）。
　　　⇒ 文全体が〈**If＋S＋動詞の過去形 ～，S＋would＋原形動詞 ... .**〉となっているので，話し手は **if 節の内容を実際にはありそうにない**と考えている（話し手は今晩十分な時間は取れないと考えている）ことを感じ取ることが重要。**If 節の動詞は過去形だが，過去を意味してはいない**ことに注意。

　　⑶　**〚答〛**　昨晩（十分な）時間があったなら，両親にメールしたのだが。
　　　⇒ 文全体が〈**If＋S＋had＋過去分詞 ～，S＋would＋have＋過去分詞 ... .**〉となっている。よって **if 節の内容は，実際にはなかったこと**（過去の事実とは違うこと）を表している。

　　⑷　**〚答〛**　（天候が）暖かければ屋外で食べるのだけれど（でも暖かくはない）。
　　　⇒〈**If＋S＋動詞の過去形 ～，S＋would＋原形動詞 ... .**〉の型。ただし，if 節が主文（主節）の後ろに置かれている。

　　⑸　**〚答〛**　今雨が降っている。雨が降っていなければいいのに。
　　　⇒〈**I wish＋S＋動詞の過去形 ～.**〉となっているので，現在の事実とは別の現実を願望している。**I wish** の後ろの動詞は過去形（正確には過去進行形）だが，過去を意味してはいないことに注意。この文の right now は「ちょうど今」を意味する。

　　⑹　**〚答〛**　マークは来なかった。彼が（あの時）来てくれていたらなあ。
　　　⇒〈**I wish＋S＋had＋過去分詞形 ～.**〉となっているので，過去の事実とは違うことが起こっていたらと思う話し手の気持ちをくみ取ることが重要。

Q 問題 1 （　　）内の語を必要であれば形を変えたり，語を補ったりして，下線部を適切な
語句で埋めなさい。

(1) It's too bad that it's snowing. If it (not, snow) , I (can, go) by bike.

(2) **A:** I can't find my wallet. Have you seen it?
B: No, but I'll look for it. If I (find) it, I (tell) you.

(3) **A:** You work so hard all day.
B: If I (have) more money now, I (will, work) less.

(4) If I (be) a bird, I (not, want,) to finish my life in a cage.

(5) I wasn't thirsty. If I (be) thirsty, I (will, drink) something.

(6) **A:** I'm sorry I have to go. I wish I (can, stay) longer.
B: I wish you (not, have,) to leave so soon.

(7) I didn't know she was in the hospital, so I didn't go to see her. I wish I (know).

Q 問題 2 次の日本文を英語に直しなさい。

(1) （助けが必要かわからないが）助けが必要なら，あなたに電話します。（call を使って）

(2) もし私が彼なら，彼女に相談はしないだろう。（talk を使って）

(3) もしあなたが私ならどうしますか。（what を使って）

(4) 鳥のように飛ぶことができればいいのに。（like を使って 8 語で）

(5) あんなこと言わなければよかった。（say that を使って）

原 形	主な意味	過去形	過去分詞形
be	ある・いる	was / were	been
beat	(続けざまに) 打つ	beat	beaten
become	(～に) なる	became	become
begin	始める・始まる	began [bigǽn]	begun [bigʌ́n]
blow	吹く	blew [bluː]	blown
break	壊す	broke	broken
bring	持ってくる・連れてくる	brought	brought
build	建てる	built	built
buy	買う	bought	bought
catch	つかまえる	caught	caught
choose	選ぶ	chose [tʃouz]	chosen
come	来る	came	come
cost	(金額・費用を) 要する	cost	cost
cut	切る	cut	cut
dig	掘る	dug [dʌg]	dug
do	する	did	done [dʌn]
draw	(線を)引く・(絵や図を)かく	drew [druː]	drawn
drink	飲む	drank [dræŋk]	drunk [drʌŋk]
drive	運転する・追いやる	drove [drouv]	driven [drívən]
eat	食べる	ate	eaten
fall	落ちる	fell	fallen
feel	感じる	felt	felt
fight	戦う	fought [fɔːt]	fought
find	見つける・わかる	found [faund]	found
fly	飛ぶ	flew [fluː]	flown
forget	忘れる	forgot	forgotten / forgot
freeze	凍る・凍らせる	froze	frozen
get	手に入れる	got	got / gotten
give	与える	gave	given
go	行く	went	gone
grow	育つ・栽培する	grew [gruː]	grown
hang [hæŋ]	ぶら下げる・ぶら下がる	hung [hʌŋ]	hung
have	持っている	had	had
hear	聞こえる	heard [həːrd]	heard
hide	隠す・隠れる	hid [hid]	hidden
hit	打つ・たたく	hit	hit
hold	つかんでいる	held	held
hurt	傷つける・痛む	hurt	hurt
keep	保つ	kept	kept
know	知っている	knew	known
lead	導く・通じる	led [led]	led
leave	離れる・置き忘れる	left	left

原 形	主な意味	過去形	過去分詞形
lend	貸す	lent	lent
let	(望み通り) させてやる	let	let
lie [lai]	横たわる	lay [lei]	lain [lein]
lose	失う	lost	lost
make	作る	made	made
mean	意味する	meant [ment]	meant
meet	会う	met	met
pay	払う	paid [peid]	paid
put	置く	put	put
quit	(仕事・職などを) やめる	quit	quit
read	読む	read [red]	read
ride	乗る・乗っていく	rode [roud]	ridden [rídən]
ring	鳴る・鳴らす	rang [ræŋ]	rung [rʌŋ]
rise	上がる・昇る	rose [rouz]	risen [rízən]
run [rʌn]	走る・経営する	ran [ræn]	run
say	言う	said [sed]	said
see	見える・会う	saw	seen
sell	売る	sold	sold
send	送る	sent	sent
shake	振る	shook [ʃuk]	shaken
shoot	撃つ	shot	shot
show	見せる・示す	showed	shown
shut	閉める	shut	shut
sing	歌う	sang [sæŋ]	sung [sʌŋ]
sink	沈む	sank [sæŋk]	sunk [sʌŋk]
sit	座る	sat [sæt]	sat
sleep	眠る	slept	slept
speak	話す	spoke	spoken
spend	費やす	spent	spent
spread	広げる・広がる	spread	spread
stand	立つ・立っている	stood	stood
steal	盗む	stole [stoul]	stolen
strike	打つ・たたく	struck [strʌk]	struck
swim	泳ぐ	swam [swæm]	swum [swʌm]
take	手に取る	took	taken
teach	(学科などを) 教える	taught	taught
tear [teər]	引き裂く	tore [tɔːr]	torn [tɔːrn]
tell	告げる	told	told
think	思う	thought	thought
throw	投げる	threw [θruː]	thrown
understand	理解する	understood	understood
wake	目が覚める	woke [wouk]	woken
wear	身につけている	wore [wɔːr]	worn
win	勝つ・勝ち取る	won [wʌn]	won
write	書く	wrote	written [rítən]

● 疑問詞と it の特別用法

☐ ここへはどうやって来たのですか。— バスと電車で来ました。
How did you come here? — I came here by bus and train. → 塾技①

☐ あの家に住んでいるのはだれですか。— トムです。
Who lives in that house? — Tom does. → 塾技①

☐ あなたたちは何について話し合ったのですか。
What did you talk about? → 塾技①

☐ どのバスが市役所に行きますか。
Which bus goes to the city hall? → 塾技②

☐ そのプールの水はどれくらい深いのですか。
How deep is the water in the pool? → 塾技②

☐ あなたはインターネットをどれくらいの頻度で利用しますか。— 毎日です。
How often do you use the Internet? — Every day. → 塾技②

☐ 虹は何色からなっているのですか。
How many colors does a rainbow have? → 塾技②

☐ 日本はどうですか。— 気に入っていますが，物価がとても高いです。
How do you like Japan? — I like it but it's very expensive. → 塾技③

☐ 新しい家はどのような家ですか。— ちょっと小さいんです。
What's your new house like? — It's a little small. → 塾技③

☐ 彼の考えをどう思いますか。
What do you think of[about] his idea? → 塾技③

☐ 彼に電話をかけ直してみてはどう？
Why don't you call him back? → 塾技③

☐ そのほかにだれを見ましたか。
Who else did you see? → 塾技③

☐ ここから駅までどれくらいの距離ですか。
How far is it from here to the station? → 塾技④

☐ 昨日はどんな天気でしたか。
How was the weather yesterday? [What was the weather like yesterday?] → 塾技④

☐ ここでは冬はたくさん雨が降る。
It rains a lot here in (the) winter. → 塾技④

● 現在・過去・進行形・未来表現

☐ 地球は太陽のまわりを回っている。
The earth goes around the sun. → 塾技⑤

☐ 私たちはあなたの助けを必要としている。
We need your help. →塾技⑤

☐ だれかがドアをノックしている。
Someone is knocking on the door. →塾技⑤

☐ バスは止まろうとしている。
The bus is stopping. →塾技⑤

☐ 私たちは全員その話を信じていた。
We all believed the story. →塾技⑥

☐ おなかすいた？— いや，それほどでも。
Are you hungry? — Not really. →塾技⑥

☐ 電話が鳴った時，私はちょうど出かけようとしていた。
I was just going out when the phone rang. →塾技⑥

☐ 彼は今図書館にいるだろう。
He will be in the library now. →塾技⑦

☐ 明日雨が降れば，私は家にいるつもりです。
If it rains tomorrow, I will stay (at) home. →塾技⑦

☐ どこへ行こうか。— 映画を見に行こうよ。
Where shall we go? — Let's go to the movies. →塾技⑦

☐ 遅刻しそうだ。
I'm going to be late. →塾技⑧

☐ 明日はジャックといっしょに勉強する予定です。
I'm going to study[I'm studying] with Jack tomorrow. →塾技⑧

⊙ 命令文と助動詞

☐ ジョン，急ぎなさい。
Be quick, John. →塾技⑨

☐ この電話を使わないでください。
Please don't use this phone. →塾技⑨

☐ 速く走りなさい，そうすればバスに間に合うでしょう。
Run fast, and you'll catch the bus. →塾技⑨

☐ 彼は200メートルを2分で泳ぐことができる。
He can[is able to] swim 200 meters in two minutes. →塾技⑩

☐ うちの娘は再び歩けるようになるでしょうか。
Will our daughter be able to walk again? →塾技⑩

☐ ポールはおなかがすいているはずはない。
Paul can't be hungry. →塾技⑩

☐ 彼女は病気にちがいない。
She must be sick. →塾技⑪

□ 彼は歯医者に行かなければならなかった。
He had to go to the dentist. →塾技⑪

□ 彼は7時までに家を出なければならないだろう。
He will have to leave home by seven o'clock. →塾技⑪

□ ひとりでそこへ行く必要はない。
You don't have to go there alone. →塾技⑪

□ 今晩は雪が降るかもしれない。
It may snow tonight. →塾技⑫

□ 私は昔はそこに住んでいた。
I used to live there. →塾技⑫

□ 今日は出かけない方がいい。
You had better not go out today. →塾技⑫

● There is[are] 〜.

□ あなたの車のカギならテーブルの上にあるわよ。
Your car key is on the table. →塾技⑬

□ そこには20人の人がいた。
There were twenty people there. →塾技⑬

□ この近くには何軒のパン屋がありますか。
How many bakeries are there near here? →塾技⑬

□ この時計はどうも調子がよくない。
There is something wrong with this clock. [Something is wrong with this clock.]
→塾技⑬

● 名詞・代名詞

□ スープの中に髪の毛が1本入っている。
There is a hair in my soup. →塾技⑭

□ ナンシーはとても長い髪をしている。
Nancy has very long hair. →塾技⑭

□ 警察はその車の運転手を探している。
The police are looking for the driver of the car. →塾技⑭

□ ボブは私の友人のひとりだ。
Bob is a friend of mine. [Bob is one of my friends.] →塾技⑮

□ 彼女はひとりきりで暮らしていた。
She lived all by herself. [She lived all alone.] →塾技⑮

□ どうぞ遠慮なくサラダをお取りください。
Please help yourself to the salad. →塾技⑮

□ 中に入ってくつろいで。
Come in and make yourself at home. →塾技⑮

☐ これは好きではありません。別のものを1つ見せてください。
I don't like this one. Please show me another. ➡塾技⑯

☐ 私には2人兄弟がいる。1人は名古屋，もう1人は京都に住んでいる。
I have two brothers. One lives in Nagoya, and the other in Kyoto. ➡塾技⑯

☐ ケンとメアリーはお互いに顔を見合わせた。
Ken and Mary looked at each other. ➡塾技⑯

➤ 形容詞・副詞

☐ ナンシーは魚は買ったが，肉は買わなかった。
Nancy bought some fish, but she didn't buy any meat. ➡塾技⑰

☐ どんな本を読んでもいい。
You may[can] read any book. ➡塾技⑰

☐ ちょっと質問してもいいですか。
Can[May] I ask you something? ➡塾技⑰

☐ 何か妙なものでも見ましたか。
Did you see anything strange? ➡塾技⑱

☐ ここにはほとんど友人がいないので，私はさびしい。
I have (very) few friends here, so I'm lonely. ➡塾技⑱

☐ 私たちにはほとんど時間がない。
We have (very) little time. ➡塾技⑱

☐ すべての窓が開いている。
Every window is open. ➡塾技⑲

☐ 空港行きのバスは10分ごとに出ている。
The airport buses leave every ten minutes. ➡塾技⑲

☐ 明日の準備はできたの？
Are you ready for tomorrow? ➡塾技⑲

☐ 私のこと，まだ怒ってる？
Are you still angry with[at] me? ➡塾技⑲

☐ 私は約束の時間に10分遅れた。
I was ten minutes late for my appointment. ➡塾技⑲

☐ 彼は注意深く車を運転する。
He drives carefully. [He is a careful driver.] ➡塾技⑳

☐ 彼女は働き者だ。
She works hard. [She is a hard worker.] ➡塾技⑳

☐ 私たちはお互いのことをほとんど知らなかった。
We hardly knew each other. ➡塾技⑳

☐ いつも正直でなくてはならない。
You must always be honest. ➡塾技⑳

☐ 私も車の運転ができない。
I can't drive (a car), either. →塾技㉑

☐ のどが渇いたな。― 私も。
I'm thirsty. ― So am I. →塾技㉑

☐ メアリーは車を持っていないし，ジェーンも持っていない。
Mary doesn't have a car and neither[nor] does Jane. →塾技㉑

☐ 彼はその食べ物のほとんど全てを食べた。
He ate almost all of the food. →塾技㉑

➡ 比　較

☐ 昨日ほど(今日は)寒くはない。
It isn't as cold as it was yesterday. →塾技㉒

☐ 彼女はあなたと同じだけの数の本を持っている。
She has as many books as you (do). →塾技㉒

☐ あなたの部屋は私の部屋の3倍の広さだ。
Your room is three times as large as mine. →塾技㉒

☐ できるだけすぐに私に電話してください。
Please call me as soon as you can[possible]. →塾技㉒

☐ アメリカではサッカーと野球ではどちらのほうが人気がありますか。
Which is more popular in America, soccer or baseball? →塾技㉓

☐ 彼女はあなたよりも泳ぎがうまい。
She is a better swimmer than you (are). [She swims better than you (do).] →塾技㉓

☐ 私はジャックより2歳年上だ。
I am two years older than Jack (is). →塾技㉓

☐ この情報のほうがずっと役に立つ。
This information is much more useful. →塾技㉓

☐ コーヒーと紅茶ではどちらのほうが好きですか。
Which do you like better, coffee or tea? →塾技㉔

☐ ナイル川は世界の他のどんな川よりも長い。
The Nile is longer than any other river in the world. →塾技㉔

☐ ますます寒くなってきている。
It is getting colder and colder. →塾技㉔

☐ その俳優は実際(の年齢)よりも若く見える。
The actor looks younger than he (really) is. →塾技㉔

☐ あの教会が町で最も古い建物です。
That church is the oldest building in the town. →塾技㉕

☐ メイが私たち全員の中では最も上手に歌える。
May can sing (the) best of us all. →塾技㉕

☐ これは最も難しい問題の1つだ。
This is one of the most difficult questions. →塾技㉕

☐ 日本の(他の)どの山も富士山より高くない。
No (other) mountain in Japan is higher than Mt. Fuji. →塾技㉖

☐ 日本の(他の)どの山も富士山ほど高くない。
No (other) mountain in Japan is as[so] high as Mt. Fuji. →塾技㉖

☐ 光は他のどんなものよりも速く進む。
Light travels faster than anything else. →塾技㉖

☐ 東京の人口はニューヨークの人口よりも多い。
The population of Tokyo is larger than that of New York. →塾技㉖

➔ 不定詞と動名詞

☐ これを理解することがあなたには重要だ。
It is important for you to understand this. →塾技㉗

☐ 彼は5歳の時に泳げるようになった。
He learned to swim when he was five (years old). →塾技㉗

☐ 彼女は英語で日記をつけようとした。
She tried to keep a diary in English. →塾技㉗

☐ やらなくてはならない仕事がたくさんある。
I have a lot of work to do. →塾技㉘

☐ 何か冷たい飲み物をもらえるかな。
Can I have something cold to drink? →塾技㉘

☐ 彼らは住む家を探している。
They are looking for a house to live in. →塾技㉘

☐ ニール・アームストロングは月面を歩いた最初の人だった。
Neil Armstrong was the first person to walk on the moon. →塾技㉘

☐ 彼はニュースを見るためにテレビをつけた。
He turned on the television (in order[so as]) to watch the news. →塾技㉙

☐ その自動車事故を見てショックを受けた。
I was shocked to see the car accident. →塾技㉙

☐ バスを乗り間違えるとは君は不注意だった。
You were careless to take the wrong bus. →塾技㉙

☐ その机は重すぎて彼女には動かせなかった。
The desk was too heavy for her to move. →塾技㉚

☐ 彼は父親の手伝いができるだけの年齢になっていた。
He was old enough to help his father. →塾技㉚

☐ 母は私に料理の仕方を教えてくれた。
My mother taught me how to cook. →塾技㉚

□ 私はどんな本を読んだらいいかわからない。
I don't know what book to read. →塾技⑳

□ 彼は助けを必要としているように思える。
He seems to need help. [It seems that he needs help.] →塾技⑳

□ 彼は私に手伝ってくれと頼んだ。
He asked me to help him. →塾技㉛

□ 私は彼女にドアにカギをかけないようにと言った。
I told her not to lock the door. →塾技㉛

□ あなたを車で駅まで送りましょうか。
Do you want me to[Shall I] drive you to the station? →塾技㉛

□ そう言ってくれるとはあなたは親切だ[そう言ってくれてありがとう]。
It's kind of you to say so. →塾技㉛

□ 私はその本を読むのに3日かかった。
It took me three days to read the book. →塾技㉛

□ 生徒たちは話をやめた。
The students stopped talking. →塾技㉜

□ 中断して昼食にしよう。
Let's stop to have lunch. →塾技㉜

□ 忘れずに明日の朝彼女に電話をしなさい。
Remember to call her tomorrow morning. →塾技㉜

□ 以前どこかで彼女に会った覚えがある。
I remember seeing her somewhere before. →塾技㉜

□ トムは何も言わないで去って行った。
Tom left without saying anything. →塾技㉝

□ あなたから連絡があるのを楽しみに待っている。
I'm looking forward to hearing from you. →塾技㉝

□ ドアを閉めてもらえませんか。 — はい，いいですよ。
Would[Do] you mind closing[shutting] the door? — No, not at all. →塾技㉝

□ 私たちはその川に泳ぎに行った。
We went swimming in the river. →塾技㉝

➋ 動詞の目的語と受動態

□ 駅へ行く道を教えてくださいませんか。
Could you tell[show] me the way to the station? →塾技㉞

□ コーヒーを入れましょうか。
Shall I make you a cup of coffee? →塾技㉞

□ ヨーコはケンによってそのパーティーに招待された。
Yoko was invited to the party by Ken. →塾技㉟

- [ ] あなたの人生はこの本によって変えられるだろう。
  Your life will be changed by this book. → 塾技㉟

- [ ] この絵はだれによって描かれたのですか。
  Who was this picture painted by? → 塾技㉟

- [ ] 私は寝ているようにとその医者に言われた。
  I was told by the doctor to stay in bed. → 塾技㊱

- [ ] ジャックはみんなに笑われた。
  Jack was laughed at by everybody. → 塾技㊱

- [ ] だれもその家を買うことに興味がなかった。
  Nobody was interested in buying the house. → 塾技㊱

- [ ] 家に帰る途中でにわか雨にあった。
  I was caught in a shower on my way home. → 塾技㊱

➡ 否定疑問文・付加疑問文・感嘆文

- [ ] コーヒーは好きじゃないのですか。— いいえ，好きです。/ はい，好きではありません。
  Don't you like coffee? — Yes, I do. / No, I don't. → 塾技㊲

- [ ] ポールは料理が上手ですよね。
  Paul cooks well, doesn't he ? → 塾技㊲

- [ ] メアリーは今晩来られないのですね。— はい，来られません。/ いいえ，来られます。
  Mary can't come this evening, can she? — No, she can't. / Yes, she can.

- [ ] 彼女はなんて高価な指輪をしているのだろう。
  What an expensive ring she wears! → 塾技㊲

➡ 現在完了

- [ ] 私は子供のころ2度その動物園へ行ったことがある。
  I visited the zoo twice[two times] when I was a child. → 塾技㊳

- [ ] ナンシーは(一度として)すしを食べたことがない。
  Nancy has never eaten sushi. → 塾技㊳

- [ ] 手はすでに洗いました。
  I've already washed my hands. → 塾技㊳

- [ ] We have known each other for forty years.
  私たちは40年来の知り合いだ。 → 塾技㊴

- [ ] 彼女は今朝からずっと台所を掃除している。
  She has been cleaning the kitchen since this morning. → 塾技㊴

- [ ] この会社にはいつから働いているのですか。
  How long have you worked[been working] for this company? → 塾技㊴

- [ ] どこへ行ってきたの？— 図書館へ行ってきたんだよ。
  Where have you been? — I've[I have] (just) been to the library. → 塾技㊵

□ 東京ディズニーランドへ行ったことがありますか。
Have you ever been to Tokyo Disneyland? ➔塾技㊵

□ 彼は奥さんとインドへ行ってしまった。
He has gone to India with his wife. ➔塾技㊵

□ 彼女は1年半前からずっとオーストラリアにいる。
She has been in Australia for one and a half years. ➔塾技㊵

□ 彼が死んで5年になる。
He died five years ago.
He has been dead for five years.
Five years have passed since he died.
It is[has been] five years since he died. ➔塾技㊵

□ こんなにおもしろい本を読んだことがない。
I have never read such an interesting book.
This is the most interesting book (that) I've ever read. ➔塾技㊵

➔ 分 詞

□ ここに住んでいる多くの人たちは車で通勤しています。
Many people living here drive to work. ➔塾技㊶

□ ジャックが割った花びんはとても高価なものだった。
The vase broken by Jack was very expensive. ➔塾技㊶

□ テーブルの上に使用されたタオルがあった。
There was a used towel on the table. ➔塾技㊶

□ それはとてもわくわくする経験だった。
It was a very exciting experience. ➔塾技㊷

□ 彼はあまりにも興奮していたので眠れなかった。
He was too excited to sleep. ➔塾技㊷

□ 彼はその店で洗濯機を買った。
He bought a washing machine at the store. ➔塾技㊷

➔ 主語を説明する形容詞とSVOC

□ 彼は君そっくりだ。
He looks just like you. ➔塾技㊸

□ 彼は何かを心配しているように見えた。
He looked worried about something. ➔塾技㊸

□ 彼女は少し疲れた声をしていた。
She sounded a little tired. ➔塾技㊸

□ 私は彼女を私の秘書にした。
I made her my secretary. ➔塾技㊹

□ どうしてそんなに怒ったのですか。
What made you so angry? ➔塾技㊹

☐ 彼はドアをずっと閉めたままにしておいた。
He kept the door closed. →塾技44

☐ ドアを開けっ放しにしないで。
Don't leave the door open. →塾技44

☐ 読んでみたらその本は簡単だとわかった。
I found the book easy. →塾技44

☐ 私たちは彼がその建物に入るのを見た。
We saw him go into the building. →塾技45

☐ 彼が通りを渡っているのを見た。
I saw him crossing the street. →塾技45

☐ 私は自分の名が呼ばれる声が聞こえた。
I heard my name called. →塾技45

☐ 彼がこの本を書いたと聞いている。
I hear (that) he wrote this book. →塾技45

☐ その映画は私を泣かせた。
The movie made me cry. →塾技46

☐ 私の英語は通じなかった。
I couldn't make myself understood in English. →塾技46

☐ 火を燃やし続けておきなさい。
Keep the fire burning. →塾技46

☐ 私は金を盗まれた。
I had my money stolen. →塾技46

☐ 私たちは家にペンキを塗ってもらった。
We had our house painted. →塾技46

☐ 私はそこへ行くことは重要だと思った。
I thought it important to go there. →塾技46

➔ 関係詞

☐ 手紙を書いている少年はジャックです。
The boy who[that] is writing a letter is Jack. →塾技47

☐ 私たちは築100年の家に住んでいる。
We live in a house which[that] is 100 years old. →塾技47

☐ 彼は私がそこで見た男性です。
He is the man (whom[who / that]) I saw there. →塾技48

☐ 私たちが昨晩聞いた音楽はよかった。
The music (which[that]) we listened to last night was good. →塾技48

☐ 私にはミカという名前の日本人の友達がいる。
I have a Japanese friend whose name is Mika. →塾技49

☐ 彼が訪れた家の人たちは皆親切だった。
The people whose house he visited were all nice. ➔塾技(49)

☐ 私が今欲しいものは１杯の熱いコーヒーだ。
What I want now is a cup of hot coffee. ➔塾技(50)

☐ ここがトムが住んでいる家だ。
This is the house which[that] Tom lives in.
This is the house Tom lives in.
This is the house in which Tom lives. ➔塾技(50)

☐ ここがトムが住んでいる家だ。
This is the house where Tom lives. ➔塾技(51)

☐ インドは私が長い間訪れたいと思っている国だ。
India is a country (which[that]) I've wanted to visit for a long time. ➔塾技(51)

➔ 間接疑問と話法

☐ 私は彼女がどこの出身なのか知らない。
I don't know where she comes from. ➔塾技(52)

☐ メアリーに何が起こったのだろう。
I wonder what happened to Mary. ➔塾技(52)

☐ どちらのパソコンを買ったらいいか教えて。
Tell me which PC I should buy. ➔塾技(52)

☐ あの人が何を探しているか知っていますか。
Do you know what that man is looking for? ➔塾技(53)

☐ 彼がそのＴシャツにいくら払ったと思いますか。
How much (money) do you think he paid for the T-shirt? ➔塾技(53)

☐ 彼が戻ってくるかどうかよくわからない。
I'm not sure whether[if] he will come back. ➔塾技(53)

☐ 彼女は困っていると言った。
She said (that) she was in trouble. ➔塾技(54)

☐ その年配の女性はそれはいつ準備ができるのかとたずねた。
The elderly woman asked when it would be ready. ➔塾技(54)

☐ 彼女は私にそれはおもしろいかとたずねた。
She asked me if[whether] it was interesting. ➔塾技(54)

➔ 前置詞

☐ 私はトムの車に乗ってここに来た。
I came here in Tom's car. ➔塾技(55)

☐ 私は彼女に助けを求めた。
I asked her for help. ➔塾技(55)

□ 彼らは私に校内を案内してくれた。
They showed me around[round] the school.　→塾技㊺

□ 駅から見て通りのすぐ向こう側にコンビニがある。
There is a convenience store just across the street from the station.　→塾技㊺

□ 彼は朝の7時から仕事を始める。
He starts work at 7:00 in the morning.　→塾技㊻

□ その事故は水曜の朝早くに起きた。
The accident happened early on Wednesday morning.　→塾技㊻

□ 3日後に電話します。
I'll call you in three days.　→塾技㊻

□ そのレストランは夜の12時まで営業している。
The restaurant is open until[till] midnight.　→塾技㊻

□ 木曜までに車を修理できますか。
Can you fix my car by Thursday?　→塾技㊻

□ 口の中に食べ物をいっぱい入れてしゃべってはいけない。
Don't speak with your mouth full.　→塾技㊼

□ 彼女は足を組んで座った。
She sat with her legs crossed.　→塾技㊼

□ (私が)驚いたことに，クラスの女子全員がその計画に賛成しているように思えた。
To my surprise, all the girls in my class seemed to be for the plan.　→塾技㊼

➡ 接続詞と重要構文

□ ナンシーもメイも2人とも休暇を取っている。
Both Nancy and May are on vacation.　→塾技㊽

□ あなたか彼女のどちらかがすぐに行かなければならない。
Either you or she has to go at once.　→塾技㊽

□ 彼女は歴史も地理もどちらも好きではない。
She likes neither history nor geography.　→塾技㊽

□ 彼は親切なだけでなく正直だ。
He is not only kind but (also) honest.　→塾技㊽

□ 雨が降っていたけれど，私たちは外出した。
We went out though it was raining.　→塾技㊾

□ 彼女が戻ってくるまで私たちはここにいることにします。
We'll stay here until[till] she comes back.　→塾技㊾

□ 彼は火事を見るとすぐに消防署に電話した。
As soon as he saw the fire, he phoned the fire department.　→塾技㊾

□ 彼女はドイツに出発する3日前に私を訪ねてきた。
She visited me three days before she left for Germany.　→塾技㊾

☐ 彼女は台所で仕事をしながらよく歌を歌う。
She often sings as she works in the kitchen. →塾技⑥⓪

☐ 彼女が看護師ではなく医者だということはだれでも知っている。
Everybody knows (that) she is not a nurse but a doctor. →塾技⑥⓪

☐ すみません。ここは禁煙席なのですが。
Excuse me. I'm afraid (that) this is a non-smoking area. →塾技⑥⓪

☐ 困ったことに私はお金を持っていないのです。
The trouble is (that) I have no money. →塾技⑥⓪

☐ 彼には11人の子供がいるそうだ。
It is said that he has 11 children. →塾技⑥⓪

☐ もし明日雨でも，試合は行われるだろう。
Even if it rains tomorrow, the game will be played. →塾技⑥⓪

☐ 彼らは来るかなあ。
I wonder if they will come. →塾技⑥⓪

☐ ジャックは頭が痛かったので，学校に行けなかった。
Jack couldn't go to school because he had a headache.
Jack wasn't able to go to school because of a headache. →塾技⑥①

☐ すぐに彼は元気になるだろう。
It won't be long before he gets well. →塾技⑥①

☐ この本は難しすぎて私には読めない。
This book is too difficult for me to read.
This book is so difficult that I can't read it. →塾技⑥②

☐ そのスープはとても熱くて，舌をやけどしてしまった。
The soup was so hot that it burned my tongue.
The soup was hot enough to burn my tongue. →塾技⑥②

☐ とても寒い夜だったので，私たちはずっと家にいた。
It was such a cold night that we stayed at home. →塾技⑥②

☐ その車を買うためにもっとお金が必要だ。
I need more money so that I can buy the car. →塾技⑥②

➲ 仮定法

☐ （時間があるかどうかわからないが）もし時間があれば，彼に会いに行きます。
If I have time, I will go to see him. →塾技⑥③

☐ もし時間があれば，彼に会いに行くのだが（でも時間がない）。
If I had time, I would go to see him. →塾技⑥③

☐ （あの時）もし時間があったら，彼に会いに行っただろう。
If I had had time, I would have gone to see him. →塾技⑥③

☐ （今）彼がここにいればなあ。
I wish he were here. →塾技⑥③

和 文 索 引

英 文 索 引

③

著者紹介

山本　亮二 （やまもと　りょうじ）

Ｚ会進学教室英語科講師として，長年にわたり多くの生徒を指導。
「わかる」だけではなく，「できる」ようになる授業をすることを心掛けている。
趣味は読書。愛読書は司馬遼太郎の『竜馬がゆく』。

□ 英文校閲　バーナード・サッサー

シグマベスト
塾で教える高校入試
英語　塾技63　[改訂版]

本書の内容を無断で複写（コピー）・複製・転載することを禁じます。また，私的使用であっても，第三者に依頼して電子的に複製すること（スキャンやデジタル化等）は，著作権法上，認められていません。

著　者　山本亮二
発行者　益井英郎
印刷所　図書印刷株式会社
発行所　**株式会社文英堂**
　〒601-8121　京都市南区上鳥羽大物町28
　〒162-0832　東京都新宿区岩戸町17
　（代表）03-3269-4231

Σ BEST シグマベスト

塾で教える高校入試 英語

塾技63

別冊解答

改訂版

● 「入試レベルの問題にチャレンジ!」の問題文を載せています。

● 本冊の「例題」や「演習問題」と同様の詳しい解答です。

● 「別冊解答」単独で持ち運んで使用することができます。

文英堂

塾技 1 疑問詞のある疑問文(1)

入試レベルの問題にチャレンジ！(本冊 p.18)

Q 問題 1 次の下線部が答えの中心となる疑問文を作りなさい。

(1) The party was great.

(2) We know the answer.

(3) The movie was about Jesus Christ.

A 答

(1) **How was the party?**

(2) **Who knows the answer?**

(3) **Who was the movie about?**

解説

(1)「パーティーはどうだった？」

疑問詞 how は「どのようにして」と方法をたずねるほかに，一時的な状態をたずねて「どんな様子，どんなふう」の意味でも使われる。

The party was **great**.

⇒ **How** / **was** the party?
　how　　ふつうの疑問文の語順

(2)「その答えを知っているのはだれですか」

「だれがその答えを知っていますか」と考える。**主語となる疑問詞は 3 人称単数である**ことに注意。〈Who + 動詞 ～?〉の語順とする。

(3)「その映画はだれに関するものでしたか」

主語は the movie なので〈疑問詞 + ふつうの疑問文の語順〉とする。about のつけ忘れに注意すること。**(語句)** Jesus Christ（イエス・キリスト）

The movie was about **Jesus Christ.**

⇒ **Who** / **was** the movie about?
　who　　ふつうの疑問文の語順

Q 問題 2 (　)内の条件に従い，[　]内の語を並べかえて意味の通る英文を作りなさい。ただし，句読点などは必要に応じて補うこと。

(1) [bike / belong / who / this / does]（1語補充）

(2) [did / morning / dishes / who / the / this / do]（1語不要）

A 答

(1) **Who does this bike belong to?**

(2) **Who did the dishes this morning?**

解説

(1)「この自転車はだれのものですか」

belong to ～は「～のものである，～の所有である」を意味する連語。This bike belongs to **someone**. と考えて，下線部を問う疑問文を作ればいい。主語は this bike なので〈疑問詞 + ふつうの疑問文の語順〉とする。

This bike belongs to **someone.**

⇒ **Who** / **does** this bike belong to?
　who　　ふつうの疑問文の語順

(2)「だれが今朝皿を洗ったのですか」

do the dishes は「皿を洗う」。この do は「～を処理する」を意味するが，あとに続く目的語によって意味が変化する。do the garden（庭の手入れをする），do the room（部屋の掃除をする），do the laundry（洗濯をする）など。who（だれが）が主語で，〈Who + 動詞 ～?〉の語順となる。Who do the dishes this morning?（×）としないこと。主語の **who は 3 人称単数扱い**なので，Who do ～とはならない。現在形なら Who does ～となる。

Who **does** ～
S　　V

Q 問題 3 (　)内の条件に従い，次の日本文を英語に直しなさい。

(1) これらのビンの中身は何ですか。（bottles を使って4語で）

(2) だれと映画を見に行ったのですか。（movies を使って8語で）

A 答

(1) **What's in these bottles?**

(2) **Who did you go to the movies with?**

解説

(1)「何がこのビンの中にある［入っている］のですか」と考えられるかがポイント。「何が」と疑問詞 what を主語として〈What + 動詞 ～?〉の語順とする。疑問詞 **what** は who 同様 **3 人称単数扱い**。また条件に bottles（複数形）とあるので this bottles としないこと。以上から What is in **these** bottles? となり，4語の条件から **What's** in these bottles? となる。

(2)「（一般的に）映画を見に行く」は go to the movies（= go to a movie, go to see a movie）とする。I went to the movies with **Mary**. と，適当に答えの文を考えて，Mary を問う疑問文を作ればいい。主語は you（あなたは）なので疑問詞 who は主語ではない。よって〈疑問詞 + ふつうの疑問文の語順〉となる。**with** を忘れないこと。

I went to the movies with **Mary**.

⇒ **Who** / **did** you go to the movies with?
　　　ふつうの疑問文の語順

3

塾技 2 疑問詞のある疑問文(2)

入試レベルの問題にチャレンジ！(本冊 p.23)

Q問題1 対話文が成立するように，( )内の語を順番通りに使って英文を完成させなさい。動詞は必要があれば適切な形に変えること。

(1) **A:** (book / borrow)
　　B: I borrowed Jack's.

(2) **A:** (how / come / wedding)
　　B: A lot of people came to our wedding.

(3) **A:** (temperature / water)
　　B: It boils at 100℃ .

A答

(1) **Whose book did you borrow?**

(2) **How many people came to your wedding?**

(3) **What temperature does water boil at?〔At what temperature does water boil?〕**

解説

(1)「だれの本を借りたの ― ジャックのだよ」

I borrowed **Jack's** book. の Jack's を問う疑問文を作ればいい。「だれの本」で意味のまとまりなので，whose book とする。主語は you なので〈疑問詞 + α + ふつうの疑問文の語順〉となる。Whose did you borrow book? などとしないこと。book は可算名詞なので裸では使わない。

(2)「どれくらいの人があなたたちの結婚式に来てくれたの ― 大勢の人が来てくれたのよ」

「何人の人たちが」と考えて〈**how many** + **可算名詞の複数形**〉を使い，how many people で始める。これで意味のまとまりなので切り離さないこと。主語も how many people なのですぐ後ろに動詞を続ければいい。

(3)「水は何度で沸騰するのですか ― 100℃です」

「何度」は「どんな温度」と考え，what temperature とする。Water boils at **100℃**. の 100℃ を問う疑問文を作ればいい。主語は water なので〈疑問詞 + α + ふつうの疑問文の語順〉となる。at の付け忘れに注意すること。**at** what temperature は改まった表現。100℃ は one hundred degrees Celsius と読む。

Water boils at **100℃**.
what temperature

⇒ **What temperature** / does water boil at?
疑問詞 + α　　　ふつうの疑問文の語順

Q問題2 1語を補い，日本文の意味を表すように，[ ]内の語を並べかえなさい。ただし，句読点などは必要に応じて補うこと。

(1) 何を心配しているの。
　[you / worried / are / what]

(2) 日本の首都はどこですか。
　[capital / Japan / is / the / of]

(3) 彼はどれくらいの割合でゴルフをするのですか。
　— 月に2回くらいです。
　A: [play / how / he / golf / does]
　B: About twice a month.

(4) 東京の人口はどれくらいですか。
　[population / is / how / Tokyo / of / the]

(5) あなたはそれらの中のどれがほしいですか。
　[you / them / which / want / do]

A答

(1) **What are you worried about?**

(2) **What is the capital of Japan?**

(3) **How often does he play golf?**

(4) **How large is the population of Tokyo?**

(5) **Which of them do you want?**

解説

(1) be worried about ～で「～のことで心配して[悩んで]いる」。I'm worried about **something**. (私はあることで悩んでいる) の something を問う疑問文を作ればいい。主語は you なので〈疑問詞 + ふつうの疑問文の語順〉となる。

(2) **Tokyo** is the capital of Japan. の Tokyo を問う疑問文を作ればいい。Tokyo という名前をたずねるので what を用いる。I live **in Tokyo**. の in Tokyo をたずねるときは where を用いて Where do you live? とする。一般に where は「前置詞 + 場所の名詞」全体を問うときに用いる。

(3)「どれくらいの頻度で」と考えればいい。よって how often で始める。主語は he なので，〈疑問詞 + ふつうの疑問文の語順〉となる。once **a** month (月に1回)，twice **a** month (月に2回)，three times **a** month (月に3回) の a を one とすることはできない。

(4) population (人口) が「多い」はふつう **large** で表す。many や much は使わない。「少ない」なら small とする。主語は the population of

4

Tokyo なので，〈**How large** ＋ふつうの疑問文の語順〉とする。この英文は何度も音読し，覚えておいたほうがいい。

(5) **Which of ～**（～の中のどれ・どちら）という言い方は決まった表現として覚えておく。主語は you なので，〈疑問詞＋α＋ふつうの疑問文の語順〉とする。

Which of them / **do you want?**
疑問詞＋α　　　　ふつうの疑問文の語順

Which do you want of them?（×）としないこと。

Q問題3（　　）内の条件に従い，次の日本文を英語に直しなさい。

(1) どちらのホテルに滞在しましたか。（stay を使って）

(2) だれの本が床の上に落ちたのですか。（fall を使って）

(3) この手紙はあなたにとってどれくらい重要なのですか。（important を使って7語で）

(4) この教会はいつ建てられたのですか。（is を使って5語で）

A答

(1) **Which hotel did you stay at[in]?**

(2) **Whose book fell on the floor?**

(3) **How important is this letter to you?**

(4) **How old is this church?**

解説

(1) I stayed at[in] **x hotel**. の下線部を問う疑問文と考えればいい。which hotel（どちらのホテル）は意味のまとまりなので切り離さないこと。主語は you なので〈疑問詞＋α＋ふつうの疑問文の語順〉となる。at[in]の付け忘れに注意。

(2)「だれの本が」とあるので whose book で始める。whose book は主語にもなっているので，すぐ後ろに動詞を続ければいい。
語句 fall on ～（～〔の上〕に落ちる）

(3)「どれくらい重要か」は how important とする。「～にとって重要だ」は be important to ～。This letter is **very important** to me. の下線部を問う疑問文と考えればいい。主語は this letter なので，〈疑問詞＋α＋ふつうの疑問文の語順〉となる。

(4) How old は人だけではなく，物や建物などがいつ作られたかを問うときにもよく用いられる。答えるときは，It is two hundred years old.（建てられて200年になります）などとすればいい。

塾技（ワザ）**3** 疑問詞を用いた注意すべき表現

🚩 **入試レベルの問題にチャレンジ！**（本冊 p.27）

Q問題1 1語を補い，日本文の意味を表すように，[　　]内の語を並べかえなさい。ただし，句読点などは必要に応じて補うこと。

(1) 試験はどうだった？ — 難しかったよ。
A: [exam / like / was / the] — B: It was difficult.

(2) あとどれくらいしたら準備ができますか。
[ready / can / you / get / how]

(3) そのパーティーにはほかにだれがいましたか。
[party / who / at / was / the]

(4) 昨夜のショーはどうだった？ — すばらしかったよ。
A: [you / night / show / did / last / the / like]
B: It was great.

(5) 彼の意見をどう思いますか。
[about / do / opinion / you / his / what]

(6) お母さんが君に用があるみたいだよ。 — 何の用だろう。
A: Your mother wants you.
B: [want / what / she / me / does]

(7) どうかしたの？少し元気がないようだけど。
[what's] You look a little down.

A答

(1) **What was the exam like?**

(2) **How soon can you get ready?**

(3) **Who else was at the party?**

(4) **How did you like the show last night?**

(5) **What do you think about his opinion?**

(6) **What does she want me for?**

(7) **What's wrong?[What's up?]**

解説

(1)〈**What is（主語）like?**〉で，「（人・物・事）はどのようなものか」を意味する。主語は the exam。

What / **was** the exam like? となっている。
疑問詞＋ふつうの疑問文の語順

what は like（～のような）の後ろにあったもの。

(2)「あとどれくらいで」とあるので **how soon** を使う。「どれくらいすぐに」が直訳。
語句 get ready（準備する）

(3)〈疑問詞＋else〉を使う。**Who** was at the party?（だれがパーティーにいましたか）の

5

who のあとに else を置けばいい。

(4)「好き嫌い」をたずねる **How do you like ～?**（～はどうですか）の do を過去形にして用いた文。

(5)「～をどう思いますか」は，**What do you think of[about] ～?** か **How do you feel about ～?** を使うのが基本。What do you feel about ～?（×）とか How do you think of [about] ～?（×）とはしないこと。

(6)「お母さんは何のために私に用がある（want）のか」と考える。よって **What ～ for?**（何のために，なぜ）を使って表す。この文は Why does she want me? としても意味は同じ。
What / does she want me for? となっている。
_{疑問詞＋ふつうの疑問文の語順}
what は for（～のために）の後ろにあったもの。

(7) 相手を気づかって「どうかしたのですか」は **What's wrong[the matter]?** とすればいい。What's up? でも同じような意味を表す。You look a little down. の down は「（気持ちが）沈んで，落ち込んで」を意味する形容詞。

Q問題2　（　）内の条件に従い，次の日本文を英語に直しなさい。

(1) なぜ彼女と会ったのですか。（meet を使って6語で）

(2) ケンのご両親はどんな人ですか。（like を使って5語で）

(3) ほかにだれが空港まで彼女を見送りに行ったのですか。（10語で）

A答

(1) **What did you meet her for?**

(2) **What are Ken's parents like?**

(3) **Who else went to the airport to see her off?**

解説

(1)「何のためにあなたは彼女と会ったのか」と考える。よって **What ～ for?**（何のために，なぜ）を使う。5語なら **Why** did you meet her? となる。

(2) 人・物・事の性質や外観など，だいたいの概念をたずねる〈What is（主語）like?〉（～はどのような人・物・事か）を用いる。主語は Ken's parents なので is は are とすることに注意。
What / are Ken's parents like?
_{疑問詞＋ふつうの疑問文の語順}

(3)「ほかにだれが」とあるので〈疑問詞 + else〉を使う。「だれが空港まで彼女を見送りに行った

のですか」は who が主語なので〈Who + 動詞 ～?〉の語順とし，**Who** went to the airport to see her off? となる。最後に who のあとに else を置けばいい。（語句）see ～ off（～を見送る）

塾技 4　時間・天気・距離などを表す主語の it

入試レベルの問題にチャレンジ！（本冊 p.31）

Q問題1　**It's very late. Let's go home now.** の下線部 it と，同じ使い方の **it** を含む文を1つ選びなさい。

① We can walk home. **It** isn't far.
② **It's** hot in this room. Open the window.
③ Now **it's** your turn.
④ A: Where is the car key? — B: **It's** on the table.
⑤ Why is **it** light in the day and dark at night?
⑥ **It's** Jane's birthday today.
⑦ **It** was very windy this morning.

A答

⑥

解説

　It's very late. Let's go home now.（時間はとても遅い。さあ家に帰ろう）は「時間」を表す it。

① We can walk home. **It** isn't far.（家まで歩いて行けます。遠くはありませんから）は「距離」を表す it。

② **It's** hot in this room. Open the window.（この部屋は暑い。窓を開けて）は「寒暖」を表す it。

③ Now **it's** your turn.（さあ君の番だ）は「漠然とした状況・事情を表す」it だが，**It's one's turn.**（～の番です。※ one's は所有格）は決まった表現として覚えておくこと。

④ A: Where is the car key? — B: **It's** on the table.（車のカギはどこ？ — テーブルの上よ）は前の名詞（the key）を指す it。

⑤ Why is **it** light in the day and dark at night?（どうして日中は明るくて，夜は暗いの？）は「明暗」を表す it。day（日中）⇄ night（夜）

⑥ **It's** Jane's birthday today.（今日はジェーンの誕生日だ）は「時間」を表す it。

⑦ **It** was very windy this morning.（今朝はとても風が強かった）は「天候」を表す it。

Q 問題2 次の英文の中で，誤りのあるものを1つずつ選びなさい。

(1) ① It is a lot of rain here in winter.
　　② It's very rainy here in winter.
　　③ We have a lot of rain here in winter.
　　④ There is a lot of rain here in winter.

(2) ① What is the weather like there?
　　② How's the weather in Chicago in summer?
　　③ What the weather was like on your vacation?
　　④ What's the weather like in Los Angeles today?

A 答

(1) ①　　(2) ③

解説

(1) ②③④ともに「ここでは冬はたくさん雨が降る」の意味を表す。①のように It is a lot of rain 〜とするのはよくある誤り。このような言い方はしない。**It rains a lot** here in winter. が正しい。この4つの英文は音読して覚えておくこと。a lot of 〜（たくさんの〜）は名詞 rain（雨）を修飾し，a lot（たくさん）は動詞 rains（雨が降る）を修飾している。

(2) ① What is the weather like there? （そこは今どんな天気ですか）
② How's the weather in Chicago in summer?（シカゴの夏の天候はどうですか）in summer と in the summer はどちらも正しい。
③「休暇中の天気はどうでしたか」は What **the weather was** like on your vacation?（×）ではなく What **was the weather** like on your vacation? としなくてはならない。主語は the weather なのだから。
④ What's the weather like in Los Angeles today?（ロサンゼルスは今日はどんな天気ですか）

塾技 (ワザ) 5　現在進行形と現在形

🚩 **入試レベルの問題にチャレンジ！**（本冊 p.35）

Q 問題1 次の（　）内に入れるべき最も適切なものを選びなさい。

(1) Look out! A car (　) from behind.
　　① came　② comes　③ coming　④ is coming

(2) The kettle (　) now.
　　① boiled　② boils　③ is boiling　④ boil

(3) She usually (ア) coffee but today she (イ) tea.
　　ア ① drink　② is drinking　③ drinks　④ drinking

イ ① drinks　② drinking　③ drink　④ is drinking

(4) The Tone River (　) into the Pacific Ocean.
　　① run　② runs　③ is running　④ ran

(5) This T-shirt isn't Jim's. It (　) to me.
　　① is belonging　② belong　③ is belong　④ belongs

A 答

(1) ④	(2) ③	(3) ア — ③
イ — ④	(4) ②	(5) ④

解説

(1)「**気をつけて。後ろから車が来てるよ**」
「後ろから車が来たよ」と日本語で考えて came としないこと。今まさに車が近づいている状態を相手に伝えなくてはならない。**動きを感じさせる生き生きとした様子**は現在進行形によって伝わるのだ。この文は状況を思い描きながら何度も音読しよう。
(語句) look out（気をつける，用心する）

(2)「**やかんの湯が沸いているよ**」
(1)と同じように動きを感じさせる生き生きとした様子を，現在進行形によって伝えている。the kettle で「やかんの水・湯」を意味する。

(3)「**彼女はいつもはコーヒーを飲んでいるが，今日は紅茶を飲んでいる**」
アは彼女が普段コーヒーを飲んでいることを表すので現在形，イは今日一時的に紅茶を飲んでいることを表すので現在進行形とする。

(4)「**利根川は太平洋に注いでいる**」
利根川は「普段・いつも」太平洋に注いでいるから現在形。into 〜は前置詞で「〜の中へ」。

(5)「**この T シャツはジムのものじゃない。僕のものだよ**」
belong to 〜は「〜に所属している，〜のものである」を意味し，**進行形にはしない**。This T-shirt belongs to me. は This T-shirt is mine. と同じ意味。

Q 問題2 ［　］内から動詞を選び，現在形か現在進行形に直して（　）内に入れなさい。(5)以外は同じ動詞を2度使わないこと。

［ look / take / have / smoke / make ］

(1) My father (　　　　) twenty cigarettes a day.

(2) Nurses (　　　　) care of patients in hospitals.

(3) A: Where is Jack?
　　B: He (　　　　) a bath.

(4) She (　　　　) like her mother.

(5) A: This air conditioner (　　　) a very strange noise.
　　 B: It always (　　　) a noise like that.

A答

(1) **smokes**　(2) **take**
(3) **is having**　(4) **looks**
(5) A: **is making**　　B: **makes**

解説

(1)「父は1日に20本タバコを吸う」
　普段の喫煙習慣に関する内容なので，現在形とする。

(2)「看護師は病院で患者の看護をする」
　take care of ～で「～の世話をする」を意味し，look after ～と同じような意味を表す。nurses にも patients にも the がついていないので，特定の看護師や患者ではなく，一般の看護師の普段の仕事内容を説明した文。よって現在形で表す。語句 patient（患者）

(3)「ジャックはどこですか？ ― 風呂に入っています」
　「風呂に入る」は take a bath または have a bath だが，(2)で take を使うのでここは have を使う。have は「持っている」と状態を表す意味では進行形にしないが，この言い方のように「（行為など）をする」と動作を表すときには進行形にすることができる。

(4)「彼女はお母さんに似ている」
　look は「見る，視線を向ける」の意味では動作動詞なので進行形にできるが，look like ～（～のように見える，～に似ている）の連語として使われた時は状態を表すので進行形にはしない。

(5)「このエアコンはとても変な音をたてているよ。― それはいつもそのような音をたてるんだよ」
　A は今この時のエアコンの音を表す文なので現在進行形，B は普段のエアコンの音を表す文なので現在形とする。B を make としないこと。語句 make (a) noise（音を立てる）/ like ～（～のような）

入試レベルの問題にチャレンジ！（本冊 *p.39*）

Q問題1 次の(　　)内の語(句)を最も適切な形に直しなさい。

(1) When I (look) for my passport, I found this old photograph.
(2) The police (stop) me on my way home last night.
(3) I got a small package by mail. When I (ア. open) it, I (イ. find) some old letters in it.
(4) He (always wear) sneakers when he walked to the office.
(5) I (ア. meet) Mr. and Mrs. Suzuki at Haneda Airport last month. They (イ. go) to Sendai and I (ウ. go) to Osaka. We talked there for a few minutes.

A答

(1) **was looking**　(2) **stopped**
(3) ア－ **opened**　イ－ **found**
(4) **always wore**
(5) ア－ **met**　イ－ **were going**
　　ウ－ **was going**

解説

(1)「パスポートを探していた時，この古い写真を見つけた」
　「私がパスポートを探していた」その最中に，「この古い写真を見つけた」のだから過去進行形で表す。語句 look for ～（～を探す）

(2)「昨夜帰宅途中に，警察が私を止めた」
　stopped のように過去形にする際，語尾を重ねてつづる次の単語には注意。drop（落ちる）→ drop**ped**，plan（計画する）→ plan**ned**

(3)「私は郵便で小さな包みを受け取った。開けると，中には何通かの古い手紙が入っていた」
　「（包みを）開けた」時に「（古い手紙を）見つけた」のだから，どちらも過去形とする。アを was opening としないこと。進行形は「未完結」，つまりまだ終わっていない行為（「開けようとしていた」）を表すので，ここでは状況から不適切。

(4)「彼は歩いて会社に行く時は，いつもスニーカーをはいていた」
　一時的ではなく「普段」の習慣を述べた文なので過去形の wore とする。**wear** は衣服・靴・帽子・めがねなどを「身につけている」という状

態を表し，「身につける」という動作は **put ～ on** を使う。He **put** his glasses **on**. (彼はめがねをかけた) / He **wore** glasses. (彼はめがねをかけていた)

(5)「私は先月羽田空港で鈴木夫妻と会った。鈴木夫妻は仙台へ，私は大阪へ行こうとしていた。私たちはそこで数分間話をした」

He went to bed. は「彼は床についた，寝た」だが，進行形の He was **going to** bed. は「彼は床につこうとしていた，寝ようとしていた」を意味する。よってイとウはどちらも過去進行形にする。

Q問題2 （　）内の条件に従い，次の日本文を英語に直しなさい。

(1) 私がそこに着いた時，彼女は昼食を食べていた。
（have. arrive を使って）

(2) <u>疲れたし，のども渇いた</u>。一休みしよう。(下線部を I を使って)

A答

(1) **She was having lunch when I arrived there.[When I arrived there, she was having lunch.]**

(2) **I'm tired and thirsty.**

解説

(1)「私がそこに着いた時」は when I arrived there とし，arrived at there とはしない。at は there (そこに) の中に含まれている。have は「持っている」の意味では進行形にしないが，「食べる・飲む」の意味では動作を表すので進行形にできる。breakfast [lunch / dinner / supper]は，形容詞で修飾される場合を除き，ふつう a をつけない。have breakfast (朝食をとる) / have **a** late breakfast (遅い朝食をとる)。

(2)「のどが渇いている」を意味する形容詞は thirsty。この場合の「渇いた」は「現在渇いている」ということ。「た」につられて過去形にしてはいけない。

塾技 **7** 未来表現(1)

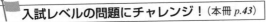

🚩 **入試レベルの問題にチャレンジ！** (本冊 p.43)

Q問題1 Ⅰ群とⅡ群からそれぞれ1語ずつ補い，[　]内の語(句)を並べかえて英文を完成させなさい。ただし，Ⅰ

群の語を使わないものが1つだけある。句読点などは必要に応じて補うこと。

Ⅰ群（ will / won't / shall / 'll / 使わない ）
Ⅱ群（ watch / tell / open / turn / give ）

(1) **A**: This is a secret. — **B**: Don't worry. [anybody / I]

(2) I like baseball.
[TV / a lot of / games / on / I / baseball]

(3) **A**: This letter is for Tom. — **B**: [it / him / I / to]

(4) **A**: It's dark in this room. — **B**: [the / on / light / I]

(5) It's a little hot in this room. [window / you / the]

A答

(1) **I won't tell anybody.**

(2) **I watch a lot of baseball games on TV.**

(3) **I'll give it to him.**

(4) **Shall I turn the light on?**
[**Shall I turn on the light?**]

(5) **Will you open the window?**

解説

(1)「これは秘密だよ。— 心配しないで。だれにも言わないから」
「意志」を表す will の否定形を使った文。

(2)「私は野球が好きだ。テレビで野球の試合をたくさん見ている」
野球が好きだから，「普段」テレビで野球の試合をたくさん見ているということ。普段の習慣を表す文なので現在形で表す。

(3)「この手紙はトムあてのものです。— 私が彼に渡します」
「意志」を表す will を使った文。

(4)「この部屋は暗いね。— 明かりをつけようか？」
Shall I ～? は「(私は)～しましょうか」と「相手の意向」をたずねる言い方。
⦿語句 turn ～ on [turn on ～]（〔テレビ・ラジオ・明かりなど〕をつける）

(5)「この部屋は少し暑いね。窓を開けてくれる？」
Will you ～? で「(あなたは)～してくれますか」と依頼を表すことができる。この will は「相手の意志」を問うもの。

Q問題2 （　）内の条件に従い，次の日本文を英語に直しなさい。

(1) どこで昼食を食べようか。
—角のイタリアンレストランに行こうよ。（下線部を5語で）

(2) もし来週彼が来たら，この手紙を渡してください。
　　　　　　　　　（please で始めて give を使って）

A答
(1) **Where shall we have[eat] lunch?**
(2) **Please give him this letter if he comes next week.**
　　[Please give this letter to him if he comes next week.]

解説

(1)「（私たちは）どこで昼食を食べようか」と相手に提案を求めているので，〈疑問詞 + shall we 〜?〉の形を使う。この意味では shall の代わりに will を使うことはできないが，助動詞 should を使うことはあるので，Where **should** we have[eat] lunch? でもいい。

(2) if he **will come** 〜としないこと。〈this[last] + 時〉の前に前置詞は不要（**塾技6** 過去進行形と過去形参照）なのと同じように，〈**next** + 時〉の前に前置詞は必要ない。on Sunday → next Sunday。

塾技 8　未来表現(2)

🚩 入試レベルの問題にチャレンジ！（本冊 p.47）

Q問題1 次の（　）内に入れるべき最も適切なものを選びなさい。

(1) I (　) a new house next week.
　① will move　　　② move to
　③ am moving to　④ am going to move

(2) A: (　) call me tomorrow evening? ― B: All right.
　① Will you　　　　② Are you
　③ Are you going to ④ Do you

(3) Look at this sentence. What (　)?
　① is this word mean　　② is this word meaning
　③ will this word mean　④ does this word mean

A答
(1)③　　　(2)①　　　(3)④

解説

(1)「私は来週新しい家に引っ越す予定です」
「〜へ引っ越す」は move to 〜。next week とあるので，現在進行形が未来の計画・予定を表す表現と考える。

(2)「明日の夕方に電話してくれませんか。
　　― いいですよ」
All right（いいですよ）と相手が答えているので，「電話してくれますか」と相手のその場の意志を問う表現を選ぶ。Will you 〜? で「（あなたは）〜してくれますか」と依頼を表す（**塾技7** 未来表現(1)参照）。③は「あなたは今晩私に電話するつもりでいるのですか」とすでに決めてある計画・予定を意味することになるが，All right.（いいですよ）の答えとかみ合わない。

(3)「この文を見て。この単語はどんな意味なの？」
「この単語は（普段）何を意味しているのか」をたずねているので現在形の④が正しい。mean（意味している）はふつう進行形にはしない一般動詞。

Q問題2 （　）内の条件に従い，次の日本文を英語に直しなさい。

(1) 私たちは今晩外食するつもりでいます。
　　（out，tonight を使って5語で）

(2) 彼は今度の週末は忙しくなりそうだ。（this を使って7語で）

(3) 今日は出かけるつもり？
　　― いいや。自分の部屋の掃除をするつもりだよ。（下線部を6語で）

(4) 彼女を車で家まで送っていくつもりだったが，そうしなかった。
　　（下線部を going，drive を使って7語で）

A答
(1) **We are eating out tonight.**
(2) **He's going to be busy this weekend.**
(3) **I'm going to clean my room.**
(4) **I was going to drive her home, (but I didn't).**

解説

(1)「すでに決めてある計画・予定」を表す現在進行形を使った文。「6語」なら We're **going to eat** out tonight. としても意味に大差はない。
語句 eat out（外食する）

(2) be going to を使った未来の「予測」を表す文。〈be going to + 原形動詞〉なので，He is going to busy 〜.（×）としないこと（busy は形容詞）。He will be busy this weekend. では6語となり条件に合わない。**this** weekend の前に前置詞は不要。

(3)「すでに決めてある計画・予定」を意味する文なので be going to か現在進行形で表すが，語数から be going to を使う。

(4)「〜するつもりだった」と過去の計画や予定を表すときは be going to 〜の be を過去形にして〈was[were] going to + 原形動詞〉の形で表せばいい。(語句) drive 〜 home(〜を車で家まで送る)

塾技 9 命令文

🚩 **入試レベルの問題にチャレンジ！**(本冊 p.51)

> 🅠問題❶ 1語を補い，日本文の意味を表すように，[　]内の語(句)を並べかえなさい。ただし，句読点などは必要に応じて補うこと。
>
> (1) そんなに騒がないでください。
> [noisy / please / so / don't]
> (2) 宿題を手伝って。
> [with / my / homework / help]
> (3) 夕食にとり肉を食べるのはよそう。
> [not / let's / dinner / chicken / have]
> (4) 帰ってきたら手を洗いなさい。
> [home / you / wash / when / your / come]
> (5) 急がないと電車に乗り遅れるよ。
> [or / the / you'll / hurry up / train]
> (6) 庭に水をまきましょうか。
> [water / garden / I / the]
> (7) 今日はこのへんで終わりにしよう。
> [call / day / let's / a]

🅐答

(1) **Please don't be so noisy.**
[**Don't be so noisy, please.**]
(2) **Help me with my homework.**
(3) **Let's not have chicken for dinner.**
(4) **Wash your hands when you come home.**
[**When you come home, wash your hands.**]
(5) **Hurry up, or you'll miss the train.**
(6) **Shall I water the garden?**
(7) **Let's call it a day.**

解説

(1) You are so noisy. を命令文にすれば Be so noisy. この文を否定の命令文にして Don't be so noisy. 最後に please を置くが，文末に置くとき

はコンマが必要。(語句) so 〜(そんなに〜)

(2)「手伝う，助ける」の意味の help はふつう人を目的語とし，help my homework とはしない。「人を〜について手伝う」は〈help + 人 + with 〜〉とする。よって，「私の宿題を手伝う(私を宿題について手伝う)」は help **me with** my homework とする。

(3) Let's 〜. の否定文である「〜するのはやめましょう」は **Let's not 〜.** で表す。「朝食[昼食/夕食]に」は **for** breakfast[lunch / dinner] とする。

(4)「あなたの手を洗う」は wash your **hands**。hand と単数形にしてはいけない。「帰ってきたら」は「帰ってきた時」と考えて **when** you come home とする。「帰ってきた」だからといって when you came home と過去形にはならない。この場合の「帰ってきた」は過去ではなく未来のことを表す。そして「もし〜ならば」の if 節の動詞は未来のことでも現在形にするのと同じように，「〜する時」の **when** 節の動詞も，**未来のことでも現在形にしなくてはならない**(塾技❺❾従位接続詞(1)参照)。

(5)「…しなさい，さもないと〜」は〈**命令文 , or + S + V 〜**〉で表す。「その電車に乗り遅れる」は miss the train，「その電車に間に合う」は catch the train。

(6)「水をまきましょうか」は「私が〜しましょうか」と相手の意向をたずねていると考え，Shall I 〜? とする。water は動詞で「〜に水をまく・かける」の使い方がある。

(7) 仕事などを切り上げようと提案するときの決まり文句。Let's call it a **night**. なら「今夜はこれで終わりにしよう」。

> 🅠問題❷ (　)内の条件に従い，次の日本文を英語に直しなさい。
>
> メアリー，彼の話を聞いてはいけない。(5語で)

🅐答

Mary, don't listen to him.
[**Don't listen to him, Mary.**]

解説

〈listen to + 人〉で「(人)の言うことに耳を傾ける」を表す。意味はわかっても，きちんと書き表せる人は少ない。呼びかけの語をつけるときは，**コンマ**を置くことを忘れないように。

「走ることができた」と 過去の内容なので could とする。

(2)「屋根のあの音は何？鳥かなあ。 — いや，鳥のはずはないよ。屋根を走って横切っているんだから。鳥は屋根を走って横切ることはしないよ。 — ぼくが見に行ってくるよ」
①可能性を否定する「〜のはずはない」の意味に相当する can't。② は can't も可能だが，①で使うのでここでは使えない。③は「その場で決めた意志」を表す will。

塾技 ⓾ 助動詞 can

入試レベルの問題にチャレンジ！(本冊 p.55)

Q問題１ （　）内に入れるべき最も適切な語を，[　]内から選びなさい。ただし，同じ語を２度使ってはならない。

(1) [can / can't / could / couldn't / will / won't / shall]

① **A:** (　　　) I call the police? — **B:** Yes, please.
② I looked for Jane everywhere, but I (　　　) find her.
③ [*On the phone.*] Hello, (　　　) I speak to Peter, please?
④ You are speaking very quietly. I (　　　) hear you.
⑤ Why don't you try on these shoes? They (　　　) look nice on you.
⑥ When I was fifteen, I (　　　) run 100 meters in thirteen seconds.

(2) [am / must / can't / will / could / do / don't]

A: What is that noise on the roof? Is it a bird?
B: No, it (①) be a bird. It's running across the roof. Birds (②) run across roofs.
A: I (③) go and look.

A答

(1) ① **Shall**　② **couldn't**　③ **can**
　　④ **can't**　⑤ **will**　⑥ **could**
(2) ① **can't**　② **don't**　③ **will**

解説

(1) ①「警察を呼びましょうか。— ええ，お願いします」
　Shall I 〜? は「(私は) 〜しましょうか」と相手の意向をたずねる。
②「あちこちジェーンを探したが，見つけられなかった」
　語句 look for 〜 （〜を探す）
③「[電話で]もしもし，ピーターをお願いします」
　「ピーターと話をすることは可能ですか」が直訳。Can I 〜? の丁寧な表現として Could I 〜? も可能だが，⑥で使うのでここでは答えにできない。
④「あなたはとても静かに話をしているので，あなたの声が聞こえません」
⑤「この靴を履いてみたらどう？君に似合うと思うよ」
　「その靴はあなたがはくとすてきに見えるだろう」が直訳。「推量」を意味する will。
　語句 〈look + 形容詞〉（〜に見える）
⑥「15歳の時，私は100メートルを13秒で走ることができた」

塾技 ⓫ 助動詞 must と have to

入試レベルの問題にチャレンジ！(本冊 p.59)

Q問題１ （　）内の条件に従い，次の日本文を英語に直しなさい。

(1) 彼女は入院しなくてはなりませんでしたか。 （go を使って）
(2) いいえ，その必要はありませんでした。
　　　　　　　　　　（(1)に対する答えを３語で）
(3) その話は本当にちがいない。 （story を使って５語で）
(4) その話は本当であるはずはない。 （５語で）
(5) 彼は私から金を借りる必要はない。 （he で始めて）
(6) 君は金を払いさえすればいい。 （only を使って５語で）

A答

(1) **Did she have to go to[into] (the) hospital?**
(2) **No, she didn't.**
(3) **The story must be true.**
(4) **The story cannot[can't] be true.**
(5) **He doesn't have[need] to borrow money from me.**
[He need not[needn't] borrow money from me.]
(6) **You only have to pay.**
[You have only to pay.]

解説

(1) must には過去形がないので，「〜しなければならなかった」と過去を意味するときは〈**had to + 原形動詞**〉で表す。疑問文は had を一般動詞としたふつうの疑問文の形と同じ。
　語句 go to[into] (the) hospital （入院する）⇔ leave (the) hospital （退院する）。

(2) **Did** she 〜? に対する答えなので，Yes, she **did**. / No, she **didn't**. と答える。No, she needn't. としないこと。need は現在形で，過去の意味はない。

(3) The story is true.（その話は本当だ）に，強い確信を意味する must（〜にちがいない）を加えればいい。must は助動詞なので，is は原形動詞の be とすること。

(4)(3)の文と反対の意味を表す。「〜にちがいない」の **must** と「〜のはずはない」の **cannot**[**can't**] は，反対の意味の関係にある。

(5)不必要を表す表現。語句 borrow A from B（B から A を借りる）

(6)〈only have to [have only to] + 原形動詞〉で「〜しさえすればよい」を表す決まった表現。

塾技 **12** その他の助動詞

入試レベルの問題にチャレンジ！(本冊 p.63)

Q問題1 次の(　　)内に入れるべき最も適切なものを選びなさい。

(1) The concert starts at six. We (　　) be late.
① needn't ② mustn't
③ don't have to ④ had not better

(2) A: Why didn't you call me this morning?
B: I (　　) call you.
① did ② have to ③ should ④ may

(3) I (　　) attend the meeting yesterday.
① should ② must ③ had to ④ had better

(4) This is a very important meeting. You (　　) miss it.
① shouldn't ② mayn't ③ don't have to ④ don't

A答
(1)② (2)① (3)③ (4)①

解説

(1)「コンサートは6時に始まる。遅れてはだめだね」
needn't と don't have to は「不必要」を意味するので答えにはならない。had better の否定は had better **not** なので④も不可。mustn't は禁止を表し，「私たちは遅れてはならない」が直訳。

(2)「なぜ今朝電話してくれなかったの。— 電話したよ」
I called you. の called を助動詞 did を使って強調した表現。

---

(3)「私は昨日その会議に出席しなくてはならなかった」
yesterday があるので過去の内容。選択肢の中で過去を意味するのは had to だけ。had better は had が含まれるが，過去を意味しない。

(4)「これはとても重要な会議です。欠席すべきではありません」
この文の miss は「（会合など）に出そこなう，欠席する」。②は may not であれば「欠席してはいけない」となって正解だが，mayn't という短縮形は使わない。

Q問題2 日本文の意味を表すように，(　　)内に適語を入れなさい。

(1) (今は違うが) 私は昔は職場まで車で行っていた。
I (　　　　) (　　　　) (　　　　) to work.

(2) あんなところへはひとりで行くものじゃない。
You (　　　　) (　　　　) (　　　　) go there alone.

(3) カオルはどこにいるの？
— さあ，よくわからない。昼食を食べているかもしれない。
A: Where is Kaoru?
B: I'm not sure. He (　　　　) (　　　　) (　　　　) lunch.

(4) お名前をうかがえますか。
May (　　　　) (　　　　) your name, please?

A答
(1) **used to drive**
(2) **had better not**
(3) **may be having**[**eating**]
(4) **I ask**[**have**]

解説

(1)〈used to + 原形動詞〉で「昔は〜だった(今は違う)」を意味する。drive to 〜は「〜へ車で行く」。この文の work は「職場」を意味する。

(2)「指図・忠告」を意味する had better の否定は〈had better **not** + 原形動詞〉。had not better としないこと。

(3) sure は「確信している」を意味する形容詞。I'm not sure. は「はっきりとはわからない」を意味する。「食べているかもしれない」は進行形の He is having[eating] lunch. に「〜かもしれない」を意味する助動詞 may を加える。助動詞に続くので is は原形の be とする。

(4) What is your name? よりも丁寧な言い方。「私はあなたの名前をたずねてもいいですか」が直訳。May I <u>hear</u> your name?（×）とはふつう言わない。

13

🚩 **入試レベルの問題にチャレンジ！**（本冊 *p.67*）

> **Q問題1** 1語不要とし，日本文の意味を表すように，[ ]内の語(句)を並べかえなさい。ただし，句読点などは必要に応じて補うこと。
>
> (1) 私の車はガレージの中に入れてありました。
> [car / was / there / garage / my / the / in]
>
> (2) この池にはたくさんの魚がいる。
> [lot / pond / this / is / of / fish / there / a / are / in]
>
> (3) 大みそかにどれくらいの雪が降ったのですか。
> [snow / New Year's Eve / how / it / there / much / on / was]
>
> (4) 玄関にだれかいるにちがいない。
> [at / is / door / someone / there / be / must / the]
>
> (5) (様子のおかしい相手に)どうかしたの？
> [is / wrong / you / there / with / anything]
>
> (6) その角を曲がったところに，昔すてきなレストランがあった。
> [the / restaurant / corner / to / there / around / was / used / nice / a / be]

A答

(1) **My car was in the garage.**
（there が不要）

(2) **There are a lot of fish in this pond.** （is が不要）

(3) **How much snow was there on New Year's Eve?** （it が不要）

(4) **There must be someone at the door.** （is が不要）

(5) **Is anything wrong with you?**
（there が不要）

(6) **There used to be a nice restaurant around the corner.**
（was が不要）

解説

(1) 「あなたの車はどこに置いてあったのですか」などに対する答えの文と考えられる。話し手と聞き手の間で話題となっている車（旧情報）に関する文なので，There is[are]構文は使わない。my car のように**所有格**，**the，this，that** などがついた**名詞**や，**固有名詞**のような「特定の人やもの」はふつう There is[are] の後ろにはこない。

(2) fish は「魚肉」の意味では不可算名詞（単数扱い）だが，池などで泳ぐ「魚」は可算名詞で単

複同形。a fish, two fish, three fish と表す。よって a lot of fish は「たくさんの魚肉」なら単数扱い，「たくさんの魚」なら複数扱い。

(3) 数について「いくつの[何人の]〜があるか」は〈**How many + 複数名詞 + are there 〜?**〉，量について「どれくらいの〜があるか」は〈**How much + 不可算名詞 + is there 〜?**〉となる。

(4) There is someone at the door. に「〜にちがいない」を意味する助動詞 must が加わった文。「助動詞 + 原形動詞」となるので is は be となる。

(5) **There is something wrong with 〜. = Something is wrong with 〜.**（〜はどこか調子の悪いところがある）を疑問文にすれば something は **anything** となる。Is there anything wrong with you? でも正しい文だが，1語不要という条件から答えとはならない。

(6) There is a nice restaurant 〜. に「（昔は）〜だった（が今は違う）」を意味する助動詞 **used to** が加わった文（**塾技⑫**その他の助動詞参照）。「助動詞 + 原形動詞」となるので is は be となる。around the corner で「その角を曲がったところに」を意味する。

> **Q問題2** ( )内の条件に従い，次の日本文を英語に直しなさい。
>
> (1) その動物園には何頭のゾウがいるのですか。 （8語で）
>
> (2) この電話は故障しているかもしれない。
> （may，phone を使って8語で）
>
> (3) (今いる場所がわからなくなって)ここはどこですか。 （3語で）

A答

(1) **How many elephants are there in the zoo?**

(2) **There may be something wrong with this phone.**

(3) **Where am I?** [**Where are we?**]

解説

(1) 数について「いくつの（何人の）〜があるか」は〈How many + 複数名詞 + are there 〜?〉で表す。How many elephants で意味のまとまり，そのあとはふつうの疑問文の語順となる。

How many elephants / **are there** in the zoo?
　　疑問詞 + α 　　　　　ふつうの疑問文の語順

(2) 「この電話は故障している（どこか調子の悪いところがある）」なら There is something wrong with this phone. / Something is

wrong with this phone.

これに「〜かもしれない」を意味する助動詞 may が加わると, There may be something wrong with this phone.（8語）/ Something may be wrong with this phone.（7語）となる。

(3) 日本語から Where is here?（×）としがちだが, このような言い方はしない。「自分（たち）は現在どこにいるのか」に相当する英語で表す。この言い方は決まった表現として覚えておくこと。

塾技 (ワザ) 14 可算名詞と不可算名詞

🚩 **入試レベルの問題にチャレンジ！**（本冊 p.71）

Q 問題1 （　　）内に入れるべき語を[　　]内から選び, 必要があれば適当な形に直しなさい。ただし, 同じ語を2度使ってはならない。

[piece / pair / slice / loaf / liter / can]

(1) She cut some (　　　　　　) of bacon.

(2) Jim bought three (　　　　　　) of bread at the store.

(3) I drink a (　　　　　　) of water a day for my health.

(4) He wrote some (　　　　　　) of music for me.

(5) Did you drink five (　　　　　　) of beer?

(6) I bought two (　　　　　　) of pajamas yesterday.

A 答

(1) **slices**　(2) **loaves**　(3) **liter**

(4) **pieces**　(5) **cans**　(6) **pairs**

📝 **解説**

(1)「彼女はベーコンを何枚か切った」
bacon（ベーコン）は不可算名詞。slice は薄く切ったものに使う。some があるので複数形にする。

(2)「ジムはその店でパンを3個買った」
bread（パン）は不可算名詞。loaf はパンを数えるときに使う。パン1個は **a loaf of** bread, パン2個は **two loaves of** bread とする。loaf は語尾が f で終わるので, 複数形は f を ves に変える。

(3)「私は健康のために水を1日1リットル飲んでいる」
water は不可算名詞。**a liter of** water（1リットルの水）, **two liters of** water（2リットルの水）。

(4)「彼は私のために曲を何曲か書いてくれた」
music は不可算名詞。some があるので複数形にする。piece はいろいろな不可算名詞とともに使われる。**a piece of news**[**advice, information, furniture**]（1つのニュース[助言, 情報, 家具]）など。

(5)「あなたは缶ビールを5本飲んだのですか」
beer（ビール）は不可算名詞。**a can of** beer（缶ビール1本）, **a bottle of** beer（ビンビール1本）。five があるので複数形 cans とする。

(6)「私は昨日パジャマを2着買った」
glasses（めがね）, scissors（はさみ）, shoes（靴）, socks（靴下）, gloves（手袋）, pajamas（パジャマ）, pants・trousers（ズボン）などを数えるときは a pair of 〜 を使う。

Q 問題2 日本文の意味を表すように, （　　）内の指示に従い, [　　]内の語を並べかえなさい。ただし, 句読点などは必要に応じて補うこと。

(1) 私たちはお互いに握手した。（1語補充）
[other / shook / with / we / each]

(2) 私は渋谷駅で横浜行きの電車に乗りかえた。（1語補充）
[Shibuya Station / changed / for / I / at] Yokohama.

(3) 私たちは近所の人たちと親しくなった。（1語補充）
[the / made / with / we / neighbors]

(4) 彼は果物は好きだが, 野菜は好きではない。（1語補充）
[fruit / he / he / like / likes / doesn't / but]

(5) 世界には多くの民族がいる。（1語不要）
[the / are / many / world / people / peoples / there / in]

A 答

(1) **We shook hands with each other.**

(2) **I changed trains at Shibuya Station for (Yokohama.)**

(3) **We made friends with the neighbors.**

(4) **He likes fruit(,) but he doesn't like vegetables.**

(5) **There are many peoples in the world.**　（people が不要）

📝 **解説**

(1)「〜と握手する」は **shake hands with** 〜。握手するには手は2本必要なので hand は必ず複数形にする。**語句** each other（お互い）

(2)「列車[バス・飛行機]を乗りかえる」は

change trains[buses・planes]。乗りかえるには train, bus, plane は複数必要なので必ず複数形にする。「～行きの」は for ～。

(3)「～と友達に（親しく）なる」は **make friends with ～**。1人の人と友達になっても，10人の人と友達になっても複数形にするのが決まり。

(4)「私は犬が好きだ」のように like の目的語が犬一般を示す場合は，不特定多数ととらえて I like **dogs**. とする。I like a dog. (×) とはしない。fruit（果物）は不可算名詞なので複数形にはできないが，vegetable（野菜）は可算名詞なので vegetable**s** と複数形にする。

(5) people は「人々」の意味のほかに，**a people / peoples** として使うと「国民・民族」という意味になる。many people だと「大勢の人々」を意味するので，ここでは不可。

塾技 **15** 代名詞(1)

🚩 入試レベルの問題にチャレンジ！(本冊 p.75)

Q問題1 再帰代名詞を使って，日本文の意味を表すように，（　）内に適語を入れなさい。

(1) 熱湯でやけどをした。
I (　　　　) (　　　　) with boiling water.
(2) ノリコと私のことは心配しなくていいよ。私たちは自分たちのことは自分でできるから。
Don't worry about Noriko and me. We can
(　　　　) (　　　　) (　　　　) (　　　　).
(3) どうかくつろいで，食べ物や飲み物を自由に召し上がってください。
Please (　　　　) (　　　　) (　　　　)
(　　　　) and (　　　　) (　　　　) (　　　　)
some food and drinks.
(4)「彼女は1日に何回鏡で自分の姿を見るのだろう」とトムは心の中で思った。
Tom said to (　　　　), "How many times a day
does she (　　　　) (　　　　) (　　　　)
(　　　　) the mirror?"
(5) 彼らは新しい隣人に引っ越しのあいさつをした。
They (　　　　) (　　　　) (　　　　) their
new neighbors.

Ⓐ答

(1) **burned myself**
(2) **take care of ourselves**
(3) **make yourself[yourselves] at home, help yourself[yourselves] to**

(4) **himself, look at herself in**
(5) **introduced themselves to**

解説

(1) **burn ～self**（やけどする）の burn は「～をやけどさせる」を意味する。直訳すると「自分自身をやけどさせる」ということ。「指をやけどした」は I burned my finger. となる。

(2)「自分のことは自分でする」は **take care of ～self [～selves]** で表す。主語が we なので複数形の ourselves とする。**語句** worry about ～（～のことで心配する）

(3) 客に「くつろいでください」と言うときは **Please make yourself[yourselves] at home.**「～を自分で取って食べて（飲んで）ください」は **Please help yourself[yourselves] to ～.** と言う。どちらも複数の人に対して言うときは **yourselves** とする。

(4)「心の中で考える・思う」は **say to ～self** で think とほぼ同じ内容を表す。「鏡で自分の姿を見る」は **look at ～self in the mirror**, How many times a day ～? は「1日に何回～?」。

(5)「引っ越しのあいさつをする」とは「新たな近所の人たちに自己紹介する」ことと考える。「…に自己紹介する」は **introduce ～self to …** で，主語は they なので複数形の themselves を使う。

塾技 **16** 代名詞(2)

🚩 入試レベルの問題にチャレンジ！(本冊 p.79)

Q問題1 次の（　）内に入れるべき最も適切なものを選びなさい。

(1) This box is too small. I need (　　).
① a big　② big one　③ a big one　④ one
(2) We have three daughters. One is in Sapporo, (　ア　) is in Fukuoka, and (　イ　) is in Tokyo.
① another　② others　③ the other　④ the others
(3) I have three sisters. One is a college student, and (　　) are teachers.
① another　② others　③ the other　④ the others
(4) There are two reasons for my absence, and you know one of them. Now I'll tell you (　　).
① another　② others　③ the other　④ the others
(5) Do you see a large house on (　　) side of the street?
① another　② other　③ the other　④ others

(6) How about ( ) cup of coffee?
① another ② other ③ the other ④ an

A答

(1) ③ (2) ア－① イ－③
(3) ④ (4) ③ (5) ③ (6) ①

解説

(1)「この箱は小さすぎる。大きな箱が必要だ」
　a big box の box を代名詞 one にしたもの。one に形容詞 big がついているので a は必要。

(2)「私たちには3人の娘がいる。1人は札幌，1人は福岡，もう1人は東京にいる」
　3人の娘のうち1人 (one) が札幌にいるのだから，残り2人のうちの1人は **another**，最後に残った1人（残り全部に相当）は **the other** となる。

(3)「私には3人姉妹がいる。1人は大学生で，残りの2人は教師をしている」
　3人姉妹のうち1人 (one) が大学生なのだから，残りの2人（残り全部）は **the others** となる。

(4)「私の欠席の理由は2つあり，1つの理由を君は知っている。もう1つの理由を話そう」
　2つの理由のうちのもう1つの理由は，最後に残った1つの理由（残り全部に相当）なので **the other** となる。

(5)「通りの向こう側に大きな家が見えますか」
　通りには「こちら側」と「向こう側」の2つがある。「こちら側」は this side，「向こう側」は最後に残った1つの側（残り全部に相当）なので the other を用い，the other side となる。「残り」を表す another, others, the other, the others は具体的な名詞を伴って，たとえば another **book**, other **books**, the other **book**, the other **books** のようにも使う。
　I'll give you **the other books**.
　（残りの本はすべて君にあげるよ）

(6)「コーヒーをもう1杯いかがですか」
　「1杯のコーヒー」は **a cup of** coffee，「もう1杯のコーヒー」は **another cup of** coffee。another は後ろに名詞を伴って形容詞としても使われる。

Q問題2 次の英文を日本語に直しなさい。

(1) One marathon runner after another went past.

(2) Some of these ways will work. Others will not.

A答

(1) マラソンランナーが次々に通過した。

(2) これらの方法の中にはうまくいくものもあれば，そうでないものもあるだろう。

解説

(1) この文の主部は，One marathon runner after another。「次々に」を意味する one after another は one のあとに単数名詞を伴って，**one ~ after another**（～が次々に）の形でもよく使われる。past は「通り過ぎて」を意味する副詞。

(2) **Some ~, and others … .**（あるものは～，またあるものは…）が2つの文に分かれた形。前半の文の主語 Some of these ways は「これらの方法の中のいくつかは」，動詞 work は「うまくいく，機能する」を意味する。後半の will not の後ろには語のくりかえしを避けるため work が省略されている。「これらの方法のいくつかはうまくいくだろう。残りの方法の一部はうまくいかないだろう」が直訳。

塾技⑰ some と any

入試レベルの問題にチャレンジ！（本冊 p.83）

Q問題1 日本文の意味を表すように，( )内には some か any を，[ ]内には適語を入れなさい。

(1) 今日は宿題はありますか。
Do you have ( ) [ ] today?

(2) もしそのビンの中に水が入っているならください。
If there is ( ) water in the bottle, give me ( ).

(3) これらのおもちゃのどれも彼は必要とはしていません。
He doesn't need ( ) of these [ ].

(4) これらのおもちゃのいくつかは彼は必要とはしていません。
He doesn't need ( ) of these [ ].

(5) だれでも間違えることはある。
[ ] can make mistakes.

(6) のどが渇いています。水をいただけますか。
I'm [ ]. Can I have ( ) water, please?

(7) 私たちは難なくそこに着いた。
We got there without ( ) difficulty.

(8) 切符をお持ちでない方は入ることはできません。
[ ] visitors [ ] enter without a ticket.

A答

(1) (any) [homework]

(2) (any) (some)

(3) (any) [toys]

(4) (some) [toys]

(5) [Anybody か Anyone]

(6) [thirsty] (some)

(7) (any)

(8) [No] [can]

解説

(1) 疑問文なので any が使われているが,「今日はどんな宿題でもありますか」ということ。homework は不可算名詞なので homeworks とはならない。

(2) 条件文の any と肯定文の some だが,「ビンにどんな量の水でも入っているなら, いくらかください」ということ。

(3)「(少しも・ひとつも) ない」は〈not + any ～ = no ～〉で表すが,「これらのおもちゃのどれでも (any) 必要ではない」という意味を確認しておこう。この文では any が単独で働く代名詞として使われている。

(4) 否定文ではあっても, このように意味によっては some が使われることもある。否定文の any は「まったくない」を意味するときに使うもの。toy (おもちゃ) の複数形は toys。

(5)「だれでも」とは「どんな人でも」ということだから anybody[anyone]を用いる。
語句 make mistakes (間違える)

(6)「水をいただけますか」は相手に「**Yes の答えを期待**」して頼みごとをしている表現なので, 疑問文でも some を使う。thirsty は「のどが渇いている」を意味する形容詞。

(7)「難なく」は「どんな (any) 困難 (difficulty) もなしに (without)」ということ。「～に着く」は get to ～だが, there (そこに) に to の意味は含まれているので to は不要。

(8)「1人も入ることはできない」のだから〈not + any ～ = no ～〉で表すが, any + not の語順ではふつう使わないので, Any visitors cannot ～とはできない。よって「ゼロの」を意味する no を使い「ゼロ人の来訪者が切符を持たずに入ることができる」(直訳) とする。

Q問題2 日本文の意味を表すように, ( ) 内の条件に従い, [ ] 内の語(句)を並べかえなさい。ただし, 句読点などは必要に応じて補うこと。

(1) どの辞書でもかまいません。
[will / some / dictionary / do / any] (1語不要)

(2) それらの方法のいくつかは, うまくいかないだろう。
[ways / some / work / those / of / any / won't] (1語不要)

(3) 私のカメラにどこも具合の悪いところはない。
[with / anything / is / wrong / camera / nothing / my / isn't] (2語不要)

A答

(1) **Any dictionary will do.**
(some が不要)

(2) **Some of those ways won't work.** (any が不要)

(3) **Nothing is wrong with my camera.**
(anything, isn't が不要)

解説

(1) **will do** で「(～するのに) 間に合う・十分である」を意味する決まった表現。「どんな辞書でも間に合います・十分です」ということだから any を用いる。

(2) この文のように「あるもののいくつかは～ではない」を意味するときは否定文でも some を用いる。否定文の any は「まったくない」を意味する。

(3) There is something wrong with ～. または Something is wrong with ～. で「～にはどこか調子の悪いところがある」を意味する決まった表現 (塾技⑬ There is[are]～. 参照)。「～にはどこも調子の悪いところがない」は There **isn't anything** wrong with ～. / There is **nothing** wrong with ～. / **Nothing** is wrong with ～. となるが, any + not の語順ではふつう使わないので, Anything isn't wrong with ～. (×) とはしない。

塾技 18 形容詞(1)

🚩 **入試レベルの問題にチャレンジ!** (本冊 p.87)

Q問題1 次の( )内から, 最も適切なものを選びなさい。

(1) He didn't eat anything, but he drank (little, a little, a few, a lot) beer.

(2) I'm busy these days. I don't have (much, few, little, a little) free time.

(3) We're going camping for (few, plenty, a few, a little) days.

(4) You see (little, lot of, very few, only a little) people here.

(5) I eat (little, lots of, only a few, much) meat. I don't like it very much.

(6) He didn't give me (many, any, an, little) advice.

(7) We enjoyed our vacation. We had (little, many, very, lots of) fun.

(8) We sat around a (few, lot, little) table.

A答

(1) **a little**　(2) **much**　(3) **a few**

(4) **very few**　(5) **little**　(6) **any**

(7) **lots of**　(8) **little**

解説

(1)「彼は何も食べなかったが，ビールは少し飲んだ」

　but があることに注意して全体の意味を考える。beer（ビール）は不可算名詞。a lot of があればそれも正解となるが，a lot では後ろの名詞は修飾できない。

(2)「近頃は忙しい。自由な時間はあまりない」

　「時間」を意味する time は不可算名詞。I have little free time. としても意味はほとんど変わらないが，not があるので little とほぼ同じ意味の not + much を使う。「ほとんどない」を意味する **few** と **little** の代わりに，会話では **not + many** と **not + much** がよく使われる。

(3)「数日間キャンプに行く予定です」

　days は s がついているので当然可算名詞。plenty は **plenty of** の形でなければ後ろの名詞を修飾できない。're going は「未来の予定」を表す現在進行形（塾技**8**未来表現(2)参照）。

(4)「ここではほとんど人は見かけません」

　「人々」を意味する people は s はつかないが可算名詞で複数扱い。「ほとんどない」を意味する few は very few，little は very little としても意味に大差はない。lot of は **lots of** としなければ使えない。

(5)「私は肉をほとんど食べない。あまり好きではないのだ」

　meat（肉）は不可算名詞。あとの文の内容から「ほとんどない」と判断。

(6)「彼は私にどんな助言もしてくれなかった」

　advice（助言）は日本語では可算名詞のよう

に思えるが，英語では不可算名詞。advice, information（情報），news（ニュース）はどれも不可算名詞であることを覚えておこう。He gave me little advice. であれば正解になる。

(7)「私たちは休暇を楽しんだ。とても楽しかった」

　a lot of fun などで「とても楽しい」と訳したりするが，a lot of の後ろにあることからもわかるとおり，この fun は「楽しみ」を意味する名詞。よって have very fun とは言わない。また fun は不可算名詞でもある。

(8)「私たちは小さなテーブルのまわりに座った」

　table は可算名詞で単数形だから a がついている。a few table は a few tables でなければ文法的におかしいとすぐに判断できるように。答えの little は「ほとんどない」ではなく「小さい」を意味する。

Q問題2（　）内の条件に従い，次の日本文を英語に直しなさい。

(1) そこにはほんの少ししか家具はなかった。（there, only, a を使って7語で）

(2) モーツァルトは多くの美しい作品を残した。（Mozart, work を使って7語で）

(3) 何か妙なものでも見ましたか。（strange を使って5語で）

A答

(1) **There was only a little furniture there.**

(2) **Mozart left a lot of beautiful works.**

(3) **Did you see anything strange?**

解説

(1) furniture（家具）は不可算名詞。only a little（ごくわずか，ほとんどない）は1語で little としても意味に大差はない。There is[are] 構文の there に「そこに」の意味はない。

(2) work は「仕事」の意味では不可算名詞，「作品」の意味では可算名詞となるので「多くの作品」は a lot of works とする。「～を残す」は leave ～。a beautiful work の a が「1つ」ではなく「たくさん」になったので a と同じ位置に a lot of を置く，と考えれば beautiful の位置も決まる。

(3) 疑問文なので something ではなく anything を使うが，「（どんなものでも）何か妙なものでも見ましたか」と any の基本的な意味を確認しておこう。anything などを修飾する形容詞はその後ろに置かねばならない。

入試レベルの問題にチャレンジ！(本冊 *p.93*)

Q問題1 次の英文の下線部の誤りを訂正しなさい。

(1) 私の時計は3分遅れている。
My watch is three minutes <u>late</u>.

(2) その通りは交通量が多い。
The traffic is <u>much</u> on the street.

(3) 東京の人口はどれくらいですか。
How <u>much</u> is the population of Tokyo?

(4) 彼は1日おきに洗たくをする。
He does the laundry <u>every second days</u>.

A答

(1) **late → slow**

(2) **much → heavy**

(3) **much → large**

(4) **every second days**
→ every two days か
every second day か
every other day

解説

(1) 時計が「遅れて」は slow,「進んで」は fast。

(2) traffic（交通量）が「多い」なら heavy,「少ない」なら light。The street is **busy**. としても同じような意味を表す。

(3) population（人口）が「多い」は large を使うので,「どれくらい多いか」をたずねるときは **how large** とする。同じ内容の文を **What is** the population of Tokyo? とも表せる。

(4)「1日おきに」は「2日ごとに」と同じなので **every two days** とする。また5月1, 2, 3, 4, 5, 6, 7 …の下線部の日に（つまり1日おきに）ということは,下線部を基準に「2番目の日ごとに」ということになるので **every second day** とも表せる。「4年ごとに」なら every four years, every fourth year となる。**every other** ～は「1つおきの～」を意味する決まった言い方で,これを使い **every other day** とも表せる。語句 do the laundry（洗たくをする）

入試レベルの問題にチャレンジ！(本冊 *p.97*)

Q問題1 下線部の語に注意して,それぞれの英文を日本語に直しなさい。

(1) ① Did you sleep <u>well</u>?
② He'll get <u>well</u> soon.

(2) ① It was raining <u>hard</u> outside.
② We <u>hardly</u> knew each other.

A答

(1) ① よく眠りましたか。

② 彼はすぐに元気になるだろう。

(2) ① 外は激しく雨が降っていた。

② 私たちはお互いのことをほとんど知らなかった。

解説

(1) ①副詞の well には「上手に」の意味のほかに「十分に,よく」の意味もある。
②〈**get ＋ 形容詞**〉で「～の状態になる」を意味する。この well は「健康で,元気で」を意味する形容詞で ill, sick の反意語。**get well**（元気になる）はよく使うので覚えておくこと。

(2) ①副詞の hard には「熱心に」の意味のほかに「激しく」の意味もある。
②hardly は程度について「ほとんど～でない」を意味する副詞。「熱心に,激しく」の副詞の **hard** とはまったく別もの。

Q問題2 日本文の意味を表すように,1語を補って[　]内の語を並べかえなさい。ただし,句読点などは必要に応じて補うこと。

(1) ポールは仕事でよくシカゴに行く。
[Chicago / business / to / Paul / often / on]

(2) 私は朝に髪にブラシをかけることはめったにない。
[the / I / hair / morning / brush / in / my]

(3) 私たちは皆同じホテルに滞在していた。
[hotel / all / we / same / staying / at / the]

A答

(1) **Paul often <u>goes</u> to Chicago on business.**

(2) **I <u>seldom[rarely]</u> brush my hair in the morning.**

(3) **We <u>were</u> all staying at the**

same hotel.

解説

(1) can のような助動詞はその後ろに原形動詞が続くが，**often** は副詞なので動詞の形に影響は及ぼさない。Paul often go ～. などとする間違いは多いので注意。語句 on business（仕事で）

(2) 頻度について「めったに～ない」を意味する副詞は **seldom** か **rarely**。頻度を表す副詞は be 動詞の後ろか一般動詞の前に，助動詞があるときは助動詞の後ろに置く。
語句 brush one's hair（髪にブラシをかける）

(3)「～はすべて」のように**主語と同格の all は頻度を表す副詞と同じ位置に置く**。この文は All of us were staying at ～. としても意味は変わらない。「彼らは皆そこへ行った」なら We all went there.（＝ All of us went there.）となる。

塾技 21 副詞(2)

🚩 入試レベルの問題にチャレンジ！（本冊 p.101）

Q問題1 We left home <u>right</u> after lunch. の下線部 **right** と同じ使い方の **right** を含む文を1つ選びなさい。

① Turn to the <u>right</u> at the next light.
② The car stopped <u>right</u> in front of me.
③ He is the <u>right</u> man for the job.
④ What is the <u>right</u> time?
⑤ Freedom of speech is one of the basic human <u>rights</u>.

A答
②

解説

　We left home **right** after lunch.（私たちは昼食後すぐに家を出た）この right は「すぐに，ちょうど」などの意味で，直後の「時や位置」を示す語句の意味を強調する副詞。この文では after lunch の意味を強めている。
①「次の信号を右に曲がりなさい」
　turn（to the）**right**[left] で「右[左]に曲がる」。
②「その車は私のちょうど前に止まった」
　right が位置を表す in front of me（私の前に）

を修飾。語句 in front of ～（～の前に）
③「彼はその仕事に適任だ」
　「**適切な，ふさわしい**」を意味する形容詞の right。
④「正確には何時ですか」
　「**正しい，正確な**」を意味する形容詞の right。
⑤「言論の自由は基本的人権のひとつだ」
　「**権利**」を意味する名詞の right。

Q問題2 日本文の意味を表すように，（　）内に適語を入れなさい。
(1) 私たちはひと休みしなくてはならなかったが，彼も同じだった。
　We had to take a rest, and (　　　　)(　　　　) he.
(2) 彼らはほとんど何も言わなかった。
　They said (　　　　)(　　　　).
(3) 彼女は午後はめったに家にいない。
　She (　　　　)(　　　　) at home in the afternoon.
(4) 私はもう少しで最終のバスに乗り遅れるところだった。
　I (　　　　)(　　　　) the last bus.
(5) 私は夜にコーヒーを飲まないが，私の妻もそうだ。
　I don't drink coffee at night, and (　　　　)
　(　　　　) my (　　　　).

A答
(1) **so did**
(2) **almost[nearly] nothing**
(3) **is seldom[rarely]**
(4) **almost[nearly] missed**
(5) **neither[nor] does, wife**

解説

(1) too の代わりに so を使うときは〈so ＋ 疑問文の語順〉となる。he に続く have to take a rest はくりかえしとなるので省略し，主語の he で止める。

(2) almost は「もう少しで」を意味するので「もう少しで何も言わなかった」が直訳。almost は結果として「ほとんど」と訳すことが多い。almost の代わりに nearly としてもいい。

(3) 頻度を表し「めったに～ない」を意味する副詞は seldom か rarely。頻度を表す副詞は be 動詞の後ろか一般動詞の前に，助動詞があるときは助動詞の後ろに置く。

(4)「もう少しで」を意味する almost は結果として「危うく～するところ」と訳すことも多い。almost の代わりに nearly としてもいい。

miss a bus（バスに乗り遅れる）⇔ **catch** a bus（バスに間に合う）。

(5) either の代わりに neither[nor] を使うときは〈neither[nor]＋疑問文の語順〉となる。my wife に続く drink coffee at night はくりかえしとなるので省略し，主語の my wife で止める。

塾技 22　比較(1)

🚩 **入試レベルの問題にチャレンジ！**（本冊 *p.105*）

Q問題1 日本文の意味を表すように，（　　）内に適語を入れなさい。

(1) トムはできるだけ頻繁に両親に手紙を書いた。
Tom wrote to his parents （　　　　　）（　　　　　）
（　　　）（　　　　　）（　　　　　）.

(2) 彼は見かけほど歳をとってはいない。
He isn't as （　　　　　）（　　　　　）（　　　　　）
（　　　　　）.

(3) 私たちにはできるだけ多くの時間が必要だ。
We need （　　　　　）（　　　　　）（　　　　　）
（　　　）（　　　　　）.

(4) 彼女はあなたほど歌がうまくはありません。
She doesn't sing （　　　　　）（　　　　　）（　　　　　）
（　　　）（　　　　　）.

(5) 彼らの家は私たちの家の約2倍の大きさだ。
Their house is （　　　　　）（　　　　　）（　　　　　）
（　　　　　） as （　　　　　）.

A答

(1) **as often as he could**
(2) **old as he looks**
(3) **as much time as possible**
(4) **as[so] well as you**
(5) **about twice as large[big]，ours**

解説

(1)「できるだけ〜」は〈as 〜 as 主語 can〉か〈as 〜 as possible〉とする。「頻繁に」は頻度を表す副詞 often を使って表す。wrote と動詞は過去形なので，can ではなく could とする。

(2)「〜ほど…でない」は〈not as ＋形容詞 / 副詞 ＋ as 〜〉で表す。「見かけほど」は動詞 look を使う。この英文は音読を通して覚えておいたほうがいい。

(3) We need time as much as possible.（×）

としないこと。We need much time. を基本の文とする。

(4) She doesn't sing **well**. が基本となる文。She doesn't sing good.（×）ではない。

(5) 倍数は〈*x* times as ＋形容詞 / 副詞＋as 〜〉の形で表す。「約2倍」なので，*x* times の部分が about twice となる。their house に対し「私たちの家」は **ours**（私たちのもの）。

Q問題2 [　　]内の語(句)を並べかえて，意味の通る英文を作りなさい。ただし，句読点などは必要に応じて補うこと。

(1) Please [as / as / like / eat / you / much].
(2) [as / as / I / the station / thought / wasn't / far]
(3) The airport [as / as / yesterday / crowded / was / it / isn't].
(4) She [as / as / times / money / used to / you / much / make / three].

A答

(1) (Please) **eat as much as you like.**
(2) **The station wasn't as far as I thought.**
(3) (The airport) **isn't as crowded as it was yesterday.**
(4) (She) **used to make three times as much money as you.**

解説

(1)「どうぞ好きなだけ食べてください」
　Please eat much. が基本となる文。「あなたが好むのと同じほど多く食べてください」が直訳。

(2)「駅は私が思っていたほど遠くはなかった」
　The station wasn't far. が基本となる文。

(3)「空港は昨日ほど混み合ってはいない」
　The airport isn't crowded. が基本となる文。crowded は「混み合った」を意味する形容詞。The airport isn't as crowded as it was crowded yesterday.（×）と crowded を2度くりかえすことはしない。

(4)「彼女は以前はあなたの3倍の金を稼いでいた」
　(She) used to make money three times 〜. などとしないこと。She used to make much money. が基本となる文。used to は「昔は〜

だった（今は違う）」を意味する助動詞（**塾技⑫そ
の他の助動詞参照**），make money で「金を稼ぐ」。
much money（多くの金）で意味・働きのまとま
りになっている点に注意。

塾技 **23** 比較(2)

入試レベルの問題にチャレンジ！（本冊 p.109）

Q 問題1 1語を補い，日本文の意味を表すように，[ ]内の
語を並べかえなさい。ただし，句読点などは必要に応
じて補うこと。

(1) 私たちはあなたたちよりも5分遅れて到着した。
   [minutes / you / we / five / arrived / than]

(2) 空港はいつもよりも混み合っていた。
   [crowded / airport / than / the / usual / was]

(3) ベンとジョンとでは，どちらがテニスが上手ですか。
   [Ben / John / tennis / is / or / a / who / player]

(4) この本は私が思っていたよりもずっとおもしろい。
   [interesting / than / thought / is / book / much / I / this]

(5) 昨日よりも今日の方が少し暖かい。
   [today / yesterday / it's / than / warmer / was / little / it]

A 答

(1) **We arrived five minutes later
   than you.**

(2) **The airport was more crowded
   than usual.**

(3) **Who is a better tennis player,
   Ben or John?**

(4) **This book is much more
   interesting than I thought.**

(5) **It's a little warmer today than it
   was yesterday.**

解説

(1) We arrived **late**. が基本となる英文。late
は「遅れて」を意味する副詞。「どれだけ差があ
るのか」を具体的に表す場合は，「差」を表す語
句を比較級の直前に置く。差を表す前置詞 by
を用いて We arrived later than you **by** five
minutes. としても同じ意味を表す。

(2) 形容詞 crowded（混み合った）の比較級は
more crowded，「いつもより」は than usual。

(3)「どちらが（だれが）」とあるので，主語は疑
問詞で〈疑問詞 + 動詞～?〉の語順となる。よっ

て Who is a **good** tennis player? を基本文と
する。

(4) This book is **interesting**. が基本となる
文。比較級を強調する much を比較級 more
interesting の直前に置く。

(5) 天候を表す文なので主語を it とし，It's
warm today. を基本文とする。「どれだけの
差があるのか」を表す a little（少し）を比較級
warmer の直前に置く。この文を It's a little
warmer today than it was warm yesterday.
と，warm を2度くりかえすことはできないが，
it was を省略して It's a little warmer today
than yesterday. とすることは可能。

塾技 **24** 比較(3)

入試レベルの問題にチャレンジ！（本冊 p.113）

Q 問題1 （ ）内の条件に従い，次の日本文を英語に直しなさい。

(1) ジェーンはクラスのほかのどんな生徒よりも速く泳げる。
   (can, fast, any, her を使って)

(2) 夏と冬とではどちらの季節が好きですか。
   (season, better を使って)

(3) 彼らはだんだん疲れてきている。（get, more を使って7語で）

(4) 私は1時間よりも多く待つことはできない。
   (than を使って7語で)

(5) 私の夫は年のわりには若く見える。（look, for, age を使って）

A 答

(1) **Jane can swim faster than
   any other student in her class.**

(2) **Which season do you like
   better, summer or winter?**

(3) **They are getting more and
   more tired.**

(4) **I can't wait more than an[one]
   hour.**

(5) **My husband looks young for
   his age.**

解説

(1)「他のどんな～よりも…」は，〈**比較級 +
than any other + 単数名詞**〉を使って表す。
student を students としないように。

(2)「あなたはＡとＢではどちらが好きですか」は **Which do you like better, A or B?** を使って表すが，「どちらの季節」とあるので疑問詞は意味のまとまりである Which season とする。prefer を使えば Which season do you **prefer**, summer or winter? と，better は不要となる。

(3) 例題 **1** (3)の It is getting **colder and colder.**（ますます寒くなってきている）の類型。「ますます～，だんだん～」は〈比較級 **and** 比較級〉で表す。tired の比較級 more tired を使うときは more tired and more tired ではなく，**more and more** tired とする。

(4) more than ～で「～より多く」を意味する。**more than an hour** で「1時間よりも多く」となる。more than an hour は「1時間ちょうど」は含まないが，厳密性を求めないときには「1時間以上」と訳すことも多い。

(5) **for one's age** で「年のわりには」を意味する。このとき young を younger と比較級にはしないことに注意。この文は My husband looks younger than he (really) is. と同じ意味を表す。

塾技 **25** 比較(4)

入試レベルの問題にチャレンジ！（本冊 p.117）

問題1 次の英文の誤りを訂正しなさい。

(1) He's one of the richest man in the world.

(2) Which is the most heavy of the three bags?

(3) If we don't our best, we will lose.

(4) The most tourists don't visit this place.

A答

(1) man → men

(2) most heavy → heaviest

(3) don't → don't do[try]

(4) The most → Most

解説

(1)「彼は世界で最も金持ちな人の1人だ」
「～の中のひとつ」を表す one of ～の「～」には，その意味を考えれば当然**複数名詞**が置かれる。理屈はわかっていても単数形にしてしまう

誤りは多い。注意しよう。

(2)「その3つの袋の中で最も重いのはどれですか」heavy（重い）の最上級は **heaviest**。

(3)「私たちは全力をつくさなければ負けるだろう」「全力をつくす」は do[try] one's best。その否定形は **don't** do[try] one's best となる。

(4)「たいていの観光客はこの場所を訪れません」
この文の most は the をつけないで「たいていの，大部分の」を意味する形容詞。most of ～（～の大部分）の形でも使われる。**Most of** this money is yours.（この金のほとんどは君のものだ）

問題2 1語を補い，日本文の意味を表すように，[　]内の語(句)を並べかえなさい。ただし，句読点などは必要に応じて補うこと。

(1) どんな音楽が最も好きですか。
[music / like / you / do / what]

(2) ジャックは私たち全員の中で最も速く走ることができる。
[all / can / Jack / run / us / fastest]

(3) これは今年最悪の映画のひとつだ。
[one / movies / this / this / of / year / is / the]

(4) アマゾン川は世界で2番目に長い川だ。
[the / the / is / river / the Amazon / world / second / in]

A答

(1) **What music do you like best?**

(2) **Jack can run fastest of us all.**

(3) **This is one of the worst movies this year.**

(4) **The Amazon is the second longest river in the world.**

解説

(1)「～が最も好きだ」は〈like ～（the）best〉で表す。「どんな音楽」で意味のまとまりを作るので，What music とする。What do you like music best? (×) としないこと（塾技 **2** 疑問詞のある疑問文(2)参照）。

(2) この文の fastest（最も速く）は動詞 run を修飾する副詞なので，the はなくてもいい。「私たち全員の中で」を all of us（私たちの中の全員）としないこと。これは，**All of us** wear glasses.（私たち全員がメガネをかけている）のように1つの名詞と同じように用いる。

(3)「最も…なものの中の1つ」は〈**one of the** 最上級 **+ 複数名詞**〉を使って表す。「最悪の」は

24

形容詞 bad の最上級を使う。bad は **bad － worse － worst** と変化する。

(4) 最上級の前に序数 (second, third など) を置いて〈**the** <u>second[third など]</u> **最上級**〉で「2番目[3番目など]に〜な」を表す。the biggest は「いちばん大きい」, the **third** biggest なら「3番目に大きい」となる。The Amazon is a **long** river. が基本文。

塾技 26 比較(5)

入試レベルの問題にチャレンジ！(本冊 p.121)

Q 問題1 日本文の意味を表すように, 下線部に適切な語(句)を補いなさい。ただし, 1語とは限らない。

(1) 日本の農場はアメリカよりもずっと狭い。
Farms in Japan are much smaller _____ America.

(2) 金よりも重い金属はないのですか。
_____ heavier than gold?

(3) 日本には東京ほど生活費のかかる都市はない。
_____ as expensive as Tokyo.

(4) 彼女は他のだれよりも数学が得意だった。
She was _____ mathematics _____.

A 答

(1) **than those in**

(2) **Is no (other) metal**

(3) **No (other) city in Japan is**

(4) **better at, than anyone [anybody] else**

解説

(1) The population of Tokyo is larger than **that** of New York. の類型。**farms** in Japan と複数形なので that ではなく **those** とする。前置詞 **in** にも注意。

(2) No (other) **mountain** in Japan is higher than Mt. Fuji. の類型。**No (other)** の後ろの**名詞は単数形にする**。 語句 metal (金属)

(3) No (other) **mountain** in Japan is as[so] high as Mt. Fuji. の類型。No (other) の後ろの名詞は単数形にする。

(4) She was **good** at mathematics. が基本文。〈**疑問詞や something など + else**〉で, 「他の

[に]〜」を意味する。anyone[anybody] else で「他のどんな人」。be good at 〜は「〜が得意だ」。

Q 問題2 次の英文を日本語に直しなさい。

(1) The more you have, the more you want.

(2) Nancy's hair isn't as long as it used to be.

(3) The best players can sometimes lose.

(4) The park is beautiful in fall, and much less crowded than it is in summer.

A 答

(1) 人は持てば持つほど欲が出る。[人は多く持てば持つほど, ますます多く欲しくなる。]

(2) ナンシーの髪は昔ほど長くない。

(3) 最も優れたプレーヤーでさえ, 時に負けることがある。

(4) その公園は秋は美しく, 夏よりはずっとすいています。

解説

(1) 〈**The 比較級 + S + V 〜, the 比較級 + S + V …**〉で「〜すればするほど, ますます…」を意味する。You have **much**. と You want **much**. を基本となる文にしている。

(2) is と used to be により現在と過去を比較している。〈used to + 原形動詞〉は「昔は〜だった (今は違う)」を意味する助動詞 (塾技⑫ その他の助動詞参照)。

(3) この文の lose は「負ける」, can は可能性を表す (塾技⑩ 助動詞 can 参照)。「最も優れたプレーヤーは時に負ける可能性がある」では意味をなさない。最上級は時に「〜でさえ」と訳したほうが意味のまとまりがよくなることがあることを覚えておこう。

(4) 塾技㉔ 比較(3)の演習問題 問題❶(7)では, less money の less が名詞 money を修飾し,「より少ないお金」を意味している。この文の less crowded の less は形容詞 crowded (混み合った) を修飾し,「より少なく混み合った」すなわち「より混み合ってはいない」を意味している。簡単に言えば crowded の比較級 **more crowded** と反対の意味を表す。much は比較級 less を強調している (**比較級の強調に very は使わない**)。

入試レベルの問題にチャレンジ！(本冊 p.125)

Q 問題 1 1語を補い，日本文の意味を表すように，[ ]内の語を並べかえなさい。ただし，句読点などは必要に応じて補うこと。

(1) 君がその川を泳いで渡るのは危険だ。
[across / it / dangerous / river / is / swim / you / the / to]

(2) 彼の仕事の1つはトマトを育てることだった。
[to / one / his / grow / jobs / of] tomatoes.

(3) 彼は何を言おうとしているのですか。
[he / say / trying / what / is]

A 答

(1) **It is dangerous for you to swim across the river.**

(2) **One of his jobs was to grow** (tomatoes.)

(3) **What is he trying to say?**

解説

(1) 形式主語の it を用いた〈**It is ... for 人 + to ～**〉の形。to不定詞の意味上の主語である〈for 人〉は to 不定詞の前に置くこと。

(2) 名詞的用法の to 不定詞が be 動詞の直後に置かれ，「～すること（です）」を意味している。「ひとつは (one)」が文の中心となる主語なので動詞は were ではなく was とする。〈**one of + 複数名詞**〉で「～の中のひとつ」。

(3) **try to ～** は「～することを試みる」，つまり「～しようと（努力）する」を意味する。

Q 問題 2 各組の英文が同じような意味を表すように，( )内に適語を入れなさい。

(1) I can't climb over the wall.
It is (   ) (   ) me (   ) climb over the wall.

(2) We had to finish the work by five o'clock.
It (   ) (   ) (   ) us (   ) finish the work by five o'clock.

A 答

(1) **impossible for，to**

(2) **was necessary for，to**

解説

(1)「私にはその塀を乗り越えることは不可能だ」

impossible は「不可能な」を意味する形容詞で，〈**It is impossible（for 人）+ to ～.**〉「（人が）～することは不可能だ」の形でよく用いられる。この文は It is **not possible** for me to climb ～. としても同じ内容を表す。

(語句) climb over ～（～を乗り越える）

(2)「私たちは5時までにその仕事を終えることが必要だった」

上の文は had to ～（～しなければならなかった）があるので，「私たちは5時までにその仕事を終えなければならなかった」を意味する。necessary は「必要な」を意味する形容詞で〈**It is necessary（for 人）+ to ～.**〉「（人は）～することが必要だ」の形でよく用いられる。necessary の代わりに need とすることはできない。**by** five o'clock で「5時までに」と期限を表す。

入試レベルの問題にチャレンジ！(本冊 p.129)

Q 問題 1 下線部と同じ用法の **to** 不定詞を含む文を，①～⑤の中から1つ選びなさい。

I have a lot of work to do.

① Good-bye. I hope to see you again soon.
② There's no need to hurry.
③ Is it fun to ski?
④ My only hope was to go back to my hometown.
⑤ To make new friends is not so difficult.

A 答

②

解説

「やらなくてはならない仕事がたくさんある」

I have a lot of work **to do**. の to do は，直前の名詞 work を修飾する形容詞的用法。

①「さようなら。すぐにまた会えることを望んでいます」

to see ～は動詞 hope の目的語となる名詞的用法。

②「急ぐ必要はない」

to hurry は直前の名詞 need を修飾する形容詞的用法。

③「スキーをすることは楽しいですか」

to ski は形式主語の it を受ける名詞的用法。

④「私のただひとつの希望は故郷に戻ることだった」

to go ～は be 動詞の直後に置かれた名詞的用法。

⑤「新しい友達を作ることはそれほど難しいことではない」

to make ～は文の主語になっている名詞的用法。

Q 問題 2 1語を補い，日本文の意味を表すように，[ ]内の語(句)を並べかえなさい。ただし，句読点などは必要に応じて補うこと。

(1) 君にはそんなことをする権利はないよ。
[that / have / you / do / right / no]

(2) 退屈だな。何かおもしろいことはない？
I'm bored. [interesting / is / do / anything / to]

(3) おもちゃを入れておく箱がほしいな。
[toys / keep / box / in / I / the / like / to / a]

(4) 私たちが彼を助ける必要性はあるのですか。
[need / him / is / us / there / help / to / any]

(5) 私が座れるいすがなかった。
[to / was / chair / there / me / no / sit / for]

(6) 彼がその山の頂上に2番目に到達した。
[the summit / the mountain / was / of / the / he / reach / second]

A 答

(1) **You have no right to do that.**

(2) **Is there anything interesting to do?**

(3) **I would like a box to keep the toys in.**

(4) **Is there any need for us to help him?**

(5) **There was no chair for me to sit on[in].**

(6) **He was the second to reach the summit of the mountain.**

解説

(1) right は名詞で「権利」を意味する。right to do that で「そんなことをする(のが可能な)権利」となる。

(2) 「何かおもしろいことはありますか」と考えて，Is there ～? で始める。something to drink (何か飲むもの)に形容詞 cold を加えると something **cold** to drink (何か冷たい飲みもの)となるのと同様に，anything to do (何か

すべきこと)に形容詞 interesting を加えると anything **interesting** to do となる。bored は「退屈した」を意味する形容詞。

(3) **would like** は want (ほしい)の丁寧な言い方。keep the toys in a box (そのおもちゃを箱の中に入れておく)をもとに，keep the toys **in** a box → a box / to keep the toys **in** (おもちゃを入れておくのが可能な箱)とする。a box to keep in the toys (×)としないこと。

(4) 名詞の need (必要性)を使った Is there any need **to help** him? (彼を助けなければならない必要性はあるのか)に to 不定詞の意味上の主語 for us を加えるときは，必ず to の前に置く。

(5) sit **on[in]** a chair をもとに「座る(のが可能な)いす」は a chair / to sit **on[in]** となる。これに to 不定詞の意味上の主語 for me を加えるときは to の前に置く。

(6) 「最初に～する・した人」を表す〈**the first person + to 不定詞**〉の類型。person は省略されたり他の名詞に変わることもある。

She was the first **woman** to come.
(彼女が最初にやって来た女性だった)

塾技 **29** to 不定詞の3用法(3)

🚩 **入試レベルの問題にチャレンジ！**(本冊 *p.133*)

Q 問題 1 ①～⑤の各文の to 不定詞の用法に最も近いものを，ア～オの中から選びなさい。

① To support my family, I worked very hard.
② The captain was the last man to leave the ship.
③ You are nice to help me with my work.
④ It's bad to tell lies.
⑤ It's not very late. We don't need to go home yet.

ア I was foolish to believe him.
イ It is time to go to bed.
ウ You forgot to turn off the light when you went out.
エ I sat for a minute to take a rest.
オ To learn English in a year or so is not easy.

A 答

①—エ　②—イ　③—ア
④—オ　⑤—ウ

解説

①「家族を養うために，私は懸命に働いた」

To support my family（家族を養うために），
　　I worked very hard（私は懸命に働いた）．
「目的」を表す副詞的用法。

②「船長が最後に船を離れた」

　The captain was the last man（船長が最後の人だった）/ **to leave** the ship（船を離れた）．
〈the last person ＋ to不定詞〉で「最後に〜する・した人」を意味する形容詞的用法。

③「仕事を手伝ってくれてありがとう」

　You are nice（あなたは親切だ）/ **to help** me with my work（仕事を手伝ってくれるとは）．「判断の根拠」を表す副詞的用法。
(語句) nice ＝ kind（親切な），〈help 人 with 〜〉（〜に関して人を手伝う）

④「うそをつくことは悪い」

　It は形式主語で **To tell** lies is bad. と同じ意味。主語の働きをする名詞的用法。

⑤「時間はあまり遅くはない。だからまだ家に帰る必要はない」

　We don't need（私たちは必要としていない）/ **to go** home（家に帰ることを）/ yet（まだ）．
動詞 need の目的語となっている名詞的用法。

ア「彼の話を信じるなんて私はばかだった」

　I was foolish（私はばかだった）/ **to believe** him（彼の話を信じるなんて）．「判断の根拠」を表す副詞的用法。

イ「寝る時間だ」

　It is time（時間だ）/ **to go** to bed（寝なければならない）．
主語の it は「時間」を表す it。形式主語の it でないことは，**To go** to bed is time.（寝ることは時間だ）がおかしいことから明らか。to go to bed は直前の名詞 time を修飾する形容詞的用法で，ここでは義務の意味を表している。

ウ「あなたは外出時に明かりを消し忘れた」

　You forgot（あなたは忘れた）/ **to turn** off the light（明かりを消すことを）when you went out（外出した時に）．
動詞 forgot の目的語となる名詞的用法。

エ「ひと休みするためにちょっとの間座った」

　I sat for a minute（ちょっとの間座った）/ **to take** a rest（ひと休みするために）．「目的」を表す副詞的用法。
(語句) for a minute（①ちょっとの間 ②1分間），take a rest（ひと休みする）

オ「1年かそこらで英語を学ぶことは簡単ではない」

　To learn English in a year or so（1年かそこらで英語を学ぶことは）/ is not easy（簡単ではない）．

文の主語になっている名詞的用法。形式主語の it を使えば，**It is** not easy **to learn** English in a year or so. となる。
(語句) in a year or so（1年かそこらで）

Q問題2　（　）内の条件に従い，次の日本文を英語に直しなさい。

(1) 大きな声で話さないようにしなさい。
　（try で始め loud，voice を使って全体で8語で）

(2) 私は彼女を起こさないように静かに歩いた。
　（quietly，wake を使って9語で）

A答
(1) **Try not to talk[speak] in a loud voice.**
(2) **I walked quietly in order[so as] not to wake her.**

解説

(1) Try（試みなさい）/ **not to talk[speak]** in a loud voice（大きな声で話さないことを）．
to 不定詞を否定するときは，〈**not to ＋ 原形動詞**〉とする。(語句) in a loud voice（大きな声で）

(2) I walked quietly（私は静かに歩いた）/ **in order[so as] not to** wake her（彼女を起こさないために）．
「〜しないために，〜しないように」は not to 不定詞ではなく，〈**in order not to 不定詞**〉または〈**so as not to 不定詞**〉を用いて表す。ただし，「〜しないよう **気をつける**」を意味するときだけは，in order や so as を用いず **not to 不定詞** とする。

塾技 **30**　to 不定詞を用いた重要構文(1)

🚩 **入試レベルの問題にチャレンジ！**（本冊 *p.137*）

Q問題1　各組の英文が同じような意味を表すように，（　）内に適語を入れなさい。

(1) I cannot use this machine.
　I don't know (　　　) (　　　) (　　　) this machine.

(2) They're not old enough to get married.
　They're (　　　) (　　　) (　　　) get married.

(3) It seems that he needs help.
　He (　　　) (　　　) (　　　) help.

A答
(1) **how to use**
(2) **too young to**
(3) **seems to need**

解説

(1)「私はこの機械の使い方を知らない」
上の文の「この機械が使えない」は，「この機械の使い方を知らない」と同じような内容を表す。書きかえ問題としては頻出。

(2)「彼らは結婚するには若すぎる」
They're not old **enough**
（彼らは十分な年齢になってはいない）
/ **to** get married（結婚するには）.
They are **too** young （彼らは若すぎる）
/ **to** get married（結婚するには）.
get married（結婚する）の married は形容詞。

(3)「彼は助けを必要としているように思える」
〈It seems that S + V ~.〉で「～であるように思われる」を意味する決まった表現（seems の s は3単現の s）。これは接続詞 that の直後の主語 (S) で書き始めて，〈S seem to 不定詞~.〉と書きかえることができる。「彼女は何でも知っているように思えた」は
It seemed that she knew everything.
= She **seemed to** know everything.

Q問題2　次の英文を日本語に直しなさい。
(1) They talked about what to do with the land.
(2) The bridge was wide enough for two trucks to pass each other.
(3) The news is too good to be true.

A答
(1) 彼らはその土地をどうしたらよいかについて話し合った。
(2) その橋は2台のトラックがすれちがえるだけの幅の広さがあった。
(3) その知らせは本当と思えないほどよい[よすぎて本当とは思えない]。

解説

(1) **what to do**（何をしたらいいか）/ with the land（その土地に対して）で，この with は「～に対して，～に関して」を意味する。
I don't know **what to do** with my daughter.（娘をどう扱ったらいいかわからな

い[言うことを聞かないんだから]）

(2) The bridge was wide **enough**
（その橋は十分に幅が広かった）
/ for two trucks **to** pass each other
（2台のトラックがお互いにすれ違うのに）.
for two trucks は to pass each other の意味上の主語。(語句) wide（幅が広い），pass ～（～のそばを通り過ぎる，～とすれ違う），each other（お互い）

(3) The news is **too** good（その知らせはあまりによい）/ **to** be true（本当であるには）.

塾技 31　to 不定詞を用いた重要構文(2)

入試レベルの問題にチャレンジ！（本冊 *p.141*）

Q問題1　1語を補い，日本文の意味を表すように，[　]内の語を並べかえなさい。ただし，句読点などは必要に応じて補うこと。

(1) 私は空港に着くのに車で1時間半かかった。
[get / hours / car / the airport / and / took / by / one / it / half / to / to / a]
(2) 彼の弁護士は彼に，警察には何も言わないようにと助言した。
[him / the / lawyer / to / to / police / his / advised / not / say]
(3) 電車にバッグを置き忘れるなんて，彼女は不注意だった。
[was / the / it / leave / careless / on / her / her / train / to / bag]
(4) 荷物はどこに置きましょうか。
[put / where / want / to / the / do / package / you]
(5) 兄は車を洗うのを手伝ってくれた。
[helped / car / to / brother / my / my / wash]
(6) 私はそのことについてだれにも知られたくなかった。
[know / didn't / it / I / about / want / to]

A答
(1) It took <u>me</u> one and a half hours to get to the airport by car.
(2) His lawyer advised him not to say <u>anything</u> to the police.
(3) It was careless <u>of</u> her to leave her bag on the train.
(4) Where do you want <u>me</u> to put the package?
(5) My brother helped <u>me</u> to wash my car.
(6) I didn't want <u>anybody[anyone]</u> to know about it.

解説

(1) 〈**It takes + 人 + 時間 + to 不定詞〜.**〉「人が〜するのに時間がかかる」は入試頻出の構文。「1時間半」は **one and a half hours** か **an[one] hour and a half**。get to 〜 で「〜に到着する」。

(2) His lawyer advised him（弁護士は彼に助言した）/ not to say **anything** to the police（警察にどんなことも言わないようにと）。〈**advise + 人 + to 不定詞**〉で「人に〜するよう助言する」を表すので，「人に〜しないよう助言する」は〈**advise + 人 + not** to 不定詞〉となる。

(3)「…するとは人は〜だ」と人物に対する評価を表すので，〈**It is ... of 人 + to〜.**〉で表す。**careless**（不注意な）はこの構文でよく用いられる。(語句) leave 〜（〜を置き忘れる）

(4) 〈**want + 人 + to 不定詞**〉「人が〜することを望む → 人に〜してもらいたい」を用いる。直訳は「あなたは私がその荷物をどこに置くことを望んでいますか」で，Where shall I put the package? と同じ意味を表す。

(5) 省略された日本語を補うと「兄は私が車を洗うのを手伝ってくれた」となる。〈**help + 人 + to 不定詞**〉で「人が〜するのを手助けする」を表す。help は他の動詞と違い，to を省略して My brother helped me **wash** my car. とすることができる。

(6)「私は（どんな人であれ）だれかがそれについて知っているのを望まなかった」が直訳。よって〈want + 人 + to 不定詞〉の「人」は **anybody[anyone]** となる。nobody を使うなら I **wanted nobody** to know 〜. となる（塾技⑰some と any 参照）。

Q問題2 次の英文を日本語に直しなさい。

When things aren't going well, he encourages me not to give up.

A答

物事がうまくいっていない時，彼は私にあきらめないでと励ましてくれる。

解説

〈**encourage + 人 + to 不定詞**〉で「人を〜するよう励ます」，〈**encourage + 人 + not** to 不定詞〉なら「人を〜しないよう励ます」となる。

30

(語句) things（〔一般に〕物事，状況），go well（うまくいく，うまく運ぶ），give up（あきらめる）

塾技 ワザ 32 動名詞(1)

▶ 入試レベルの問題にチャレンジ！（本冊 *p.146*）

Q問題1 次の（ ）内の語を最も適切な形にしなさい。

(1) He finished (speak) and sat down.
(2) Jane would like (meet) you.
(3) I'll never be able to give up (drink) beer.
(4) A: Does Jane know about the meeting?
　　B: No, I forgot (tell) her.
(5) They stopped (run) and began to walk.
(6) In this class students practice (write) letters.
(7) Take your time. I don't mind (wait).
(8) I tried (finish) the book, but I was too tired.
(9) I remember (be) in the hospital when I was five.
(10) You must learn (be) more patient.

A答

(1) **speaking**	(2) **to meet**
(3) **drinking**	(4) **to tell**
(5) **running**	(6) **writing**
(7) **waiting**	(8) **to finish**
(9) **being**	(10) **to be**

解説

(1)「彼は話を終えて座った」
　finish は目的語に動名詞だけをとる動詞。

(2)「ジェーンはあなたに会いたがっています」
　like は目的語に to 不定詞と動名詞の両方を目的語にとるが，want のていねいな表現である **would like** は目的語に to 不定詞だけをとる。

(3)「私は決してビールを飲むのをやめられないだろう」
　give up は目的語に動名詞だけをとる。

(4)「ジェーンは会議のことを知っているの？
　— いや，彼女に伝えるのを忘れていました」
　forgot telling her では「彼女に伝えたことを忘れていた」となって会話がかみ合わない。「伝えるのを忘れていた」のだから **to 不定詞**とする。

(5)「彼らは走るのをやめて歩き始めた」
　stopped to run では「走るために立ち止まっ

た」となってまったく意味をなさない。

(6)「このクラスでは生徒は手紙を書く練習をしている」

practice は目的語に**動名詞**だけをとる動詞。

(7)「ゆっくりやってください。待っていることはいやではありませんから」

mind は目的語に**動名詞**だけをとる動詞。
語句 take one's time（ゆっくり・自分なりのペースでやる）

(8)「私はその本を読み終えようとしたが、疲れすぎてい（て読み終えられなかっ）た」

tried finishing the book は「試しに読み終えた」と「読み終えた」ことになり、but 以下の内容と矛盾する。「**読み終えることを試みた**」のだから **to 不定詞**とする。finish a book は「本を読み[書き]終える」を意味し、どちらの意味かは文脈による。

(9)「私は5歳の時に入院していたことを覚えている」

remember to be in the hospital は「これから入院することを覚えている」を意味し、when 以下の内容に全く合わない。be in (the) hospital は「入院している」を意味する。

(10)「あなたはもっとしんぼう強くなることを身につけなければならない」

learn は目的語に to 不定詞をとり、〈**learn to 不定詞**〉で「**～することを身につける、～できるようになる**」を意味する。patient[péiʃənt]は「しんぼう強い」を意味する形容詞で、more patient は比較級。

Q問題2 （ ）内の条件に従い、次の日本文を英語に直しなさい。

(1) 私たちはその湖でスケートをして楽しんだ。（6語で）

(2) 30分前に雨がやんだ。（it を使って7語で）

(3) 彼女は留学することに決めた。（decide, abroad を使って5語で）

(4) 彼女は留学することに決めた。（mind, abroad を使って8語で）

A答

(1) **We enjoyed skating on the lake.**

(2) **It stopped raining half an hour ago.〔It stopped raining a half hour ago〕.**

(3) **She decided to study abroad.**

(4) **She made up her mind to study abroad.**

解説

(1) skate は「スケートをする」、ski は「スキーをする」を意味する動詞で、どちらも play skate（×）、play ski（×）としないこと。「その湖でスケートをする」は、湖の氷の上でするので skate **on** the lake となる。enjoy ～ing で「～して楽しむ」。

(2) 主語は天候を表す it。「雨がやんだ」は「雨が降っていたこと（状態）が stop した」ということだから stopped raining。「30分前に」は half an hour ago か a half hour ago とする。

(3) **decide** は目的語に **to 不定詞**だけをとり、〈**decide to 不定詞**〉で「**～することに決める**」を意味する。abroad は「外国で（に）」を意味する副詞で、study abroad で「留学する」。

(4)「～することに決める」は〈decide to 不定詞〉のほかに、〈**make up one's mind to 不定詞**〉も覚えておくこと。この mind は動詞ではなく名詞で、「考え」を意味する。change one's mind なら「考えを変える、気が変わる」。

塾技 ワザ **33** 動名詞(2)

🚩 **入試レベルの問題にチャレンジ！**（本冊 p.151）

Q問題1 各組の英文が日本文の意味を表すように、（ ）内に適語を入れなさい。

(1) 彼は写真を撮るのが大好きです。
He likes ( ) pictures very much.
He is ( )( )( ) pictures.

(2) 公園を散歩するのはどうですか（公園を散歩しませんか）。
What do you say ( )( ) a walk in the park?
( ) about ( ) a walk in the park?

(3) 彼は病気だったので外出できなかった。
He could not go out because he was ( ).
Illness ( ) him ( )( ) out.

(4) ドアを閉めてもいいですか。
Can ( ) close the door?
Would you mind ( )( ) the door?

A答

(1) **taking / fond of taking**

(2) **to taking / How〔What〕, taking**

(3) **ill〔sick〕/ prevented〔kept, stopped〕, from going**

(4) **I / my[me] closing**

解説

(1) **be fond of ～**は「～が大好きだ」を意味し，like よりも意味が強い。of は前置詞なので take としないこと。

(2) **How[What] about ～ing?**（～しませんか，～するのはどうですか）は **What do you say to ～ing?** と同じ内容を表す。この to は前置詞であることに注意。
語句 take a walk（散歩する）

(3)「彼は病気だった」とは「彼は病気の状態だった」ということ。性質や状態を表すのは形容詞なので，ill または sick とする。下の文は **prevent[keep, stop] A from ～ing**（A が～するのを妨げる）から，「病気が彼が外出するのを妨げた」と考える。

(4) **Would[Do] you mind my[me] ～ing?** は「（私が）～してもいいですか」と許可を求める決まった表現。my[me] は～ing（動名詞）の意味上の主語で，文の主語とは異なる動名詞の意味上の主語を明示するときは，**～ing の前に「所有格 or 目的格」を置く**。「私が～するのをあなたはいやに思いますか」が直訳。

Q問題2 （　）内の語を必要があれば適切な形に変えて，英文を日本語に直しなさい。

(1) I'm used to (get) up early in the morning.
(2) I used to (get) up early in the morning.

A答
(1) getting /
　　私は朝早く起きることに慣れている。
(2) get / 私は以前は朝早く起きていた。

解説

(1) **be used to ～ing** は「～することに**慣れている**」を意味する。to が前置詞であることに注意。

(2) 〈**used to ＋ 原形動詞**〉は「**昔は～だった**（今は違う）」を意味する（塾技⑫ その他の助動詞参照）。

塾技34 動詞とその目的語

🚩 **入試レベルの問題にチャレンジ！**（本冊 p.156）

Q問題1 次の日本文を意味する英文に誤りがあれば訂正しなさい。

(1) ビリーはあなたの娘さんと結婚したがっている。
　　Billy wants to marry with your daughter.
(2) 浴室へは居間を通って入ることができます。
　　You can enter into the bathroom through the living room.
(3) 学生たちは夏休みの計画について話し合った。
　　The students discussed about their plans for the summer vacation.
(4) 私が話しかけてもベンは返事をしなかった。
　　I spoke Ben, but he didn't answer.
(5) 彼女は彼らに私の秘密をもらしてしまった。
　　She told to them about my secret.
(6) 私は海辺で小さなレストランを経営しよう思っている。
　　I'm going to run to my own small restaurant by the sea.
(7) 彼がそう言うと，彼女は彼のことを笑った。
　　When he said that, she laughed him.
(8) 彼は地面に寝ころんだ。
　　He lied on the ground.

A答
(1) **marry with**
　　→ **marry** か **get married to**
(2) **enter into** → **enter** か **go into**
(3) **discussed about**
　　→ **discussed** か **talked about**
(4) **spoke** → **spoke to**
(5) **told to** → **told**
(6) **run to** → **run**
(7) **laughed** → **laughed at**
(8) **lied** → **lay**

解説

(1)「～と結婚する」は，（他）動詞 marry を用いて **marry ～** とするか，形容詞 married を用いて **get married to ～** とする。「～と結婚している」という状態は，**be married to ～**で表す。
　　Yoko **is married to** an American.
　　（ヨーコはアメリカ人と結婚している）

(2) enter は enter ～ で「～に入る」，つまり目的語を必要とする動詞（他動詞）で，前置詞は必要としない。go into ～（～の中に入っていく），come into ～（～の中に入ってくる）とほぼ同じ

意味。

(3) discuss 〜は「〜について話し合う，〜について論じ合う」を意味する目的語を必要とする他動詞。目的語を必要とする他動詞に前置詞は不要。discuss 自体の中に about の意味が入っていると考えてもいい。talk は「話し合う」の意味でも使われるので，discuss 〜 ≒ talk about 〜となる。

(4)「〜に話しかける」は speak to 〜。前置詞を必要としない speak は，speak English（英語を話す）のようにふつう言語を目的語にする。

(5)「(人) に言う，伝える」を意味する tell は前置詞を必要としない。〈tell 人 about 〜〉で (人に〜について話す)。

(6) run には他動詞で「(店など) を経営する」の意味がある。run to 〜は「〜まで走る」。

(7)「〜を見て[聞いて]笑う」は laugh at 〜。

(8) 動詞 lie は「うそを言う」の意味では規則動詞として lie − lied − lied と活用するが，「横たわる」の意味では不規則動詞として lie − lay [lei] − lain[léin]と活用する。〜ing 形はどちらも lying。

 He **lied** to me.（彼は私にうそをついた）

Q問題2 ①〜④の英文が日本文の意味を表すように，（ ）内に適語を入れなさい。

お願いしたいことがあるのですが。— どうぞ，何でしょう。

① May I ask you a favor? — Sure, what is it?
② May I ask a favor ( ) ( )?
 — Sure, what is it?
③ Would you ( ) ( ) ( )?
 — Sure, what is it?
④ Would you ( ) ( ) ( )
 ( ) ( )?
 — Sure, what is it?

A答
 ② **of you** ③ **do me a favor**
 ④ **do a favor for me**

解説

 favor は「親切な行為」を意味する名詞。**May I ask you a favor?** は〈S + V + O₁ + O₂〉で「私はあなたに親切な行為を頼んでもいいですか」が直訳。ask は O₁ (人) と O₂ (物事) を入れかえると特別に of が間に入る。〈**Would you do me a favor?**〉は動詞 do を用いた〈S + V + O₁ + O₂〉で「あなたは私に親切な行為をしてくれま

せんか」が直訳。**do は buy** 型なので，O₁ と O₂ を入れかえると間に for が入る。どの文もスラスラ言えるようにしておこう。

塾技35 受動態(1)

🚩 **入試レベルの問題にチャレンジ！**（本冊 *p.161*）

Q問題1 日本文の意味を表すように，（ ）内に適語を入れなさい。

(1) この写真はどこで撮ったものですか。あなたが撮ったのですか。
 Where ( ) ( ) ( ) ( )?
 Did you take them?
(2) それを使ったのはだれですか。
 Who ( ) ( ) ( ) ( )?
(3) 私はシカゴで生まれました。
 I ( ) ( ) in Chicago.
(4) それは食べられます。
 It ( ) ( ) ( ).
(5) 彼はナイフで殺された。
 He ( ) ( ) ( ) a knife.
(6) この手紙はドイツ語で書かれている。
 This letter ( ) ( ) ( ) German.

A答
(1) **were these pictures taken**
(2) **was it used by**
(3) **was born**
(4) **can be eaten**
(5) **was killed with**
(6) **is written in**

解説

(1) 能動態では空所の数が足りないので，by 〜が省略された受動態と考える。Did you take **them?** から写真は複数あると考え，「これらの写真はどこで撮られたのですか」を英語に直せばいい。疑問詞 where は主語ではないので，〈疑問詞＋ふつうの疑問文の語順〉とする。「(写真を) 撮る」を意味する take は不規則動詞。

(2) 能動態であれば「だれがそれを使いましたか」に相当する Who used it? となる。受動態であれば「それはだれによって使われましたか」に相当する Who **was** it **used by?** となる。

(3)「生まれる」は **be born**。このまま覚えること。

33

(4) 能動態であれば You can eat it.（それを食べることは可能だ）だが，主語が it なので「それは食べられることが可能だ」を意味する受動態の文にすればいい。助動詞 can を含むので〈**can be ＋過去分詞**〉とする。eat は不規則動詞。

(5) **with** a knife の with は「〜を使って」を意味する道具を表す with。kill（殺す）の行為者は人間であってナイフではないので by a knife（×）ではない。この文は He was killed（by a young man）with a knife. のように行為者の by 〜が省略されている文。

(6) **in** German（ドイツ語で）を by German としないこと。手紙は人によって書かれるもの。行為者を示す by 〜は省略されている。(5)と同じタイプの問題。

Q 問題2 次の日本文を英語に直しなさい。

(1) 先週私は指輪を盗まれた。（能動態で）

(2) 先週私は指輪を盗まれた。（受動態で）

A 答

(1) **Someone[Somebody] stole my ring last week.**

(2) **My ring was stolen (by someone [somebody]) last week.**

解説

(1)「先週だれかが私の指輪を盗んだ」と考える。**steal**（盗む）－ **stole** － **stolen**

(2) (1)の動詞の目的語 my ring を主語とする受動態にすればいい。last week のように時を示す副詞語句は，受動態の文でもふつう文末に置かれる。日本語に惑わされて I was stolen my ring last week.（×）としないこと。I was stolen my ring. という受動態が成り立つとしたなら，その能動態は Someone stole me my ring.（×）となるが，このような英文はない。

塾技 36 受動態(2)

🚩 **入試レベルの問題にチャレンジ！**（本冊 *p.167*）

Q 問題1（　　）内の条件に従い，日本文の意味を表すように，[　　]内の語を並べかえなさい。ただし，句読点などは必要に応じて補うこと。

(1) 彼は身分証明書の提示を求められた。（1語補充）
[show / ID / was / card / asked / his / he]

(2) 私は昨日外国人に話しかけられた。（1語補充）
[to / I / foreigner / yesterday / spoken / a / was]

(3) その子供はもう少しで車にひかれるところだった。（1語補充）
[over / was / car / by / child / almost / run / the]

(4) 彼は偉大な指導者として尊敬されていた。（1語不要）
[great / was / up / leader / a / he / by / to / as / looked]

(5) その映画にトムはがっかりした。（1語不要）
[disappointed / was / Tom / movie / the]

A 答

(1) **He was asked to show his ID card.**

(2) **I was spoken to by a foreigner yesterday.**

(3) **The child was almost run over by a car.**

(4) **He was looked up to as a great leader.** （by が不要）

(5) **The movie disappointed Tom.** （was が不要）

解説

(1)「人に〜するよう頼む・求める」を意味する〈**ask ＋ 人 ＋ to 不定詞**〉の受動態。主語を仮に they とし，能動態で表せば They asked him to show his ID card. となる。この文の動詞 asked の目的語である him を主語とした受動態の文が，解答の文となる。

(2) **speak to 〜**（〜に話しかける）のような決まった表現は speak to で目的語を必要とする1つの動詞（群動詞）として扱う。

A foreigner <u>spoke to</u> me yesterday.
　　　　　　　 V　　 O
（外国人が昨日私に話しかけてきた）

→ <u>I **was spoken to**</u> by a foreigner yesterday.
　 S　　　 V
（私は昨日外国人に話しかけられた）

(I was spoken to / by a foreigner / yesterday.)
　私は話しかけられた　　外国人によって　　　昨日

34

この受動態の文では，前置詞 to のすぐ後ろに前置詞 by が続くが，どちらかを省略し，I was spoken by a foreigner 〜.（×）や I was spoken to a foreigner 〜.（×）としないよう注意。

(3) **run over** 〜で「（車が）〜をひく」を意味する決まった表現（群動詞）。能動態→受動態で表せば

A car almost <u>ran over</u> <u>the child</u>.
　　　　　　　V　　　　　O

→ The child **was** almost **run over** / by a car.
　　その子供はもう少しでひかれそうだった　　1台の車によって

car は可算名詞なので a が必要。特定の車を話題にしているのではないから the ではない。by car は「車（という交通手段）で」の意味で go by car（車で行く）のように使う。almost は「もう少しで（〜）するところ」を意味する副詞で，直後の語句を修飾する（塾技21副詞(2)参照）。

(4) **look up to** 〜で「〜を尊敬する」を意味する決まった表現（群動詞），「〜として」は as 〜。

He **was looked up to** / as a great leader.
彼は尊敬されていた　　　　　偉大な指導者として

「〜によって尊敬されている」であれば be looked up to **by** 〜となる。

He **was looked up to** / **by** the people.
（彼はその人たちによって尊敬されていた）

(5) **disappoint** 〜は「（人）をがっかりさせる，失望させる」を意味する動詞。「がっかりする，失望する」という意味はない。よって「その映画はトムをがっかりさせた」と the movie を主語とした能動態で表す。この文の受動態は be disappointed at 〜（〜にがっかりする）を用いて，Tom was disappointed at the movie.（トムはその映画にがっかりした）となる。**surprise** 〜（〜を驚かせる），**please** 〜（〜を喜ばせる）など人間の感情・心理に関する動詞は，ふつう「〜（という気持ちに）させる」という意味を表す。よって「〜という気持ちになる」は受動態で表し，前置詞も **by** 以外が使われることが多い。

Q問題2　次の英文の中で，正しいものを1つずつ選びなさい。

(1) ① His new job pleased with him very much.
　　② He was very pleased with his new job.
　　③ He pleased his new job very much.
　　④ He pleased with his new job.

(2) ① Jack was brought up by his grandparents.
　　② Jack was brought up his grandparents.
　　③ Jack brought up by his grandparents.
　　④ Jack brought up his grandparents.

(3) ① He told not to lock the door.
　　② I was told not to lock the door.
　　③ He was told me not to lock the door.
　　④ I told him to not lock the door.

(4) ① I'm very interested in literature than in history.
　　② I'm more interesting in literature than in history.
　　③ I'm interested in literature than in history.
　　④ I'm more interested in literature than in history.

A答
(1)②　(2)①　(3)②　(4)④

解説

(1)「彼は新しい仕事がとても気に入っていた」
　動詞 **please** 〜 は「〜を喜ばせる」，be **pleased with** 〜 は「〜が気に入っている」。①は with が不要。③は「彼は新しい仕事をとても喜ばせた」となり意味がおかしい。④は He のあとに was が足りない。

(2)「ジャックは祖父母によって育てられた」
　bring up 〜 は「（子供）を育てる」を意味する群動詞。よって「〜によって育てられる」は **be brought up by** 〜 の形になる。④は「ジャックは（自分の）祖父母を育てた」となり，意味がおかしい。

(3)「私はそのドアにカギをかけないようにと言われた」
　「人に〜するように言う」は〈tell ＋ 人 ＋ to 不定詞〉，「人に〜しないように言う」は〈tell ＋ 人 ＋ **not** to 不定詞〉なので，その受動態「（人は）〜しないように言われる」は〈（人）＋ **be 動詞** ＋ **told** ＋ **not** to 不定詞〉となる。よって②が正解。〈tell ＋ 人 ＋ to 不定詞〉の構文では「人」は必ず明示しなければならないので①は不可，③は was か me のどちらかが不要，④は to not の語順が不可。

(4)「私は歴史よりも文学に興味がある」
　than があるので比較級に関する問題。I'm interested in literature.（私は文学に興味がある）が基本となる文。この中から比較級 more interested のある④を選ぶ。interested は過去分詞というよりは interesting と同じ形容詞に近いので，**more interested**，**most interested** と比較変化する。

塾技 37 否定疑問文・付加疑問文・感嘆文

入試レベルの問題にチャレンジ！(本冊 p.173)

Q 問題 1 日本文の意味を表すように，(   )内に適語を入れなさい。

(1) 彼は20年ぶりに故郷に戻ったのですね。— ええ，そうなんです。
A: He went back home (   ) the first time
(   ) twenty years, (   ) (   )?
B: (   ), he (   ).

(2) 最初のうちはあなたはそれが信じられなかったのですね。
— ええ，そうなんです。
A: (   ) first you couldn't believe it,
(   ) (   ) (   )?
B: (   ), I (   ).

(3) 彼女はなんて早起きなんだろう。
What (   ) (   ) (   ) she is!

(4) 手伝ってくれてありがとう。
(   ) kind (   ) you to help me!

A 答

(1) A: for, in, didn't he
B: Yes, did

(2) A: At, could you
B: No, couldn't

(3) an early riser[bird]

(4) How, of

解説

(1)「初めて」は for the first time，「20年ぶりに」は for the first time in twenty years（「20年の中で初めて」が直訳）。「ええ，そうなんです」は went back home を肯定しているので **Yes** となる。この文の home は「故郷に」。

(2)「最初のうち（は），始めのうち（は）」は at first。「ええ，そうなんです。」は「信じられなかった」ということだから，動詞 could believe を否定していることになるので **No** とする。Yes, No を使って答えるときは **not を除いて考えるのがポイント**だから，**couldn't** believe を基準に考えてはいけない。

(3) She gets up very early.（彼女はとても早起きだ）= She is a very **early riser**. と書きかえることができる。riser は「起きる人」を意味する名詞。early riser の代わりに **early bird** とすることもできる。

(4)「～するとは人は…だ」と人物に対する評価を表す〈 It is ... of 人 + to ～ . 〉構文を使った It is [very kind] of you to help me. を感嘆文にすると，**How kind** it is **of you to help me!** となるが，この感嘆文では it is はふつう省略される（**塾技31** to 不定詞を用いた重要構文(2)参照）。

塾技 38 現在完了形(1)

入試レベルの問題にチャレンジ！(本冊 p.178)

Q 問題 1 次の各文の下線部に誤りがあれば訂正しなさい。

(1) We <u>haven't had breakfast yet</u>. We are very hungry.

(2) Alexander Graham Bell <u>has invented</u> the telephone.

(3) Jenney can watch TV because she <u>hasn't done her math homework yet</u>.

(4) Jack's mother and father <u>just left home</u>.

(5) Kaoru <u>has gone</u> to Greece for a vacation, but he's back home in Tokyo now.

(6) My grandfather <u>has grown up</u> in Hawaii.

A 答

(1) 誤りなし (2) invented

(3) has (already) done her math homework

(4) 誤りなし (5) went (6) grew up

解説

(1)「私たちはまだ朝食を食べてないので腹ペコだ」

We haven't **had** breakfast yet. の had は「食べる」を意味する have の過去分詞。We haven't **eaten** breakfast yet. としても意味は変わらない。

(2)「アレクサンダー・グレアム・ベルが電話を発明した」

過去の事実を伝える文なので過去形で表す。ベルが電話を発明したのは1876年。文末に過去の時を示す in 1876 が隠れていると考えれば現在完了は使えないとわかる。

(3)「ジェニーは（すでに）数学の宿題をしてあるので，テレビを見ることができる」

「数学の宿題をまだしてないのでテレビを見ることができる」は明らかに意味がおかしい。

(4)「ジャックの両親はちょうど家を出たところだ」

have just left home としてもいいのだが,「ちょうど～したところだ」は,〈have[has] just + 過去分詞〉でも〈just + 過去形〉でもどちらでも表せることを覚えておこう。

(5)「カオルは休暇でギリシャに行ったが,今は東京に戻っている」

have gone to ～は「～に行ってしまった状態を持っている」つまり,「～に行ってしまってここにはいない（～にいる）」を意味する。カオルは今は東京に戻っている（he is back home in Tokyo）のだから has gone to はおかしい。

(6)「私の祖父はハワイで育った」

grow up は「（子供が）成長する,大人になる」。過去の事実を伝える文なので過去形で表す。文末に when he was young などが隠れていると考えればいい。

Q問題2 （　）内の語を用いて,意味の通る英文を完成させなさい。

(1) Mike hasn't been late for school once this month, but he ＿＿＿＿＿＿＿＿ three times this year. （late）

(2) A: Eric has gone out.
B: Has he? What time ＿＿＿＿＿＿＿＿? （go）

A答

(1) **has been late**

(2) **did he go (out)**

解説

(1)「マイクは今月1度も学校に遅刻していないが,今年はこれまでに3回遅刻している」

文末の **this year** に着目する。this year（今年）は現在を含まない過去の時ではない。**現在を含んでいる**ので,現在完了を使うことは問題ない。「今年はこれまでに3回遅刻したことがある」と考えればいい。

(2)「エリックは出かけたよ ― そうなの？何時に出かけたの？」

what time により「（現在を含まない）過去の時」が問われている。よって現在完了は使えない。

🚩 **入試レベルの問題にチャレンジ！**（本冊 p.183）

Q問題1 各組の英文が同じような意味を表すように,（　）内に適語を入れなさい。

(1) We came to San Francisco in 2012, and we are still here.
We （　　　）（　　　）（　　　） San Francisco （　　　） 2012.

(2) Jack got sick three days ago, and he is still sick.
Jack （　　　）（　　　） sick （　　　） the last three days.

(3) I have a headache. It started when I woke up.
（　　　）（　　　） a headache （　　　） I woke up.

(4) I'm waiting for the bus. I got to the bus stop twenty minutes ago.
I have （　　　）（　　　）（　　　） the bus （　　　） twenty minutes.

(5) It snowed on New Year's Day. There is still snow on the ground.
There （　　　）（　　　） snow on the ground （　　　） New Year's Day.

A答

(1) **have been in, since**

(2) **has been, for**

(3) **I've had, since**

(4) **been waiting for, for**

(5) **has been, since**

解説

(1)「私たちは2012年からずっとサンフランシスコにいる」

「2012年からずっと来ている」と考え,「来」の漢字に引きずられて We have come to San Francisco since 2012.（×）としないこと。「（ずっと）来ている」とは「（ずっと）いる」ということだから be動詞で表す。2012年からずっと（since 2012）続くのは「来る」という行為ではなく,「いる」という状態。

(2)「ジャックはこの3日間ずっと病気だ」

例題**1**(1)と同種の問題。現在の状態を説明する「ジャックは病気だ」は Jack **is** sick. となるが,「ずっと病気だ」と「現在までの継続」を表すので Jack **has been** sick ～. とする。Jack has got sick ～. ではない。for the last three

37

days は「この3日間」という意味。ここでは for three days としても意味に大差はない。

(3)「目が覚めてからずっと頭が痛い」

「現在までの継続」を表し，状態動詞の have を使うので現在完了で表す。I have a headache since I woke up.（×）とはできない。
(語句) have a headache [stomachache, toothache]（頭[腹，歯]が痛い）

(4)「私は20分間ずっとバスを待っている」

「今バスを待っている」＋「20分前にバス停に着いた」＝「20分間ずっとバスを待っている」となり，現在までの継続を表す。wait は動作動詞なので，現在完了進行形で表す。
(語句) get to ～（～に着く）

(5)「元日から地面にはずっと雪が残っている」

「元日から雪がずっと降っている」のではなく「雪がずっとある（残っている）」を意味する英文にする。There is[are]～. 構文を現在完了形にすればいい。be 動詞が過去分詞 been となりその前に have[has] を置くので，〈**There has been ＋ 単数名詞～.**〉/〈**There have been ＋ 複数名詞～.**〉となる。since を from としないこと。

Q問題2（　）内の条件に従い，次の日本文を英語に直しなさい。

(1) いつから日本に住んでいるのですか。（live を使って）

(2) 私の夫は1時間前からずっとその車の修理をしています。（fix を使って）

(3) 彼女は先々月からずっとダイエットをしています。（be 動詞，a，last を使って）

A答

(1) **How long have you lived[been living] in Japan?**

(2) **My husband has been fixing the car for an hour.**

(3) **She has been on a diet since the month before last.**

解説

(1) 内容は現在までの継続を表す。「いつから」は「どれくらいの期間」と考えて How long を用いる。live は現在完了形でも現在完了進行形でもどちらの形でも，「現在までの継続」を意味することができる。

(2) fix（～を修理する）は動作動詞なので，現在完了進行形を使って継続を表す。「1時間前からずっと」とあるので since an hour ago としが

ちだが，〈since ＋ 時 ＋ ago〉の形はあまり一般的ではないので，入試での使用は避ける。「1時間ずっと」と考えて **for an hour** としよう。

(3) be on a diet で「ダイエットをしている」，the month before last で「先々月」。She is on a diet.（彼女はダイエット中だ）をもとに，現在までの継続を表す現在完了形にする。

塾技 40 現在完了形を用いた重要表現

🚩 **入試レベルの問題にチャレンジ！**（本冊 *p.187*）

Q問題1 次の英文に誤りがあれば訂正しなさい。

(1) How many times has your father been abroad?

(2) It has passed fifteen years since we got married.

(3) Last night, I have seen snow for the first time in my life.

(4) This is the nicest park I've never been to.

(5) Do you two know each other for a long time?

A答

(1) **誤りなし**

(2) **It has passed fifteen years**
 → It is[has been] fifteen years か Fifteen years have passed

(3) **have seen → saw**

(4) **never → ever**

(5) **Do you two know**
 → Have you two known

解説

(1)「あなたのお父さんは何回外国へ行ったことがありますか」

「～へ行ったことがある」は have been to ～だが，「外国へ行ったことがある」は **have been abroad** で to は不要。abroad（外国<u>へ</u>）の中に含まれている。

(2)「私たちが結婚して15年になる」

重要表現⑩の「彼が死んで5年になる」の類型。It has passed fifteen years ～はよくある間違い。このような言い方はしないので注意。get married は「結婚する」，be married は「結婚している」でどちらも married は形容詞。

(3)「昨夜，生まれて初めて雪を見た」

文頭に **last night** があるので現在完了は使え

ない。**for the first time in my life** は「私の人生の中で初めて」つまり「生まれて初めて」を意味する連語表現。

(4)「これほどすばらしい公園には来たことがない」

重要表現⑬の類型。「これは私が今までに行ったことがあるなかで一番すばらしい公園だ」が直訳。**I have never been to** such a nice park. と書きかえられる。

(5)「あなたたち2人は知り合って長いのですか」

「あなたたち2人は長い間お互いを知っているのですか」が直訳。日本語の訳文を見ていると正しいようにも思えるが，内容は現在までの継続を表すので現在完了形で表す。know は状態動詞で，進行形にはならない。

A答
　(1)④　(2)②　(3)③

解説

(1)「**午前中ずっと家事をしていて，まだ終わらない**」

「ずっと家事をしている」のだから現在までの継続。do は動作動詞なので現在完了進行形で表す。housework は「家事」，homework は「宿題」。

(2)「**大学を卒業したあとに，彼女は秘書の仕事を得た**」

「大学卒業後，秘書の仕事を得た」という過去の事実を伝えているので過去形を選ぶ。since は「～から今まで」と現在時を含むが，**after finishing college** は「大学を卒業したあとに」と「順序」を表し，現在時を含んでいるわけではない。as ～は前置詞で「～として」。

(3)「**トム・グリーンが亡くなったんですか。お気の毒に。高校生の頃，彼とは親しかったんです**」

when we were in high school は現在を含まない過去の時を示すので，現在完了（進行）形は使わない。内容から過去形の knew を選ぶ。pass

away（亡くなる）は die の婉曲表現。

A答
　(1) **How long is it since you met Peter?**〔**How long has it been since you met Peter?**〕
　(2) **This is the second time she has lost her cell phone.**
　(3) **What has become of Jack?**

解説

(1)「彼が死んで5年になる」の類型。「私はピーターと会って5年になる。」は It is〔has been〕**five years** since I met Peter. この文の期間を表す five years を問う疑問文と考えればいい。

(2)「～したのはこれが初めてです」を表す〈**This is the first time + 現在完了形**〉の類型。2回目なのだから，the **second** time とすればいい。

(3) **What has become of ～?** は「～はいったいどうなったのか」を意味する決まった表現。**What has happened to ～?** と同じような意味を表す。What **will** become of ～? の形で用いることもある。
　What will become of him?
　〔≒ What will happen to him?〕
　（彼はこの先どうなるのだろうか）

塾技 41　分詞(1)
　　　　― 名詞を修飾する分詞

🚩 **入試レベルの問題にチャレンジ！**（本冊 p.193）

Q問題1 日本文の意味を表すように，（　）内に適語を入れなさい。

(1) メキシコで話されている言葉はスペイン語です。
　The (　　　　)(　　　　)(　　　　) Mexico is Spanish.

(2) ソファーで横になっている子供の名前は何ですか。
　　What's the name of the (　　　　) (　　　　)
　　(　　　　) the sofa?
(3) ここに住んでいる多くの人たちは車で通勤しています。
　　Many people (　　　　) (　　　　) drive to work.
(4) 彼は村では正直者の医者として知られている。
　　He is a (　　　　) (　　　　) (　　　　) the
　　villagers as an honest man.

(1) グレッグという名前の人から，今朝君に電話があったよ。
　　[you / Greg / name / morning / phoned / somebody / this]
(2) 君はその中古車にいくら払ったの？
　　[for / car / much / did / use / how / pay / the / you]
(3) そのビンにはほとんどワインは残っていない。
　　[wine / in / bottle / leave / the / is / little / there / very]

Ａ答

(1) **language spoken in**
(2) **child lying on**
(3) **living here**
(4) **doctor known to**

Ａ答

(1) **Somebody** <u>named</u> **Greg phoned you this morning.**
(2) **How much did you pay for the** <u>used</u> **car?**
(3) **There is very little wine** <u>left</u> **in the bottle.**

解説

(1)「（メキシコで話されている）言葉」という関係から，「受け身」を表す過去分詞 spoken を使った **spoken** in Mexico（〈過去分詞 ＋ α〉の形）を名詞 the language のすぐ後ろに置く。The spoken language in Mexico（×）としないこと。

(2)「横になる」を意味する動詞は lie。「（ソファーの上で横になっている）子供」という関係から，lie の現在分詞 lying を使った **lying** on the sofa（〈～ ing ＋ α〉の形）を名詞 the child のすぐ後ろに置く。

(3)「（ここに住んでいる）多くの人たち」という関係から，名詞 many people を **living** here（〈～ ing ＋ α〉の形）が後ろから修飾する形にする。live には始めから「住んでいる」という意味があるからといって，Many people <u>live</u> here ～（×）としてはいけない。動詞 live のままでは直接名詞を修飾する働きはない。
(語句) drive to work（車で仕事に行く）

(4) 英文は He is a ～.とあるので「彼は正直者として村人たちに知られている医者だ」と考える。「（正直者として村人たちに知られている）医者」という関係から，**known** to the villagers as an honest man（〈過去分詞 ＋ α〉の形）を名詞 a doctor のあとに置く。受動態を用いた **be known to** ～（～に知られている）が名詞を修飾するときは，**be 動詞は不要**。

解説

(1) 動詞 name は「（～を…と）名前をつける」を意味するので，「グレッグと名前をつけられたある人が今朝君に電話をかけてきた」と考える。「（グレッグと名前をつけられた）ある人」という関係から，「受け身」を表す過去分詞 named を使った **named** Greg（〈過去分詞 ＋ α〉の形）を代名詞 somebody のすぐ後ろに置き，somebody named Greg 全体を主部とすればいい。
　Somebody **named** Greg phoned you this
　　S　　　　　　　　V　　O
morning.

(2)「いくら」は How much で主語は you。「中古車」は「使用された車」と考えて **used** car とするが，この used は「**中古（品）の**」を意味する形容詞として覚えておく。**used** books（古本），**used** CDs（中古 CD）など。

(3)「～がある」と存在を意味する There is[are] ～.構文を使い，文全体は **There is** very little wine (**left** in the bottle). という構造になっている。left は leave ～（～を残す）の過去分詞で「そのビンの中に残された (left) very little wine がある」が直訳。「そのビンの中に残っている the little wine」と考えて leaving としてはいけない。なぜなら**動詞 leave の意味は「残す」**であって，「残る（×）」の意味はないからだ。この文の〈There is[are] ～ left ＋ 場所.〉は「（場所）に～が残っている」を意味する定型表現として覚えておいたほうがいい。
　There is nothing **left** here.
　（ここには何も残ってはいない）
very little（ほとんどない）については **塾技⑱ 形容詞**(1)参照。

Q問題2 日本文の意味を表すように，下線部の動詞を適当な形に変え，[　]内の語を並べかえなさい。ただし，句読点などは必要に応じて補うこと。

40

塾技 42 分詞(2) — 注意すべき分詞の意味

入試レベルの問題にチャレンジ！(本冊 *p.199*)

Q問題1 次の( )内の語を適切な形に直しなさい。

(1) The news was (surprise) to everyone.

(2) I don't have anything to do. I'm (bore).

(3) A: What did you think about the final scene?
B: I was (move).

A答

(1) **surprising**　(2) **bored**

(3) **moved**

解説

(1)「その知らせはだれにとっても驚きだった」

主語は the news だから，「その知らせは」に続くように意味を考える。現在分詞 surprising は「(人を)驚かせるような，驚くべき」，過去分詞 surprised は「驚かされた，驚いた」。

(2)「私はやることがない。退屈だ」

bore は「(人)を退屈させる」，主語は I だから「私は退屈だ」は「私は退屈させられている」と考え，過去分詞 bored とする。

(3)「最後のシーンをどう思った？ — 感動したよ」

動詞 **move** には「(人)を**感動させる**」の意味がある(「感動する」の意味はない！)。主語は I だから，「私は感動した」は「私は感動させられた」と受動態で表す。it (= the final scene) が主語であれば，It was **moving**.(感動的だった)となる。scene は「場面，シーン」，**What do you think about[of] 〜?** は「〜をどう思いますか」を表す重要表現。

Q問題2 ( )内の語を適切な形に直し，英文を日本語に直しなさい。

(1) A: When are your parents leaving for Canada?
B: Next week. They are (excite) about going.

(2) He sounded very (disappoint) on the phone.

(3) Jack used to look (surprise) when he was scolded.

A答

(1) **excited** / 君の両親はいつカナダに出発するのですか。 — 来週です。(カナダに行くというので)わくわく[うきう

き]しています。

(2) **disappointed** / 電話では彼はとてもがっかりした(声の)ようだった。

(3) **surprised** / ジャックは叱られると驚いたような表情をしたものだった。

解説

(1) 動詞 excite の意味は「(人)をわくわくさせる」。主語は they なので，「両親はわくわくしている」は「両親はわくわくさせられている」と考え，過去分詞 excited とする。leave for 〜は「〜へ向かう，出発する」When are your parents leaving 〜?は「未来の計画・予定」を表す現在進行形(塾技 8 未来表現(2)参照)。

(2) 動詞 sound は sound strange(奇妙に聞こえる)のように〈sound +形容詞 or 分詞〉で「〜に聞こえる」を意味する(塾技 43 主語を説明する形容詞(S + V +形容詞)参照)。disappoint は「(人)をがっかりさせる」を意味するので，sound disappointed で「がっかりさせられた(がっかりした)ように聞こえる」となる。

(3) 〈look +形容詞 or 分詞〉で「〜に見える」を意味する。surprise は「(人)を驚かせる」を意味するので look surprised で「驚かされた(驚いた)ように見える」となる。scold は「〜を叱る」，used to は助動詞で「昔は〜だった(今は違う)」を意味する(塾技 12 その他の助動詞参照)。

塾技 43 主語を説明する形容詞 (S + V + 形容詞)

入試レベルの問題にチャレンジ！(本冊 *p.203*)

Q問題1 次の英文を日本語に直しなさい。

(1) She grew tired of city life.

(2) He always stays cool even when things go wrong.

(3) You sound like your mother when you say things like that.

(4) The taller he grew, the bigger his feet got.

A答

(1) 彼女は都会生活がいやになっていった。

(2) 物事がうまくいかないときでも，彼はいつも冷静でいる。

(3) そんなふうに言う時，君はお母さんの口ぶりにそっくりだ。

41

(4) 背が伸びれば伸びるほど，彼の足はますます大きくなった。

解説

(1) She **was** tired of city life. + grew
　= She **grew** tired of city life.
　be tiered of 〜は「〜がいやになっている」，〈grow + 形容詞〉で「(次第に)〜な状態になる」。**be tired from** 〜は「〜で疲れている」を意味することに注意。
　She **is tired from** walking.
　(彼女は歩き疲れている)

(2) He **is** cool. + stay = He **stays** cool.
　〈stay + 形容詞〉で「〜の状態のままでいる」，形容詞 cool は「冷静な」。
　Things **are** wrong. + go = Things **go** wrong.
　〈go + 形容詞〉で「[主に望ましくない]状態になる」，wrong は「調子が悪い」。things は「状況，(一般に) 物事」。He always stays cool / even when things go wrong. で even 〜 (〜でさえ) は接続詞 when 以下にかかっていることに注意。

(3) 〈sound like + 名詞〉で「〜のように聞こえる」を意味するので，sound like your mother で「(口ぶりが) 母親のように聞こえる」。like that は「そのような[に]」。

(4) 〈The 比較級 + S + V 〜，the 比較級 + S + V ...〉で「〜すればするほど，ますます…」，〈grow + 形容詞〉([次第に]〜な状態になる)，〈get + 形容詞〉(〜な状態になる)。この文は He grew tall. と His feet got big. の tall と big を〈the 比較級〉として，主語の前に置いた形になっている (**塾技26**比較(5)参照)。

┌─────────────────────────────────────┐
Q問題2 ( )内の条件に従い，次の日本文を英語に直しなさい。

(1) これは奇妙に聞こえるかもしれないけど，本当なんだ。(but を使って8語で)

(2) ついに彼女の夢は実現した。(last，come を使って6語で)

(3) 私たちは寝る準備をしていた。(get，bed を使って6語で)

(4) 彼女はしばらくの間立ったままでいた。(remain，while を使って6語で)

(5) 座ったままでいてください。(stay，seat を使って3語で)
└─────────────────────────────────────┘

A答

(1) **This may sound strange, but it is true.**

(2) **At last her dream came true.**
[**Her dream came true at last.**]

(3) **We were getting ready for bed.**

(4) **She remained standing for a while.**

(5) **Please stay seated.**
[**Stay seated, please.**]

解説

(1) 〈sound + 形容詞〉で「〜に聞こえる」，形容詞 strange (奇妙な)，助動詞 may (〜かもしれない) を用いて，This may **be** strange + sound = This may **sound** strange とすればいい。

(2) come は形容詞 true を従え，**come true** で「(夢・希望などが) 実現する・本当になる」を意味する。**at last** (強調形は **at long last**) は「(待ち望んで) ついに，ようやく」。

(3) be ready for 〜は「〜の準備ができている」という「状態」を意味する。「〜を手に入れる」を意味する get は be 動詞にかぶさる動詞の1つなので，**get ready for** 〜で「〜の準備ができている状態を手に入れる → 〜の準備をする」という「状態の変化」を意味することとなる。「寝る準備をしていた」とあるので，ここは過去進行形を使う。以上の点を踏まえて，**get ready for bed** (**寝る準備をする**) は連語として覚えておこう。

(4) remain (〜のままでいる) は〈S + be 動詞 + 形容詞〉の be 動詞のほかに，進行形〈be 動詞 + 〜ing〉の be 動詞にかぶさることもある。
　He **was** silent. + remained
　= He **remained** silent.
　(彼はずっと黙っていた)
　He **was** standing. + remained
　= He **remained** standing.
　(彼は立ったままでいた)
remain のほかにも，He **was** running. + came = He **came** running. (彼は走ってきた) のような例もある。**for a while** は「しばらくの間」を意味する連語。

(5) 動詞 seat は「着席する (×)」ではなく「〜を着席させる」。「**着席する** (=着席させられる)」は受動態で **be seated** とする。stay[remain] は受動態〈be 動詞 + 過去分詞〉の be 動詞にかぶさることもある。
　Please **be** seated. + stay[remain]
　= Please **stay**[**remain**] seated.

塾技（ワザ）44 SVOC⑴

🚩 入試レベルの問題にチャレンジ！（本冊 *p.207*）

Q問題1 各組の英文が同じような意味を表すように，（　）内に適語を入れなさい。

(1) What do you call this flower in English?
   What is (　　　)(　　　)(　　　) in English?

(2) She was sad to hear the news.
   The news (　　　)(　　　)(　　　).

A答

(1) **this flower called**

(2) **made her sad**

解説

(1)「この花は英語で何と呼ばれていますか」

   What do you call <u>this flower</u> in English?
                         C

の動詞の目的語である this flower を主語とした受動態の文。What is called this flower 〜?（×）とした人は，**塾技12 疑問詞のある疑問文**(1)(2)で疑問詞の使い方を復習しておいたほうがいい。

(2)「その知らせは彼女を悲しませた」

〈make + O + C〉で「O を C とする」。

   The news **made**[<u>her</u> <u>sad</u>].
                    O   C

Q問題2 （　）内の条件に従い，次の日本文を英語に直しなさい。

(1) 私はコーヒーを飲むと眠くならない。
   （keep，awake を使って4語で）

(2) 彼はその缶が空だと分かった。（can，empty を使って5語で）

(3) 彼の手紙に彼女はがっかりした。（5語で）

A答

(1) **Coffee keeps me awake.**

(2) **He found the can empty.**

(3) **His letter made her disappointed.**

解説

(1)〈keep + O + C〉(O を C の状態にしておく)を用い，「コーヒーは私を目が覚めた状態にしておく」と考える。

   Coffee **keeps**［<u>me</u> <u>awake</u>］.
                   O   C

この文の awake は「目が覚めて，眠らずに」を

意味する形容詞だが，動詞（目が覚める）としても使われることに注意。

   I **awake** at 7:00.（= I **wake up** at 7:00.）

(2) He found the empty can.（×）としないこと。これは「彼はその空き缶を見つけた」を意味する英文。〈find + O + C〉で「（経験してみて）O が C だとわかる」，empty は「からの」。

   He **found**［<u>the can</u> <u>empty</u>］.
                    O   C

(3)〈make + O + C〉(O を C とする) を用い，「彼の手紙は彼女ががっかりした状態を作りだした→彼の手紙は彼女をがっかりさせた」と考える。disappointed（がっかりした）はもともと動詞 disappoint の過去分詞だが，（**塾技42 分詞**(2)—**注意すべき分詞の意味**参照），interesting などと同じようにほとんど形容詞化している。excited，exciting，surprising，surprised なども同様。

   His letter **made**［<u>her</u> <u>disappointed</u>］.
                        O   C

塾技（ワザ）45 SVOC⑵

🚩 入試レベルの問題にチャレンジ！（本冊 *p.212*）

Q問題1 次の日本文を英語に直しなさい。

(1) あなたが入ってくる音が聞こえなかった。（in を使って6語で）

(2) 彼は父親が死にかけていると聞いた。（6語で）

(3) 私は友人のジャックがバスを待っているのを見かけた。
   （see，a を使って）

A答

(1) **I didn't hear you come[coming] in.**

(2) **He heard his father was dying.**

(3) **I saw my friend Jack waiting for a bus.**

解説

(1)「O が C する音が聞こえる」は〈hear + O + do (C)〉で表す。

   I didn't **hear**［<u>you</u> <u>come in</u>］.
                     O   C

原形動詞 come はこの文に関しては，現在分詞 coming としても意味に大差はない。この文の in は後ろに名詞を伴う前置詞ではなく，単独で使う副詞で，「中に」を意味する。「入ってくる」とあるので come in。go in は「入っていく」。

(2) これは音や声ではなく，「〜ということを聞いて知る（うわさに聞く）」を意味する文なので〈hear（that）S ＋ V 〜〉の形で表す。die は「死ぬ」，進行形の be dying は「死にかけている」（塾技**5** 現在進行形と現在形参照）。

(3)「O が C しているのを見かける」は〈see ＋ O ＋ doing（C）〉で表す。I saw my friend Jack was waiting for a bus.（×）としないこと。

I saw [my friend Jack waiting for a bus].
　　　　　　　　　　O　　　　　　　 C

┌─────────────────────────────┐
│ **Q問題2** 次の英文を日本語に直しなさい。│
│ 　I saw the baby carried out of the burning house. │
└─────────────────────────────┘

A答

私はその赤ちゃんが燃えている家から運び出されるのを見た。

解説

　I saw [the baby carried out of the burning
　　　　　　　　O　　　　　　　　C
house].
carried は過去形ではなく**過去分詞**で，「運ばれる」と受け身の意味を表す。動詞の過去形が **C** になることはない。

塾技 **46** SVOC(3)

🚩 **入試レベルの問題にチャレンジ！**（本冊 *p.217*）

┌─────────────────────────────┐
│ **Q問題1** （　　）内の条件に従い，次の日本文を英語に直しなさい。│
│ (1) リサはパスポートを盗まれた。（Lisa で始めて5語で）│
│ (2) どうしてそう考えるのですか。（make, so を使って5語で）│
│ (3) 私は腕時計を修理してもらった。（5語で）│
└─────────────────────────────┘

A答

(1) **Lisa had her passport stolen.**
(2) **What makes you think so?**
(3) **I had my watch repaired[fixed].**

解説

(1) Lisa's passport was stolen. としても同じ意味だが4語となるので，〈have ＋ O ＋ done（C）〉〔〔被害を表して〕O を C される〕の形で表せば

いい。
　Lisa **had** her passport stolen. で
　　　　　　　　O　　　　　　 C
「リサはパスポートが盗まれる状態を持っていた」が直訳。have の代わりに get を用いて Lisa **got** her passport stolen. とすることもできる。Lisa was stolen her passport.（×）とした人は塾技**35** 受動態(1)の入試レベルの問題 **Q問題2**を復習しておこう。

(2) why を使えば Why do you think so? となるが，ここは〈make ＋ O ＋ do（C）〉（O に C させる）の形を使い「何があなたにそう考えさせるのか」とする。

What **makes** you think so?
　S　　 V　 O　　C

(3)「（だれかに）O を C してもらう」は〈have ＋ O ＋ done（C）〉。「〜を修理する」は repair[fix] 〜〉。

I **had** my watch repaired[fixed].
　　　　　 O　　　　　 C
「私は腕時計が修理される状態を持った」が直訳。have の代わりに get を用いて I **got** my watch repaired[fixed]. とすることもできる。

┌─────────────────────────────┐
│ **Q問題2** 次の英文を日本語に直しなさい。│
│ (1) You can lead a horse to water, but you can't make him drink. │
│ (2) He had to shout to make himself heard above music. │
└─────────────────────────────┘

A答

(1) **馬を水のある所まで連れて行くことはできるが，その馬に水を飲ませることはできない。**
(2) **彼は自分の声が音楽（の音）にかき消されないように大声で話さなければならなかった。**

解説

(1)「チャンスを与えてやっても本人にその気がなければどうすることもできない」を意味することわざ。you can **make** him drink の部分
　　　　　　　　　　　　　　　 O　　C
が〈make ＋ O ＋ do（C）〉（O に C させる）となっている。lead A to B で「A を B へ導く」，water は「水のある所」，him は a horse を指す。

(2) He had to shout は「彼は大声で話さなければならなかった」で shout は「叫ぶ，大声で話す」。to **make** himself heard above music は
　　　　　 V'　　 O'　　 C'

〈make + O + done (C)〉（O が C される状態を作り出す）で，himself は「自分の言うこと（声）」，heard は受け身を表す過去分詞なので「（相手に）聞かれる」，above 〜は本来「〜よりも高い位置に」を表し，そこから「〜よりまさって」の意味でも使われる。よって「自分の声が音楽（の音）よりもまさって相手に聞かれる状態を作り出すために」が直訳。

塾技(ワザ)47 関係代名詞(1) ― 主格

入試レベルの問題にチャレンジ！（本冊 *p.222*）

Q問題1 各組の英文が同じような意味を表すように，（　）内に適語を入れなさい。

(1) Do you know the elderly woman talking to Eric?
　　Do you know the elderly woman (　　　　)
　　(　　　　)(　　　　) to Eric?
(2) Look at the window broken by Paul yesterday.
　　Look at the window (　　　　)(　　　　)
　　(　　　　) by Paul yesterday.

A答
(1) **who[that] is talking**
(2) **which[that] was broken**

解説

(1)「あなたはエリックと話している年配の女性を知っていますか」
　the elderly woman（talking to Eric）は〈〜ing + α〉が名詞を修飾（**塾技41** 分詞(1) ― 名詞を修飾する分詞参照）。
　the elderly woman（who[that] is talking to Eric）は関係代名詞節が名詞を修飾。elderly（年配の）は old（年老いた）よりも丁寧な言い方。

(2)「昨日ポールによって割られた窓を見て」
　the window（broken by Paul yesterday）は〈過去分詞 + α〉が名詞を修飾。
　the window（which[that] was broken by Paul yesterday）は関係代名詞節が名詞を修飾。

Q問題2 1語を補い，日本文の意味を表すように，[　]内の語を並べかえなさい。ただし，句読点などは必要に応じて補うこと。

(1) パーティーで歌を歌った男性を覚えていますか。
　　[man / sang / the / the / you / do / party / remember / at]

(2) 通りの向こう側にある大きな家は私のおじのものだ。
　　[house / is / uncle's / large / street / the / the / my / across / that]

(3) あなたと話をしたいという女性がいます。
　　[like / you / is / would / woman / a / to / to / who / talk]

A答
(1) **Do you remember the man <u>who</u> [that] sang at the party?**
(2) **The large house that is across the street <u>is</u> my uncle's.**
(3) **There is a woman who would like to talk to you.**

解説

(1)「パーティーで歌を歌った男性をあなたは覚えていますか」と主語を補って考え，
　Do you remember（パーティーで歌を歌った）男性？と大枠を決める。そして「（パーティーで歌を歌った）男性」の部分を関係代名詞 who[that] を使って表す。

(2) **across 〜**で「**〜の向こう側に**」。「通りの向こう側にある大きな家は」を主部と考え，（通りの向こう側にある）大きな家 is my uncle's. と大枠を決める。そして，「（通りの向こう側にある）大きな家」の部分を関係代名詞 that を用いて表せばいい。
　The large house（that is across the street）is my uncle's.

(3) There is[are] 〜.（〜がある・いる）の構文を使い（**塾技13** There is[are] 〜. 参照），There is（あなたと話をしたがっている）女性 . とする。「（あなたと話をしたがっている）女性」は関係代名詞を使って表す。would like は want よりもていねいな言い方。

塾技(ワザ)48 関係代名詞(2) ― 目的格

入試レベルの問題にチャレンジ！（本冊 *p.227*）

Q問題1 1語を補い，日本文の意味を表すように，[　]内の語を並べかえなさい。ただし，句読点などは必要に応じて補うこと。

(1) 探していた財布はソファーの下にあった。
　　[under / I / for / the / the / which / was / wallet / looking / sofa]

(2) 君が買った靴はいくらだったの？
　　[shoes / bought / much / you / the / how]

(3) 今朝電話をかけてきた女性は名前を名のらなかった。
　　[morning / name / woman / called / give / the / this / her / didn't]

(4) あなたが座っているいすは座り心地がいいですか。
　　[sitting / chair / are / that / comfortable / is / you / the]

(5) ジムと話をしている女の子を知っていますか。
　　[know / to / Jim / the / do / girl / you / talking]

(6) 私たちは貧しい人たちのためにできる限りのことをした。
　　[all / people / for / we / we / poor / could]

A答

(1) **The wallet which I was looking for was under the sofa.**

(2) **How much were the shoes you bought?**

(3) **The woman who[that] called this morning didn't give her name.**

(4) **Is the chair that you are sitting on[in] comfortable?**

(5) **Do you know the girl Jim is talking to?**

(6) **We did all we could for poor people.**

解説

(1)「私が探していた財布は」を主部と考え，（私が探していた）財布 was under the sofa. と大枠を決める。そして「（私が探していた）財布」を関係代名詞節を使って表す。
　　The wallet（which I was looking for ˅） was under the sofa.

(2)「君が買った靴は」を主部と考え，How much were（君が買った）靴？ と考える。省略された関係代名詞を補えば，How much were **the shoes（which[that]** you bought ˅）? となる。

(3)「今朝電話をかけてきた女性は」を主部と考え，（今朝電話をかけてきた）女性 didn't give her name. と考える。主格の関係代名詞を補い，
　　The woman（who[that] called this morning) didn't give her name. とする。

(4) comfortable は形容詞で「快適な，心地よい」。「あなたが座っているいすは」を主部と考え，Is（あなたが座っている）いす comfortable? と考える。「いすに座る」は sit on[in] a chair なので，Is **the chair（that** you are sitting on[in] ˅) comfortable? となる。

(5) Do you know the girl who is talking to Jim? とすると who と is の2語を補うこととなってしまう。そこで「（あなたは）ジムが話している女の子を知っていますか」と考え，Do you know **the girl**? Jim is talking to **her**. の2文をもとにする。省略された関係代名詞を補えば，Do you know **the girl（whom[who / that]** Jim is talking to ˅)? となる。

(6)「できる限りのことをした」→「私たちができる全てのことをした」と考える。この文は We did **all**（[**that**] we could do ˅ for poor people). の do が前にある did のくりかえしを避けるために省略されている。

Q問題2 次の英文の主部に下線を引き，英文全体を日本語に直しなさい。
　　Many of the fruits and nuts we buy in the supermarket come from the rain forest.　（nut：木の実）

A答

Many of the fruits and nuts we buy in the supermarket come from the rain forest.
私たちがスーパーマーケットで買う果物や木の実の多くは熱帯雨林から来るものだ。

解説

we の前に目的格の関係代名詞 that[which] が省略されている。〈名詞＋S＋V～〉の形を見たら，関係代名詞の省略ではと考えてみる。先行詞は the fruits and nuts。
　　Many of the fruits and nuts（which[that] we buy ˅ in the supermarket) come ～.

語句 many of ～（～の多く），come from ～（[人が]～の出身である，[物が]～から来る），rain forest（熱帯雨林）

46

入試レベルの問題にチャレンジ！（本冊 *p.231*）

Q問題1 下線部に適切な関係代名詞を入れなさい。特に入れる必要がなければ，×印を入れなさい。

(1) Is that the man _____ wife was killed in the car accident?

(2) My father works for a company _____ makes cars.

(3) Soccer is the only sport _____ I'm interested in.

(4) This is all _____ I can do for you.

(5) There was only one person besides Mick _____ knew Susan Ford.

(6) He is the man _____ picture you saw in the paper.

A答

(1) **whose** (2) **which**〔**that**〕 (3) ×
(4) × (5) **who**〔**that**〕 (6) **whose**

解説

(1)「あの人がその事故で奥さんをなくした男の人ですか」
　Is that **the man**（_____ wife was killed in the car accident）？ から Is that **the man**? **His** wife was killed in the car accident. がもととなる2文と考える。be killed は「殺される」の意味のほかに，「（事故・災害・戦争などで）死ぬ」の意味でも使われる。

(2)「私の父は車を作っている会社で働いている」
　My father works for **a company**（_____ makes cars）. から My father works for **a company**. **It** makes cars. がもととなる2文と考える。

(3)「サッカーは私が興味を持っている唯一のスポーツだ」
　Soccer is **the only sport**（_____ I'm interested in ˅）. から Soccer is **the only sport**. I'm interested in **it**. がもととなる2文と考える。it は目的格なので that となるが，条件から省略する。

▶ 覚えておこう
　先行詞に次のような語句を伴うときには，which ではなく **that** のほうがよく使われる。
　　① 先行詞が**最上級**や**序数**を伴う場合。
　　② 先行詞が **all・every・no・any・the**

only（唯一の〜）・**the very**（まさにその〜）・**the same**（同じ〜）などを伴う場合。
　先行詞が「人」の場合は，特にこのような傾向はない。

(4)「私がしてあげられることはこれだけです」
This is **all**（〔**that**〕I can do ˅ for you）. の関係代名詞 that を省略した文（that は動詞 do の目的語）。「これが私があなたのためにできる全てだ」が直訳。先行詞を **all** とする文はよくある文で，結果として「〜だけ」という日本語に相当することが多い。

(5)「スーザン・フォードと面識があるのはミックのほかには1人しかいなかった」
　besides 〜は「〜のほかに，〜に加えて」を意味する前置詞。beside 〜（〜のそばに）とは違うので注意。この英文は There was only **one person** besides Mick（**who** knew Susan
　　先行詞　　　　修飾語句　　　　関係代名詞節
Ford）.
というように先行詞 one person と関係代名詞 who との間に修飾語句が置かれている。このような英文もあることを覚えておこう。

(6)「彼はあなたがその写真を新聞で見た男の人だ」
　He is **the man**（_____ picture you saw ˅ in the paper）. から He is **the man**. You saw **his** picture in the paper. がもととなる2文と考える。意味・働きのまとまりである whose picture はいったん you の前に出す。

Q問題2 日本文の意味を表すように，[　]内の語(句)を並べかえなさい。ただし，句読点などは必要に応じて補うこと。

(1) 私は両親がサーカスで働いている少年に会った。（1語補充）
[boy / in / parents / a / a / I / whose / circus / met]

(2) アンは大きな青い目をした内気な少女だった。（1語不要）
[girl / blue / was / with / Ann / whose / eyes / a / large / shy]

(3) こんな退屈な映画はこれまでに見たことがない。（1語不要）
[movie / never / seen / most / this / boring / is / ever / the / I've]

(4) その女性は道をふさいでいた車の運転手に向かってどなっていた。（1語不要）
[blocking / the woman / at / was / was / who / a / driver / the street / whose / shouting / car]

(5) あなたが気に入った絵を描いた画家は私の友人です。（1語補充）
[painting / of / artist / a / the / friend / liked / is / whose / you]

(6) あなたはそのボタンを押すだけでいい。（1語補充）
[do / button / have / the / all / push / to / to / you]

A答

(1) **I met a boy whose parents <u>worked</u> in a circus.**

(2) **Ann was a shy girl with large blue eyes.**　（whose が不要）

(3) **This is the most boring movie I've ever seen.**　（never が不要）

(4) **The woman was shouting at a driver whose car was blocking the street.**　（who が不要）

(5) **The artist whose painting you liked is a friend of <u>mine</u>.**

(6) **All you have to do <u>is</u> to push the button.**

解説

(1) I met **a boy**. **His** parents worked in a circus. がもととなる2文。過去の内容を述べた文だから，過去形の worked とする。「働いている」という日本語につられて work としないことがポイント（**塾技52** 間接疑問(1)の時制の一致の解説参照）。

(2) 関係代名詞 whose を使えば Ann was a shy girl **whose** eyes were blue. となる。
(語句) shy（恥ずかしがり屋の，内気な）

(3)「これは私が今までに見た中で最も退屈な映画だ」が直訳。This movie is the most boring (that) I've ever seen. としないよう注意。that の前に先行詞となる名詞を置かなければならない。この文は定型表現として覚えておくべきもので，I've never seen such a boring movie. と同じ内容（**塾技40** 現在完了を用いた**重要表現**参照）。

(4) shout at 〜で「〜に向かってどなる，叫ぶ」，block は「（道路など）をふさぐ」。The woman was shouting at **a driver**. **His[Her]** car was blocking the street. がもととなる2つの文。

(5)「私の友人」を **a friend of mine** で表すことに気づくかがポイント。あなたが気に入った絵を描いた画家 is **a friend of mine**. とし，主部の「（あなたが気に入った絵を描いた）画家」を関係代名詞 whose を使って表す。**The artist** is a friend of mine. You liked **his [her]** painting. がもととなる2つの文。

(6) 先行詞に all を用いた〈**All (that) you have**

to do is to 不定詞 〜.〉は「あなたは〜するだけでいい」を表す定型表現。この to は省略可。「あなたがしなくてはならないすべてのことは〜することだ」が直訳。この英文は暗記しておくといい。

$$\underline{\textbf{All}}\ (\text{〔that〕 you have to do}\ ^\vee)\ \text{is}\ \underline{\text{(to) push}}$$
SV

the button.

塾技 50　関係代名詞(4) — その他の関係代名詞

入試レベルの問題にチャレンジ！（本冊 p.235）

Q 問題 1　次の下線部に誤りがあれば訂正しなさい。

(1) I enjoyed the book <u>that you told me to read it</u>.

(2) The woman who <u>I was dancing</u> stepped on my toes.

(3) What's the name <u>of the boy whose you borrowed bike</u>?
（君が自転車を借りた男の子の名前は何ていうの？）

(4) I met a man <u>who I thought was a soldier</u>.

(5) What you need <u>to do to choose</u> one of them.

A答

(1) **文末の it は不要**

(2) **dancing → dancing with**

(3) **whose you borrowed bike → whose bike you borrowed**

(4) **誤りなし**

(5) **to do → to do is**

解説

(1)「あなたが読むようにと言っていた本はおもしろかった」
I enjoyed **the book**. You told me to read **it**. の2文で it が関係代名詞の that になった文と考える。

I enjoyed **the book** (**that** you told me to read $^\vee$).

(2)「私が一緒に踊っていた女性が私の足を踏んだ」
toe は「足の指，つま先」だが，step on one's toes で「〜の足を踏む」を意味する。**The woman** stepped on my toes. I was dancing **with her**. をもととなる2文と考える。「〜と一緒に踊る」から **with** の必要を感じることが大切。

48

(3) What's the name of **the boy**? You borrowed **his** bike. で his が whose に変わるが，手順(3)で whose bike ごといったん文の先頭に出さなければならない。

(4)「私は兵士だと思われる男に出会った」

I met **a man**. I thought **he** was a soldier. を関係代名詞の2文結合の手順によってつなげた文。ただこの文は，I met a man who (I thought) was a soldier. と I thought が挿入されたものと考えると意味が理解しやすい。

(5)「あなたがする必要のあることは彼らの中から1人を選ぶことだ」

What you need to do *is* to choose one of
　　　　S　　　　　　V
them. という文の構造を見抜けるかがポイント。to choose 〜 は to 不定詞の名詞的用法で「〜すること」。

Q問題2　次の英文を日本語に直しなさい。

(1) I think Tom is a person you can have fun with.

(2) What I wanted, more than anything else, was a few days' rest.

(3) What seems easy at first often turns out to be difficult.

(4) God helps those who help themselves.

(5) Who that knows her character will believe her?

A答

(1) トムは一緒にいて楽しい人だと思う。

(2) 私が望んでいたものは，何よりもまず，数日の休息だった。

(3) 最初のうちは簡単だと思われることが，あとで難しいとわかることがよくある。

(4) 神は自分自身を助ける人々を助ける。[神は自ら助くるものを助く。]

(5) 彼女の性格を知っているだれが彼女の言うことを信じるだろうか。(彼女の性格を知っている人ならだれも彼女の言うことを信じないだろう)

解説

(1) Tom の前に接続詞の that が省略。

I think Tom is a person you can have fun
　　　 S　V　　　　　　　　 O
with.
O の部分は a person が先行詞で you の前に関係代名詞の目的格 who(m) が省略されているが，意味がわかりにくければ Tom is **a person**. You can have fun with **him**. と，もととなる

2つの文に分けて考えてみればいい。

(2) what は関係代名詞。

What I wanted, more than anything else,
　　S
was a few days' rest.
　V
S と V の間に修飾語句の more than anything else が挿入された文。-s で終わる複数名詞の所有格はアポストロフィ(')だけをつけるので，a few days (数日) の所有格は a few days' (数日の) となる。more than anything else は「他の何よりも，何よりもまず」を意味する決まった表現だが，「他のどんなこと以上に」が直訳 (**塾技⓱** some と any 参照)。

(3) what は関係代名詞。

What seems easy at first often turns out
　　S　　　　　　　　　　　　　　 V
to be difficult.
主部は The thing (which seems easy at first) 〜 と同じ内容。**seem (to be)** 〜 は「〜のように思われる」，**at first** は「最初のうちは」，**turn out (to be)** 〜 は「(結局は) 〜であることがわかる」で，どれも重要表現。

(4)「他人に頼らずにひとりで努力するものを，神は助けて幸福を与える」の意味のことわざ。**those who** 〜 は「〜する人々」を意味する重要表現で，この those は **people** を意味する。help 〜self[〜selves] で「自分で努力する」，God helps **those** (**who** help themselves). と
　　 S　 V　 O
いう構造で「神は自分で努力する人たちを手助けする」が直訳。God の代わりに Heaven (天) となっていることもある。

(5) character は「性格」。believe her は「彼女の (一時的な) 言葉を信じる」。believe **in** her は「彼女を (一時的でなく) 信頼している」。この英文は疑問詞の **who** (だれ) を先行詞とする英文で，直後の that が関係代名詞 (主格)。このように，疑問詞が先行詞になることがある。文全体は修辞疑問 (**塾技⓺⓷** 注意すべき否定表現参照)。

Who (**that** knows her character) will
　S
believe her?
　V　　 O

49

塾技 (ワザ) 51　関係副詞

入試レベルの問題にチャレンジ！(本冊 *p.239*)

Q問題1（　　　）内に，**that** 以外の関係詞を入れなさい。

(1) That's the house (　　　　　) I lived for a while.

(2) That's the house (　　　　　) we used to live in.

(3) That's the house (　　　　) she lived in her childhood.

(4) That's the house (　　　　　) he built for himself.

(5) That's the house (　　　　) I'm moving to next week.

(6) That's the house (　　　　　) she grew up.

(7) Fall is the season (　　　　) the weather becomes cooler.

(8) Fall is the season (　　　　) I like best.

A答

(1) **where**　　(2) **which**　　(3) **where**

(4) **which**　　(5) **which**　　(6) **where**

(7) **when**　　(8) **which**

解説

(1)「あれは私がしばらく住んでいた家だ」

That's **the house**. I lived in **the house** (= it) for a while. がもととなる2文。問題の英文には in がないので in which に相当する where とする。 語句 for a while（しばらくの間）

(2)「あれは私たちが昔住んでいた家だ」

That's **the house**. We used to live in **the house** (= it). がもととなる2文。the house は前置詞を含まない名詞なので関係副詞は使わない。used to は 塾技⑫ その他の助動詞参照。

(3)「あれは彼女が子供の頃に住んでいた家だ」

That's **the house**. She lived in **the house** (= it) in her childhood. がもととなる2文。in one's childhood で「子供の頃に」を意味する。in her childhood を除いて考えてみればいい。

(4)「あれは彼が自分のために建てた家だ」

That's **the house**. He built **the house** (= it) for himself. がもととなる2文。

(5)「あれは私が来週引っ越すことになっている家だ」

That's **the house**. I'm moving to **the house** (= it) next week. がもととなる2文。to は含まず the house だけが関係代名詞の

which となる。未来の予定を表す現在進行形は 塾技❽ 未来表現(2)参照。

(6)「あれは彼女が育った家だ」

That's **the house**. She grew up in **the house** (= it). がもととなる2文。問題の英文には in がないので in which に相当する where とする。

(7)「秋は天候が涼しくなる季節だ」

Fall is **the season**. The weather becomes cooler in **the season** (= it). がもととなる2文。問題の英文には in がないので，in which に相当する when とする。「年号・季節・月（のうち）に」は〈**in** ＋年号・季節・月〉。

(8)「秋は私が最も好きな季節だ」

先行詞が時だから **when** と決めつけないことがポイント。Fall is **the season**. I like **the season** (= it) best. がもととなる2文だから関係副詞は用いない。

Q問題2 次の（　　　）内の語のうち，適切なものを選びなさい。

(1) It was raining hard. That's (why, because) I didn't come on foot.

(2) I didn't come on foot. That's (why, because) it was raining hard.

A答

(1) **why**　　(2) **because**

解説

(1)「雨が激しく降っていた。だから私は歩いて来なかった」

〈**That is why ＋ S ＋ V ～.**〉は「だから～，」を意味し，〈, **so ＋ S ＋ V ～**〉と同じ意味を表す。

It was raining hard. **That's why** I didn't come on foot.

= It was raining hard, **so** I didn't come on foot.

(2)「私は歩いて来なかった。なぜなら雨が激しく降っていたからだ」

〈**That is because ＋ S ＋ V ～.**〉は「それは（なぜなら）～だから」を意味するが，結局は〈, **because ＋ S ＋ V ～**〉と同じ意味を表す。

I didn't come on foot. **That's because** it was raining hard.

= I didn't come on foot, **because** it was raining hard.

入試レベルの問題にチャレンジ！(本冊 *p.243*)

Ｑ問題 **1** 1語を補い，日本文の意味を表すように，[ ]内の語を並べかえなさい。ただし，句読点などは必要に応じて補うこと。

(1) 私は彼らが何と言おうと気にしない。
[about / they / say / care / I / what]

(2) あの男の人にどのバスが都心部へ行くか聞いてみて。
[bus / that / downtown / goes / which / man]

(3) あなたのお父さんがどんな人なのか知りたいな。
[father / like / is / to / your / I'd / know / what]

(4) 私はほかに何ができるだろうかと考えようとしていた。
[think / could / was / to / I / I / do / trying / what]

(5) どれくらいしたら車の運転ができるようになるかなあ。
[me / will / drive / I / long / to / to / wonder / how / take / learn]

Ａ答

(1) **I don't care about what they say.**

(2) **Ask that man which bus goes downtown.**

(3) **I'd like to know what your father is like.**

(4) **I was trying to think what else I could do.**

(5) **I wonder how long it will take me to learn to drive.**

解説

(1) I don't care **about what they say**.

　care about 〜で「〜について心配する，関心を持つ」。間接疑問（疑問詞＋Ｓ＋Ｖ〜）は動詞の目的語になるほかに，名詞と同じように，前置詞（この文では about）の後ろに現れることがある。間接疑問は**Ｓ＋Ｖ を含む 1 つの大きな名詞のかたまり**と考えればいい。

(2)「聞いてみて」は「たずねてみて」ということ。which bus（どのバス）で意味のまとまりを作り，かつ主語にもなっている。downtown は「繁華街へ，都心部へ」。

　Ask that man [**which bus goes**
　　　　　　　　疑問詞 + α (S)　　V
downtown].

(3) I'd like to know [**what your father is** like].
　　　　　　　　　　　疑問詞　　　S　　　V

〈**What is 主語 like?**〉で「**主語（人・物・事）はどのようなものか**」を意味する決まった表現（塾技 ❸疑問詞を用いた注意すべき表現参照）。would like は want と意味は変わらないが，丁寧な表現。

(4) I was trying to think [**what else I could do**].
　　　　　　　　　　　　　　疑問詞 + α　　S　　V

〈**疑問詞 + else**〉で意味のまとまりを作り「**そのほかに（だれ・何など）**」を意味する（塾技 ❸疑問詞を用いた注意すべき表現参照）。

(5) I wonder [**how long it will take** me to
　　　　　　　疑問詞 + α　　S　　V
learn to drive].
learn to 不定詞で「**〜することを習い覚える，〜できるようになる**」。〈**It takes + 人 + 時間 + to 〜**〉は「**人が〜するのに時間がかかる**」を意味する決まった表現（塾技 ㉛to 不定詞を用いた重要構文(2)参照）。

Ｑ問題 **2** ( )内の条件に従い，次の日本文を英語に直しなさい。

(1) 彼はあの音は何なのだろうかと考えた。
（wonder，noise を使って6語で）

(2) 答えを知っているのはだれなのか見当がつかなかった。
（idea を使って8語で）

(3) その会議に何人来たか私は覚えていない。
（meeting を使って10語で）

Ａ答

(1) **He wondered what that noise was.**

(2) **I had no idea who knew the answer.**

(3) **I don't remember how many people came to the meeting.**

解説

(1) He wondered [**what that noise was**].
　　　　　　　　　疑問詞　　　S　　　V
で was を is としないこと。「あの音は何なのだろうか」は「考えた」とあるので過去の内容を表す。よって動詞は過去形にしなければならない。

(2)「答えを知っているのはだれなのか」は「だれがその答えを知っているのか」と考えればいい。(1)と同じように know を knows としないことがポイント。

　I had no idea [**who knew** the answer].
　　　　　　　　　疑問詞 (S)　　V

(3)「その会議に何人来たか」は「何人がその会議に来たか」と考える。how many people で意味

のまとまりを作り，かつ主語にもなっている。

I don't remember [**how many people**
疑問詞＋α(S)
came to the meeting].
 V

塾技（ワザ）**53** 間接疑問(2)

🚩 **入試レベルの問題にチャレンジ！**（本冊 *p.247*）

Q問題1 日本文の意味を表すように，[   ]内の語を並べかえなさい。ただし，句読点などは必要に応じて補うこと。

(1) この文がどんな意味なのか教えてくれますか。
[me / can / means / this / what / tell / sentence / you]

(2) 彼はどのような仕事をしているとあなたは思ったのですか。
[of / did / did / work / kind / he / what / think / you]

(3) だれがベンに電話したとあなたは言いましたか。
[called / did / say / Ben / who / you]

(4) だれの車が故障したと思いますか。
[broke / whose / down / you / think / car / do]

(5) 彼が本当のことを言っているのかどうか疑わしいと思った。
（1語補充）
[truth / if / I / he / the / doubted / telling]

(6) あとどれくらいしたら夕食の用意が整うかと彼女はたずねた。
（1語補充）
[dinner / asked / soon / ready / she / be / how]

A答

(1) **Can you tell me what this sentence means?**

(2) **What kind of work did you think he did?**

(3) **Who did you say called Ben?**

(4) **Whose car do you think broke down?**

(5) **I doubted if he was telling the truth.**

(6) **She asked how soon dinner would be ready.**

解説

(1) Yes / No で答えられる内容の疑問文なので，疑問詞で始めることはしない。

Can you tell me [**what this sentence**
疑問詞   S
means]?
 V

(2) Did you think <u>what kind of work</u> he did?（×）としないこと。Yes / No で答えられない内容なので，疑問詞で始める。what kind of work（どんな種類の仕事）が意味のまとまりを作っているので，このまま文頭に置く。

(3) Did you say <u>who</u> called Ben?（×）としないこと。Yes / No で答えられない内容なので，疑問詞で始める。who は主語にもなっている。

(4) Do you think <u>whose car</u> broke down?（×）としないこと。Yes / No で答えられない内容なので，疑問詞で始める。whose car（だれの車）が意味のまとまり（かつ主語）であることを押さえるのがポイント。

(5) **I doubt whether[if] ～.** は，「～かどうか疑わしい（と思う）」を表す表現としてよく用いられる。主文の動詞 doubted が過去形なので，「彼が本当のことを言っているのかどうか」も過去の内容。

(6)「あとどれくらいしたら夕食の用意が整いますか」は 推量を表す will を使い，主語を dinner として How soon will dinner be ready? となる。主文の動詞 asked が過去形なので，間接疑問の内容も過去。

She asked [**how soon dinner would be**
疑問詞＋α   S   V
ready].

How soon ～? は 塾技❸ 疑問詞を用いた注意すべき表現参照。

Q問題2 次の英文を日本語に直しなさい。

(1) Tell me which of you did it.

(2) She's looking for a job which will allow her to spend time with her children.

(3) How much time we have for the test matters to me.

A答

(1) 君たちのどちら[だれ]がそれをしたのか言いなさい。

(2) 彼女は自分の子供たちとの時間を過ごすことができる仕事を探している。

(3) そのテストに対してどれくらいの時間があるのかが私には重要なのだ。

解説

(1) Tell me[**which of you did it**]. となっている。
疑問詞＋α(S) V
〈tell ＋ 人 ＋ 物事〉で「人に物事を言う」。

物事の部分に間接疑問 which of you did it が置かれている（which of ～は**塾技②**疑問詞のある疑問文(2)参照）。

(2) She's looking for a job は「彼女は仕事を探している」で，「どんな仕事か」を which 以下が説明している。この which は関係代名詞で，a job がその先行詞。〈allow + 人 + to 不定詞〉は「人が～することを許可する」（**塾技㉛ to 不定詞を用いた重要構文**(2)参照）。which（= the job）will allow her to spend time with her children は「その仕事は彼女が子供たちと時間を過ごすことを許可するだろう」が直訳。

(3) How much time we have for the test
　　　　　　　　　　　　　S
matters to me. となっている。
 V
matter（重要である）は動詞。間接疑問は名詞と同じような働きをするため，**文の主語**になることもある。

塾技（ワザ）54 話 法

入試レベルの問題にチャレンジ！（本冊 p.253）

Q 問題 1 次の日本文を，それぞれの条件に従って英語に直しなさい。

(1) 私はジェーンに「熱があるの？」と言った。
　① you，fever を使い直接話法で
　② 間接話法で

(2) 彼は私に「僕のことは心配しなくてもいいよ」と言った。
　① you，have，worry を使い直接話法で
　② 間接話法で

A 答

(1) ① **I said to Jane, "Do you have a fever?"**

　② **I asked Jane whether[if] she had a fever.**

(2) ① **He said to me, "You don't have to worry about me."**

　② **He told me (that) I didn't have to worry about him.**

解説

(1) have a fever で「熱がある」。間接話法は「私はジェーンに熱があるかどうかたずねた」を意味する英文にすればいい。

---

(2)「僕のことは心配しなくてもいいよ」は「あなたは私のことを心配する必要はない」と考え，don't have to ～（～する必要はない），worry about ～（～のことで心配する）を用いて表す。

塾技（ワザ）55 前置詞(1)

入試レベルの問題にチャレンジ！（本冊 p.259）

Q 問題 1 次の英文を日本語に直しなさい。

(1) Are you through your homework?

(2) I visited an old friend of mine at his summer home on the river.

(3) The patient got out of danger at last.

(4) We talked over a cup of coffee.

(5) A large tree was in the way.

A 答

(1) 宿題は終わりましたか。

(2) 私は川沿いにある夏の別荘に旧友を訪ねた。

(3) ついにその患者は危険（な状態）を脱した。

(4) 私たちはコーヒーを飲みながらおしゃべりした。

(5) （1本の）大きな木がじゃまになっていた[行く手をふさいでいた]。

解説

(1) through は「～を通り抜けて」と空間の中を通り抜けていく感じがすることから，「～を終えて」の意味でも使われる。

(2) on は「接触」を表すが，summer home（〔避暑地にある〕夏の別荘）が川の表面に接触して浮いているとは考えられない。ここでは「川に接している」つまり「川沿いにある」と考える。

(3) out of ～は「～の（中から）外へ」を意味するので，out of danger は「危険の中から外へ」つまり「**危険から脱して**」ということになる。get は「手に入れる」がその本来の意味だから，get out of danger で「危険から脱した状態を手に入れる」となる。**at last** が「ついに，とうとう」を意味することと **patient**[péiʃənt]の発音もきちんと確認しておこう。

(4) この over は「(飲食)をしながら」。over は「〜の上をおおうように(超えて)」と over 〜という感じを表すが，この場合は2人の間にコーヒーがあって，そのコーヒー越しにおしゃべりをするイメージ。

(5) **in the[one's] way** は「じゃまになって，行く手をふさいで」を意味する決まった表現。この way は「通り道，行く手」の意味で，「通り道(行く手)という空間の中に(ある)」からこのような意味で使われると理解する。

Ⓠ問題**2** 次の下線部に誤りがあれば訂正しなさい。

(1) He was killed by a car accident four years ago.

(2) She arrived in Yokohama on a train.

(3) I'm leaving to Hawaii the day after tomorrow.

(4) There used to be a bridge on the river.

(5) Ann picked up a towel and began drying dishes next her mother.

Ⓐ答

(1) **by → in**

(2) **誤りなし**

(3) **to → for，または to をとる**

(4) **on → across または over**

(5) **next → next to，または by**

解説

(1)「**彼は4年前に自動車事故で亡くなりました**」
「事故で死ぬ」は「事故という空間の中で命を奪われる」と英語では考える。

(2)「**彼女は電車で横浜に着いた**」
自動車以外の「電車・バス・飛行機・船に乗って」は **on a** train[bus, plane, ship] = **by** train[bus, plane, ship] とするのが原則。arrive in[at] 〜で「〜に着く」。

(3)(for にした場合)「**あさってハワイに行く予定です**」，(to をとった場合)「**あさってハワイを離れる[出発]する予定です**」
leave の基本イメージは「(〜を)**離れる**」で **leave for** 〜は「〜へ向かって(for)離れる」，つまり「〜へ向かう」を意味する。to は到達点を含む(到着した感じがする)のでこの意味にはなじまない。**leave A for** 〜は「〜へ向かってAを離れる」から「Aから〜へ向かう」を意味する。「東京から大阪へ向かう」なら **leave Tokyo for Osaka** となる。どちらも入試には頻出の連語。未来の計画・予定を表す現在進行形

は**塾技❽ 未来表現**(2)参照。

(4)「**その川には昔橋がかかっていた**」
橋は川の上に接触しているわけではない。川と橋が cross (交差)の位置関係にあると考えると across，橋が川を超えるようにあると考えれば over となる。**There used to be 〜.** については**塾技⓭ There is[are]〜.** の入試レベルの問題 Ⓠ問題**1**(6)を参照。

(5)「**アンはタオルを手に取り，母親の横で皿をふきはじめました**」
「〜のとなりで[に，の]」を意味する前置詞は next to 〜。next だけでは直後に名詞を従える前置詞としては使えない。1語なら by (〜のすぐそばで)とする。dry 〜は「〜を乾かす」のほかに「〜を(タオルなどで)ふく」の意味もある。

塾技(ワザ)**56** 前置詞(2)

🚩 **入試レベルの問題にチャレンジ！**(本冊 p.264)

Ⓠ問題**1** ( )内から最も適切なものを1つ選びなさい。

(1) If you take an express, you'll get there (by, for, in, until) noon.

(2) **A:** Don't be long.
B: I'll be back (for, in, until, at) a second.

(3) I took a rest (on, at, from, for) a while, and then changed my clothes.

(4) The sunny weather lasted (at, until, in, by) Wednesday.

(5) He's looking for shoes (at, on, in, to) a lower price.

(6) (From, At, For) now on you had better think twice before saying stupid things.

Ⓐ答

(1) **by** (2) **in** (3) **for** (4) **until**
(5) **at** (6) **From**

解説

(1)「**急行に乗れば正午までにはそこに着くでしょう**」
「正午までに(は)」そこに着く(get there)ことが完了するので期限・タイムリミットの by。
語句 express (急行列車，急行バス)

(2)「**早く帰ってこいよ。— すぐに戻ってきます**」
I'll be back は「(これから)戻ってくるつもりだ」を意味するので，in (今から〜後に)を用い

て **in a second**（今から1秒後に → すぐに）と
する。

(3)「しばらくの間休憩し，そのあと服を着がえた」

for a while は「しばらくの間」を意味する
連語。この while は「少しの時間」を意味する
名詞。(語句) take[have] a rest（休けいする）

(4)「水曜まで晴天が続いた」

この last は「続く」を意味する動詞。「水曜ま
でずっと（同じ状態で）続く」のだから until。

(5)「彼はもっと安い靴を探している」

「安い[高い]値段で」は，**at a low[high]
price** とする（low[high] の代わりに cheap
[expensive] としてはいけない）。2980円とか
1780円といった具体的な数字がその後ろにひか
えているはずだが，それはちょうど時刻に似て
いると考えれば「点」を示す **at** となることも理
解できるだろう。**at full speed**（全速力で）も
同じ考え方。

(6)「今後はばかなことを言う前によく考えた方が
いいぞ」

from now on で「今後は，今からずっと」
を意味する連語。この on は前置詞ではなく副
詞（つまり後ろに名詞を伴うことなく単独で働
く）で，「ずっと，続けて」を意味する。think
twice は（2度考える）から「よく考える」。had
better は **塾技⑫** その他の助動詞参照。

From now on / you had better think twice
　今後は　　　　　　　　お前はよく考えた方がいい
/ before saying stupid things.
　ばかなことを言う前に

塾技 57 前置詞(3)

🚩 入試レベルの問題にチャレンジ！(本冊 p.269)

Q問題1 次の英文を日本語に直しなさい。(　　)があるときは
適語を入れなさい。

(1) There's no one here but me.

(2) It's pretty cold for this time of the year.

(3) He caught me (　　　　　) the arm.

(4) (　　　　　) my surprise, all the girls in my class
seemed to be for the plan.

A答

(1) ここには私以外だれもいない。

(2) この時期にしてはかなり寒い。

---

(3) **by** / 彼は私の腕をつかんだ。

(4) **To** / (私が)驚いたことに，クラスの女
子全員がその計画に賛成しているよう
に思えた。

解説

(1) but は接続詞としてだけではなく前置詞とし
ても使われる。その場合は「～以外に[の]」を意
味する（= except ～）。

(2) この for ～ は「～のわりには」を意味する
(**塾技㉔** 比較(3)の入試レベルの問題 **Q問題1**(5)参
照)。pretty は「かなり」を意味する副詞。

(3) この by ～ は「～をつかむことによって」を
意味する。「彼は私を腕でつかんだ（×）」ではな
い。「彼は私を腕をつかむことによって捕まえた」
が直訳。この文はこのまま覚えておいた方がい
い。

(4)〈to one's + 感情を表す名詞〉で「(人が)～
したことに(は)」を意味する。「ある感情に到
達した(to)ことに」からきている。**to one's
surprise[joy, disappointment]** で「驚い
た[喜んだ，がっかりした]ことに(は)」。〈**seem
to 不定詞**〉(～であるように思われる)，**for ～**(～
に賛成して)も重要。

Q問題2 [　　]内の語を並べかえて，意味の通る英文を作りな
さい。ただし，句読点などは必要に応じて補うこと。

(1) Tom was talking on his cell phone [the / back / with /
door / against / his].

(2) [use / is / tool / no / this / of]

A答

(1) (Tom was talking on his cell phone)
with his back against the door.

(2) **This tool is of no use.**

解説

(1)「トムはドアに背をもたれて携帯電話で話して
いた」

with A + B で「A が B である状態で」を表
すので，**with** <u>his back</u> <u>against the door</u> で「背
　　　　　　　A　　　　　B
中が against the door である状態で」となる。
against は「～に向かい合い，対抗して」と力と
力が向かい合う感じを表すので，「背中がドアと
力を向け合う状態で」から「ドアに背をもたれて」
を意味する。

(2)「この道具は役に立たない」

of use は「役に立つ」を意味する決まった言い方（この use は名詞なので[ju:s]と発音する）で，形容詞 useful と同じ意味を表す。of no use とすると「役に立たない」を表し，形容詞 useless と同じ意味となる。次の書きかえも覚えておこう。

This tool is (　　　　) useful.
= This tool is (　　　　) great (　　　　).

答 very, of, use

→「この道具はとても役に立つ」

great は名詞 use を強調する形容詞。useful は形容詞なので，強調するときは副詞の **very** とする。

塾技（ワザ）58 等位接続詞と重要構文

🚩 **入試レベルの問題にチャレンジ！**（本冊 p.274）

Q問題1 日本文の意味を表すように，[　　]内の語を並べかえなさい。ただし，句読点などは必要に応じて補うこと。

(1) 彼らは2人とも私に親切だ。（1語補充）
[kind / both / me / them / are / to]

(2) 私には休暇を取って出かける時間もお金もない。（1語補充）
[the money / nor / vacation / to / the time / go / I / neither / on]

(3) メアリーはあなたの助けを必要としているし，望んでもいる。（1語不要）
[needs / help / both / your / Mary / is / wants / and]

A答

(1) **Both of them are kind to me.**

(2) **I have neither the time nor the money to go on vacation.**

(3) **Mary both needs and wants your help.** （is が不要）

解説

(1) both, either, neither は代名詞として，both of ～（～のうちの両方）のような使い方もあるが，どれも2者を対象とした語であることを忘れてはいけない。**both of them** の them はこれだけで「2人，2つ」ある（いる）ことを表している。

---

(2)「（休暇を取って出かける）時間もお金も」という修飾関係を押さえること。

neither { the time / **nor** / the money } to go on vacation

という構造で，to go on vacation は前の neither the time nor the money というまとまり全体を修飾している形容詞的用法の to 不定詞。よって neither the time to go on vacation nor the money（×）としないこと。

(3) and は等位接続詞なので同じ働きをする語（句）を結びつけるが，同じ働きとは，**同じ品詞**と言いかえることができる。both needs and wants your help では needs と wants の2つの動詞を結びつけ，

both { needs / **and** / wants } your help

という構造で，your help は2つの動詞の共通の目的語になっている。このような場合は，Mary both needs your help and wants.（×）という言い方はふつうしない。日本語に引きずられないよう注意を要するが，このような表現の仕方に慣れる必要もある。この英文を何度も音読しておこう。

Q問題2 次の英文を日本語に直しなさい。

(1) I'm not marrying Mike because he is rich, but because I love him.

(2) If the verb is "be", "certainly" can come either before or after the verb.　（verb：動詞）

(3) Exercise will not only lower blood pressure but also protect against heart attacks.
（protect against ～：〔危険など〕から保護する，守る）

A答

(1) 私がマイクと結婚するのは，彼が金持ちだからではなく，彼を愛しているからです。

(2) 動詞が **be**[be 動詞]ならば，**certainly**（という単語）はその動詞[be 動詞]の前かあとに来る可能性があります。

(3) 運動は血圧を下げるだけでなく，心臓発作から守ってもくれるでしょう。

解説

(1) not A but B（A ではなくて B）の構文を用いた文。省略を補えば，

I'm **not** <u>marrying Mike because he is rich,</u> _A
but <u>(marring him) because I love him.</u> となる。 _B
not because ～ but because … で「～だからではなく，…だから」を表す。この文の be marrying は現在進行形で「すでに決めてある未来の計画・予定」を表し，「結婚しようとしている，結婚する（予定だ）」を意味する（**塾技⑧ 未来表現**(2)参照）。「結婚している」を意味しているのではない。「結婚している（状態だ）」は形容詞 married を用いて be married で表す。

(2) or は等位接続詞なので**同じ品詞の語を結びつける**。either before or after the verb では before と after という 2 つの前置詞を結びつけ，

$$\textbf{either} \left\{ \begin{array}{l} \text{before} \\ \textbf{or} \\ \text{after} \end{array} \right\} \text{ the verb}$$

という関係になっている。can はここでは「可能性」を表す。

(3) will のあとに not が並ぶと will not ～ という否定文とふつうは考えるが，ここは

Exercise will **not only** <u>lower blood pressure</u> _A
but also <u>protect against heart attacks.</u> _B

という **not only A but [also] B**（A だけでなく B も）の構文。「運動は A するだけでなく B もするでしょう」が大まかな意味となる。**lower ～**（～を下げる），**blood pressure**（血圧），**heart attack**（心臓発作）はどれも覚えておこう。

塾技 ㊾ 従位接続詞(1)

⚑ 入試レベルの問題にチャレンジ！（本冊 *p.279*）

Q 問題1 次の英文を日本語に直しなさい。

(1) I left home an hour after you did.
(2) I can reach the shelf if I stand on a chair.
(3) I can't reach the shelf if I stand on a chair.

A答

(1) あなたが家を出た 1 時間後に，私は家を出ました。
(2) いすの上に立てばその棚に手が届く（ことができる）。

(3) いすの上に立ってもその棚には手が届かない。

解説

(1) I left home / **after** you did. であれば「あなたが家を出たあとに私は家を出ました」を意味するが，**具体的な時間の開きを示すときは** I left home / an hour **after** you did. と after の前に数値を置く。なお，この文の did は left home のくりかえしを避ける代動詞。

I got up / ten minutes **before** he did.
（私は彼が起きる 10 分前に起きた）

(2) この文の if は「もし～ならば」を意味する。shelf は「棚」，この文の reach ～ は「（手などを伸ばして）～に届く」。

(3)「いすの上に立てばその棚には手が届かない？」では意味不明。if には「もし[たとえ]～でも」の意味もある。**even if** ～ となっているときはこの意味がはっきりとするが，意味は変わらない。

I can't reach the shelf / **even if** I stand on a chair.

Q 問題2 次の日本文を英語に直しなさい。

(1) 彼女はドイツに出発する 3 日前に私を訪ねてきた。
（she で始め leave を使って 10 語で）
(2) 暗くならないうちに家に帰ろう。
（let's で始め go，it を使って 7 語で）
(3) そこに着いたらすぐに私にメールを送って。
（e-mail，soon，get を使って 10 語で）

A答

(1) **She visited me three days before she left for Germany.**
(2) **Let's go home before it gets [becomes] dark.**
(3) **Send me an e-mail as soon as you get there. [As soon as you get there, send me an e-mail.]**

解説

(1)「～に（向かって）出発する」は leave **for** ～ で leave to ～（×）ではない。「彼女はドイツに出発する前に私を訪ねてきた」であれば She visited me / **before** she left for Germany. となる。この文に具体的な時間の開きを示す three days を before の前に置けばいい。

She visited me / <u>three days **before**</u> she

57

left for Germany.

(2)「暗くならないうちに家に帰ろう」は「暗くなる前に家に帰ろう」と同じこと。「～しないうちに」とあれば「～する前に」と考えて **before** を使って表す問題は入試頻出。before it gets[becomes] dark は時を表す副詞節なので，未来のことでも動詞は現在形とする。〈get[become] ＋ 形容詞〉で「～（の状態）になる」，it は「明暗」を表す主語の it（**塾技❹** 時間・天気・距離などを表す主語の it 参照）。

(3) get to ～で「～に着く」を表すが，「そこに着く」は get there で to は不要。to は there（そこに）の中に含まれている。〈**as soon as S ＋ V ～**〉で「～したらすぐに」を意味する時を表す副詞節なので，「そこに着いたらすぐに」は as soon as you get there となる。「私にメールを送って」は命令文で，「人に物を送る」は〈send ＋ 人 ＋ 物〉とすればいい。

塾技(ワザ)60 従位接続詞(2)

🚩 入試レベルの問題にチャレンジ！(本冊 p.285)

Q問題1 ①～③の下線部の単語と同じ意味で使われているものを1つずつ選びなさい。

(1) ① I wonder if they will come.
   ② We won't catch the 8:15 train if we run.
   ③ If you see him, give him this letter.

　　ア Even if you stop me, I won't change my mind.
　　イ She will wake up if you make such a noise.
　　ウ Can you tell me if there is a bank near here?

(2) ① As you know, Japan is an island country.
   ② As I can't drive, I must go by train.
   ③ As I climbed the mountain, I got more and more tired.

　　ア He decided to go out to eat as he had no food at home.
　　イ Do in Rome as Romans do.
　　ウ I used my shoe as a hammer.
　　エ As time passed, my feelings toward him slowly changed.

A答

(1)①－ウ　②－ア　③－イ
(2)①－イ　②－ア　③－エ

解説

(1)①「彼らは来るだろうか」

I wonder if ～は「～か（どうか）なと思う」を意味するよく使われるフレーズ。wonder は自問して「～を知りたいと思う」，if は「～かどうか」を意味し，「～かどうか知りたいと思う」が直訳。
②「走っても，8時15分の電車には間に合わないだろう」
　if は「もし[たとえ]～でも」。
③「もし彼に会ったらこの手紙を渡してください」
　if は「もし～なら」。

ア「たとえ君が僕を止めても，僕の考えは変わらない」
　even if は「もし[たとえ]～でも」。
イ「そんな音をたてたら彼女が目をさましちゃうよ」
　if は「もし～なら」，make a noise は「音をたてる」。
ウ「このあたりに銀行があるかどうか教えてくれますか」
　if は「～かどうか」，near here は「この近くに」。

(2)①「ご存じのように，日本は島国です」
　様態を表す as（～するように）を用いた as you know は「ご存じのように」を意味するフレーズとして覚えておこう。
②「私は車の運転ができないので，電車で行かなければならない」
　理由を表す as（～なので）。
③「山に登るにつれて，だんだん疲れていった」
　同時を表す as（～するにつれて）。more and more tired については**塾技㉔比較**(3)参照。

ア「家には食べ物がなかったので，彼は食事をするために外出することに決めた」
　理由を表す as。〈decide to〉不定詞は「～することに決める」。
イ「ローマではローマ人がするようにふるまえ＝郷に入っては郷に従え」
　様態を表す as。
ウ「私は靴を金づちとして使った」
　as は「～として」を意味する前置詞。
エ「時間がたつにつれて，彼に対する私の気持ちはゆっくりと変わっていった」
　同時を表す as。pass は「（時が）過ぎる」，feelings は「感情，気持ち」，toward は前置詞で「～に対する」。

問題2

Q 問題2 1語を補い，日本文の意味を表すように，[ ]内の語を並べかえなさい。ただし，句読点などは必要に応じて補うこと。

(1) 彼はきっと私たちにお昼をおごってくれると思う。
[us / I'm / lunch / buy / he'll]

(2) 困ったことに，私は彼女がパーティーにいたかどうか覚えていない。
[remember / the / the / was / is / I / that / party / don't / she / trouble / at]

(3) 火星には生命は存在しないと言われている。
[there / Mars / that / is / is / on / life / said / no]

(4) 彼はよくなると思いますか。
Do you think he will get well?
① そうだといいですね。　　　　　　　[hope / I]
② 残念ですが，そうはならないと思います。　[afraid / I'm]

A 答

(1) I'm sure[certain] he'll buy us lunch.

(2) The trouble is that I don't remember if[whether] she was at the party.

(3) It is said that there is no life on Mars.

(4) ① I hope so.　② I'm afraid not.

解説

(1)「私は～ということを確信している，きっと～だと思う」は **I'm sure[certain]（that）** ～. とする。〈**buy + 人 + 物**〉で「人に物を買ってやる，おごる」。

(2)「困ったことに～」は **The trouble is（that）** ～で表す。「～かどうか」を意味する接続詞は **if** か **whether**。

(3)「～と言われている」とあるので，うわさや伝聞を表す **It is said that S + V ～.** を用いる。**life** は「生活，生命，人生」の3つの意味を覚えておくこと。(語句) Mars（火星）

(4) Do you think（that）he will get well? に対し，
① I hope **so**. は I hope **that** he will get well. のことで，**so** は肯定の **that** 節のくりかえしを避けるための代用。
② I'm afraid **not**. は I'm afraid **that** he won't get well. のことで，**not** は否定の **that** 節のくりかえしを避けるための代用。どちらも決まったフレーズとして覚えておこう。

塾技61 従位接続詞(3)

🚩 **入試レベルの問題にチャレンジ！**（本冊 p.289）

Q 問題1 下線部に誤りがあれば，その番号を書きなさい。

(1) Jack <u>had to do</u>[1] all of the cooking and cleaning[2] <u>because</u>[3] <u>his wife's</u>[4] illness.

(2) <u>What</u>[1] did they <u>say about</u>[2] me <u>during</u>[3] I <u>was out of</u>[4] the room?

(3) May <u>worked at</u>[1] a downtown department store[2] for two and a half years <u>after</u>[3] <u>finished</u>[4] high school.

(4) <u>He's</u>[1] <u>so</u>[2] tired <u>that</u>[3] he fell <u>asleep</u>[4] <u>while reading</u>[5] the newspaper.

A 答

(1) 3　(2) 3　(3) 5　(4) 1

解説

(1)「ジャックは妻の病気のために，料理と掃除のすべてをやらなければならなかった」
　because は従位接続詞だから直後にはS＋V～が続く。his wife's illness（妻の病気）は名詞のかたまりだから，前置詞の because **of** でなければならない。

(2)「私が部屋の外にいた間，彼らは私について何を言いましたか」
　during は「～の間（ずっと）」を意味する前置詞だからS＋V～は続かない。従位接続詞の **while** や **when** などとしなければならない。

(3)「メイは高校を卒業したあと，繁華街のデパートに2年半勤めた」
　after は接続詞として使えば直後にはS＋Vが，前置詞として使えば名詞・動名詞が続くので，finished が続くことはない。after **she** finished ～ または after finish**ing** ～などとしなければならない。

(4)「彼はとても疲れていたので，新聞を読みながら眠ってしまった」
　fall asleep で「寝入る」。fell とあるので過去の内容となるが，he's は he is または he has の短縮形だから **He was** としなくてはならない。while reading は while <u>he was</u> reading の he was が省略されたもの。主文の主語（He）と while の直後の主語（he）が同じ場合，while 節

の主語と be 動詞は省略されることがある。

Q問題2 次の日本語を英語に直しなさい。

まもなく彼女から連絡があった。（it, long, hear を使って）

A答

It was not long before I heard from her.

解説

「〜から便りがある，連絡がある」は hear from 〜。「まもなく〜するだろう」は **It won't be long before + S + V 〜.** の構文を使う（「〜する前に時間は長くはないだろう」が直訳）。「まもなく彼女から連絡があるだろう」は It won't be long before I hear from her. だが，「まもなく彼女から連絡があった」を It wouldn't be long before I heard from her. （×）としてはならない。It won't be long before + S + V 〜. の won't は未来に対する推量を表している。「まもなく彼女から連絡があった」は過去の事実を述べている文で推量とは無関係。「彼女から連絡をもらう前に時間は長くはなかった」が直訳となる。

塾技（ワザ）**62** 従位接続詞(4)

🚩 **入試レベルの問題にチャレンジ！**（本冊 p.294）

Q問題1 (1)〜(5)に続けるのに最も適当なものを，ア〜カの中からそれぞれ1つ選びなさい。

(1) He bought so much beef
(2) Eric was so afraid of flying
(3) He turned down the radio
(4) He was so fat
(5) He had such a bad cold

　ア he couldn't get through the door.
　イ that he forgot to lock the door.
　ウ he stayed home all day.
　エ that some went bad.
　オ so that his wife could get to sleep.
　カ that he traveled by train or bus.

A答

(1) エ　(2) カ　(3) オ　(4) ア　(5) ウ

解説

(1)「彼はとてもたくさんの牛肉を買ったので，その一部が腐ってしまった」
He bought **so** much beef **that** some went bad.
some は some beef のこと。go bad で「（食材・食品が）腐る」。

(2)「エリックは飛行機に乗るのがとても怖かったので，電車かバスで旅行した」
Eric was **so** afraid of flying **that** he traveled by train or bus.
語句 be afraid of 〜（〜を恐れる），flying（航空機による旅行）

(3)「彼は妻が眠れるようにラジオの音を小さくした」
He turned down the radio / **so that** his wife **could** get to sleep.
so that + S + can[will, may] 〜 を使って目的を表した形。that を省略し，so + S can[will, may] 〜 とすることもある。
語句 turn down 〜（〔ラジオなど〕の音を小さくする）⇔ turn up 〜（〜の音を大きくする），get to sleep（寝つく）

(4)「彼はとても太っていたので，そのドアを通り抜けることができなかった」
He was **so** fat (**that**) he couldn't get through the door.
so[such] 〜 that 構文でも that が省略されることがある。語句 get through 〜（〜を通り抜ける）

(5)「彼はひどい風邪をひいていたので，1日中家にいた」
He had **such** a bad cold (**that**) he stayed home all day.
語句 have a bad cold（ひどい風邪をひいている），all day（1日中）

Q問題2 次の英文を日本語に直しなさい。

(1) He was so ill that we had to send for a doctor.
(2) Be sure to put the meat in the oven at 6:00 so that it will be ready to eat by 7:00.
(3) So few came that the meeting had to be put off.

A答

(1) 彼はとても具合が悪かったので，私たちは医者に来てくれと頼まねばならなかった。

(2) 7時までには食べられるように，必ずその肉を6時にオーブンに入れなさい。

(3) ほとんど人が来なかったので，会合は延期されなくてはならなかった。

解説

(1) so ... that 構文。**send for ~** は「（人を使いに出したり，手紙・電話などで）～に来てくれと頼む」を意味する重要熟語。

(2) Be sure to put the meat in the oven at 6:00 / **so that** it **will** be ready to eat by 7:00. so that + S + can[will, may] ～を使って目的を表した形。〈**Be sure to 不定詞**〉は命令文で「**必ず～しなさい**」を意味する。〈be ready to 不定詞〉は「～する準備ができている」，by 7:00 は「7時までに（は）」と期限を表す。it は the meat を指す。

(3) few は「ほとんどない」ことに焦点を当てた語だが，この文の主語の few は few people を意味し，それに so が加わった so ... that 構文となっている。「～しなければならなかった」を表す〈had to + 原形動詞〉の後ろに「～を延期する」を意味する put off ～ が受動態 be put off となって続いている。

塾技 **63** 仮定法

🚩 入試レベルの問題にチャレンジ！（本冊 *p.299*）

Q 問題 1 （ ）内の語を必要であれば形を変えたり，語を補ったりして，下線部を適切な語句で埋めなさい。

(1) It's too bad that it's snowing. If it (not, snow), I (can, go) by bike.

(2) A: I can't find my wallet. Have you seen it?
  B: No, but I'll look for it. If I (find) it, I (tell) you.

(3) A: You work so hard all day.
  B: If I (have) more money now, I (will, work) less.

(4) If I (be) a bird, I (not, want) to finish my life in a cage.

(5) I wasn't thirsty. If I (be) thirsty, I (will, drink) something.

(6) A: I'm sorry I have to go. I wish I (can, stay) longer.
  B: I wish you (not, have) to leave so soon.

(7) I didn't know she was in the hospital, so I didn't go to see her. I wish I (know).

A 答

(1) **were [was] not snowing, could go**

(2) **find, will tell**

(3) **had, would work**

(4) **were[was], wouldn't want**

(5) **had been, would have drunk**

(6) **A: could stay B: didn't have**

(7) **had known**

解説

(1)「雪が降っているとは残念だ。雪が降っていなければ自転車で行けるのに」
　It's too bad that + S + V ～ . で「～だとは残念だ。」を意味する（It は形式主語で接続詞 that 以下の内容を指す）。今雪が降っているのに「（今）雪が降っていなければ」というのは，現在に関し，実際（事実）とは違うことを想定している。よって〈If + S + 過去形 ～ , S + would [could / might] + 原形動詞 ... .〉で表す。

(2)「A：財布が見つからない。見なかった？ B：見てないけど探すわ。見つかったら知らせるわ」
　会話の内容から If I (find) it は「見つかるかどうかわからないが，もし見つかれば」と考えるのが自然。よって〈If + S + 動詞の現在形 ～ , S + will ... .〉で表す。

(3)「A：1日中よく働くね。 B：もっとお金があれば働く量を減らすのだけど」。
　お金は今あまりない（から1日中よく働く）という現実があるのに，「（今）もっとお金を持っていれば」は，実際（現在の事実）とは違うことを想定している。よって〈If + S + 過去形 ～ , S + would + 原形動詞 ... .〉で表す。all day は「1日中」，work less は「（今よりも）より少なく働く」が直訳。

(4)「もし私が鳥ならば，私はかごの中で人生を終わらせたくない」
　If 節の内容は明らかに実際にありえないこと。よって〈If + S + 過去形 ～ , S + would + 原形動詞 ... .〉で表す。

(5)「のどは渇いてはいなかった。もし渇いていたら，何か飲んでいただろう」
if 節は過去の事実（のどは渇いてはいなかった）とは違うことが起こっていたらと考えている。よって，〈If + S + had + 過去分詞 ～ , S + would + have + 過去分詞 ... .〉で表す。

(6)「A：残念ですが帰らなければなりません。もう少しいられるといいのですが。　B：そんなにすぐに帰る必要がなければいいのに」

　AのI wish ～. は「帰らなくてはならないのが現実だが，もっと長くいることができれば」ということ。つまり，現在の事実に満足せず，別の現実を願望するときの言い方なので〈I wish ＋ S ＋動詞の過去形～.〉の型で表す。Bの「そんなにすぐに帰る必要がなければいいのに」も，別の現実を願望している。don't have to ～は「～する必要はない」。

(7)「**彼女が入院しているとは知らなかったので，見舞いにはいかなかった。知っていたらなあ（見舞いに行ったのに）**」

　「知らなかったのが事実だが，もし知っていたら」は過去の事実を残念に思い，違うことが起こっていたらと考えている。よって〈I wish ＋ S ＋ had ＋過去分詞～.〉で表す。

┌─────────────────────────────┐
Q問題2　次の日本文を英語に直しなさい。

(1) （助けが必要かはわからないが）助けが必要なら，あなたに電話します。（call を使って）

(2) もし私が彼なら，彼女に相談はしないだろう。（talk を使って）

(3) もしあなたが私ならどうしますか。（what を使って）

(4) 鳥のように飛ぶことができればいいのに。（like を使って8語で）

(5) あんなこと言わなければよかった。（say that を使って）
└─────────────────────────────┘

A答

(1) **If I need (any) help, I'll call you.**

(2) **If I were[was] him, I wouldn't talk with[to] her.**

(3) **If you were me, what would you do? [What would you do if you were me?]**

(4) **I wish I could fly like a bird.**

(5) **I wish I hadn't said that.**

解説

(1) 日本文から，現在 or 未来について，話し手は if 節の内容は実際にありうると考えている。よって〈If ＋ S ＋動詞の現在形 ～ , S ＋ will … .〉で表す。

(2)「私が彼なら」は実際にはありえないこと。〈If ＋ S ＋動詞の過去形 ～ , S ＋ would ＋原形動詞 … .〉で表す。

(3)「あなたが私なら」は実際にはありえないこと。would は「意志」を表す will の過去形（だが，意味は現在 or 未来を表す）。

(4) 人間は鳥のように飛べないのが事実。現在の事実に満足せず，別の現実を願望する内容なので〈I wish ＋ S ＋動詞の過去形～.〉で表す。この文の could のように助動詞があれば助動詞を過去形にする。

(5) 過去の事実（あんなことを言ってしまった）を後悔し，違うことが起こっていたらと思っている。よって〈I wish ＋ S ＋ had ＋過去分詞～.〉で表す。